Flash MX

Inhaltsverzeichnis

Vorwort

Die neue Version Macromedia Flash MX wurde bereits mit Spannung erwartet. Die Profisoftware für das Web-Design wird zunehmend handlicher und benutzerfreundlicher. Wer mit Flash arbeiten möchte, erhält ein übersichtliches, gut strukturiertes Werkzeug zur Entwicklung von Web-Inhalten.

Mit Flash lassen sich neben dem Design von Web-Anwendungen auch andere Produkte wie computergestützte Lernprogramme, Spiele, Präsentationen und vieles mehr erstellen. Dieser Bereich wird in Zukunft immer größere Bedeutung erlangen.

In diesem Buch sollen die gesamten Grundlagenkenntnisse zu Flash MX vermittelt werden. Dies reicht von einer Beschreibung der zahlreichen und vielfältigen Bedienungselemente wie Werkzeugleiste, Bedienfelder, Eigenschaften, Zeitleiste etc. bis hin zu Erläuterungen über das Erstellen von Animationen. Schrittweise wird das Verständnis für die Entwicklung eines Flash-Films vorangetrieben. Der Leser soll zunächst über die einfachen Tools das »Look & Feel« von Flash erleben und sich dann an die Erstellung von Animationen wagen. Am Ende wird ein Einblick in ActionScript – die Programmiersprache von Flash – gegeben, um ein erstes Verständnis dafür zu wecken.

Flash wirkt durch seine Vielzahl von Bedienungselementen zu Beginn vielleicht ein wenig unübersichtlich und schwer zu erlernen. Besonders fremd mögen dem Erstbenutzer Elemente wie die Zeitleiste erscheinen, doch in den verschiedenen Kapiteln dieses Buches erfahren Sie, wie alle diese Komponenten zusammenspielen und ineinander greifen. Sobald Sie erst einmal wissen, was ihre jeweilige Funktion ist und wie sich diese Elemente einsetzen lassen, wird es Ihnen – wie alles, was man kennt – ganz einfach vorkommen.

In der jetzigen Version von Flash liegt ein Programm vor, das bereits mehrere Verbesserungsphasen durchlaufen hat und dadurch zu einer stabilen Entwicklungsumgebung geworden ist, bei der viele ehemalige Ecken und Kanten bereits ausgebügelt wurden. Ins Auge stechen dabei die neuen Komponenten, die häufig verwendete Elemente wie Menüs und Schaltflächen bereits vordefiniert zur Auswahl stellen, damit sich diese einfach in einen Flash-Film einfügen lassen. In Form eines Baukastensystems können Entwickler immer neue Komponenten aus einem gemeinsamen Pool aus dem Internet herunterladen bzw. selbst entwickelte Komponenten dort der Allgemeinheit zur Verfügung stellen.

Als ein weiterer Teil der äußerlichen Neuerungen gegenüber Flash 5 wurde zum Beispiel das Eigenschaftenfenster eingeführt, das dazu dient, schnell die verschiedensten Elemente zu definieren, vom Film bis zu Form-Tweens und anderem. Ein schneller Blick auf die wesentlichen Einstellungen ist immer eine Erleichterung und eine nicht unwichtige Arbeitsvoraussetzung, die in Flash MX optimal gestaltet ist.

Die Sound- und Videofunktionen sind ebenfalls erneuert worden und sollen auf dem neuen anvisierten Server ihre Geltung erst richtig entfalten: Echtzeitkonferenzen mit Sound von nur 500 Kbyte und rasanten Übertragungszeiten. Das Einfügen von Videos in Flash ist jetzt problemlos möglich. Auch eine Einbindung von XML-Daten ist in der neuen Flash-Version vorgesehen.

Ich hoffe, dass Ihnen dieses Buch dabei hilft, das Programm Flash Ihren Vorstellungen entsprechend einzusetzen. Sie können das Buch chronologisch von A-Z durchlesen oder bestimmte Schwerpunkte in den einzelnen Kapiteln nachschlagen.

Für die Bereitstellung grafischer Inhalte möchte ich mich herzlich bei Herrn Josef Klingshirm bedanken, und für die tatkräftige Unterstützung bei technischen Finessen gilt mein besonderer Dank meinem Fachlektor Thorsten Winkler.

Gutes Gelingen bei Ihrer Arbeit mit Flash MX

wünscht

Gabriele Broszat

PS.: Wenn Sie Fragen zu diesem Buch haben, können Sie gerne eine E-Mail über den Verlag an die Autorin schicken:
gabriele.broszat@mut.de

Kapitel 1
Einführung – Was ist was in Flash MX?

Flash MX ist ein Programm zum Erstellen von Filmen, die sich im Internet veröffentlichen oder auf einer CD-ROM als Stand-alone-Anwendung verbreiten lassen. Flash-Filme im Internet werden überwiegend auf Websites eingebunden, um dort bewegte Bilder zu erzeugen, die von ihrer Qualität her das bekannte Maß kleiner GIF-Animationen oder Laufschriften bei weitem übersteigen. Mit Flash werden animierte Inhalte im Internet auf eine professionelle Ebene gehoben, die es sogar Videokünstlern ermöglicht, ihre Werke im Netz oder anderswo zu verbreiten. Das Faszinierende an Flash ist, dass sich damit sowohl einfache Animationen, z.B. von Texten bis hin zu wirklichen Kunstwerken, alles in Bewegung setzen lässt. Sie müssen also wahrlich kein Videokünstler sein, um mit Flash zu arbeiten, sondern können dieses Programm auch dazu verwenden, kleine, witzige Effekte zu erzeugen.

Sollen Flash-Filme auf CD-ROMs veröffentlicht werden, geschieht dies meist in Form von Präsentationen, etwa um Grafiken dynamisch zu gestalten und Sachverhalte durch bewegte Bilder zu veranschaulichen. Doch Flash lässt sich auch für die Erstellung computergestützter Lernprogramme oder für die Konzeption und Umsetzung von Spielen verwenden.

Damit Benutzer einen Flash-Film im Internet oder anderswo ansehen können, müssen sie über den Flash-Player verfügen. Doch dieser lässt sich ganz einfach bereitstellen. Da das Flash-Plugin bei allen gängigen Browsern und Betriebssystemen im Lieferumfang enthalten ist, können Sie außerdem davon ausgehen, dass die meisten Websurfer den Player schon installiert haben.

Warum Flash so leistungsstark ist, liegt überwiegend daran, dass es sehr viele Dateiformate unterstützt, eine stringente und einfach zu erlernende Programmfunktionalität bietet und sich die in Flash erstellten Filme einfach auf Webseiten einbinden lassen.

Wer Flash nach der Installation zum ersten Mal öffnet, stellt sich vermutlich die Frage: »Was ist was in Flash?«. Wer bisher nur mit Office-Anwendungen oder ähnlichen Programmen gearbeitet hat, wird sich ein wenig umstellen und auf die Macromedia-Produktlinie einstellen müssen. Daher sollen zu allererst Fragen zu den verschiedenen Oberflächenelementen in Flash beantwortet werden.

> Querverweis
>
> ➜ Ausführliche Informationen zur Installation von Flash MX finden Sie in Anhang A.

Systemanforderungen

Sie können mit Flash unter Windows oder auf einem Mac arbeiten. Mindestens erforderlich sind folgende Voraussetzungen:

Windows:

- 200-MHz-Intel-Pentium-Prozessor
- Windows 98/NT4/2000/ME oder XP
- 64 MB RAM (Arbeitsspeicher)
- 100 MB Festplattenspeicher
- Grafikkarte mit 256 Farben und einer Auflösung von mindestens 1024 x 768 Pixel
- CD-ROM-Laufwerk

Macintosh:

- Power Macintosh mit Mac OS 9.1 oder höher oder OS X 10.1 oder höher
- 64 MB RAM
- Grafikkarte mit 256 Farben und einer Auflösung von mindestens 1024 x 768 Pixel
- CD-ROM-Laufwerk

4. Sobald Sie diese Schritte ausgeführt haben, sollten nur noch die Menü- und Zeitleiste sowie die Werkzeugpalette und der Arbeitsbereich angezeigt werden. Das Eigenschaftenfenster ist am unteren Rand nur noch mit der Titelleiste zu sehen. Damit der Arbeitsbereich sich über die volle Größe des Bildschirms erstreckt, klicken Sie auf das Vollbildsymbol in der oberen rechten Fensterecke neben der Menüleiste.

Bild 1.6: Per Mausklick auf das Vollbildsymbol dehnen Sie das Fenster über den gesamten Bildschirm aus.

Sie haben Ihre Arbeitsumgebung in Flash nun übersichtlich gestaltet und mehr Platz für den Arbeitsbereich in der Mitte geschaffen. Ihre Flash-Oberfläche sollte nun aussehen wie in Bild 1.7 dargestellt.

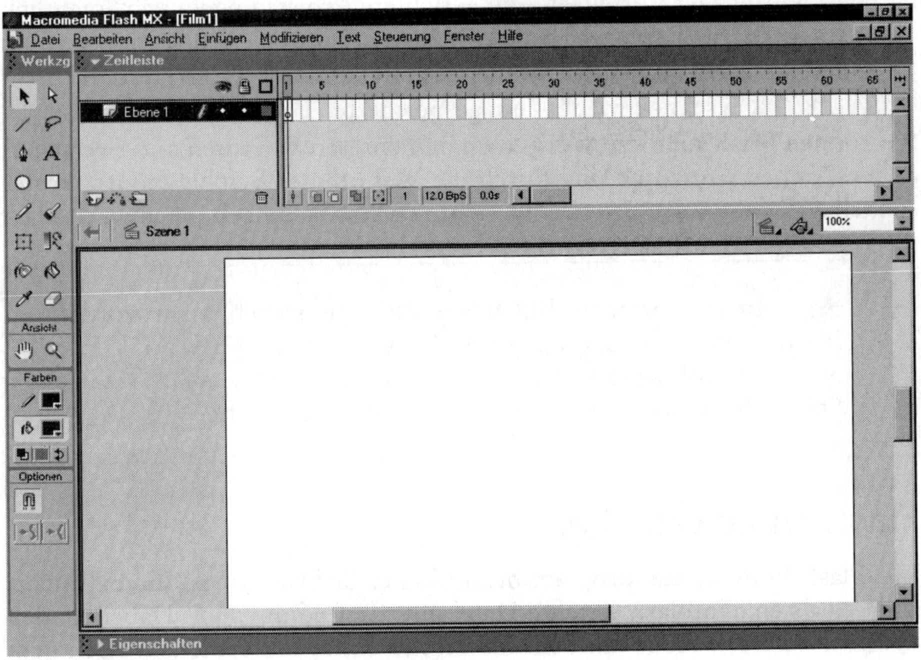

Bild 1.7: Benutzerdefinierte Oberfläche von Flash

5. Damit diese Arbeitsumgebung auch für künftige Flash-Sitzungen erhalten bleibt, wählen Sie FENSTER/BEDIENFELDER-LAYOUT SPEICHERN. Es erscheint das Dialogfeld LAYOUT DER BEDIENFELDER SPEICHERN. Geben Sie in das Feld NAME eine Bezeichnung für die neu eingerichtete Flash-Oberfläche ein, z. B. Groß.

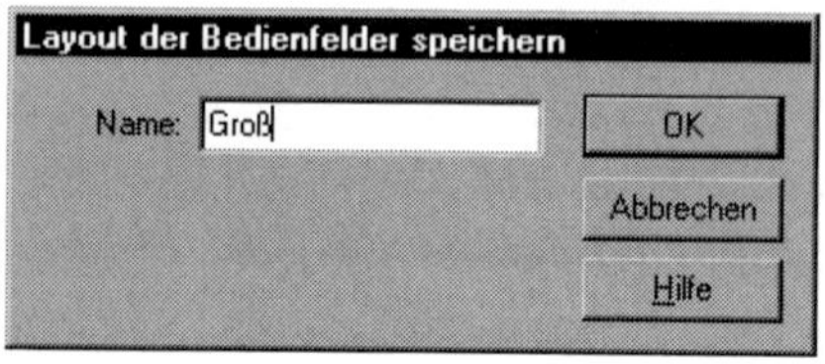

Bild 1.8: Eingerichtete Arbeitsumgebung speichern

6. Beim nächsten Aufruf des Programms erscheint die eingestellte Umgebung automatisch wieder, auch wenn sie nicht unter einem Namen gesichert wurde. Der Vorteil, eine eingerichtete Arbeitsumgebung namentlich abzuspeichern, besteht darin: Wenn Sie im Laufe der Arbeit das eine oder andere Fenster einblenden, können Sie mit dem Befehl FENSTER/BEDIENSÄTZE/GROß schnell wieder zum gespeicherten Layout zurückwechseln.

Sie können Flash auf diese Weise auch in mehreren Varianten unter verschiedenen Namen einrichten und durch die Wahl dieses Befehls immer wieder schnell zwischen verschieden eingerichteten Arbeitsumgebungen wechseln.

> **Hinweis**
>
> Im Untermenü BEDIENFELDSÄTZE stehen auch vordefinierte Layouts für Designer und Entwickler zur Auswahl. Öffnen Sie diese probehalber. Mit der Option STANDARDLAYOUT zeigen Sie Flash wieder an wie beim ersten Programmstart.

Flash-Filme erstellen

Ein Flash-Film ist aus programmtechnischer Sicht zunächst einmal nichts anderes als eine in Flash erstellte Datei mit der Endung .FLA. Dabei handelt es sich aber noch nicht um den kompletten Film, der später veröffentlicht werden soll. Es ist zunächst nur eine Autorendatei, in der Sie den Film erstellen und bearbeiten. Zur Veröffentlichung muss ein Flash-Film in einem zweiten Schritt exportiert werden.

Exportierte Filme erhalten die Dateiendung .SWF und können nicht mehr bearbeitet werden. Ein Film liegt also nach dem Export immer in zwei Dateiversionen vor: als bearbeitbare FLA-Datei und als abspielbare SWF-Datei. Ist ein Film bereits einmal exportiert worden und soll nachträglich noch einmal bearbeitet werden, müssen diese Änderungen in der FLA-Datei vorgenommen und der Film erneut exportiert werden. Das Exportieren geht schnell und ist unkompliziert.

Der Grund für diese doppelten Dateiversionen ist Folgender: Eine Autorendatei kann mit den vielen Grafiken sehr umfangreich und damit viel zu groß für Veröffentlichungen im Internet sein. Durch den Export wird eine komprimierte Variante des Films erstellt. Durch die Komprimierung kann eine FLA-Datei auf ca. 5 Prozent der Originalgröße reduziert werden, doch dies ist nur ein mittlerer Wert, der natürlich je nach Inhalt des Films unterschiedlich ausfallen kann.

Die große Kunst bei der Arbeit mit Flash besteht darin, die Dateigröße des gesamten Films möglichst klein zu halten, denn es ist bekannt, dass lange Lade- und Übertragungszeiten im Internet keine Freude und Freunde schaffen. Dabei kommt es für den Entwickler entscheidend darauf an, sowohl die Größe des Films als auch die Größe der einzelnen Grafik- und Sounddateien sowie die Filmlänge im Auge zu behalten. Der Aspekt der Dateigröße muss trotz Komprimierung beim Export immer auch Teil Ihrer Überlegungen bei der Filmerstellung sein.

Querverweis

➔ In Kapitel 13 wird detailliert geschildert, wie sich ein Film optimal erstellen lässt. Es ist empfehlenswert dieses Kapitel zu lesen, ehe Sie mit der Filmerstellung beginnen, damit Sie mit den notwendigen Überlegungen vertraut werden.

Wie auch in anderen Programmen üblich, wird eine Flash-Autorendatei mit DATEI/NEU erstellt und mit DATEI/SPEICHERN UNTER gesichert. Bereits vorhandene FLA-Dateien rufen Sie mit DATEI/ÖFFNEN auf. Den endgültigen Flash-Film erstellen Sie abschließend mit DATEI/FILM EXPORTIEREN. Dadurch erhalten Sie die SWF-Datei für die Veröffentlichung.

Doch nun zum Konzeptionellen: Was unterscheidet einen Film von einer Grafik? Es sind die Interaktivität und die Bewegung. Aber was ist Bewegung? Bewegung entsteht durch die Aneinanderreihung verschiedener Grafiken über einen bestimmten Zeitraum. Der Faktor Zeit ist also der wesentliche Punkt, der bei der Erstellung von Filmen – im Unterschied zu einfachen Grafiken – noch hinzukommt. Nicht umsonst spielt die Zeitleiste in Flash eine so große Rolle, denn genau hiermit wird der Faktor Zeit in Flash gehandhabt.

Am besten lässt sich das Erstellen von Flash-Filmen mit dem Erstellen von Trickfilmen vergleichen: Eine Vielzahl von Bildern, die jeweils leichte Unterschiede aufweisen und über einen bestimmten zeitlichen Rahmen ablaufen, erzeugen den Eindruck von Bewegung und ergeben letztlich einen Film.

Die grafischen oder textlichen Inhalte, die Sie in einen Flash-Film einbinden, können aus anderen Programmen stammen, z. B. Texte aus Word, Zeichnungen aus Freehand, Videos aus Premiere oder Sound aus SoundEdit. Die Akzeptanz anderer Dateiformate in Flash ist sehr hoch. Sie können aber Filminhalte auch direkt in Flash erstellen, wenn es sich um einfachere Elemente wie Überschriften, grafische Symbole etc. handelt. Außerdem bietet Flash ein gutes Instrument zur Verwaltung all dieser einzelnen Inhalte an: die Bibliotheken.

Prinzipiell gehen Sie bei der Erstellung eines Films so vor: Sie sammeln oder importieren alle Elemente, aus denen ein Film bestehen soll, in den verschiedenen Bibliotheken von Flash und fügen Sie von dort an der richtigen Stelle in den Film ein. Flash fungiert also als zentrale Verwaltungsstelle aller Inhalte und ermöglicht deren Zusammenstellung in animierter oder interaktiver Form.

Die Bühne

Der große weiße Arbeitsbereich in der Mitte des Flash-Fensters ist die Bühne. Hier werden alle Elemente platziert, die im Film »auftreten« sollen. Um in der Sprache des Films zu bleiben, lassen sich die einzelnen grafischen Inhalte auch als Schauspieler bezeichnen, die auf der Bühne ihre Position einnehmen. Die Größe der Bühne ist in Flash zunächst mit 550 Pixel Breite mal 400 Pixel Höhe voreingestellt. Alles, was sich innerhalb des weißen Bereichs befindet, wird später auch in den Film integriert.

Um die Maße und Positionen auf der Bühne besser einschätzen zu können, blenden Sie mit ANSICHT/LINEALE ein horizontales und vertikales Lineal ein. Der Nullpunkt der Lineale liegt in der oberen linken Bühnenecke.

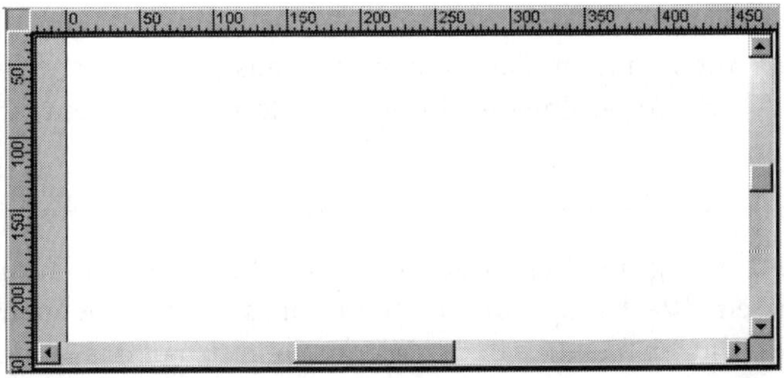

Bild 1.9: Die Bühne von Flash mit Bildlaufleisten und Linealen

Mit Hilfe der Bildlaufleisten können Sie sowohl vertikal also auch horizontal scrollen, um alle Bühnenbereiche in den Blickpunkt zu rücken.

Der graue Bereich um die Bühne herum lässt sich ebenfalls nutzen, um dort grafische Elemente vorübergehend abzulegen.

Wenn Sie die Darstellung der Bühne ändern möchten, wählen Sie ANSICHT/VERGRÖẞERN oder ANSICHT/VERKLEINERN. Aus dem Untermenü ANSICHT/SKALIERUNG lässt sich auch ein bestimmter Vergrößerungsfaktor auswählen, um die Bühne Ihren Vorstellungen entsprechend einzurichten.

Bild 1.10: Bühne mit einem Zoomfaktor von 25%

> Achtung
>
> Um die Maße der Bühne zu ändern, müssen Sie die Filmeinstellungen ändern. Dies sollten Sie aber nicht tun, um eine andere Ansicht der Bühne zu erhalten, denn die Filmmaße spielen eine entscheidende Rolle bei der Darstellung und Veröffentlichung eines Films und müssen unter anderen Gesichtspunkten ausgewählt werden, siehe den Abschnitt »Filmeinstellungen ändern« in diesem Kapitel.

1. Damit die Bühne ein wenig mit Leben gefüllt wird, aktivieren Sie zum Test einfach einmal ein Werkzeug auf der Symbolleiste und zeichnen etwas auf der Bühne. Klicken Sie links in der Werkzeugleiste auf das Symbol des Rechtecks.

> Hinweis
>
> Wenn die Werkzeugleiste nicht zu sehen ist, wählen Sie FENSTER/WERKZEUGE.

2. Setzen Sie den Mauszeiger auf die Bühne.
3. Klicken Sie einmal mit der linken Maustaste und halten Sie die Maustaste gedrückt, um einen Eckpunkt festzulegen.
4. Ziehen Sie die Maus diagonal nach rechts unten oder links oben.
5. Lassen Sie die Maustaste los, um den zweiten Eckpunkt des Rechtecks festzulegen.

Der erste »Schauspieler« auf der Bühne ist erstellt und lässt sich natürlich noch weiterbearbeiten oder neu positionieren, doch in dieser ersten kleinen Übung soll nur gezeigt werden, wie sich Elemente auf der Bühne platzieren lassen.

Beachten Sie, dass zwar alle eben beschriebenen Schritte wie simple Vorgänge aus einem simplen Zeichenprogramm wirken, sich in der Zeitleiste aber auch etwas getan hat: Das erste kleine weiße Rechteck, auf dem der rote Abspielkopf steht, ist plötzlich nicht mehr weiß mit einem ungefüllten Kreis, sondern erscheint jetzt grau mit einem schwarz gefüllten Kreis. Dieses erste kleine Rechteck repräsentiert das erste Bild im Film.

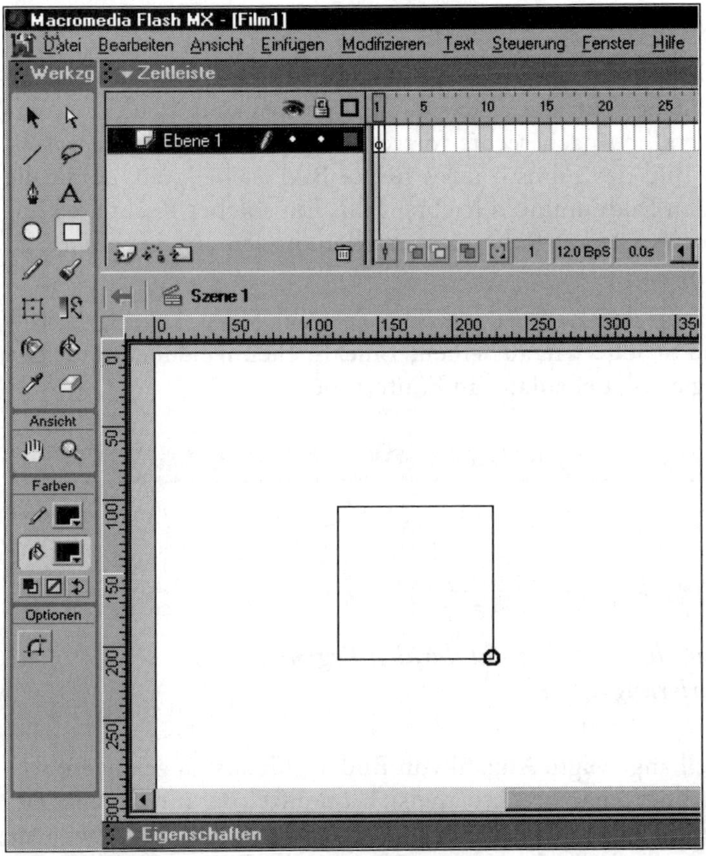

Bild 1.11: Grafisches Element auf der Bühne

Hinweis

Um ein grafisches Element auf der Bühne abzulegen, gibt es mehrere Methoden: Sie können mit einem Werkzeug selbst etwas direkt auf der Bühne zeichnen, ein bereits vorhandenes Symbol aus einer Bibliothek einfach mit der Maus auf die Bühne ziehen oder Inhalte aus anderen Programmen in Flash importieren; genauere Informationen dazu erhalten Sie später in diesem Buch.

Die Zeitleiste

Die Zeitleiste befindet sich unterhalb des Hauptmenüs, rechts neben dem Ebenenbereich, und besteht aus vielen kleinen grauen und weißen Rechtecken, die sich unendlich nach rechts fortsetzen. Jedes Rechteck repräsentiert ein einzelnes Bild des Films – jedes fünfte Bild ist hellgrau, damit die Orientierung bei den Bildnummern leichter fällt. Ein solches Rechteck können Sie sich als eine Art leerer Rahmen vorstellen, in den erst noch ein Bild eingefügt werden muss.

Über dem Streifen mit den Rahmen befindet sich eine Skala, auf der die Bilder durch einzelne Striche wie auf einem Lineal gekennzeichnet sind. Die Bildnummerierung erfolgt ebenfalls im Fünferschritt.

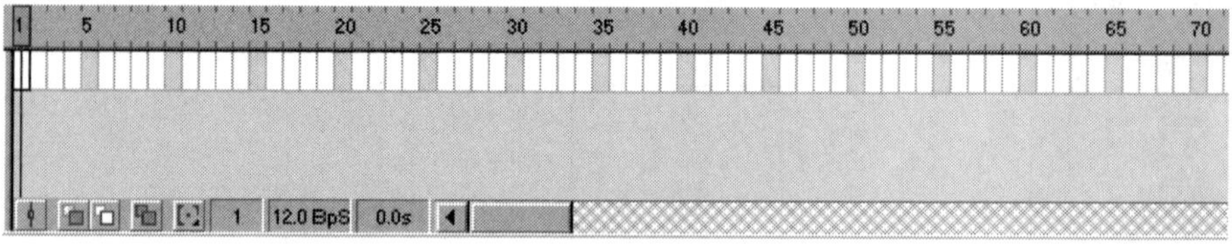

Bild 1.12: Bilder auf der Zeitleiste mit darüber liegender Nummerierungsskala

Um über die aktuell angezeigte Anzahl von Bildern hinaus zu gelangen, ziehen Sie die Bildlaufleiste nach rechts, die sich unmittelbar unter dem Zeitleistenbereich befindet. Der Zeitleistenbereich verfügt außerdem über eine eigene kleine Statuszeile, in der bestimmte Effekte, die aktuelle Bildnummer, die Bildrate und die Länge des Films in Sekunden angezeigt wird. Die Bildrate eines Films wird in BpS (Bilder pro Sekunde) gemessen. Die Standardeinstellung sind 12 BpS.

Zu Beginn der Arbeit in Flash wird automatisch ein neuer leerer Film geöffnet. Der rote Abspielkopf steht über dem ersten leeren Bild. Sobald weitere Bilder eingefügt sind, lässt er sich mit der Maus über diese Bilder ziehen und bestimmt damit das aktuell auf der Bühne angezeigte Bild.

Um in den Film, in dessen erstes Bild Sie bereits ein Rechteck gezeichnet haben, ein zweites Bild einzufügen, haben Sie zwei Möglichkeiten: Sie können den Inhalt aus Bild 1 auf eine beliebige Anzahl angrenzender Bilder ausdehnen, um die Dauer der Anzeige dieses Inhaltes zu erhöhen, wenn der

Film abgespielt wird. Oder Sie fügen sofort in das nächste Bild – Bild 2 – einen neuen Inhalt ein.

Mit den Bildern arbeiten

Um den in Bild 1 angezeigten Inhalt noch über weitere Bilder auszudehnen, verfahren Sie wie folgt:

1. Klicken Sie mit der Maus, das fünfte Rechteck von links – also Bild 5 – an. Dieses erscheint dann dunkel.

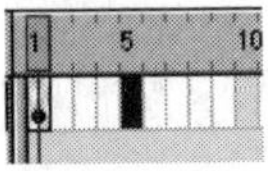

Bild 1.13: Rahmen für Bild 5 mit der Maus markieren

2. Wählen Sie aus dem Menü die Option EINFÜGEN/BILD.
3. Alle zwischen Bild 1 und Bild 5 liegenden Bilderrahmen werden mit dem Inhalt aus Bild 1 gefüllt. In der Zeitleiste erscheinen diese Bilder jetzt grau, und der Abspielkopf springt automatisch auf das letzte gefüllte Bild, nämlich Bild 5.

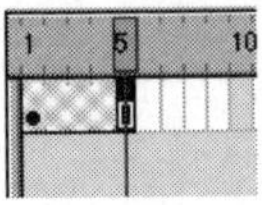

Bild 1.14: Das Endbild dieser Reihe wird mit einem eckigen Symbol versehen, das Anfangsbild mit einem Kreis.

4. Jetzt können Sie den Abspielkopf bereits über die Bilder ziehen, doch vor Ihren Augen wird sich noch nichts abspielen, weil alle Bilder den gleichen Inhalt haben.

> **Achtung**
>
> Achten Sie beim Ziehen des Abspielkopfes darauf, dass Sie ihn in der Nummernskala »anfassen«. Wenn Sie versuchen, die Linie zu ziehen, können Sie dabei aus Versehen den Bildinhalt verschieben.

Um zu einem anderen Inhalt zu wechseln, verfahren Sie wie folgt:

1. Klicken Sie Bild 6 zur Markierung mit der Maus an.
2. Wählen Sie EINFÜGEN/LEERES SCHLÜSSELBILD. Die Bühne ist nun leer und das Rechteck nicht mehr zu sehen.

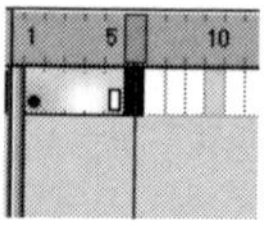

Bild 1.15: Ein leeres Schlüsselbild ermöglicht einen Übergang zu neuen Inhalten.

3. Aktivieren Sie links in der Werkzeugleiste das Symbol mit dem Kreis.
4. Klicken Sie mit der Maus auf die Bühne und ziehen Sie die Maus nach außen.

Es erscheint ein gefüllter Kreis in Bild 6. Sobald Sie in das leere Schlüsselbild etwas einfügen, wird dieses auf der Zeitleiste wieder mit grauer Farbe und einem gefüllten Kreis versehen. Daran können Sie erkennen, welche Bilder mit und ohne Inhalt sind bzw. wo der Anfang und das Ende einer bestimmten Bildfolge ist.

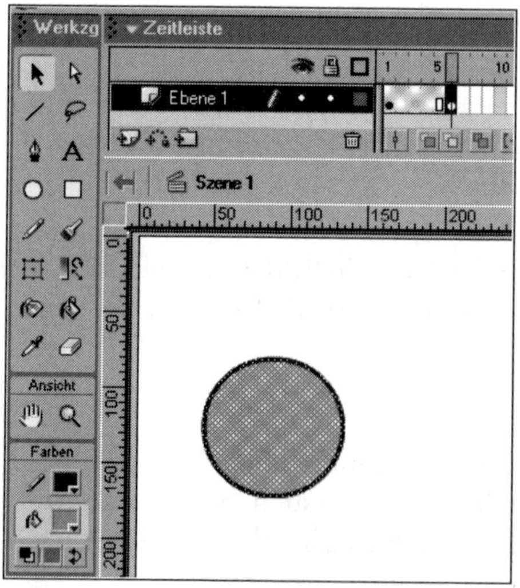

Bild 1.16: Neuer Inhalt in Bild 6

5. Anstatt den Abspielkopf mit der Maus zu ziehen, rufen Sie diesmal STEUERUNG/ABSPIELEN aus der Menüleiste auf oder drücken einfach die [Eingabetaste]. Der Film wird von Bild 1 bis Bild 6 abgespielt, und vor Ihren Augen sollte zunächst ein Rechteck etwas länger eingeblendet werden, gefolgt von einem Kreis. Wenn Sie so wollen, ist dies bereits ein erster kleiner Film, bestehend aus zwei einfachen Bildern. Das letzte Bild bleibt auf dem Bildschirm stehen und wird nicht wieder ausgeblendet, es sei denn, Sie fügen danach erneut ein leeres Schlüsselbild ein.

> **Hinweis**
>
> Beachten Sie die Anzeigen in der Statusleiste der Zeitleiste, während Sie die verschiedenen Bilder markieren. Dort werden jeweils die aktuelle Bildnummer und die Gesamtdauer des Films in Sekunden angezeigt.

Darstellungen der Zeitleiste

Die Zeitleiste lässt sich durch Ziehen mit der Maus an der Titelleiste der Zeitleiste aus ihrer Verankerung lösen und an eine beliebige andere Position am Bildschirm ziehen. Wenn Sie den Mauszeiger auf die Seitenränder setzen und diese nach links oder rechts ziehen, kann die frei schwebende Zeitleiste auch in der Breite vergrößert oder verkleinert werden.

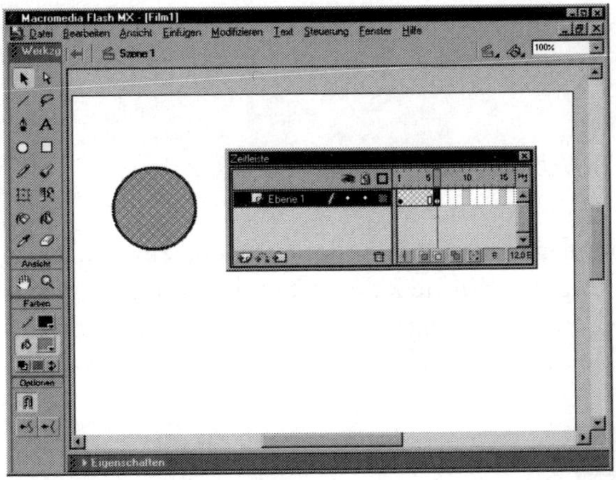

Bild 1.17: Frei schwebende Zeitleiste

Es gibt noch eine weitere Möglichkeit, das Erscheinungsbild der Zeitleiste zu ändern. Klicken Sie dazu rechts außen auf das Menüsymbol für die Zeitleiste.

Bild 1.18: Menü für die Zeitleiste aufklappen

Hier stehen einige Funktionen zur Auswahl, mit denen sich die Zeitleiste auf andere Weise einrichten lässt. Die ersten fünf Menüpunkte vergrößern bzw. verkleinern die Größe der Einzelbilder. Wenn Sie die Option GETÖNTE BILDER deaktivieren, erscheinen neu eingefügte Bilder in der Zeitleiste nicht mehr grau hinterlegt, und der dunkel gefüllte Kreis wird in blauer Farbe dargestellt. Aktivieren Sie die Option REDUZIERT, um eine nach oben verkürzte Darstellung der Bilder zu erhalten. Mit den Optionen VORSCHAU und VORSCHAU IM KONTEXT lassen Sie die jeweiligen Inhalte der Bilder direkt in der Zeitleiste darstellen. Letzteres bewirkt eine Darstellung der gesamten Bühne. Klicken Sie einfach eine dieser Optionen an, um die entsprechende Darstellung zu aktivieren.

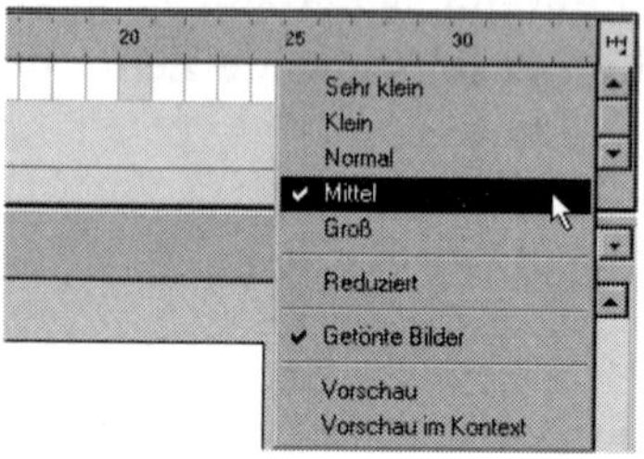

Bild 1.19: Die Optionen zur Einrichtung der Zeitleiste

Soll die Zeitleiste vorübergehend ganz ausgeblendet werden, zum Beispiel um mehr Platz für die Darstellung der Bühne zu erhalten, klicken Sie auf das schraffierte Quadrat links neben dem Begriff Zeitleiste. Durch erneutes Anklicken blenden Sie die Zeitleiste wieder ein.

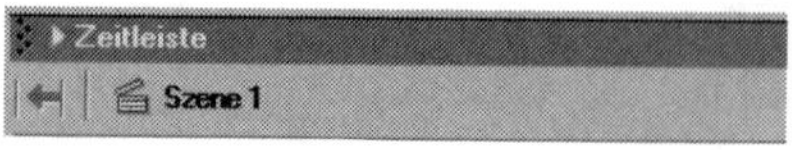

Bild 1.20: Ein- und Ausblenden der Zeitleiste

Ebenen

Neben den bereits erläuterten Elementen auf der Zeitleiste befindet sich am linken Rand die Ebenenanzeige. Zu Beginn ist nur eine Ebene zu sehen. Sie können in Flash aber mit beliebig vielen Ebenen arbeiten. Ebenen sind wie durchsichtige Filmschichten, die Sie sich übereinander gelegt vorstellen können. Entscheidend ist bei mehreren Ebenen die Stapelfolge, d.h. die oberste Ebene enthält jene Grafiken, die auch in den einzelnen Bildern eines Films zuoberst angezeigt werden. Die Inhalte aller darunter liegenden Ebenen werden dahinter angezeigt. Anders ausgedrückt: Die oberste Ebene überlagert die zweite Ebene, die zweite Ebene überlagert die dritte usw.

Neue Ebenen lassen sich einfügen, indem Sie unten im Ebenenbereich auf das Symbol EBENE HINZUFÜGEN klicken. Stattdessen können Sie auch EINFÜGEN/EBENE aus dem Hauptmenü wählen.

Bild 1.21: Eine Ebene wurde eingefügt.

Das Stiftsymbol rechts vom Ebenennamen zeigt an, welche Ebene augenblicklich aktiv ist, d. h. auf welcher Ebene gearbeitet wird. Klicken Sie einfach jene Ebene an, auf der Sie arbeiten möchten. Das Stiftsymbol erscheint dann automatisch dort.

Ebenen benennen

Flash fügt automatisch die Bezeichnungen Ebene 1, Ebene 2 etc. ein. Sie können und sollten die Ebenen aber umbenennen und ihnen Bezeichnungen geben, die einen Hinweis auf den Inhalt der Ebene enthalten, z. B. Hintergrund, blauer Vorhang, bewegte Figur oder Ähnliches.

Eine Ebene lässt sich wie folgt umbenennen:

1. Wählen Sie MODIFIZIEREN/EBENE.
2. Im Dialogfeld EBENENEIGENSCHAFTEN geben Sie in das Feld NAME die gewünschte Bezeichnung für die Ebene ein.

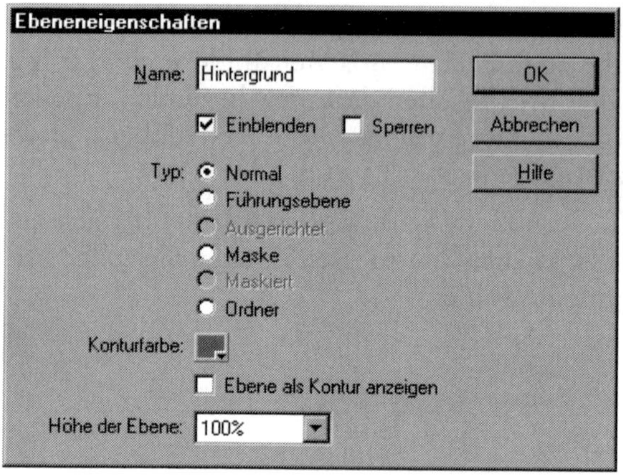

Bild 1.22: Eine Ebene wird im Dialogfeld EBENENEIGENSCHAFTEN *umbenannt.*

In diesem Dialogfeld lassen sich auch viele andere Einstellungen für Ebenen vornehmen: Sie können Ebenen z. B. sperren, um eine versehentliche Bearbeitung zu verhindern. Außerdem gibt es verschiedene Arten von Ebenen, z. B. Maskenebenen, Führungsebenen und Ordnerebenen, die sich hier ebenfalls einstellen lassen.

Querverweis

➔ Ausführliche Informationen zu den verschiedenen Ebenentypen, der Arbeit mit Ebenen und den weiteren Einstellungen für Ebenen finden Sie in Kapitel 10.

Viele Einstellungen für die Ebenen lassen sich auch direkt im Ebenenbereich vornehmen. Wenn Sie einen Doppelklick auf eine Ebene ausführen, wird das Beschriftungsfeld aktiviert, und Sie können den neuen Namen direkt dort eingeben.

Bild 1.23: Ebenennamen direkt bearbeiten

Die Symbole über den Ebenen lassen sich ebenfalls anklicken. Klicken Sie zum Beispiel auf das Auge, um alle Ebenen auszublenden. Ein Klick auf das Schlosssymbol sperrt alle Ebenen, und ein Mausklick auf das quadratische Symbol zeigt lediglich die Konturen aller Ebeneninhalte an. Wenn Sie die entsprechende Eigenschaft für nur eine Ebene ändern wollen, klicken Sie auf den Punkt bzw. das Quadrat unter dem entsprechenden Symbol.

Bedienfelder

Die Bedienfelder sind ein zentrales Element in Flash. Ähnlich Dialogfeldern erscheinen sie als kleine Täfelchen und bieten einen entscheidenden Vorteil: Sie können geöffnet bleiben, während Sie weiter am Film auf der Bühne arbeiten. So fällt der Wechsel zwischen der Arbeit an einem Objekt und den verschiedenen Einstellungen für dieses Objekt leicht.

Die Bedienfelder sind thematisch bestimmten Bereichen zugeordnet und bieten Optionen an, mit denen sich Einstellungen zu diesen Themen vornehmen lassen. So gibt es zum Beispiel ein Bedienfeld für Farbtöne, in dem Sie die aktuelle Zeichnungsfarbe festlegen können oder angeben, in welcher Farbe ein Objekt erscheinen soll. Darüber hinaus stehen in Flash Bedienfelder für die Arbeit mit Text, für die Anzeige von Informationen, für die Szene, für Transformationen, Ausrichtungen etc. zur Auswahl. Alle Bedienfelder lassen sich aus dem Menü FENSTER auswählen und einblenden.

Standardmäßig werden Bedienfelder in der Version MX von Flash zunächst am äußersten rechten Rand in einem eigenen Bereich angezeigt. Der Blick auf die Bühne bleibt dabei ungestört. Sie können ein Bedienfeld aber auch aus diesem Bereich herausziehen, indem Sie in der Titelleiste auf die Punkte ganz links klicken und somit frei schwebend auf dem Bildschirm platzieren. Dadurch vergrößert sich auch die Anzeige der Bühne.

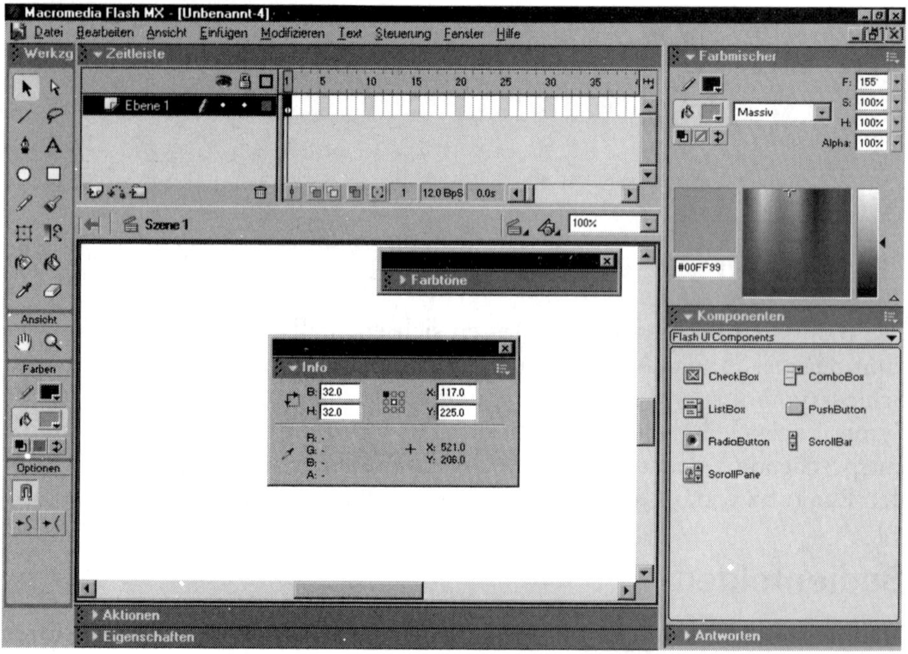

Bild 1.24: Verankerte Bedienfelder am rechten Rand, frei schwebende und abgeblendete Bedienfelder in der Bühnenmitte.

Soll ein frei schwebendes Bedienfeld wieder rechts verankert werden, ziehen Sie es einfach wieder durch Klicken auf das Punktesymbol zurück in diesen Bereich. Bedienfelder lassen sich auch in einem Fenster kombinieren.

Außerdem lassen sich Bedienfelder in minimierter Form darstellen, indem Sie links auf das Pfeilsymbol in der Titelleiste neben dem Namen klicken. Es ist dann nur noch die Titelleiste zu sehen.

Mit dem Befehl FENSTER/ALLE BEDIENFELDER SCHLIEßEN können Sie sofort alle in Flash geöffneten Bedienfelder mit einem einzigen Schritt schließen.

Das Prinzip der Funktionsweise von Bedienfeldern ist mit Dialogfeldern allerdings vergleichbar: Sie markieren zunächst eines oder mehrere Objekte auf der Bühne oder aktivieren eine bestimmte Funktion. Anschließend rufen Sie das Bedienfeld auf, in dem die erforderlichen Einstellungen vorgenommen werden sollen. Dort geben Sie die gewünschten Werte ein oder aktivieren eine

Option. Diese neuen Einstellungen werden für die zuvor markierten Objekte übernommen bzw. für die Funktion oder das Werkzeug, das angewendet werden soll.

Die Bibliothek

In der Bibliothek können Sie alle Grafiken, die Sie in Flash oder anderen Programmen erstellt haben und in Ihrem Film verwenden möchten, als Symbol ablegen. Sie werden dort dauerhaft gespeichert und lassen sich von der Bibliothek aus schnell in beliebig viele Bilder des Films einfügen. Die Bibliothek garantiert, dass Sie Grafiken, Sound, Filmsequenzen oder Schaltflächen, die bereits einmal erstellt wurden, immer wieder verwenden können. Dies gilt sowohl für die Verwendung innerhalb eines Films als auch für den Einsatz in anderen Filmen. In Flash gibt es deshalb den Unterschied zwischen der normalen Bibliothek, die jeweils dem aktuellen Film zugeordnet ist, und den gemeinsamen Bibliotheken, die dateiübergreifend verwendet werden können. Selbstverständlich lassen sich auch Inhalte aus der gemeinsamen Bibliothek in die aktuelle übernehmen und umgekehrt.

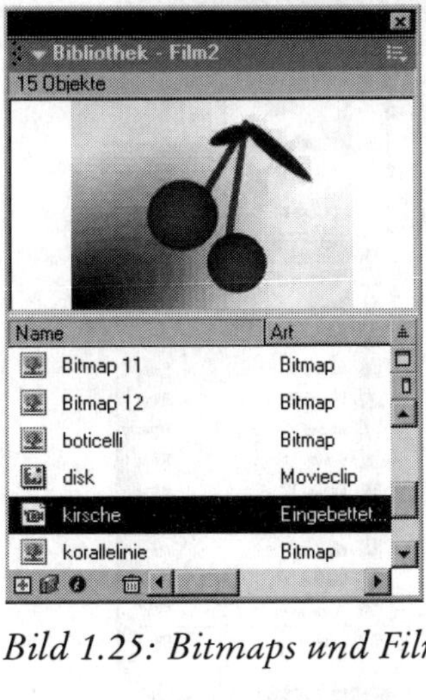

Bild 1.25: Bitmaps und Filmsequenzen in der Bibliothek

Die Bibliotheken lassen sich aus dem Menü FENSTER entweder mit dem Befehl BIBLIOTHEK oder ALLGEMEINE BIBLIOTHEKEN aufrufen und anzeigen. Es ist aus Übersichtsgründen sinnvoll, zunächst alle für einen Film spezifischen Elemente in der aktuellen Bibliothek aufzubewahren. In den allgemeinen Bibliotheken hingegen sollten Elemente abgelegt werden, die in fast jedem Film Verwendung finden, etwa ein Firmenlogo oder spezifische Schaltflächen etc. Die allgemeinen Bibliotheken sind noch einmal in verschiedene Rubriken unterteilt: FILMSEQUENZEN, GRAFIKEN, LERNINTERAKTIONEN, SCHALTFLÄCHEN und SOUNDS.

Wie gelangt der Inhalt aus der Bibliothek auf die Bühne?

Nichts lässt sich einfacher beantworten als diese Frage: Sie ziehen das Symbol einfach mit der Maus auf die freie weiße Fläche. Dort kann es nach Belieben weiterbearbeitet werden. Ist eine Symbolinstanz aus der Bibliothek drastisch verändert worden, speichern Sie es einfach unter einem neuen Symbolnamen zum zweiten Mal in der Bibliothek ab. Dann stehen beide Versionen einer Grafik oder eines Sound gleichzeitig dort bereit. Mit diesem Baukastensystem lässt sich ein Prinzip der Filmerstellung entwickeln, das jede zeichnerische Wiederholung gänzlich ausschließt. Sie können ein Symbol in beliebig vielen Varianten oder Farben unter immer anderen Namen in der Bibliothek ablegen.

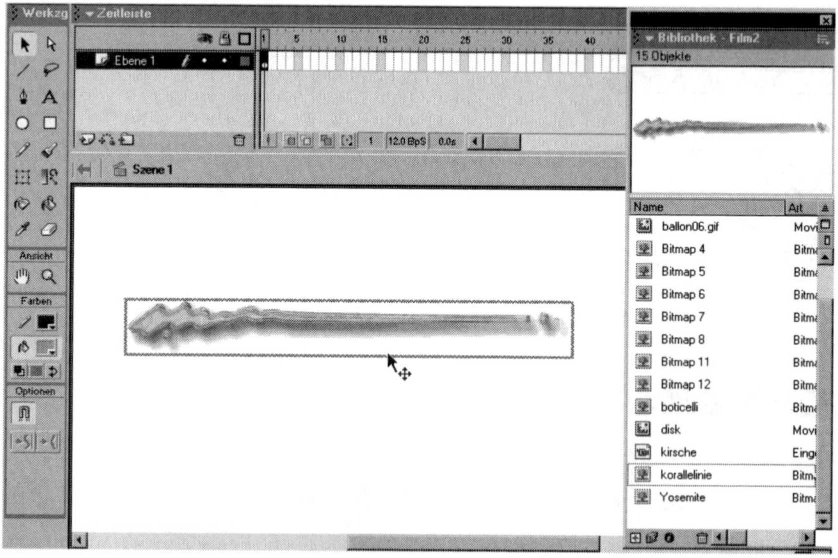

Bild 1.26: Das Symbol wird einfach mit der Maus aus der Liste in der Bibliothek auf die Bühne gezogen.

Um das Ordnungssystem innerhalb einer Bibliothek überschaubar zu gestalten, gibt es auch die Möglichkeit, dort verschiedene Ordner anzulegen.

1. Um einen neuen Ordner in der Bibliothek zu erstellen, klicken Sie auf das Ordnersymbol am unteren Rand des Bibliotheksfensters.
2. Der neue leere Ordner wird oben in die Liste eingefügt. Die automatische Beschriftung ist sofort markiert und kann durch die Eingabe eines Namens geändert werden.
3. Um dort bereits in der Bibliothek vorhandene Symbole einzusortieren, ziehen Sie diese einfach mit der Maus auf den Ordnereintrag.
4. Sobald ein neu angelegter Ordner ein Symbol enthält, wird er geöffnet dargestellt. Mit einem Doppelklick auf den Ordner schließen Sie diesen bei Bedarf.

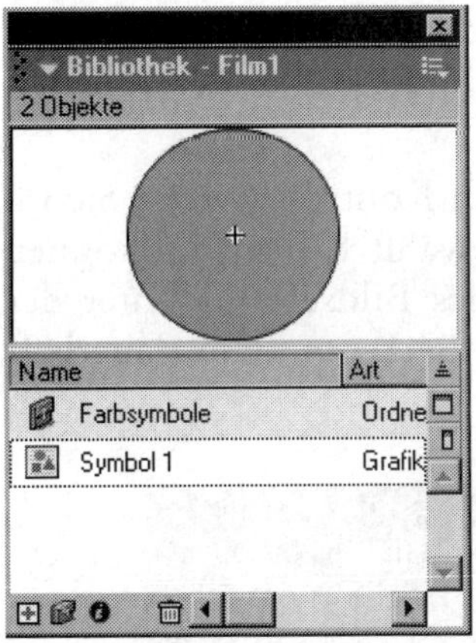

Bild 1.27: Symbol in einem Ordner

Soll ein Symbol oder Ordner aus einer Bibliothek entfernt werden, markieren Sie dieses in der Bibliothek und klicken auf die Schaltfläche mit dem Papierkorb am unteren Rand des Bibliothekfensters. Es erscheint daraufhin ein Dialogfeld mit einer Sicherheitsabfrage. Bestätigen Sie diese, um das Symbol endgültig zu löschen. Gelöschte Symbole sind unwiederbringlich aus der Bibliothek.

Querverweis

➔ Nähere Informationen zur Arbeit mit den Bibliotheken finden Sie in Kapitel 8 »Bibliotheken verwalten«.

Filmeinstellungen

Über die Filmeinstellungen sollten Sie sich im Klaren sein, bevor Sie einen Film erstellen, denn anders als in anderen Programmen sind einige Einstellungen von großer Tragweite, und es ist nicht immer leicht, den Inhalt entsprechend anzupassen. Um die richtigen Einstellungen vorzunehmen, sind auch einige Grundüberlegungen notwendig. Sie sollten eine grobe Skizze über den Ablauf des Films im Kopf haben, ehe Sie mit Flash arbeiten und die Filmeinstellungen auswählen. Dann wissen Sie nämlich am besten, wie groß ein Film bzw. die Bühne sein soll, in welcher Bildrate die Bilder ablaufen sollen etc.

Die Filmeinstellungen obliegen Ihrer permanenten Kontrolle, wenn Sie im Menü FENSTER die Option EIGENSCHAFTEN gewählt haben (Sie können auch [Strg]+[F3] drücken). Am unteren Rand des Bildschirms unter der Bühne sind dann die wichtigsten Einstellungen für Ihren Film dauerhaft angezeigt.

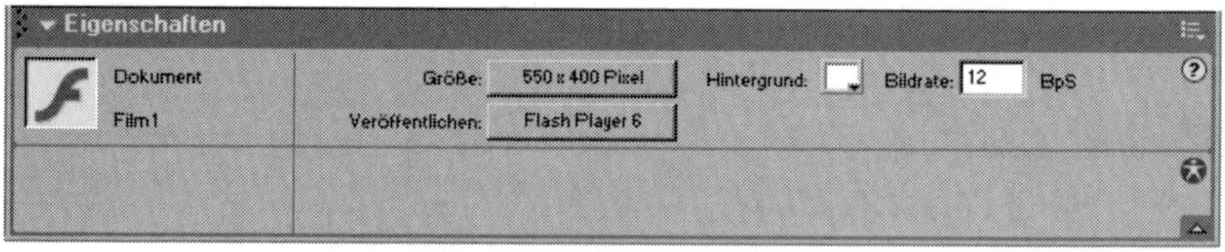

Bild 1.28: Die Filmeinstellungen geben Auskunft über die Größe des Films, die Hintergrundfarbe und anderes.

Dieses Eigenschaftenfenster dient nicht nur dazu, Einstellungen abzulesen, sondern auch vorzunehmen. Zu Beginn der Filmerstellung sollten Sie überlegen, wie groß Ihr Film und damit Ihre Bühne sein soll. Die Standardeinstellung ist 550 mal 400 Pixel. Es ist zu beachten, welche Darstellungsform Sie wünschen: Eine große Bühne braucht natürlich mehr Platz als eine kleine.

Achtung

Schwierig ist vor allem Folgendes: Wenn Sie einen Film mit einer bestimmten Bühnengröße erstellt haben und diese nachträglich ändern, müssen Sie alle bereits darauf vorhandenen Grafiken und Symbole neu anpassen. Aus diesem Grund ist es wichtig, die Filmgröße von Anfang an richtig zu definieren.

So stellen Sie eine andere Filmgröße ein:

1. Um eine neue Filmgröße einzustellen, klicken Sie auf die Schaltfläche GRÖSSE mit der Beschriftung 550 X 400 PIXEL.
2. Im Dialogfeld FILMEIGENSCHAFTEN geben Sie in die Felder für die Breite (erstes Feld) und die Höhe (zweites Feld) in der Maßeinheit Pixel einen Wert ein. Der minimale Wert in diesen Feldern liegt bei 18 Pixel, die maximale Einstellung ist 2880 Pixel.
3. Wenn Sie im daneben liegenden Feld die Maßeinheit ändern, betrifft dies alle Programmbereiche, die mit Pixel eingestellt sind, zum Beispiel auch den Abstand der Gitternetzlinien.
4. Die darunter liegenden Schaltflächen bieten die Möglichkeit, die Filmgröße an den DRUCKER, den INHALT oder die STANDARDeinstellung (550 x 400 Pixel) anzupassen.

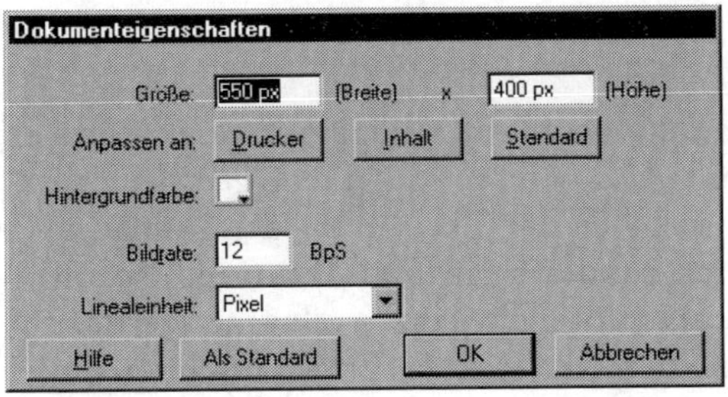

Bild 1.29: Im Dialogfeld FILMEIGENSCHAFTEN *stellen Sie die Breite und Höhe der Bühne ein.*

Zu den Filmeigenschaften gehört auch die Hintergrundfarbe, die sich im Eigenschaftenfenster per Mausklick auf das Farbfeld einstellen lässt. Es empfiehlt sich zwar, die Hintergrundfarbe vor der Platzierung der Grafiken einzustellen, damit eine farbliche Abstimmung jederzeit gewährleistet ist. Sie können die Hintergrundfarbe aber auch nachträglich variieren. Sobald Sie mit dem Mauszeiger auf eine Farbe in der Palette klicken, nimmt die Bühne diese Farbe bereits an.

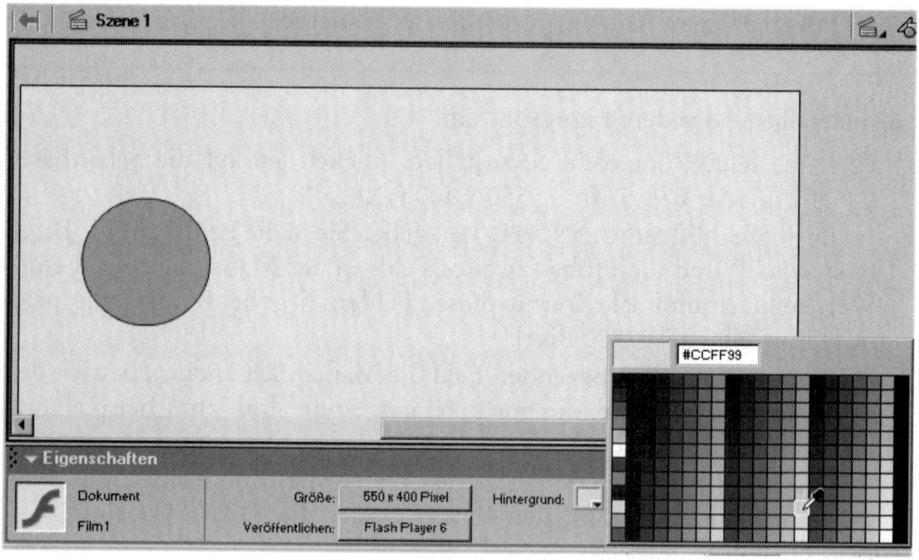

Bild 1.30: Farbe für den Hintergrund des Films bzw. die Bühne auswählen

> **Hinweis**
>
> Bei der Veröffentlichung von Flash-Filmen auf einer Website tritt häufig das Problem auf, dass diese schon eine ganz eigene Hintergrundfarbe hat, vor welcher der Flash-Film dann abläuft. Die Einstellungen der Hintergrundfarbe in Flash können also im Moment der Veröffentlichung plötzlich ganz irrelevant werden. Um dieses Problem zu vermeiden gibt es einen Trick: Zeichnen Sie ein festes Objekt in Form eines Rechtecks genau über die Maße der Bühne, und weisen Sie diesem die Hintergrundfarbe zu. Dieses Objekt wird dann nämlich zusammen mit dem Film exportiert. So stellen Sie sicher, dass der Film auch wirklich vor der gewünschten Hintergrundfarbe abläuft.

Die Bildrate gibt an, wie viele Bilder pro Sekunde in einem Film angezeigt werden. Die Standardeinstellung 12 BpS ist für die meisten Filme richtig. Höhere Bildraten erfordern höhere Rechnerleistungen und können auf dem Computer des Benutzers zu unerwünschten Verzögerungen führen. Für 28-KB-Modems sind 12 BpS angemessen, bei einer Übertragungsrate von 56 KB aus dem Internet können Sie bis 18 BpS gehen. Allzu niedrige Bildraten führen hingegen zu ruppigen Übergängen. Das Fernsehen arbeitet mit einer Bildrate von 25 BpS. Es können Bildraten bis zu 120 BpS realisiert werden, vorausgesetzt der Abspielcomputer ist schnell genug und der Film ist einfach gehalten. Für das Internet sind diese hohen Raten sicherlich ungeeignet, jedoch für andere Medien eventuell.

Flash-Player

Ein Flash-Player ist notwendig, um einen in Flash erstellten Film anzusehen, d. h. jeder Benutzer, der Ihren Flash-Film betrachten möchte, benötigt einen solchen Player, der sich aber kostenfrei aus dem Internet herunterladen lässt (www.macromedia.com/de) und außerdem mittlerweile schon relativ weit verbreitet ist (über 90% aller Surfer haben den Player schon installiert). Trotzdem sollten Sie auf einer Site, die einen Flash-Film enthält, einen Link zur Site von Macromedia anbieten, von der sich der Flash-Player in der neuesten Version schnell herunterladen lässt.

Bild 1.31: Symbol auf der Site von Macromedia zum Herunterladen des Flash-Players

Wie bereits im vorherigen Abschnitt erwähnt, gibt es den Player schon in Vorgängerversionen mit unterschiedlichen Fähigkeiten. Möchten Sie einen Film erstellen, der eine bestimmte Player-Version unterstützt bzw. die Funktionalität bis zu einer bestimmten Version, müssen Sie dies in den Filmeinstellungen angeben. Flash wird dann so eingerichtet, dass Funktionen, die z. B. nur von der Player-Version 5 und 6 unterstützt werden, in einem Film, der für die Version 4 konzipiert wird, nicht verfügbar sind. Dazu gehören unter anderem einige ActionsScripts.

Meist sollten Sie natürlich mit der neuesten Player-Version arbeiten und dem Benutzer diese auch anbieten. In der Version MX des Flash-Player ist ein direktes Abspielen des Flash-Films möglich, es ist kein neuer Seitenaufbau mehr notwendig, und das Streaming wurde ebenfalls verbessert.

Kapitel 2
Grafische Objekte erstellen

In diesem Kapitel unternehmen Sie die ersten Schritte, um in Flash Inhalte für Filme zu erstellen. Soll ein Objekt direkt in Flash erstellt werden, stehen Ihnen dazu viele Werkzeuge zur Verfügung. Doch auch bereits vorhandene Grafiken lassen sich in Flash bearbeiten. Wie bereits erwähnt, können Sie die verschiedensten Grafikformate (Bitmaps, Vektorgrafiken, Freehand-Dateien, GIFs, PNGs etc.) auf der Bühne einfügen und müssen nicht alle Inhalte von Grund auf neu und selbst erstellen, sondern können auf bereits vorhandenes Material zurückgreifen. Doch auch wenn Sie Bitmaps verwenden, ist eventuell eine Nachbearbeitung notwendig, zu der Sie auf die in Flash verfügbaren Zeichentechniken zurückgreifen möchten. Außerdem bietet die direkte Grafikerstellung in Flash einen entscheidenden Vorteil: Sie müssen sich nicht mit dem Importieren von Grafiken und eventuellen Problemen befassen, und Sie haben eine bessere Kontrolle über die Größe des Films, weil dieser nicht überraschend durch importierte Grafiken »aufgebläht« werden kann.

Um mit Flash zu experimentieren, müssen Sie zu Beginn einen neuen Film erstellen. Dazu wählen Sie DATEI/NEU. Es erscheint eine leere Bühne. Mit DATEI/SPEICHERN UNTER sichern Sie einen Flash-Film auf der Festplatte. Flash-Dateien haben die Dateiendung .FLA. Um einen bereits vorhandenen Flash-Film anzuzeigen, wählen Sie DATEI/ÖFFNEN.

Die Werkzeugleiste verwenden

In der Werkzeugleiste am linken Bildschirmrand von Flash finden Sie die verschiedensten Tools zur Erstellung und Bearbeitung von Grafiken. Wird die Werkzeugpalette nicht angezeigt, wählen Sie FENSTER/WERKZEUGE.

> **Querverweis**
>
> ➔ Alle Werkzeuge lassen sich auch schnell mit Tastenkombinationen aufrufen. Eine Liste dieser Tastenkombinationen finden Sie in Anhang B.

Bild 2.1: Die Werkzeugleiste mit ihren verschiedenen Bereichen

Die Werkzeugleiste ist in vier verschiedene Bereiche unterteilt. Die Symbole im oberen Abschnitt stellen Auswahl- und Zeichenwerkzeuge dar. Wer bereits mit anderen Grafikprogrammen gearbeitet hat, wird das eine oder andere Zeichensymbol sicher wiedererkennen. Der zweite Abschnitt stellt Symbole zur Anzeige des Films bzw. der Bühne bereit: die HAND und die LUPE. Im Abschnitt FARBEN geht es um die Farbpaletten und Farbfüllungen für jene Objekte, die Sie auf der Bühne gezeichnet haben. Und im unteren Bereich OPTIONEN finden Sie jeweils verschiedene Symbole, die je nach aktiviertem Werkzeug, andere Einstellungsmöglichkeiten bieten. Klicken Sie einmal verschiedene Werkzeuge an und behalten Sie dabei den Abschnitt OPTIONEN auf der Werkzeugleiste im Auge, um diesen Zusammenhang zu erkennen.

Das Grundprinzip des Zeichnens funktioniert in Flash MX mit allen Werkzeugen nach folgendem Schema: Sie klicken eines der Werkzeugsymbole an, um es zu aktivieren. Daraufhin setzen Sie den Mauszeiger zurück auf die Bühne. An der Form der Mauszeigers können Sie die Aktivierung eines Werkzeugs erkennen, denn dieser nimmt dann eine entsprechende Form an.

Hat sich der Mauszeiger in ein bestimmtes Werkzeug verwandelt, können Sie damit auf der Bühne zeichnen oder andere Aktionen ausführen. Ein Werkzeug bleibt so lange aktiv, bis Sie ein anderes Werkzeug auswählen.

Zu vielen Werkzeugen gehören auch bestimmte Eigenschaftenfenster, die für das jeweils aktive Werkzeug automatisch unterhalb der Bühne angezeigt werden. Ist das Werkzeug LINIE aktiv, können Sie z.B. im Eigenschaftenfenster festlegen, mit welcher Strichstärke und Farbe Sie arbeiten möchten. Damit die jeweiligen Eigenschaftenfenster angezeigt werden, muss der gesamten Eigenschaftsbereich mit dem Befehl FENSTER/EIGENSCHAFTEN oder der Tastenkombination [Strg]+[F3] eingeblendet sein.

Pfeilwerkzeug

Bild 2.2: Mit dem Pfeilwerkzeug können Sie jedes beliebige Objekt auf der Bühne auswählen.

Das schwarze Pfeilwerkzeug lässt sich durch Klick auf das erste Symbol links außen oder durch Drücken der Taste [V] aktivieren. Es ist eines der wichtigsten Werkzeuge, denn damit markieren Sie die Elemente auf der Bühne. Ähnlich wie in anderen Programmen gilt auch in Flash das Prinzip, dass zunächst ein Objekt ausgewählt werden muss, um daran Änderungen vornehmen zu können. Durch die Auswahl des Pfeilwerkzeugs lässt sich außerdem jedes andere ausgewählte Werkzeug deaktivieren.

Sollen mehrere Objekte gleichzeitig ausgewählt werden, aktivieren Sie das Pfeilwerkzeug, halten die Taste [⇧] gedrückt und klicken dann nacheinander die einzelnen Objekte auf der Bühne an. Sie können mit dem Pfeilwerkzeug auch einen Markierungsrahmen um die betreffenden Objekte ziehen. Alle darin befindlichen Objekte sind dann automatisch ausgewählt.

> **Achtung**
>
> Beachten Sie, dass einige Objekte wie Kreis und Rechteck aus einer Umrisslinie und einer Füllung bestehen. Soll nicht nur einer dieser Bereiche, sondern das gesamte Objekt markiert werden, müssen Sie einen Doppelklick darauf ausführen.

Wenn Sie ein Objekt auf der Bühne mit dem Pfeilwerkzeug anklicken und die Maustaste gedrückt halten, können Sie es damit auch an eine beliebige andere Position ziehen. Halten Sie beim Ziehen die Taste [Strg] gedrückt, versetzen Sie das Objekt nicht, sondern kopieren es an der neuen Position.

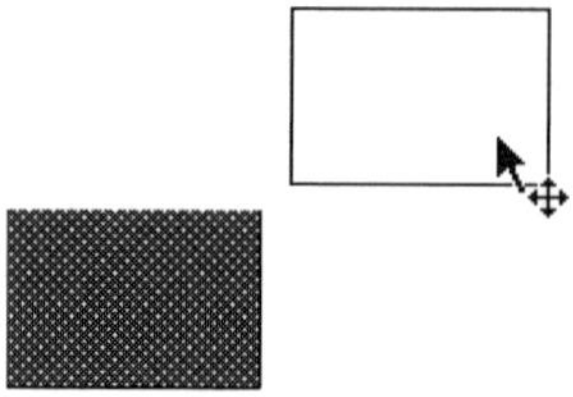

Bild 2.3: Objekte auf der Bühne mit dem Pfeilwerkzeug kopieren und versetzen

Für das Pfeilwerkzeug werden im unteren Bereich der Werkzeugleiste drei Optionen angeboten: AN OBJEKTEN AUSRICHTEN, GLÄTTEN und BEGRADIGEN. Die Optionen GLÄTTEN und BEGRADIGEN dienen dazu, gezeichnete Objekte wie Linien und Striche (also kein Text, Bitmaps oder andere importierte Elemente) zu glätten bzw. zu begradigen. Diese Optionen sind vor allem für Objekte wichtig, die mit dem Freihandwerkzeug erstellt wurden und Unebenheiten aufweisen. Mit der Option AN OBJEKTEN AUSRICHTEN können Sie gezeichnete Objekte auf der Bühne aneinander oder an den Hilfslinien ausrichten.

Unterauswahl

Bild 2.4: Das Werkzeug Unterauswahl

Das Werkzeug UNTERAUSWAHL befindet sich gleich neben dem schwarzen Pfeilwerkzeug, ist im Gegensatz dazu weiß und lässt sich auch mit der Taste [A] aktivieren. Das Werkzeug UNTERAUSWAHL hilft dabei, bestimmte Punkte auf dem Pfad eines Objekts anzuzeigen und diese zu bearbeiten.

Haben Sie z. B. eine Linie mit den Werkzeugen Stift oder Freihand gezeichnet, können Sie mit dem Werkzeug UNTERAUSWAHL nachträglich jene Punkte hervorheben, an denen sich die Linienführung ändert. Aktivieren Sie dazu das Werkzeug UNTERAUSWAHL, und klicken Sie damit eine Linie mit Pfadverlauf an. Immer dort, wo sich die Linienführung ändert, werden die so genannten Ankerpunkte anzeigt.

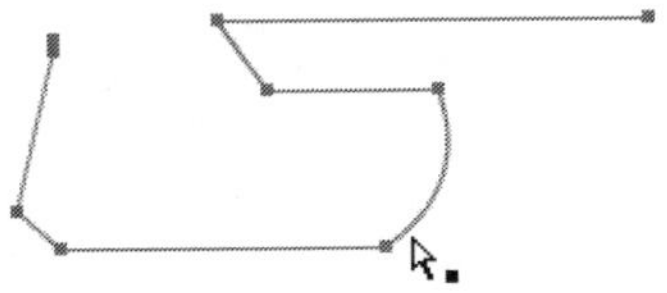

Bild 2.5: Bestimmte Punkte auf dem Pfad eines Objekts lassen sich anzeigen und bearbeiten.

Das Werkzeug UNTERAUSWAHL wird meist in enger Zusammenarbeit mit den Werkzeugen STIFT oder FREIHANDZEICHNEN angewendet, um ein schnelles Umschalten zwischen der Anzeige der Ankerpunkte und dem jeweils anderen Werkzeug zu ermöglichen.

Sobald die Ankerpunkte auf dem Pfad zu sehen sind, lassen sie sich ebenfalls mit dem Unterauswahlwerkzeug »anfassen« und an eine andere Position ziehen, um Korrekturen im Linienverlauf vorzunehmen. Solche Korrekturen sind immer nur dort möglich, wo Ankerpunkte angezeigt werden.

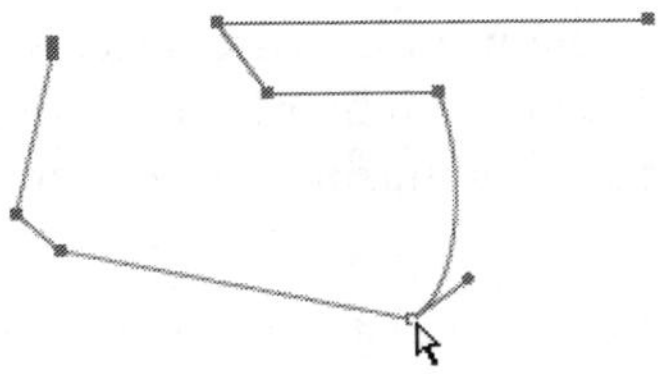

Bild 2.6: Versetzter Ankerpunkt auf dem Pfad

Beim Versetzen von Ankerpunkten werden weitere Hilfslinien sichtbar, die sich wiederum ziehen lassen, um den Winkel der angrenzenden Linie zu ändern. Das Unterauswahlwerkzeug ist also für Feinarbeiten an Linienführungen relevant.

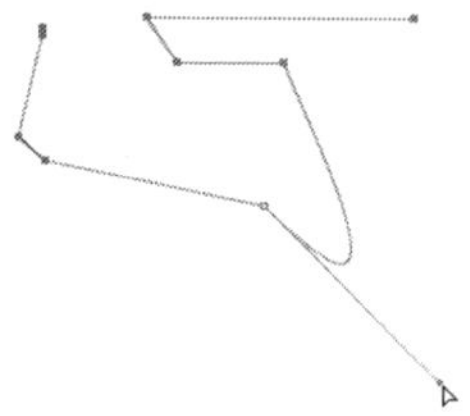

Bild 2.7: Durch Ziehen der Anker-Hilfslinie ändern Sie den Winkel.

Das Werkzeug LINIE

Bild 2.8: Gerade Linien zeichnen sich einfach mit dem Werkzeug LINIE.

Mit dem Werkzeug LINIE, das sich mit der Taste [N] aktivieren lässt, zeichnen Sie gerade Linien. Dazu aktivieren Sie zunächst das Werkzeug und klicken dann den Anfangspunkt der Linie auf der Bühne an. Halten Sie die Maustaste gedrückt, und ziehen Sie die Maus bis zum Endpunkt. Dort lassen Sie die Taste los. Die Linie folgt der von Ihnen gezeichneten Wegstrecke.

Sobald das Werkzeug LINIE aktiviert ist, erscheinen im Eigenschaftenfenster andere Einstellungsmöglichkeiten als bisher. Sie können hier bereits vor dem Zeichnen auswählen, welche Strichstärke und Linienfarbe verwendet werden soll.

Die Linienart lässt sich, wie in Abbildung 2.9 zu sehen ist, aus einem Listenfeld auswählen. Die Strichstärke können Sie entweder als direkten Wert in das Feld links daneben eingeben oder mit Hilfe eines Reglers einstellen. Um eine andere Farbe auszuwählen, klicken Sie auf das Farbfeld, und wählen Sie aus der Farbpalette die gewünschte Farbe aus.

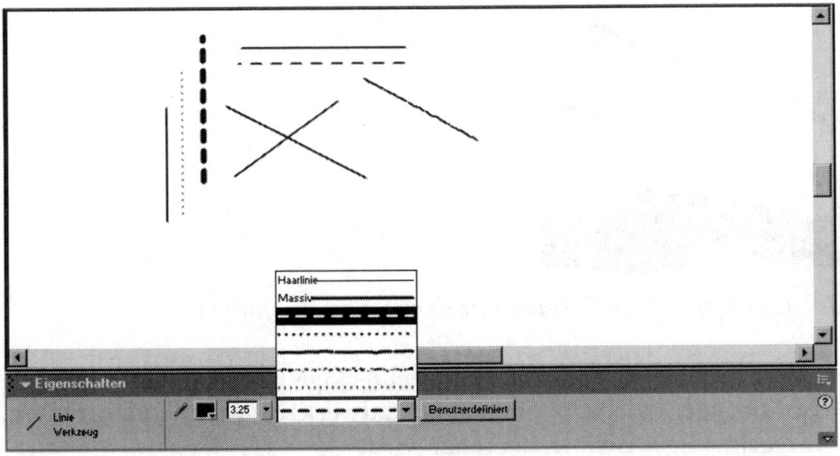

Bild 2.9: Im Eigenschaftenfenster stellen Sie die Linienart, die Strichstärke und die Linienfarbe ein.

Hinweis

Beim Zeichnen von Linien gibt es die Möglichkeit, einen Verlauf im Winkel von 45° zu erzwingen. Halten Sie dazu die Taste [⇧] gedrückt, während Sie die Linie zeichnen. Ausgehend vom Anfangspunkt wird dann eine Linie erzwungen, die im 45°-Winkel verläuft. Ziehen Sie den Mauszeiger weiter nach oben, um noch einen 45°-Schritt weiter auf 90° zu gehen.

Das Werkzeug LASSO

Bild 2.10: Das Werkzeug Lasso

Mit dem LASSO, aktivierbar durch die Taste [L], können Sie ebenfalls Formen auf der Bühne auswählen. Das Lasso ist besser als das Pfeilwerkzeug zur Auswahl unregelmäßiger Formen geeignet, denn Sie können damit wie mit einem Stift unregelmäßige Formen ziehen und alles, was sich innerhalb dieser Form befindet, dadurch auswählen.

Bild 2.11: Unregelmäßige Formen mit dem Lasso »einfangen«

Mit dem Pfeilwerkzeug können Sie nur rechteckige Bereiche markieren, mit dem Lasso hingegen wie mit einem Freihandwerkzeug dort entlangfahren, wo ein unregelmäßiger Bereich begrenzt wird.

Zusätzlich bietet das Lasso hervorragende Möglichkeiten, bestimmte Farbbereiche aus Bitmaps isoliert zu markieren. Im Folgenden soll beschrieben werden, wie Sie das Lasso dazu einsetzen können, in einem Photo, das im Format .bmp vorliegt, eine bestimmte Farbe zu markieren (es sind auch andere Bildformate wie JPEG oder GIF möglich).

1. Importieren Sie das Bitmap mit DATEI/IMPORTIEREN von der Festplatte.
2. Markieren Sie es mit dem Pfeilsymbol, und wählen Sie MODIFIZIEREN/TEILEN. Jetzt besteht das Bitmap aus einzelnen Bildpunkten, die sich separat markieren lassen.
3. Aktivieren Sie das Werkzeug LASSO, und klicken Sie im Optionenbereich auf ZAUBERSTAB-EINSTELLUNGEN.

Bild 2.12: Die Optionen für das Lasso

4. In diesem Dialogfeld legen Sie den SCHWELLENWERT und das GLÄTTEN fest. Der Schwellenwert gibt an, wie nahe ein Farbwert an der ausgewählten Farbe liegen muss, um in die Auswahl aufgenommen zu werden. Der Wert 0 definiert eine exakte Übereinstimmung der Farbwerte, während

der Wert 100 alle im Bitmap vorhandenen Farben markiert. Im Listenfeld GLÄTTEN geben Sie an, wie mit den Kanten des markierten Farbbereichs verfahren werden soll. Mit der Einstellung PIXEL erzielen Sie die genaueste Auswahl, mit GLATT sorgen Sie für eine eher großzügig geglättete Auswahl. Schließen Sie das Dialogfeld mit OK.

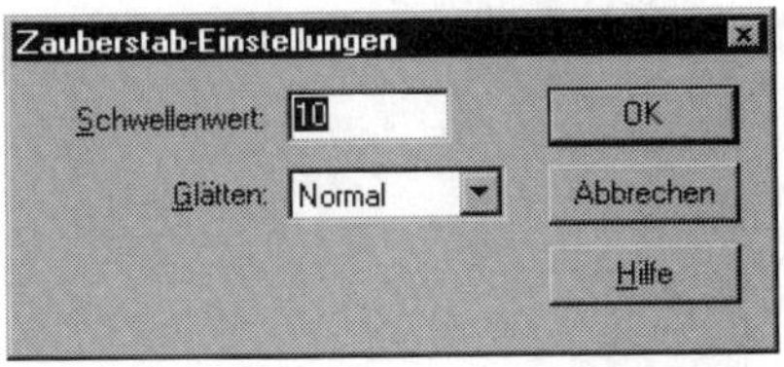

Bild 2.13: Schwellenwert und Glättung festlegen

5. Wählen Sie nun den ZAUBERSTAB aus den Optionen zum Werkzeug LASSO aus.
6. Klicken Sie nun im Bitmap den Farbbereich an, der ausgewählt werden soll. Jedes Pixel im Bitmap, das dem angegebenen Farbschwellenwert entspricht, wird nun markiert.

Bild 2.14: Links oben der Zauberstab, rechts die markierten Bildpunkte einer bestimmten Farbe und unten das Bitmap mit neuer Farbzuweisung

7. Einzelnen markierten Pixeln eines Bitmaps lassen sich schnell andere Farben zuweisen, indem Sie im Farbfeld für die Füllmuster eine andere Farbe anklicken.

Das Lasso und die Zauberstab-Optionen sind zwar nicht ganz einfach, aber damit lassen sich einige professionelle Aufgaben problemlos ausführen.

Das Werkzeug STIFT

Bild 2.15: Werkzeug Stift

Ein ebenso anspruchsvolles Zeichenwerkzeug ist der Stift. Er ist nicht zu verwechseln mit dem Freihandwerkzeug. Sie können hiermit zwar ebenso ungezwungen frei Hand zeichnen, doch der Stift »gehorcht« bestimmten Einstellungen im Eigenschaftenfenster. Um überhaupt mit dem Stift zeichnen zu können, müssen Sie darauf achten, dass eine Strichfarbe eingestellt ist, die sich vom Hintergrund abhebt. Es zeichnet sich auch in Flash schlecht mit weißer Farbe vor weißem Hintergrund.

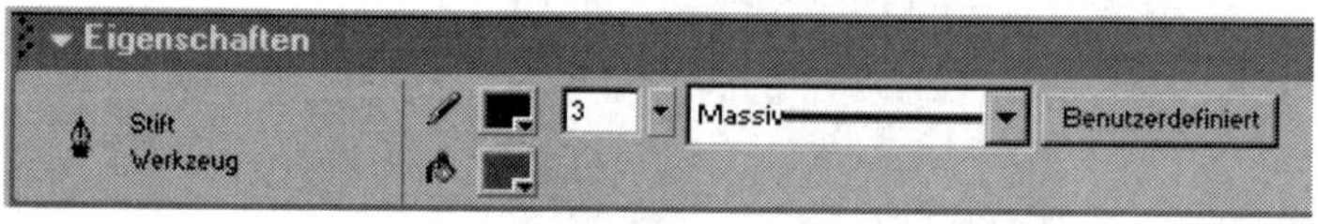

Bild 2.16: Die Eigenschaften müssen korrekt eingestellt sein, damit das Werkzeug Stift auch sichtbar Farbe abgibt.

Die einfache Linienfunktion des Stifts ist schnell beschrieben:

1. Sie aktivieren das Werkzeug STIFT (auch mit der Taste [P] möglich) und klicken den Anfangspunkt auf der Bühne an. Es erscheint nur ein Punkt auf der Bühne.
2. Klicken Sie nun den Endpunkt der Linie oder Kurve an, die Sie zeichnen möchten. Ein weiterer Ankerpunkt wird eingefügt und zwischen beiden Punkten eine Linie gezogen.

3. Klicken Sie weitere Punkte an, um die Zeichnung fortzuführen. Jeder Klick auf der Bühne ergibt einen neuen Linienabschnitt und einen zusätzlichen Ankerpunkt.
4. Um die Zeichnung zu beenden, haben Sie zwei Möglichkeiten: Entweder erstellen Sie eine geschlossene Form oder eine offene. Um die Form am Anfangspunkt oder einem anderen Ankerpunkt zu schließen, klicken Sie diesen einfach abschließend an. Eine geschlossene Form wird in diesem Augenblick automatisch mit der aktuellen Füllfarbe gefüllt.
5. Soll eine offene Form beendet werden, führen Sie beim letzten Ankerpunkt einen Doppelklick aus. Sie können auch `Strg` drücken und einen beliebigen Punkt auf der Bühne anklicken.

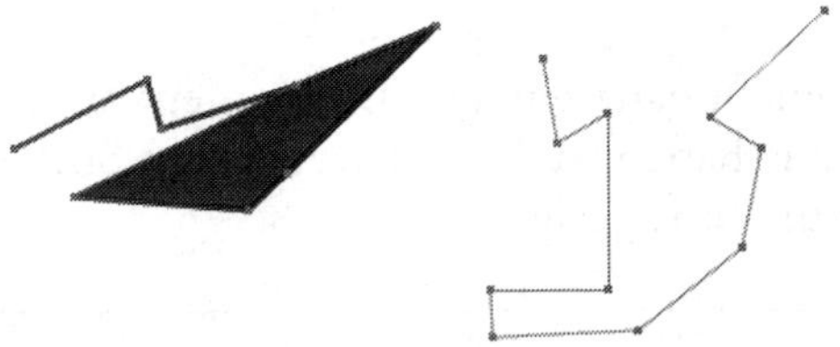

Bild 2.17: Links die geschlossene Form mit Füllung und rechts ein offener Pfad.

Kurven zeichnen

Etwas komplizierter wird das Stiftwerkzeug, wenn Sie nicht nur gerade Linien, sondern kurvige Segmente erstellen möchten.

1. Sollen Kurven gezeichnet werden, aktivieren Sie das Werkzeug STIFT.
2. Anstatt wie beim Linienzeichnen nur zu klicken, müssen Sie diesmal klicken und gleichzeitig in eine bestimmte Richtung ziehen. Es erscheinen dann Tangentengriffe rund um den Ankerpunkt.
3. Lassen Sie die Maustaste nach dem Ziehen los. Durch die Länge und Richtung des Ziehens wird die Form bestimmt, welche die Kurve erhält.
4. Um weitere Kurven anzufügen, wiederholen Sie das Klicken und Ziehen.
5. Auch kurvige Segmente lassen sich wie die geraden Linien zu einer geschlossenen oder offenen Form führen. Um eine Kurvenzeichnung abzuschließen, klicken Sie entweder einen anderen Ankerpunkt im Lini-

enverlauf an oder doppelklicken auf den letzten Ankerpunkt, um die Zeichnung zu beenden (auch mit [Strg]+Klick an eine beliebige Position lässt sich das Stiftwerkzeug absetzen).

Bild 2.18: Kurven – mit dem Stift gezeichnet

Das Kurvenzeichnen zu erlernen ist nicht ganz einfach. Experimentieren Sie damit. Wenn Sie den Dreh einmal raus haben, steht Ihnen mit dem Stift ein äußerst flexibles Zeichenwerkzeug zur Verfügung.

Querverweis

➔ Wie Sie Kurven nachträglich bearbeiten können, erfahren Sie später in diesem Kapitel im Abschnitt »Linien bearbeiten«.

Das Textwerkzeug

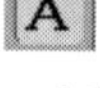

Bild 2.19: Das Werkzeug Text

Das Werkzeug TEXT lässt sich per Mausklick auf das Symbol oder mit der Taste [T] aktivieren. Für den Text stehen keine Optionen, dafür aber umso mehr Eigenschaften zur Auswahl. Das Grundprinzip von Texteingaben in Flash soll hier kurz erläutert werden:

1. Nachdem Sie das Werkzeug Text aktiviert und den Mauszeiger auf die Bühne gesetzt haben, klicken Sie dort die Position an, an welcher der Text beginnen soll.

2. Halten Sie die Maustaste gedrückt, und ziehen Sie diagonal nach unten ein Textfeld auf. Lassen Sie die Maustaste los. Die Größe des Textfeldes spielt zunächst keine Rolle, denn sie lässt sich nachträglich verändern, indem Sie das Kästchen in der oberen rechten Ecke nach links oder rechts ziehen.

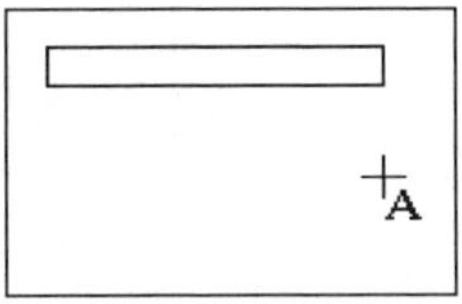

Bild 2.20: Ein Textfeld wurde mit dem Textcursor angelegt.

3. Sobald Sie die Maustaste loslassen, erscheint in dem Textfeld die Einfügemarke. Jetzt können Sie auf der Tastatur loslegen und einen beliebig langen Text eingeben. Das Textfeld passt sich automatisch an die Länge des eingegebenen Textes an.
4. Sobald die Texteingabe abgeschlossen ist, klicken Sie eine beliebige Position auf der Bühne an. Die Textfeldumrahmung verschwindet dann, und der Text steht allein auf der Bühne.

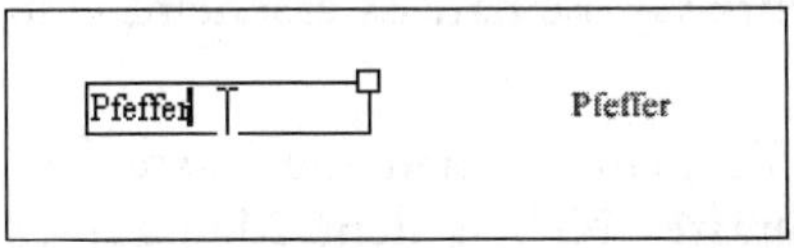

Bild 2.21: Links die Texteingabe, rechts der Text auf der Bühne

5. Sie können ein Textfeld nachträglich an eine andere Position verschieben, indem Sie es mit dem Pfeilwerkzeug anklicken und dorthin ziehen. Mit dem Pfeilwerkzeug markierter Text erhält eine blaue Umrahmung.
6. Soll der Text selbst noch einmal bearbeitet werden, aktivieren Sie erneut das Textwerkzeug und klicken noch einmal auf das Textfeld, um die Einfügemarke wieder dorthinein zu setzen.

Bei der Arbeit mit Text gibt es in Flash einiges zu beachten, denn Flash ist kein Textverarbeitungsprogramm, sondern ein Grafikprogramm bzw. ein Seitenbeschreibungsprogramm. So wird in Flash zwischen statischem Text, Geräteschriftarten und dynamischem Text unterschieden.

> Querverweis
>
> ➜ Text spielt auf allen Websites eine große Rolle, denn Informationen werden überwiegend mit Text übermittelt. Animierter Text und andere Texteffekte gehören zu den Standardelementen auf Websites. Aus diesem Grund wird die Arbeit mit dem Text detailliert in Kapitel 4 erläutert.

Das Werkzeug ELLIPSE

Bild 2.22: Das Werkzeug Ellipse

Mit diesem Werkzeug können Sie Kreise und Ovale zeichnen. Es lässt sich auch mit der Taste [O] aktivieren. Setzen Sie den Mauszeiger auf die Bühne, und klicken Sie einen Punkt an. Halten Sie die Maustaste gedrückt, und ziehen Sie den Cursor diagonal in eine beliebige Richtung. Beim Ziehen sehen Sie bereits, welche Form die Ellipse an der gewählten Position hat. Lassen Sie die Maustaste los, wenn sie die gewünschte Größe hat. Es erscheint eine mit der aktuellen Füllfarbe gefüllte Ellipse.

Um perfekte Kreise zu zeichnen, halten Sie beim Ziehen die Taste [⇧] gedrückt, oder aktivieren Sie die Feststelltaste. Neben dem Mauszeiger erscheint dann ein Kreissymbol, das signalisiert, dass Sie jetzt einen wirklichen Kreis und kein Oval zeichnen.

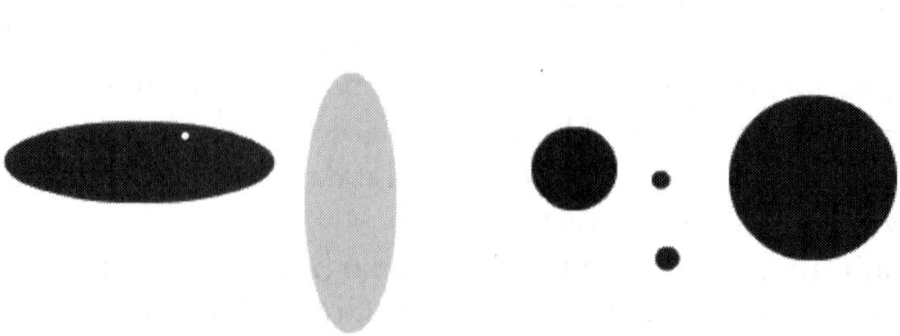

Bild 2.23: Links Ellipsen und rechts Kreise

Sobald das Werkzeug ELLIPSE aktiv ist, stehen im Eigenschaftenfenster die üblichen Einstellungen für die Strichstärke, die Linienart und die Umriss- und Füllfarbe zur Auswahl.

1. Wenn Sie eine Ellipse oder einen Kreis ohne Füllung zeichen möchten, sorgen Sie dafür, dass eine deutlich sichtbare Farbe für die Umrisslinie eingestellt ist.
2. Klicken Sie dann in der Werkzeugleiste im Abschnitt FARBEN auf das Symbol KEINE FÜLLUNG. Dieses Farbfeld ist mit einem roten Strich durchgestrichen.

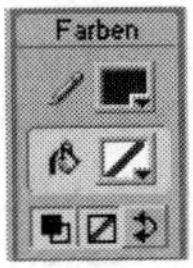

Bild 2.24: Aktivieren Sie erst die Füllfarbe, und klicken Sie in das mittlere der drei kleinen unteren Symbole, um keine Füllung als Füllfarbe einzustellen.

3. Sobald diese Fülleinstellung aktiviert ist, erscheint das Symbol mit dem diagonalen roten Strich auch im Eigenschaftenfester für die Füllfarbe.

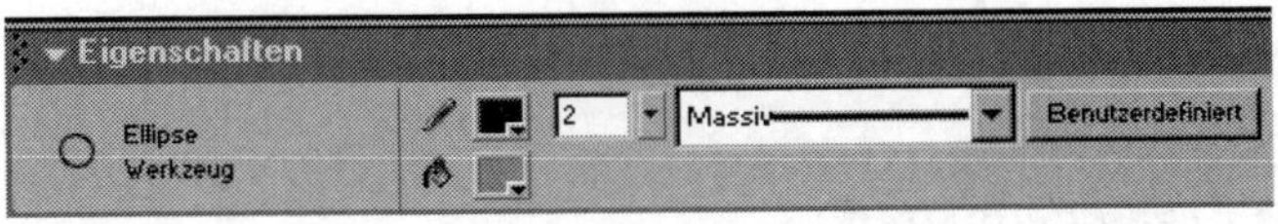

Bild 2.25: Die Eigenschaften für Ellipsen

4. Zeichnen Sie den Kreis oder die Ellipse wie gewohnt. Das Objekt wird nicht automatisch mit einer Farbe gefüllt, sondern durch diese Einstellung erscheint nur die Umrisslinie.

Querverweis

➔ Soll eine Ellipse nicht senkrecht oder waagrecht auf der Bühne stehen, sondern diagonal oder in anderer Ausrichtung, muss das Objekt gedreht werden. Informationen hierzu finden Sie im Abschnitt »Grafiken transformieren« in diesem Kapitel.

Das Werkzeug RECHTECK

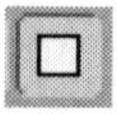

Bild 2.26: Rechtecke und Quadrate zeichnen

Mit dem Werkzeug RECKTECK (auch aktivierbar durch die Tastse [R]) können Sie Rechtecke und Quadrate zeichnen. Ähnlich wie beim Werkzeug ELLIPSE und dem Kreis lässt sich ein reines Quadrat erzeugen, indem Sie beim Ziehen die Taste [⇧] gedrückt halten. Auch hierfür stehen die bereits bekannten Eigenschaften im unteren Bildschirmbereich bereit: Einstellung der Strichstärke, der Füllfarbe und der Strichfarbe. Ebenso wie bei der Ellipse aktivieren Sie das Werkzeug RECHTECK, klicken einen Punkt auf der Bühne an, ziehen das Rechteck bis zur gewünschten Größe auf und lassen dann die Maustaste los.

Für das Rechteck steht auf der Werkzeugleiste eine weitere Option zur Auswahl: das Einstellen abgrundeter Ecken. Um ein Rechteck mit abgerundeten Ecken zu zeichnen,

1. aktivieren Sie zunächst das Werkzeug RECHTECK.
2. Klicken Sie unten im Optionenbereich auf das Symbol ECKRADIUS.

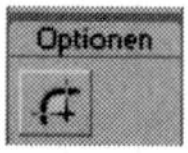

Bild 2.27: Abgerundete Ecken definieren

3. Es erscheint das Dialogfeld RECHTECKEINSTELLUNGEN.
4. Geben Sie in das Feld ECKRADIUS das Maß für die Rundung in Punkt ein. Je höher der Wert, desto stärker die Abrundung.

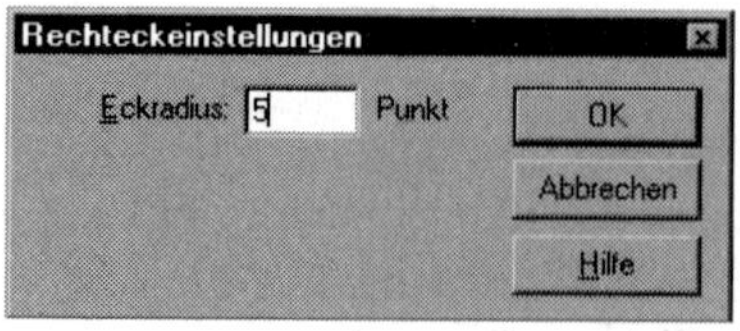

Bild 2.28: Das Dialogfeld RECHTECKEINSTELLUNGEN

5. Klicken Sie auf OK, und zeichnen Sie das Rechteck auf der Bühne. Mit einem Wert von 5 Punkt für den Eckradius ist die Abrundung gerade mal sichtbar, während Sie mit einem Wert von 100 Punkt bereits einen Kreis zeichnen könnten.

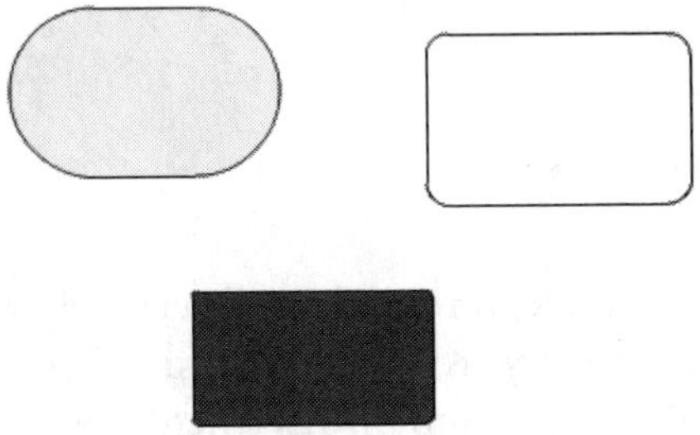

Bild 2.29: Rechtecke mit verschieden stark abgerundeten Ecken

Das Werkzeug FREIHAND

Bild 2.30: Das Werkzeug FREIHAND

Das Werkzeug FREIHAND (Taste [Y]) bietet Ihnen einen Stift an, mit dem Sie sofort auf dem Bildschirm zeichnen können. Die Farbe tritt an der Spitze des Stifts aus und lässt sich ebenso wie die Strichstärke im Eigenschaftenfenster einstellen. Ihre Hand sollte das Zeichnen am Bildschirm also einigermaßen sicher beherrschen. Was für Profigrafiker kein Problem ist, stellt andere auf eine harte Probe. Wenn Sie trotzdem aus verschiedenen Gründen auf dieses Werkzeug zurückgreifen müssen, können Sie mit Hilfe der dafür verfügbaren Optionen einstellen, wie »gnädig« oder »ungnädig« Flash mit Ihren Zeichenkünsten umgehen soll, denn es gibt die Möglichkeit, bestimmte »Ausrutscher« erkennen und automatisch beheben zu lassen.

1. Aktivieren Sie das Werkzeug FREIHAND.
2. Klicken Sie im Optionenbereich auf STIFTART.

3. Wählen Sie eine der drei folgenden Einstellungen aus dem Menü aus:

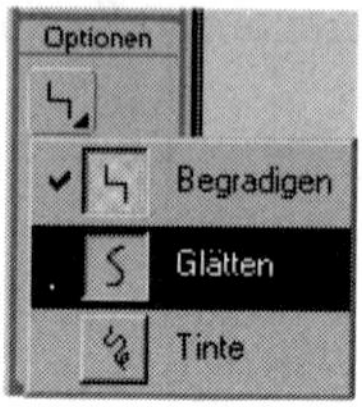

Bild 2.31: Optionen für das Werkzeug FREIHAND

Mit GLÄTTEN wird eine Formerkennungsfunktion aktiviert, die versucht zu »erraten«, ob Sie eine gerade Linien oder einen Kreis frei Hand zeichnen möchten. Entsprechend perfektioniert das Programm Ihre Zeichenversuche.

Mit der Funktion BEGRADIGEN werden gezackte Linien, die aufgrund unsicherer Mausführung enstehen, zu geraden Linien verwandelt.

Mit der Option TINTE bleibt eine Linie weitgehend so, wie Sie von Ihnen gezeichnet wurde. Es erfolgt eine kaum sichtbare Interpolierung.

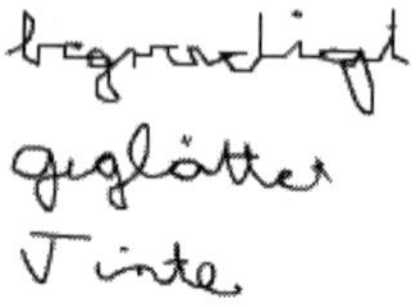

Bild 2.32: Verschiedene Effekte der Freihand-Optionen

Benutzerdefinierte Linieneinstellungen

Wenn Sie den bisherigen Übungen gefolgt sind, ist Ihnen vielleicht schon aufgefallen, dass viele Werkzeuge im Eigenschaftenfenster eine zusätzliche Schaltfläche namens BENUTZERDEFINIERT enthalten. Dies betrifft alle Werkzeuge, mit denen sich Linien zeichnen lassen: LINIE, STIFT, ELLIPSE, RECHTECK und FREIHAND.

Mit der Schaltfläche BENUTZERDEFINIERT aktivieren Sie ein Dialogfeld, in dem sich zum einen dieselben Einstellungen vornehmen lassen wie im Eigenschaftenfenster, das aber zusätzlich die Möglichkeit bietet, eine ausgewählte Linienart ganz nach Ihren Vorstellungen einzurichten und anzupassen.

1. Aktivieren Sie eines der oben erwähnten Werkzeuge, z. B. das RECHTECK.
2. Klicken Sie im Eigenschaftenfenster auf die Schaltfläche BENUTZERDEFINIERT.
3. Wählen Sie aus dem rechten Listenfeld einen Strichstil aus, z. B. den untersten in der Liste.

Bild 2.33: Auswahl eines Strichtyps

4. Das Dialogfeld ändert sich entsprechend dem ausgewählten Strichstil und zeigt weitere Eingabefelder an, mit denen sich der Verlauf und das Aussehen eine Linie exakt einstellen lassen. Es erscheinen nicht für jeden Strichtyp dieselben Eingabefelder. Diese variieren je nach Strichtyp.
5. In diesem Fall können Sie z. B. festlegen, wie dick die einzelnen Haarlinien und wie groß deren Abstand sein soll. Selbst der Drehwinkel, die Länge und die Kurvenform lassen sich genau festlegen.

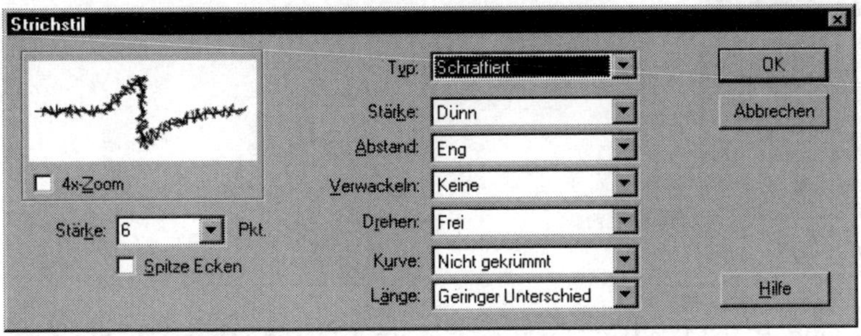

Bild 2.34: Einstellungen zum ausgewählten Strichtyp – Simulation eines Stacheldrahtzauns

6. Soll in diesem Dialogfeld die Darstellung einer Linie vergrößert werden, klicken Sie das Kontrollfeld ZOOM 4X an. Die Linie erscheint in dem kleinen Vorschaufenster des Dialogfelds vierfach vergrößert.

7. Mit der Option SPITZE ECKEN stellen Sie ein, dass die Ecken einer Form deutlich hervortreten.
8. Klicken Sie auf OK, um alle Einstellungen für das ausgewählte Werkzeug zu übernehmen. Dieses Dialogfeld bietet ein hohes Maß an Feineinstellungen für Linienverläufe an und lässt sich für alle oben bereits erwähnten Werkzeuge aufrufen.

Das Werkzeug PINSEL

Bild 2.35: Das Pinselwerkzeug

Der Pinsel dient dazu, bestimmte Bereiche der Bühne großflächig mit einer Farbe oder Farbverläufen zu bemalen. Beim Pinselwerkzeug (Taste [B]) können Sie im Eigenschaftenfenster nur die Farbe des Pinselstrichs einstellen. Dafür gibt es aber einige Optionen, mit deren Hilfe sich das Aussehen des Pinsels und damit dessen Art des Pinselstrichs einstellen lassen.

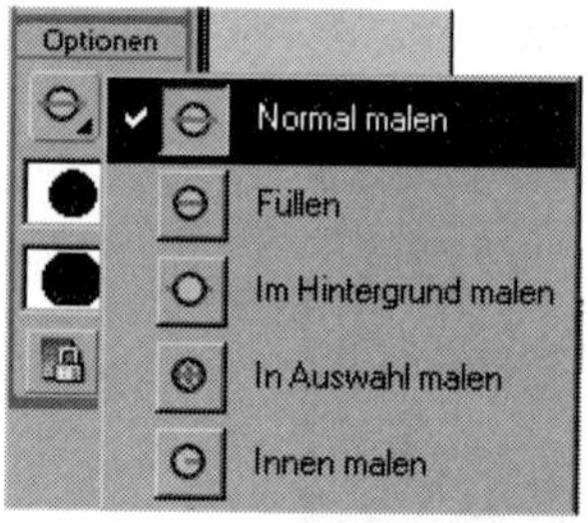

Bild 2.36: Pinselart einstellen

Ist das Werkzeug PINSEL aktiv, können Sie im Optionenbereich die erste Schaltfläche anklicken und damit ein Menü mit verschiedenen PINSELARTEN öffnen: Mit der Einstellung NORMAL MALEN wird die Farbe überall aufgetragen. Wählen Sie das Symbol HINTERGRUND MALEN, wenn Sie um einfache Objekte herum mit dem Pinsel malen möchten. Damit ist sichergestellt, dass die Linien und Füllungen des Objekts nicht verändert werden. Dieser Effekt wird allerdings nicht sofort beim Malen sichtbar (d.h. Sie können ein

Objekt zuerst durchaus überpinseln), sondern erst beim Loslassen der Maustaste. Mit der Einstellung IN AUSWAHL MALEN können Sie die Farbe innerhalb einer Füllung in einem eigens dafür ausgewählten Bereich auftragen. Wählen Sie die Option INNEN MALEN, wenn Sie vermeiden möchten, dass über den Rand eines Objekts hinaus gemalt wird, während Sie dessen Inneres mit dem Pinsel bearbeiten.

In den weiteren Optionen zum Pinsel können Sie aus einem Menü die gewünschte PINSELGRÖẞE auswählen und aus dem darunterliegenden Menü die gewünschte PINSELFORM.

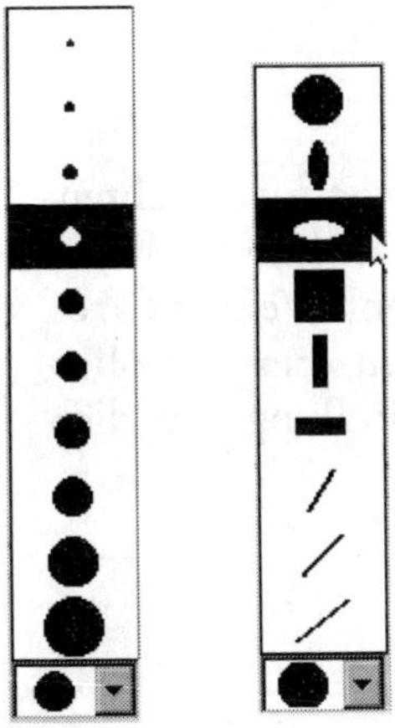

Bild 2.37: Links sehen Sie die verfügbaren Pinselgrößen, rechts die Pinselformen.

Das letzte Symbol FÜLLUNG SPERREN in der Reihe der Pinseloptionen legt fest, wie die Füllungen auf der Bühne gemalt werden, und ist nur dann von Bedeutung, wenn Sie mit einem Farbverlauf anstelle einer einzelnen Farbe malen möchten. Ist das Symbol aktiviert worden, werden einzelne Striche, die mit dem Pinsel und einem Farbverlauf gemalt wurden, zu einem zusammenhängenden Farbverlauf verschmolzen. Ist die Option nicht aktiv, enthalten die einzelnen Striche jeweils den gesamten Farbverlauf (Standardeinstellung).

Bild 2.38: Die obere Strichfolge wurde mit gesperrter Füllung, die untere mit nicht gesperrter Füllung gemalt.

> **Hinweis**
>
> Beim Malen mit gesperrten Farbverläufen ist zu beachten, dass diese nur dann berücksichtigt werden, wenn auch in die Richtung des Farbverlaufs gemalt wird. Beispiel: Haben Sie einen Farbverlauf von links nach rechts eingestellt und malen aber von oben nach unten, so erzielen Sie mit einer gesperrten Füllung natürlich keinen Effekt.

Das Werkzeug FREIES TRANSFORMIEREN

Bild 2.39: Das Werkzeug FREIES TRANSFORMIEREN

Mit diesem Werkzeug legen Sie einen Rahmen um eine Form, der bestimmte Haltegriffe enthält. Ziehen Sie an diesen Haltegriffen, um die Form eines Objekts auf der Bühne zu ändern. Sie können Objekte damit neigen, drehen und schräg ausrichten.

Mit den Optionen zu diesem Werkzeug werden diese Funktionen möglich. Außerdem dienen sie dazu, einzelne Rahmenpunkte unabhängig voneinander zu versetzen, das Objekt zu drehen und zu skalieren.

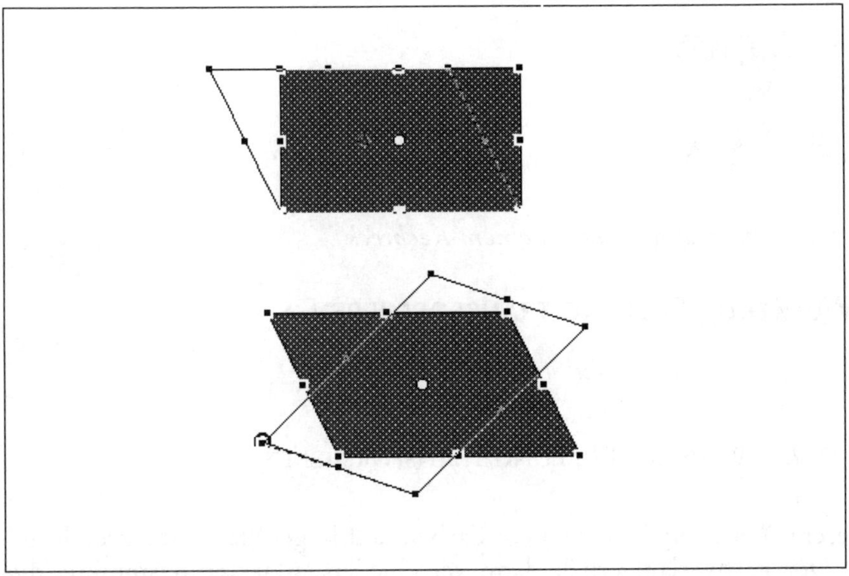

Bild 2.40: Oben wird das Objekt beim freien Transformieren geneigt, unten gedreht.

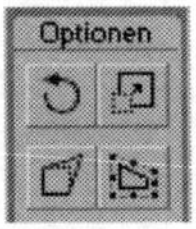

Bild 2.41: Die Optionen zum freien Transformieren

Wenn Sie z. B. die unterste, rechte Option UMHÜLLEN benutzen, können Sie um ein Objekt eine Hülle legen, deren einzelne Punkte sich dann durch Ziehen mit der Maus versetzen lassen. Damit wird eine komplette Formveränderung in den kleinsten Details möglich.

> **Querverweis**
>
> ➔ Genauere Informationen zum Transformieren von Objekten finden Sie später in diesem Kapitel im Abschnitt »Transformieren«.

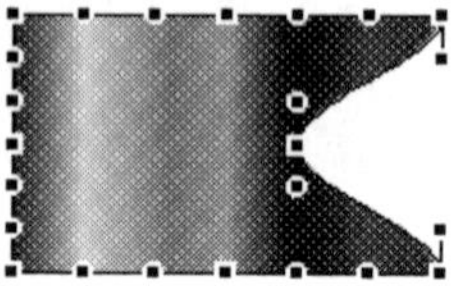

Bild 2.42: Formveränderung bei einem Rechteck

Das Werkzeug FÜLLUNG TRANSFORMIEREN

Bild 2.43: Das Werkzeug FÜLLUNG TRANSFORMIEREN

Mit diesem Werkzeug lässt sich ein Farbverlauf in gefüllten Objekten bearbeiten. Der Farbverlauf erhält dann verschiedene Markierungspunkte, die sich ziehen oder drehen lassen, um die Richtung des Verlaufs zu ändern.

Auf diese Weise lässt sich z. B. ein Farbverlauf in einem Reckteck, der von links nach rechts verläuft, so abwandeln, dass er sich diagonal und nur noch auf die Hälfte des Objekts erstreckt.

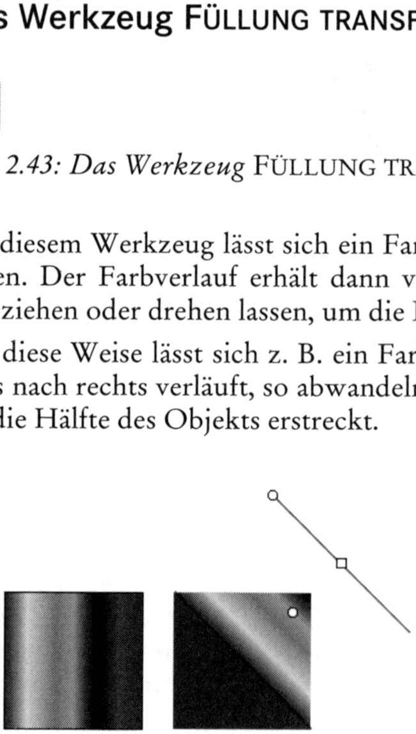

Bild 2.44: Links ein normaler Farbverlauf, rechts ein transformierter

Querverweis

➔ Nähere Informationen zu Farbverläufen finden Sie in Kapitel 3.

Das Werkzeug TINTENFASS

Bild 2.45: Das Werkzeug TINTENFASS

Das Tintenfass ist auch durch die Taste I aktivierbar. Es dient dazu, Strichattribute sowohl für Linien als auch für Umrisse zu definieren. Mit dem Farbeimer ändern Sie dagegen die Füllung einer Form. Damit Sie einem bereits vorhandenen Objekt mit dem Tintenfass eine andere Umrisslinie zuweisen können, müssen Sie natürlich zuerst eine andere Farbe für die Umrisslinie eingestellt haben. Aktivieren Sie dann das Tintenfass, und klicken Sie jene Linie auf der Bühne an, deren Eigenschaften Sie ändern möchten.

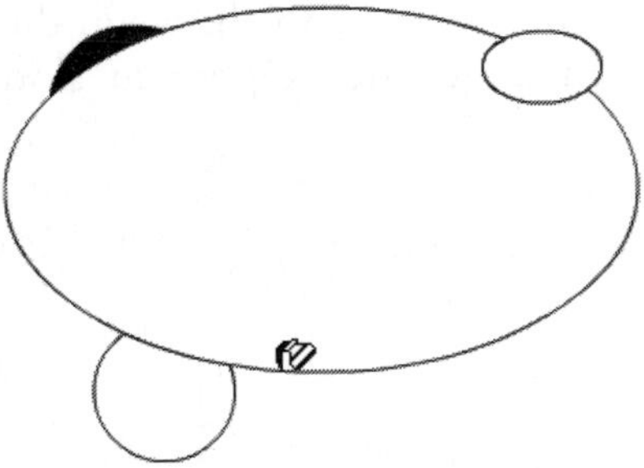

Bild 2.46: Das Tintenfass ändert die Linieneigenschaften.

Das Werkzeug FARBEIMER

Bild 2.47: Das Werkzeug FARBEIMER

Um die Füllungen einer bereits vorhandenen Form zu ändern, aktivieren Sie das Werkzeug FARBEIMER (auch mit der Taste U und klicken in das Innere des Objekts. Dieses nimmt sofort die durch den Farbeimer transportierten neuen Einstellungen an. Voraussetzung dafür ist, dass Sie eine andere Füllung eingstellt haben, als die Form ohnehin schon besitzt.

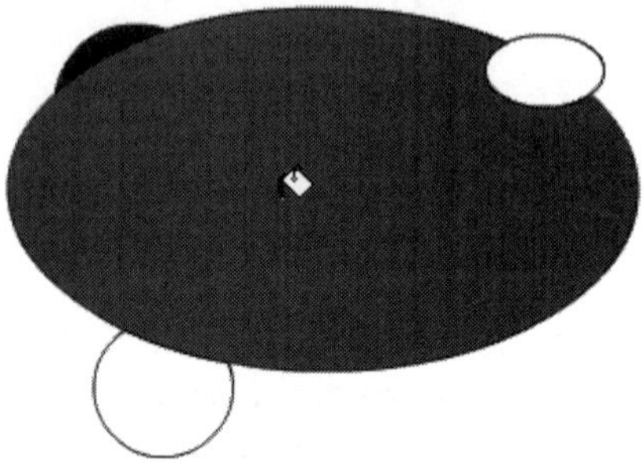

Bild 2.48: In eine Form klicken, um dieser eine andere Füllung zuzuweisen

Das Werkzeug FARBEIMER stellt folgende Optionen zur Auswahl: LÜCKENGRÖẞE und FÜLLUNG SPERREN. Mit den Optionen aus dem Menü LÜCKENGRÖẞE legen Sie fest wie der Farbeimer verfahren soll, wenn die Formen nicht geschlossen sind. Die Bezeichnungen der Optionen sind selbsterklärend.

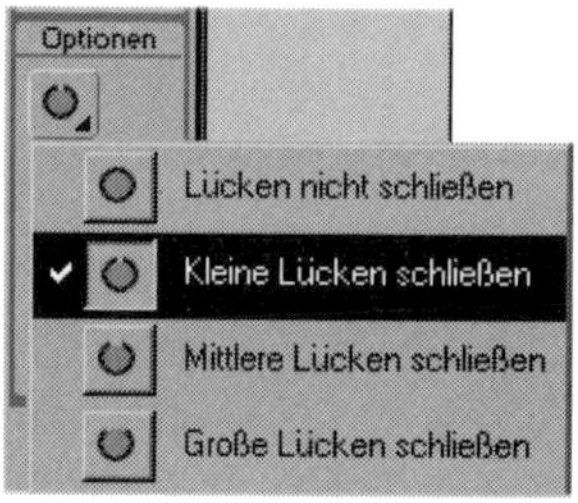

Bild 2.49: Hier legen Sie fest, wie beim Füllen mit geöffneten Formen verfahren werden soll.

Querverweis

➜ Die Option FÜLLUNG SPERREN wurde bereits im Abschnitt zum Werkzeug PINSEL beschrieben.

Das Werkzeug PIPETTE

Bild 2.50: Mit der Pipette übertragen Sie komplexe Füll- und Linieneigenschaften schnell.

Die Pipette (Taste D entfaltet ihre ganze Wirkungskraft, wenn Sie für eine Form bereits eine komplizierte Füllung oder für eine Linie eine besondere Einstellung erstellt haben und diese anschließend auch anderen Formen zuweisen möchten. Klicken Sie die Füllung oder Linie des Ursprungsobjekts mit der Pipette an, um deren Eigenschaften »aufzusaugen«. Setzen Sie den Mauszeiger auf das neue Objekt, das diese Linien- oder Fülleigenschaften ebenfalls erhalten soll, und klicken Sie noch einmal mit der Maustaste, um sie dieser Form zuzuweisen.

Das Werkzeug RADIERGUMMI

Bild 2.51: Das Werkzeug RADIERGUMMI

Aktivieren Sie den Radiergummi (auch mit E), wenn Sie Teile einer Zeichnung wieder entfernen möchten. Sie können damit wie mit einem Radiergummi auf Papier agieren.

Bild 2.52: Optionen des Radierers

Für manche Löschungen ist ein bestimmtes Verhalten des Radiergummis bzw. eine bestimmte Form sinnvoller als eine andere. Deshalb können Sie unter den Optionen für den Radiergummi aus dem ersten Listenfeld auswählen, wie sich der Radiergummi verhalten soll: Es können nur Füllungen oder nur Linien radiert werden. Haben Sie zuvor eine bestimmte Füllung als Füllfarbe eingestellt, so lässt sich mit der Option AUSGEWÄHLTE FÜLLUNGEN RADIEREN nur diese mit dem Radiergummi entfernen. Bei gefüllten Objekten lässt sich ein unbeabsichtigtes Löschen der Umrisslinie vermeiden, indem Sie dafür die Option INNEN RADIEREN auswählen.

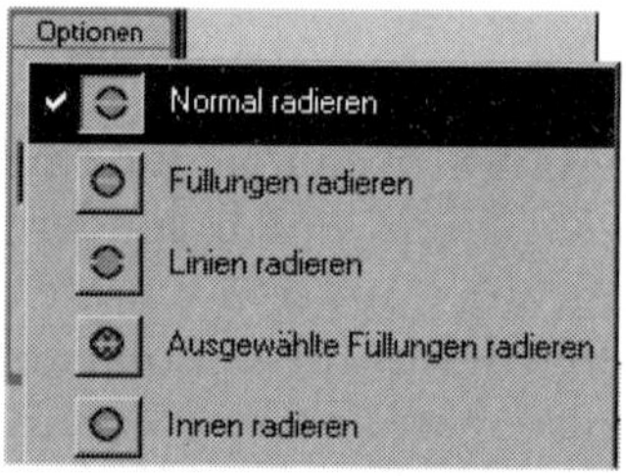

Bild 2.53: Verhalten des Radiergummis festlegen

Der WASSERHAHN aus den Radieroptionen dient dazu, das Löschen zu delegieren: Klicken Sie damit einfach auf das Element, das ausradiert werden soll. So wird automatisch das gesamte Objekt (Linie oder Füllung) gelöscht.

Auch die Form des Radiergummis spielt eine Rolle: In einem Kreis mit einem Rechteck zu radieren und umgekehrt ist nicht ganz einfach. Wählen Sie in diesem Fall eine andere Form aus dem untersten Listenfeld der Radiergummioptionen aus.

> **Hinweis**
>
> Als eine Art »Radiergummiersatz« kann übrigens auch die Funktion RÜCKGÄNGIG auf der Standardsymbolleiste dienen. Damit lassen sich alle durchgeführten Zeichenaktionen mit nur einem Mausklick sofort wieder zurücknehmen. Allerdings ist dies nur dann eine Lösung, wenn Sie eine Zeichnung direkt nach der Eingabe wieder entfernen möchten.

Das Werkzeug HAND

Bild 2.54: Das Werkzeug HAND

Die HAND (auch mit der Taste [H] aktivierbar) ist kein Werkzeug im eigentlichen Sinne mehr, denn damit lässt sich nichts zeichnen. Mit der Hand verschieben Sie die Bühne, um Bereiche in das Blickfeld zu rücken, die außerhalb liegen, z. B. auf großen Bühnen oder bei einer starken Vergrößerung der Darstellung. Ähnlich wie mit dem Rad moderner Mäuse können Sie durch Ziehen mit dem Handsymbol einfach bestimmte Bühnenbereich ansteuern, ohne lange mit den Bildlaufleisten blättern zu müssen.

Besonders effektiv wird die Hand durch diese Zusatzfunktion: Ist ein anderes Werkzeug aktiv, genügt es, die Leertaste gedrückt zu halten, um die Hand und diesen »Blättermodus« vorübergehend schnell zu aktivieren.

Das Werkzeug LUPE

Bild 2.55: Mit der Lupe vergrößern Sie die Darstellung.

Die Lupe dient dazu, ein bestimmtes Element auf der Bühne schnell vergrößert darzustellen. Ist das Symbol aktiv, kann mit jedem Mausklick auf der Bühne eine Verdopplung der Darstellung erzielt werden. Das heißt: Ist eine 100%ige Ansicht aktiv, und klicken Sie einmal mit der Lupe, wird die 200%ige Ansicht aktiviert. War zuvor eine 50%-Ansicht aktiv, wird durch einmaliges Klicken die 100%ige Darstellung angezeigt.

Das Werkzeug LUPE hat zwei Optionen: eine Lupe mit Pluszeichen zur Vergrößerung und eine Lupe mit Minuszeichen zur verkleinerten Darstellung. Dieselbe Funktion erfüllen auch die Tastenkombinationen [Strg]+[+] und [Strg]+[-] (nicht auf dem Ziffernblock).

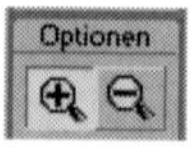

Bild 2.56: Die Optionen dienen zum Wechsel zwischen Vergrößerung und Verkleinerung.

Hinweis

Die verschiedenen, in Flash üblichen Vergrößerungsfaktoren finden Sie im Menü ANSICHT/SKALIERUNG.

Sie haben nun bis auf die Symbole zu den Farbeinstellungen alle Werkzeuge der Werkzeugleiste, ihre Funktion und Bedienung kennen gelernt. In den nächsten Abschnitten erfahren Sie, welche zusätzlichen Bearbeitungsmöglichkeiten es in Flash für gezeichnete Objekte gibt, und auf welche Hilfsmöglichkeiten Sie dabei zurückgreifen können. Hier warten die raffinierteren Techniken auf Sie.

Querverweis

→ Nähere Informationen zu den Farben und den zugehörigen Symbolen auf der Werkzeugleiste finden Sie in Kapitel 3 »Farben und Farbverläufe«.

Die Bühne als Reißbrett

Der Vorteil selbst gezeichneter Elemente und Symbole besteht darin, dass diese bereits in den Flash-Film intergriert sind und meist nur wenig Speicherplatz beanspruchen. Wenn Sie Grafiken in Flash erstellen, können Sie diese mit allen in den vorherigen Abschnitten besprochenen Techniken bearbeiten. Importierte Grafiken hingegen müssen oft noch bearbeitet werden, ehe die Flash-Werkzeuge in Aktion kommen können. Wenn Sie z. B. ein Bitmap importieren, steht dieses als Gesamtbild auf der Bühne und lässt sich zwar mit dem Pfeilwerkzeug verschieben, markieren und auch vergrößern oder verkleinern. Die einzelnen Bildpunkte und Farben lassen sich aber erst bearbeiten, wenn das Bitmap zuvor geteilt wurde.

Auch die Textelemente bilden eine Ausnahme, wenn es um die Bearbeitung in Flash geht. Ein Text, der in Flash eingegeben wurde, ist zunächst ein Ganzes und lässt sich nur als Ganzes mit allen Flash-Funktionen bearbeiten. Um einzelne Buchstaben zu drehen, wäre es z. B. notwendig, einen Text zu teilen.

Um bestimmte Objekte bearbeiten zu können ist es mitunter angebracht, diese vorher zu teilen. Dadurch können Sie nicht nur Bitmaps bearbeiten, sondern auch Text in Kurven umwandeln oder Gruppierungen aufheben. Sie teilen ein Objekt, indem Sie es markieren und aus dem Menü MODIFIZIEREN die Option TEILEN auswählen.

Ist der Umgang mit den Elementen erst einmal klar, können Sie die Bühne dazu benutzen, die einzelnen grafischen Teile dort in einen Zusammenhang zu stellen. Sie arrangieren auf der Bühne die einzelnen Bilder Ihres Films. Zu Beginn arbeiten Sie in Bild 1 auf der Ebene 1. Damit Sie dabei nicht im luftleeren Raum agieren müssen, stellt Flash einige Hilfsmittel zur Orientierung und Ausrichtung bereit.

Lineale

Sie können am linken und oberen Bühnenrand Lineale anzeigen, damit die Positionierung von Objekten einfacher wird. Dazu wählen Sie ANSICHT/LINEALE. Die Maßeinheit auf den Linealen sind Pixel bzw. entsprechen der Einstellung für das Maß in den Filmeigenschaften. Ist dort ein anderes Maß ausgewählt, wird dieses auch auf den Linealen verwendet.

Die obere linke Bühnenecke beginnt am Nullpunkt des horizontalen und vertikalen Lineals. Die Bühne hört rechts bei den angegebenen Maßen für die Breite und unten bei den Einstellungen für die Höhe auf. Der graue Bereich außerhalb der Bühne kann zwar als Arbeitsfläche verwendet werden, d. h. Sie können Objekte vorübergehend dort ablegen, diese werden aber normalerweise nicht im Film angezeigt.

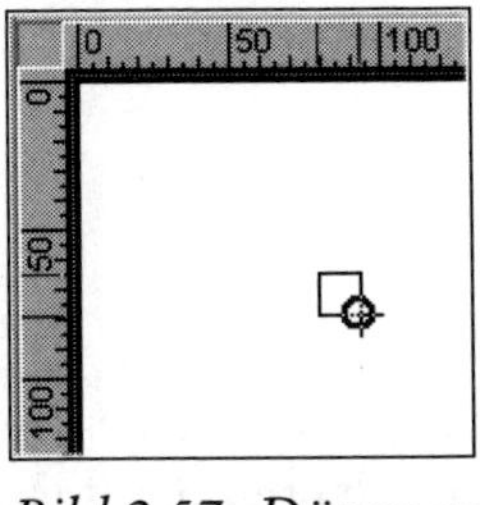

Bild 2.57: Dünne vertikale Linien zeigen auf dem Lineal die Position des Mauszeigers an.

Bei der Arbeit mit dem Lineal werden Sie bei der Positionierung eines Objekts optisch unterstützt Soll z. B. ein Rechteck auf der Bühne gezeichnet werden, wird die Position des Mauszeigers auf beiden Linealen in Form von dünnen Linien angezeigt. Dies ermöglicht ein genaues Ablesen der aktuellen Position.

Um die Lineale wieder auszublenden, wählen Sie den Befehl ANSICHT/LINEALE einfach erneut.

Hinweis

Sind die Lineale eingeblendet, erscheinen darauf auch die Hilfslinien, sofern diese aktiviert wurden.

Rasterlinien

Eine ähnliche, aber deutlichere und genauere Orientierung beim Platzieren von Objekten bietet das Raster, das sich mit ANSICHT/RASTER/RASTER EINBLENDEN anzeigen lässt. Es erscheint ein hellgraues Raster über der Bühne, das die Ausrichtung von Objekten erleichtert.

Die Rasterlinien werden nicht ausgedruckt und erscheinen auch nicht beim Abspielen des Films im Flash Player.

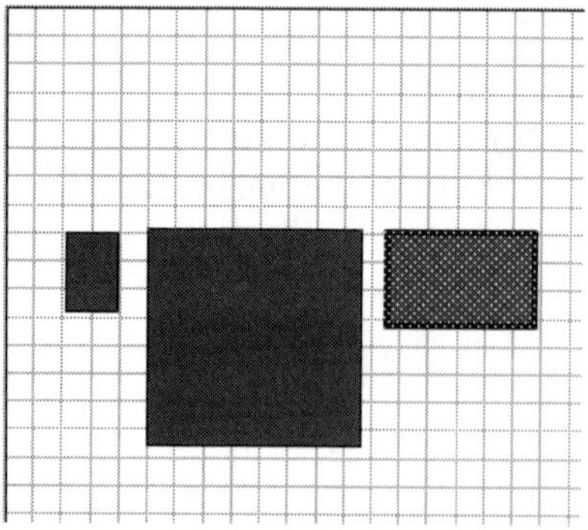

Bild 2.58: Rasterlinien auf der Bühne

Sollen Objekte an Rasterlinien einrasten, wählen Sie die Option ANSICHT/RASTER/AM RASTER AUSRICHTEN. Mit dieser Einstellung erhalten die Rasterlinien eine Art magnetische Wirkung. Objekte, die Sie in die Nähe einer

Rasterlinien führen, werden von dieser automatisch angezogen und direkt darauf platziert. Die Intensität der Ausrichtfunktion lässt sich im Dialogfeld RASTER einstellen.

Um die Größe des Rasters selbst zu bestimmen, wählen Sie ANSICHT/RASTER/RASTER BEARBEITEN. Im Dialogfeld RASTER können Sie die Farbe der Rasterlinien auswählen, indem Sie auf das Farbfeld klicken und eine Farbe in der Palette auswählen.

Mit den Kontrollfeldern aktivieren oder deaktivieren Sie die Anzeige oder das Ausrichten an den Rasterlinien. Im ersten Eingabefeld geben Sie den Wert für den horizontalen Abstand der Rasterlinien ein und im darunter liegenden Feld den Wert für den vertikalen Abstand.

Um das Verhalten bzw. die Stärke der Anziehungskraft der Rasterlinien festzulegen, wenn die Ausrichtfunktion aktiv ist, wählen Sie die gewünschte Einstellung aus dem Listenfeld AUSRICHTGENAUIGKEIT.

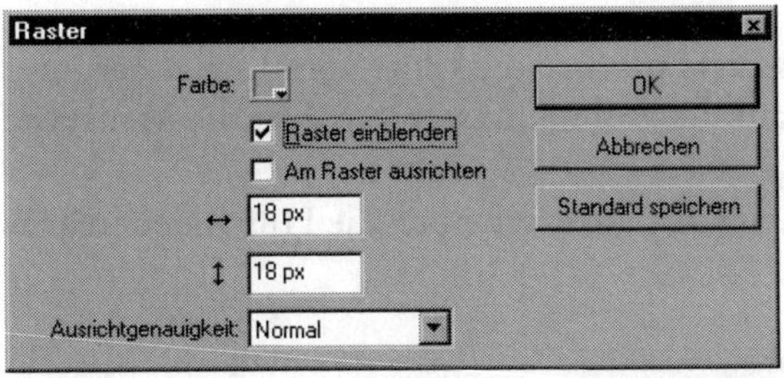

Bild 2.59: Das Dialogfeld Raster

Sollen Ihre neuen Einstellungen immer verwendet werden, klicken Sie im Dialogfeld RASTER auf die Schaltfläche STANDARD SPEICHERN.

Hilfslinien

Neben Linealen und Raster unterstützen Sie die Hilfslinien bei der exakten Positionierung von Objekten. Mit den Hilfslinien sind Sie unabhängig von vordefinierten Rastereinstellungen, denn Sie können diese dorthin ziehen, wo Sie es wünschen.

Die Hilflinien befinden sich auf den Linealen und lassen sich mit folgenden Schritten von dort auf die Bühne ziehen:

1. Damit die Anzeige von Hilfslinien möglich ist, muss dies mit ANSICHT/HILFSLINIEN/HILFSLINIEN ANZEIGEN aktiviert worden sein.

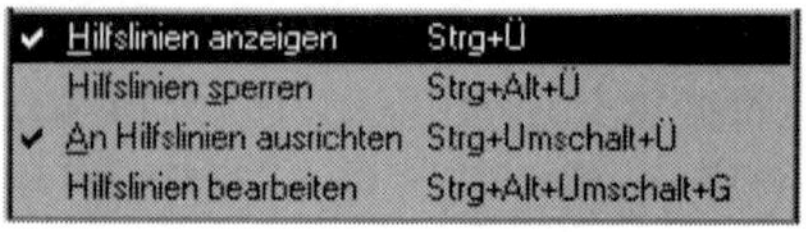

Bild 2.60: Im Untermenü HILFSLINIEN *nehmen Sie die Einstellungen für die Hilfslinien vor.*

2. Wählen Sie ANSICHT/LINEALE, wenn diese noch nicht angezeigt werden.
3. Aktivieren Sie das Pfeilwerkzeug.
4. Setzen Sie den Mauszeiger auf das obere Lineal, wenn Sie eine horizontale Hilfslinie auf der Bühne platzieren möchten. Soll eine Hilfslinie von oben nach unten verlaufen, platzieren Sie den Mauszeiger auf dem vertikalen Lineal.
5. Ziehen Sie dann mit gedrückter Maustaste die Linie vom Lineal herunter an die gewünschte Position auf der Bühne. Lassen Sie dort die Maustaste los.

Sobald Sie die Maustaste losgelassen haben, erscheinen die Hilfslinien in grüner Farbe.

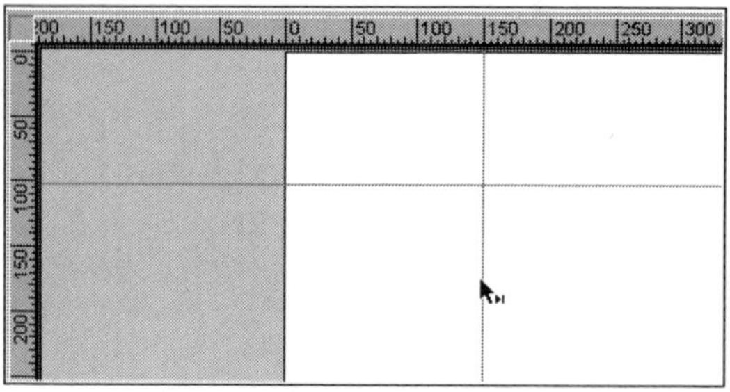

Bild 2.61: Eine horizontale und eine vertikale Hilfslinie

Um eine bereits eingefügte Hilfslinie zu versetzen, platzieren Sie den Mauszeiger darüber (es erscheint ein kleiner schwarzer Pfeil daneben), und ziehen Sie die Linie erneut. Soll eine Hilfslinie wieder entfernt werden, ziehen Sie diese einfach wieder auf das Lineal zurück.

Ebenso wie bei den Rasterlinien lassen sich auch die Hilfslinien so einrichten, dass Objekte daran automatisch einrasten. Dazu muss im Untermenü HILFSLINIEN die Option AN HILFSLINIEN AUSRICHTEN aktiviert sein.

Hilfslinien lassen sich sperren, damit sie nicht aus Versehen wieder versetzt werden, wenn bereits mehrere Objekte optimal daran ausgerichtet wurden. Wählen Sie dazu aus dem Untermenü HILFSLINIEN die Option HILFSLINIEN SPERREN.

Wenn Sie das Erscheinungsbild von Hilfslinien ändern oder generellle Einstellungen dazu vornehmen möchten, öffnen Sie mit HILFSLINIEN BEARBEITEN das Dialogfeld HILFSLINIEN. Hier können Sie die Farbe der Hilfslinien neu auswählen und auch die Einrastgenauigkeit festlegen.

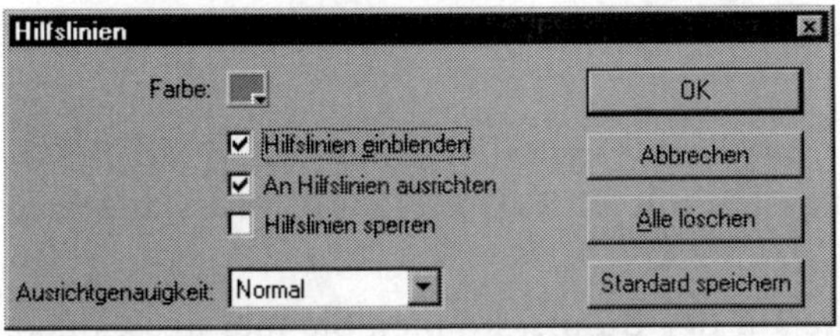

Bild 2.62: Einstellungen für die Hilfslinien vornehmen

Mit der Schaltfläche STANDARD SPEICHERN können Sie die Einstellungen zu den Hilfslinien dauerhaft sichern. Sie sind dann in jeder Arbeitssitzung mit Flash aktiv.

Mit der Schaltfläche ALLE LÖSCHEN kehren Sie zu den Voreinstellungen von Flash zurück.

Objekte ausrichten

Eine weitere Möglichkeit, die Ausrichtung und Positionierung zu erleichtern, besteht darin, das automatische Ausrichten an Elementen zu aktivieren, die sich bereits auf der Bühne befinden. Wählen Sie aus dem Menü ANSICHT die Option AN OBJEKTEN AUSRICHTEN.

Die Ausrichtfunktion steht auch auf der Standardsymbolleiste in Form eines Magnetsymbols im Bereich OPTIONEN zur Auswahl.

Ist die Ausrichtfunktion aktiv, wird das Einrasten generell an all jenen Elementen aktiviert, die diese Funktion unterstützen. Dazu gehören die Linien und Kreuzungspunkte auf dem Raster, die Hilfslinien, die Ränder und Ecken von anderen gefüllten Objekten, unsichtbare Mittelpunkte einer Gruppe oder eines Symbols, Mittel- und Eckpunkte von Textblöcken oder Bitmaps.

Ob die Ausrichtfunktion aktiv ist, erkennen Sie an der Form des Mauszeigers. Daneben erscheint ein schwarzer Ring, der beim Ziehen mit dem Pfeilwerkzeug das Einrasten signalisiert.

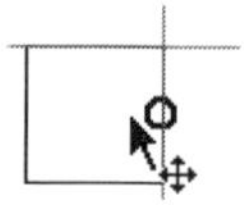

Bild 2.63: Aktive Ausrichtfunktion

Wo Objekte genau aneinander ausgerichtet werden sollen, legen Sie im Bedienfeld AUSRICHTEN fest, dass sich mit FENSTER/AUSRICHTEN anzeigen lässt.

Befinden sich z. B. drei Objekte auf der Bühne, können Sie hier auswählen, ob diese an ihrer linken, rechten oder vertikalen Mitte bzw. an der Ober, Unterkante oder horizontalen Mitte ausgerichtet werden sollen. Für alle sechs Ausrichtungsvarianten stehen die ersten sechs Symbole im Bedienfeld AUSRICHTEN zur Auswahl.

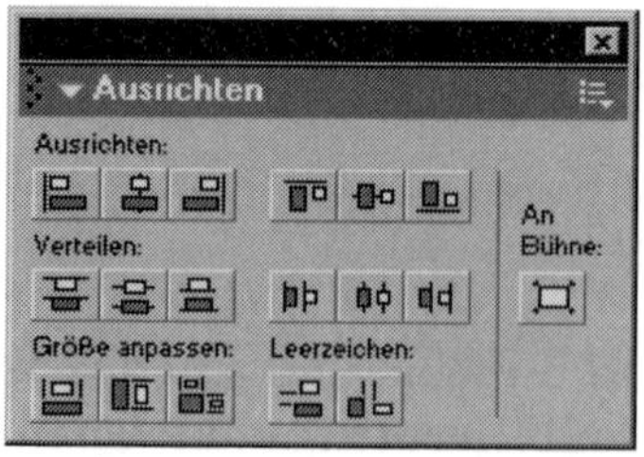

Bild 2.64: Das Bedienfeld AUSRICHTEN

1. Markieren Sie zuerst eine beliebige Anzahl von Objekten auf der Bühne mit dem Pfeilwerkzeug, und halten Sie dabei [⇧] gedrückt.
2. Öffnen Sie das Bedienfeld Ausrichten mit FENSTER/AUSRICHTEN.

3. Um die Effekte der einzelnen Ausrichtfunktionen in der ersten Zeile des Bedienfelds zu verstehen, klicken Sie diese nacheinander an und wählen zwischendurch immer wieder RÜCKGÄNGIG, um den Ausgangszustand jedes Mal neu herzustellen.

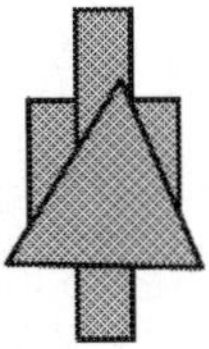

Bild 2.65: Dreieck, Rechteck und Quadrat, vertikal an der Mittellinie ausgerichtet.

Hinweis

Soll die Ausrichtung der Objekte sowohl aneinander als auch an der Bühne erfolgen, aktivieren Sie rechts das Symbol AN BÜHNE.

Daneben haben Sie in diesem Bedienfeld die Möglichkeit, Objekte, die sich auf der Bühne befinden, in bestimmter Weise zu verteilen. Hierzu verwenden Sie die zweite Symbolzeile im Bedienfeld AUSRICHTEN.

In der dritten Symbolzeile stehen Funktionen zur Größenanpassung und zur Anpassung von Leerzeichen bereit.

Alle diese Funktionen lassen sich immer auch auf die Bühne beziehen, indem Sie zusätzlich auf das Symbol AN BÜHNE klicken.

Zoomen

In welcher Darstellungsform die Bühne angezeigt wird, bleibt ebenfalls Ihnen überlassen. Sie können eine vergrößerte Ansicht wählen, wenn Sie bestimmte Details eines Objekts bearbeiten möchten, oder eine verkleinerte Darstellung, wenn Sie einen Überblick über alle Objekte bzw. das Gesamtarrangement erhalten wollen.

Die verschiedenen Vergrößerungsfaktoren lassen sich entweder mit dem Werkzeug LUPE definieren oder im Menü ANSICHT. Im Untermenü SKALIERUNG stehen ebenfalls verschiedene Vergrößerungsfaktoren zur Auswahl.

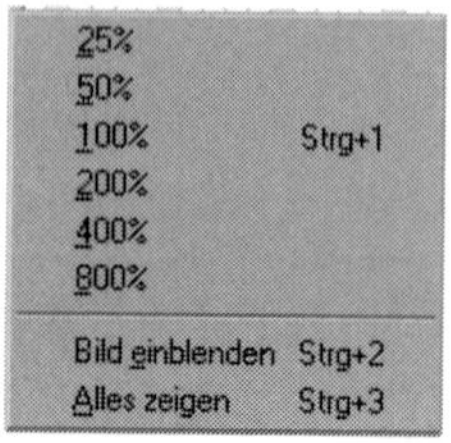

Bild 2.66: Vergrößern und Verkleinern in Flash

Konturen anzeigen

Arbeiten Sie mit umfangreichen Grafiken, kann es sein, dass ein Film lange Ladezeiten beansprucht bzw. der Seitenaufbau der einzelnen Bilder allzu lange dauert. In diesem Fall empfiehlt es sich, mit ANSICHT/KONTUREN nur die Umrisse der einzelnen Grafiken anzuzeigen, wenn Sie nicht mit der Arbeit an Details beschäftigt sind, sondern den Film bildweise bearbeiten möchten.

Anti-Alias

Mit diesem Verfahren wird das Problem gezackter Linienränder in Grafikprogrammen gelöst. Wenn Sie eine diagonale Linie oder frei Hand zeichnen, aber auch bei Text kann es vorkommen, dass die Linien allzu gezackte Ränder aufweisen.

Wählen Sie in diesem Fall vor dem Zeichnen den Befehl ANSICHT/ANTI-ALIAS. Zunächst erscheint die Linie ebenso gezackt, aber sobald Sie die Maustaste loslassen, wird die Anti-Alias-Funktion aktiv.

Bild 2.67: »Ausbügeln« gezackter Linien durch Anti-Aliasing – oben Original, unten mit Anti-Alias gezeichnet

Grafiken transformieren

Wenn Sie Objekte mit den Werkzeugen in Flash erstellt oder importiert haben, können Sie diese auf vielfältige Weise nachbearbeiten. Neben den sehr eindrucksvollen Bearbeitungsfunktionen zur Transformation von Grafiken stehen in Flash auch die üblichen Windows-Befehle zum KOPIEREN, AUSSCHNEIDEN und EINFÜGEN zur Auswahl. Diese können Sie entweder per Klick auf das Symbol in der Standardsymbolleiste oder aus dem Menü BEARBEITEN auswählen. Ein Objekt muss immer erst markiert werden, ehe Sie einen dieser Befehle anwenden können. Auf diese Weise lassen sich auch Objekte über die Zwischenablage von Windows in Flash übernehmen.

Durch den Befehl DUPLIZIEREN aus dem Menü BEARBEITEN erstellen Sie eine exakte Kopie eines Objekts auf der Bühne, das sich an eine beliebige Position ziehen lässt.

Zum nachträglichen Versetzen bereits erstellter Grafiken dient grundsätzlich das Pfeilwerkzeug. Klicken Sie ein Objekt damit an, und ziehen Sie es an eine andere Position.

Objekte skalieren

Sie vergrößern eine Grafik tatsächlich – nicht zu verwechseln mit der vergrößerten Darstellung, die im vorherigen Abschnitt beschrieben wurde –, indem Sie diese mit dem Pfeilwerkzeug markieren. Wählen Sie aus dem Menü MODIFIZIEREN/TRANSFORMIEREN die Option SKALIEREN. Sie können auch die Option SKALIEREN des Werkzeugs FREIES TRANSFORMIEREN aktivieren.

Das Objekt auf der Bühne erhält dann einen Rahmen mit Haltepunkten, die sich in eine beliebige Richtung ziehen lassen, um das Objekt an dieser Seite zu vergößern oder zu verkleinern.

Durch Ziehen der Eckpunkt bleibt die Proportion des Objektes insgesamt beim Skalieren erhalten.

Linien bearbeiten

Haben Sie mit dem Stift oder frei Hand eine unregelmäßige Linie erstellt, und möchten Sie an dieser Linienführung nachträglich etwas ändern, können Sie die Ankerpunkte anzeigen lassen und diese zur Formveränderung versetzen.

1. Aktivieren Sie das Werkzeug UNTERAUSWAHL.
2. Klicken Sie jene Linie an, die Sie frei Hand oder mit dem Stift gezeichnet haben.
3. Es erscheinen an jenen Positionen Ankerpunkte, an denen sich der Linienverlauf ändert.
4. Klicken Sie einen Ankerpunkt an, und ziehen Sie ihn an eine neue Position, um den Linienverlauf an dieser Position neu zu gestalten.

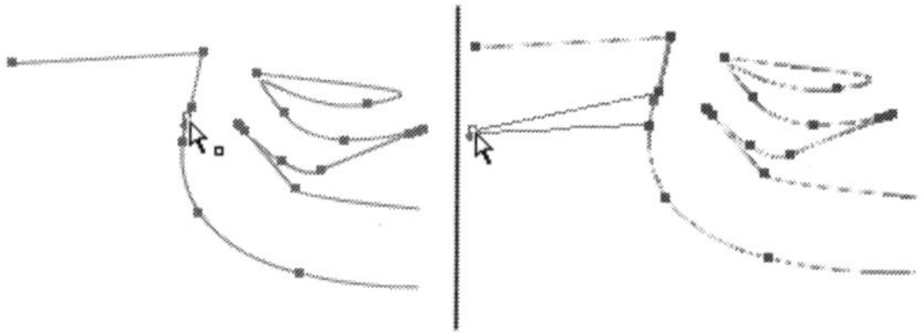

Bild 2.68: Links wird der Ankerpunkt mit dem Unterauswahlwerkzeug angefasst, rechts ist er bereits versetzt.

5. Ankerpunkte, die sich an Kurvenabschnitten befinden, erhalten nach dem Anklicken mit dem Unterauswahlwerkzeug eine Tangenten. Ziehen Sie die Endpunkte der Tangente nach oben, unten, links oder rechts, um den Kurvenverlauf zu ändern. Eine spitz zulaufende Kurve lässt sich damit abrunden und umgekehrt.

Bild 2.69: Links: Eine weit ausholende Tangente, rechts: Durch Ziehen des Endpunkts der Tangente wird die Kurve runder.

6. Wenn Sie einen Linienverlauf an einer Position ändern möchten, an der sich kein Ankerpunkt befindet, können Sie selbst dort einen Ankerpunkt einfügen, indem Sie das Werkzeug Stift auswählen.

7. Klicken Sie damit auf die Position auf der Linie, an der ein neuer Ankerpunkt eingefügt werden soll.
8. Um einen Ankerpunkt zu entfernen, klicken Sie ihn an und drücken [Entf] oder führen mit dem Stiftwerkzeug einen Doppelklick darauf aus.
9. Soll ein Ankerpunkt versetzt werden, ziehen Sie ihn mit dem Unterauswahlwerkzeug an eine andere Position.

Kurven optimieren

Ein Kurvenverlauf lässt sich mit Hilfe eines Dialogfelds optimal anpassen, wenn die Handhabung der Tangentengriffe mit dem Werkzeug UNTERAUSWAHL bzw. FREIHAND und STIFT zu knifflig wird.

1. Markieren Sie die betreffende Kurvenzeichnung mit dem Pfeilwerkzeug. Klicken Sie so oft, bis alle Liniensegmente markiert sind.
2. Wählen Sie aus dem Menü MODIFIZIEREN die Option OPTIMIEREN.
3. Es erscheint ein Dialogfeld, in dem Sie das Maß der Optimierung mit einem Regler einstellen können.

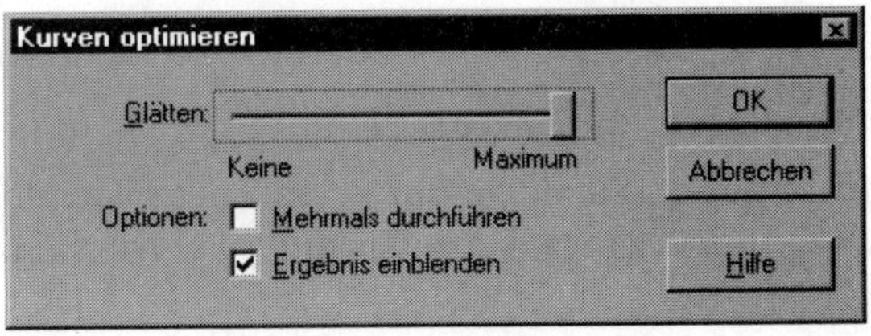

Bild 2.70: Kurven optimieren

4. Je weiter Sie den Regler in Richtung MAXIMUM ziehen, desto stärker abgeflacht werden die Kurven.

   Aktivieren Sie das Kontrollfeld MEHRMALS DURCHFÜHREN, wenn Sie diesen Vorgang schrittweise ausführen möchten.

   Ist das Kontrollfeld ERGEBNIS EINBLENDEN angekreuzt, erhalten Sie vor der Optimierung einen Hinweis auf die Anzahl der optimierten Kurven.
5. Schließen Sie das Dialogfeld mit OK, und beachten Sie die Veränderung der Form.

Bild 2.71: Links: mit dem Stift gezeichnete Kurve, rechts: optimierte Kurve

Die optimierte Kurve lässt sich erneut optimieren, wenn der erste Vorgang nicht ausreichend war. Sie können die Optimierung beliebig oft wiederholen, bis ein optimaler Endstand erreicht wird.

Verweis: Text spielt auf allen Websites eine große Rolle, denn Informationen werden überwiegend mit Text übermittelt.

Querverweis

➔ Animierter Text und andere Texteffekte gehören zu den Standardelementen auf Websites. Aus diesem Grund wird die Arbeit mit dem Text detailliert in Kapitel 4 erläutert.

Ist eine Optimierung zu stark ausgefallen, klicken Sie in der Standardsymbolleiste auf RÜCKGÄNGIG, um den Originalzustand wiederherzustellen und es mit einer schwächeren Einstellung beim Glätten erneut zu versuchen.

Objekte drehen und neigen

Objekte lassen sich in Flash um die eigene Achse drehen oder neigen. Dafür stehen entweder die Optionen des Werkzeugs FREIES TRANSFORMIEREN zur Auswahl oder das Untermenü TRANSFORMIEREN im Menü MODIFIZIEREN.

1. Markieren Sie ein Objekt mit dem Pfeilwerkzeug.
2. Wählen Sie MODIFIZIEREN/TRANSFORMIEREN.
3. Im Untermenü haben Sie die Auswahl zwischen Drehungen um 90° nach links oder rechts.
4. Alternativ wählen Sie das einfache DREHEN, wobei das Objekt Drehpunkte erhält, die sich dann mit der Maus ziehen lassen.

5. Feste Werte für das SKALIEREN UND DREHEN geben Sie in diesem Dialogfeld ein.

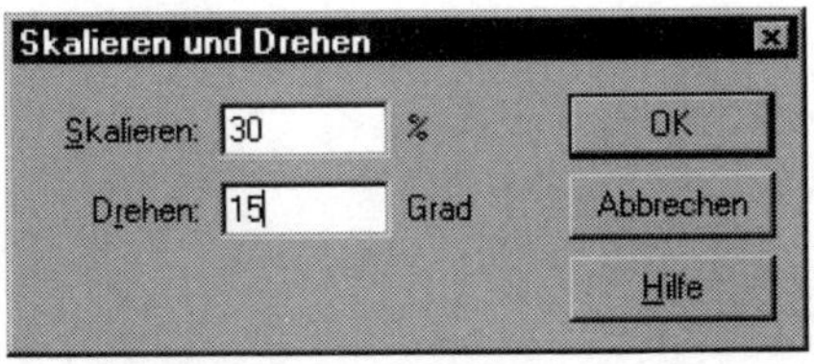

Bild 2.72: Objekte skalieren und drehen

6. Wählen Sie DREHEN UND NEIGEN, um ein Objekt gleichzeitig zu drehen und zu neigen, wobei das Objekt zwei verschiedene Haltepunkte erhält:
   - An den Eckpunkten können Sie das Objekt drehen. Der Mauszeiger nimmt die Form runder Pfeile an.
   - An den mittleren Rahmenpunkten lässt sich das Objekt neigen. Der Mauszeiger erhält die Form eines Doppelstrichs mit einfachen Pfeilspitzen.

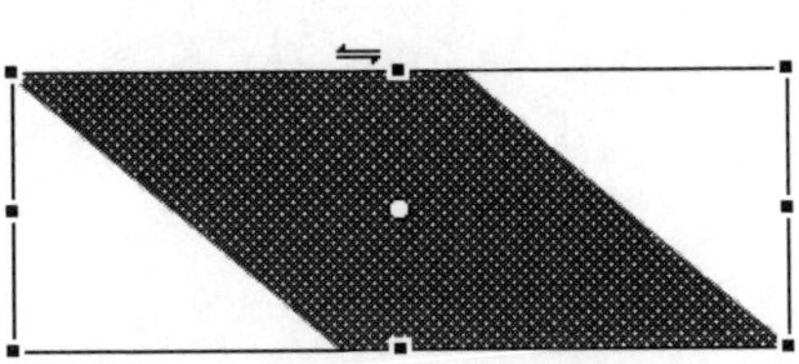

Bild 2.73: Objekte drehen und neigen

Objekte spiegeln

Mit dem Pfeilwerkzeug markierte Objekte lassen sich auf der Bühne spiegeln, d. h. seitenverkehrt darstellen. Dazu steht im Menü MODIFIZIEREN/TRANSFORMIEREN die Option HORIZONTAL SPIEGELN zur Auswahl.

Soll nicht über die Längsachse, sondern über die Querachse gespiegelt werden, wählen Sie VERTIKAL SPIEGELN.

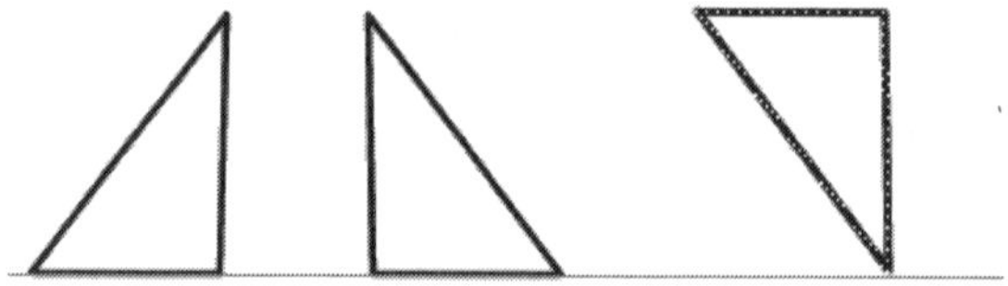

Bild 2.74: Originaldreieck, horizontal gespiegelt, vertikal gespiegelt

Bedienfeld TRANSFORMIEREN

Alle bereits beschriebenen Techniken und noch mehr haben Sie bequem zur Hand, wenn Sie bei der Bearbeitung eines Objekts das Bedienfeld TRANSFORMIEREN einblenden. Hier können Sie außerdem exakte Werte für Neigungs- und Drehwinkel angeben, wenn Sie das der Arbeit mit der Maus vorziehen.

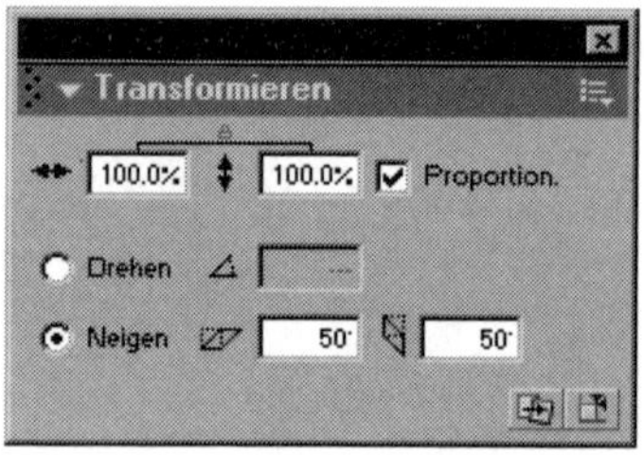

Bild 2.75: Das Bedienfeld TRANSFORMIEREN

Bedienfelder sind klein und können daher gut während der Arbeit geöffnet bleiben, ohne zu stören. Wenn Sie einen Wert in ein Bedienfeld eingegeben haben, drücken Sie die Eingabetaste, um das markierte Objekt entsprechend zu ändern.

Sollen während der Bearbeitung eines Objekts die Proportionen beibehalten werden, aktivieren Sie das Kontrollfeld PROPORTION. Flash berücksichtigt dies dann automatisch und lässt keine Änderungen zu, die an den Proportionen einer Grafik rütteln.

Hinweis

Wenn Sie im Bedienfeld TRANSFORMIEREN auf die Schaltfläche KOPIEREN UND TRANSFORMIERUNG ANWENDEN klicken, wird vom ausgewählten Objekt eine Kopie erstellt und nur dort die eingegebene Veränderung ausgeführt, während das Original unverändert bleibt.

Haben Sie experimentiert und möchten eine Transformation wieder zurücknehmen, klicken Sie auf ZURÜCKSETZEN.

Objektform ändern

In Flash stehen zwei Varianten zur Auswahl, um die Form eines Objekts selbst zu ändern. Alle bisher in diesem Abschnitt erläuterten Techniken haben nicht an den jeweiligen Grundformen gerührt. Dies ist nur mit den Funktionen VERZERREN oder UMHÜLLEN der Funktion FREIES TRANSFORMIEREN möglich.

Die Funktion FREIES TRANSFORMIEREN steht als Werkzeug oder im Untermenü MODIFIZIEREN/TRANSFORMIEREN bereit. Damit wird einem Objekt ein Rahmen umgelegt, mit dessen Haltepunkten sich die Form beeinflussen lässt. Sie können ein Objekt damit dehnen und stauchen.

Achtung

Vorsicht ist bei Bitmaps geboten, denn diese werden durch das freie Transformieren verzerrt.

Besonders reizvoll sind die Funktionen VERZERREN und UMHÜLLEN, um außergewöhnliche Änderungen an Objektformen vorzunehmen. Wird die Option VERZERREN aus dem Untermenü TRANSFORMIEREN gewählt, lassen sich die Eckpunte einer Form so verschieben, dass daraus ein ganz neues Gebilde entsteht.

Die Funktion UMHÜLLEN bietet eine noch größere Flexibiltät: Hiermit können alle Punkte verschoben werden – auch die seitlichen Haltegriffe –, wodurch eine noch größere Variationsbreite bei den Veränderungsmöglichkeiten geboten wird.

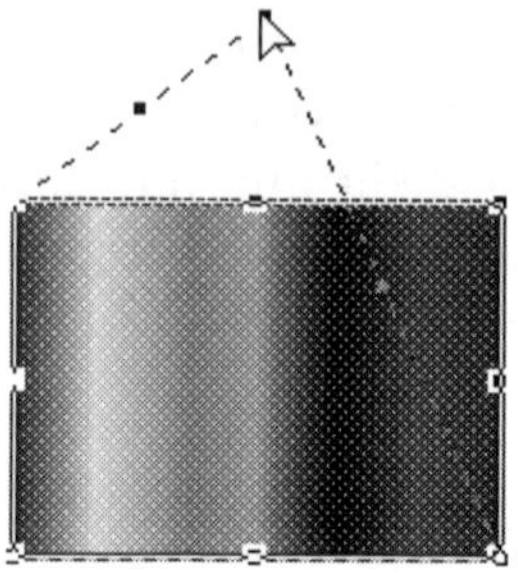

Bild 2.76: Aus einem Rechteck wird eine Raute.

Eine schöne Funktion zum Spielen: Wie wird aus einem Rechteck ein Trichter?

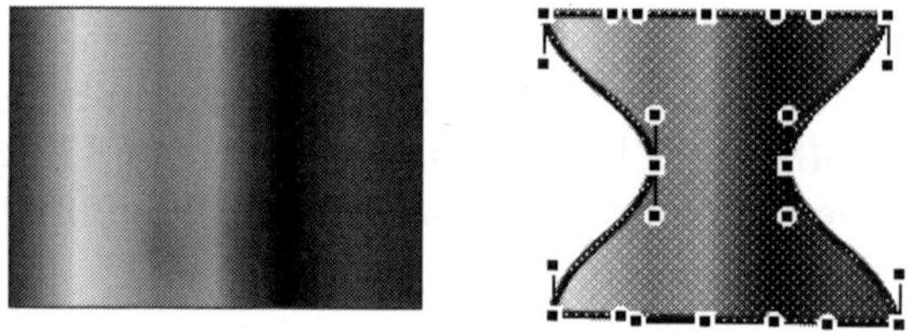

Bild 2.77: So!

Jeder veränderte Markierungpunkt erhält eine kleine »Antenne«. Diese können Sie wiederum ziehen, um den Linienverlauf zu diesem Punkt hin anzupassen und ihn z. B. kurviger oder spitzer zu gestalten.

Hinweis

Bitmaps und andere importierte Grafiken lassen sich nicht mit den Funktionen VERZERREN oder UMHÜLLEN bearbeiten.

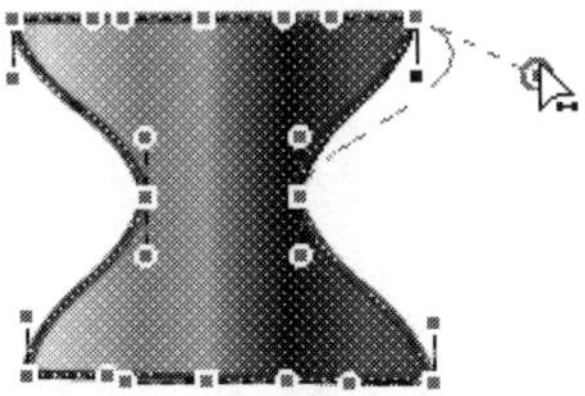

Bild 2.78: Punkt an der »Antenne« ziehen

Transformationen löschen

Alle Transformationen, die Sie an einem oder mehreren Objekten vorgenommen haben, können Sie wieder rückgängig machen, indem Sie im Untermenü MODIFIZIEREN/TRANSFORMIEREN die letzte Option TRANSFORMATIONEN ENTFERNEN auswählen.

Sie können Ihre Objekte also beliebig mit den Tranformationsoptionen verwandeln und müssen nicht befürchten, dass das Originalobjekt nicht mehr wiederherzustellen ist.

In diesem Kapitel war sehr viel von Grafiken die Rede, im nächsten werden Farbe und Füllungen das Hauptthema sein, doch vergessen Sie nicht: Flash ist kein reines Grafikprogramm, sondern am Ende soll ein Film entstehen!

Alle hier erlernten Techniken dienen dazu, tolle Grafiken für Buttons und Symbole, Websites, Präsentationen und Spiele zu entwerfen. Dies ist schließlich der Inhalt eines Films.

Kapitel 3
Farben und Farbverläufe

Einige der Werkzeuge, die in Kapitel 2 erläutert wurden, stehen in engem Zusammenhang mit den Farben und den Farbverläufen, denn sie dienen z.B. dazu, genau diese einem Objekt zuzuweisen. Zu diesen Werkzeugen gehören das TINTENFASS, der FARBEIMER und die PIPETTE. Aber auch bei anderen Formen, die automatisch gefüllt erscheinen wie dem Rechteck und dem Kreis, sind die Farbfüllungen ein wichtiger Bestandteil, und nicht zuletzt bei reinen Zeichenwerkzeuge wie dem Stift und dem Freihandwerkzeug kann zuvor eingestellt werden, mit welcher Farbe gearbeitet werden soll.

In den meisten Eigenschaftenfenstern der einzelnen Werkzeuge steht das Farbauswahlsymbol bereit. In Flash wird zwischen zwei verschiedenen Farbarten unterschieden: der Zeichenfarbe und der Füllfarbe. Die Zeichenfarbe gilt für alle Werkzeuge, mit denen Linien gezeichnet werden, und für die Umrissfarbe von Objekten. Die Füllfarbe ist für Werkzeuge von Bedeutung, die Füllungen zuweisen oder von Anfang an Füllungen enthalten. (Farbeimer, Pipette, Rechteck, Ellipse etc.).

Einfache Farben

Wenn Sie ein Rechteck zeichnen möchten, können Sie dafür eine andere Umrissfarbe als die Füllfarbe definieren. Aus diesem Grund handelt es sich bei der Umrisslinie und der Füllung auch um zwei verschiedene Elemente, die einzeln ausgewählt werden können.

Beide Funktionen stehen nicht nur in den Eigenschaftenfenstern der einzelnen Werkzeuge zur Auswahl, sondern auch auf der Werkzeugleiste.

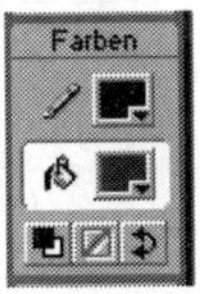

Bild 3.1: Das obere Symbol stellt die Zeichenfarbe ein, das untere die Füllfarbe.

Zeichenfarbe einstellen

1. Um eine Zeichenfarbe für ein beliebiges Werkzeug einzustellen, klicken Sie in der Werkzeugleiste im Abschnitt FARBEN auf das erste Farbfeld ZEICHENFARBE, das einen Stift als Symbol daneben anzeigt.
2. Es erscheint eine Palette, und der Mauszeiger nimmt die Form einer Pipette an. Damit können Sie sofort aus den angezeigten Farben in der Palette per Mausklick eine Farbe auswählen.

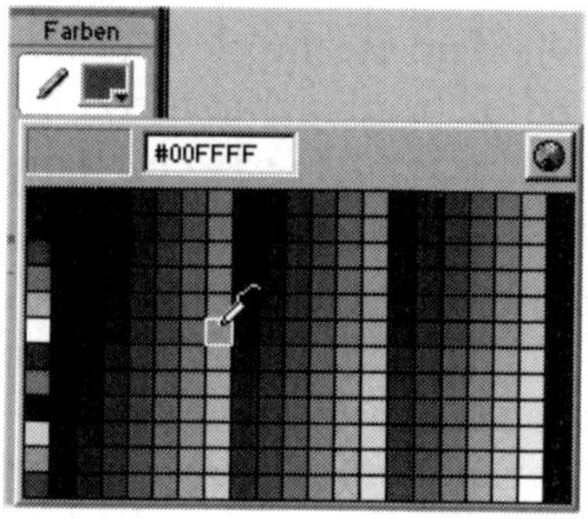

Bild 3.2: Farbe aus der Palette auswählen

Die ausgewählte Farbe erscheint jetzt im Farbfeld. Auf diese Weise erkennen Sie sofort, welche Farben augenblicklich aktiv sind.

3. Soll eine Farbe mit Hilfe eines Wertes aus dem hexadezimalen Farbmodell angegeben werden, tragen Sie diesen Wert oben in das Eingabefeld ein (#00FFFF).

In Flash stehen 216 Internetfarben zur Auswahl. Für Anwender, die nur 256 Farben (8 Bit) anzeigen können, sollten Sie sich auf diese Farbauswahl beschränken. Dies ist jedoch nicht die Regel, weshalb Sie auch eigene Farben erstellen können.

Querverweis

➔ In Flash lassen sich Farbeingaben in den gängigen Modellen vornehmen (nähere Informationen zur Einstellung der verwendeten Farbmodelle finden Sie später im Abschnitt »Verschiedene Farbmodelle in Flash«.

4. Ist eine Zeichenfarbe ausgewählt, aktivieren Sie das Werkzeug, mit dem Sie in dieser Farbe zeichnen möchten, und erstellen Ihre Objekte.
5. Planen Sie intensive Arbeiten mit verschiedenen Farben und Füllungen, sollten Sie das Bedienfeld FARBTÖNE dauerhaft am Bildschirm anzeigen. Sie öffnen dieses Bedienfeld mit FENSTER/FARBMISCHER. Dadurch ist ein schneller Wechsel zwischen verschiedenen Farben möglich, und Sie müssen ihre Einstellungen nicht immer auf der Werkzeugleiste vornehmen.
6. Um das Bedienfeld vom rechten Rand auf den Bildschirm zu setzen, ziehen Sie es in der Titelleiste mit der Maus an die neue Position.

Bild 3.3: Das Bedienfeld Farbmischer lässt sich vom rechten Rand auf den Bildschirm ziehen.

Im Bedienfeld FARBMISCHER steht ebenfalls das Symbol für die Zeichenfarbe und die bereits erwähnte Palette zur Auswahl.

> Hinweis
>
> Soll ein Rechteck oder ein Kreis mit Füllfarbe, aber ohne Umrisslinie erstellt werden, klicken Sie für die Zeichenfarbe zu diesem Werkzeug auf das Symbol KEINE FÜLLUNG im Abschnitt FARBEN.

Füllfarbe einstellen

Wenn Sie eine Füllfarbe auswählen, definieren Sie damit die Farbe für das Innere von gefüllten Objekten bzw. die Farbe, in der Werkzeuge wie der Farbeimer oder die Pipette arbeiten sollen.

In der Werkzeugleiste und im Bedienfeld FARBMISCHER steht unter der Zeichenfarbe als zweites Symbol die Füllfarbe mit derselben Palette zur Auswahl. Klicken Sie einfach mit der Pipette die gewünschte Farbe an.

Keine Füllung auswählen

Im Unterschied zur Zeichenfarbe gibt es für die Füllfarbe die Möglichkeit, keine Füllung anzugeben.

1. Dazu klicken Sie entweder in der Werkzeugleiste oder im Bedienfeld FARBMISCHER in der Palette für die Füllfarbe jenes Symbol an, das ein weißes Quadrat mit rotem diagonalen Strich enthält. In der Werkzeugleiste befindet sich dieses Symbol in der Mitte der drei kleinen Symbole am unteren Rand des Abschnitts FARBEN. Im Bedienfeld FARBMISCHER finden Sie dies oben rechts in der geöffneten Farbpalette für die Füllfarbe.

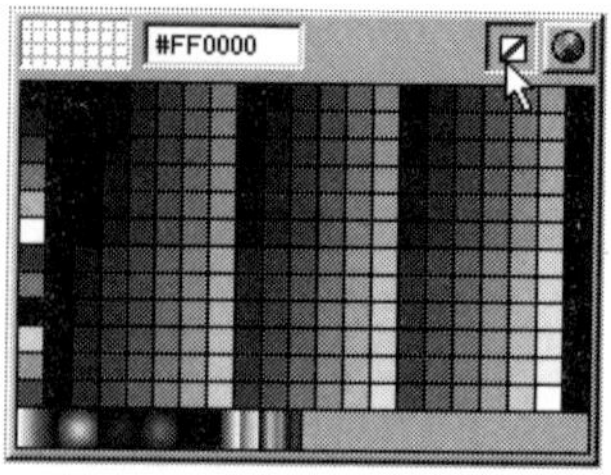

Bild 3.4: Das Symbol KEINE FÜLLUNG *in der Farbpalette*

2. Das Symbol KEINE FÜLLUNG lässt sich nur für die Werkzeuge RECHTECK und ELLIPSE auswählen.
3. Wird ein Objekt ohne Füllung gezeichnet, erscheint dies zwar vielleicht mit weißer Füllung auf der Bühne. Im Unterschied zu gefüllten Objekten scheinen aber dahinter liegende andere Elemente hindurch, zum Beispiel auch ein farbiger Bühnenhintergrund.
4. In der Beispielzeichnung aus Abbildung 3.5 wurde ein türkises Rechteck mit schwarzer Umrisslinie gezeichnet. Darauf platziert ist ein roter Kreis ohne Füllung.

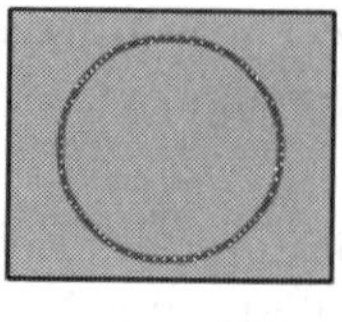

Bild 3.5: Formen mit und ohne Füllfarbe

Hinweis

Sollen sowohl für die Zeichenfarbe als auch für die Füllfarbe wieder die ursprünglichen Farbeinstellungen von Flash MX hergestellt werden, klicken Sie in der Werkzeugleiste am unteren Rand des Abschnitts *Farben* auf das Symbol Standardfarben. Die Standardzeichenfarbe ist schwarz, die Standardfüllfarbe weiß.

Schneller Wechsel zwischen Zeichen- und Füllfarbe

Wenn Sie ein Objekt mit anderer Füllfarbe als Zeichenfarbe erstellt haben, können Sie einen schnellen Wechsel zwischen diesen beiden Farben und ihrer Zuordnung erzeugen, indem Sie in der Werkzeugleiste am unteren Rand des Abschnitts Farben auf das Symbol FARBEN AUSTAUSCHEN klicken.

Bild 3.6: Farben zwischen Linie und Füllung austauschen

Die Umrissfarbe wird zur Füllfarbe und umgekehrt. Ein erneuter Mausklick kehrt das Ganze wieder um.

Farbverläufe

Ein Farbverlauf ist nichts anderes als ein Übergang von einer Anfangsfarbe zu einer Endfarbe. Sie können einen Farbverlauf zuweisen, indem Sie einen der vordefinierten Farbverläufe in Flash verwenden, selbst eine Anfangs- und Endfarbe festlegen und Flash die Zwischenschritte automatisch berechnen lassen oder die Richtung des Farbverlaufs und jede einzelne Farbe in den Zwischenschritten individuell festlegen.

Farbverläufe lassen sich grundsätzlich nur für Füllfarben, nicht für Zeichenfarben verwenden. Es gibt in der Palette der Füllfarben bereits einige vordefinierte Farbverläufe. Diese finden Sie am unteren Rand in der letzten Zeile der Palette. Sie lassen sich per einfachem Mausklick auswählen. Hier stehen kreisförmige und von links nach rechts verlaufende Farbübergänge zur Auswahl.

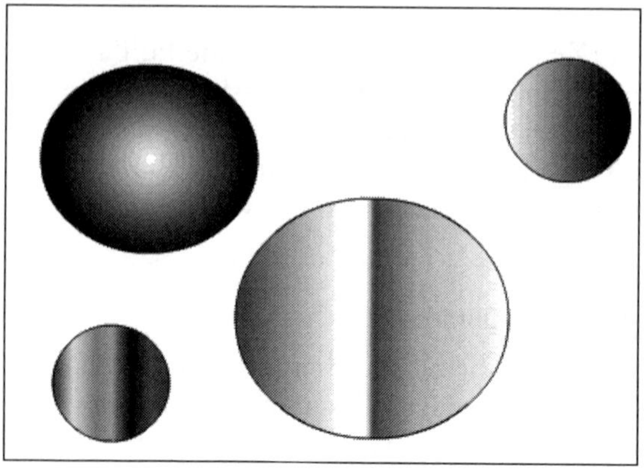

Bild 3.7: Vordefinierte Farbverläufe mit Regenbogenfarben und anderen Effekten

Mit den Farbverläufen zeichnen Sie auf dieselbe Weise wie mit einer einfachen Füllfarbe. Der ausgewählte Farbverlauf erscheint im Farbfeld.

Farben für den Verlauf festlegen

Wenn Sie selbst festlegen möchten, wie die Farben in einem Farbverlauf erscheinen sollen bzw. welche Anfangs- und welche Endfarbe verwendet werden soll, führen Sie die folgenden Schritte aus:

1. Öffnen Sie die Bedienfelder FARBTÖNE und FARBMISCHER.
2. Platzieren Sie diese so am Bildschirm, dass beide komplett zu sehen sind, indem Sie sie an der Titelleiste ziehen und damit aus der Verankerung am rechten Rand lösen.
3. Aktivieren Sie einen Farbverlauf am unteren Rand der Palette des Bedienfelds FARBTÖNE.
4. Klicken Sie im Bedienfeld FARBTÖNE auf das Pfeilsymbol rechts oben in der Titelleiste, um ein Menü zu öffnen.
5. Aus diesem Menü wählen Sie die Option FÜLLMUSTER DUPLIZIEREN.
6. Am unteren Rand der Palette erscheint jetzt ein zusätzliches Farbverlaufsfeld, das sich bearbeiten lässt. Sie können auch die bereits vorhandenen Farbverläufe bearbeiten, diese werden dadurch aber überschrieben.

Bild 3.8: Optionen des Bedienfelds FARBTÖNE

7. Sobald Sie einen Farbverlauf im Bedienfeld FARBTÖNE auswählen, ändert sich das zweite Bedienfeld FARBMISCHER. Der Farbverlauf wird in einer horizontalen Leiste genau dargestellt. Darunter erscheinen für jede Verlaufsfarbe eigene kleine Farbfelder.
8. Um die Anfangsfarbe eines Verlaufs zu ändern, klicken Sie das erste Farbfeld auf der linken Seite an (siehe Bild 3.9). Damit signalisieren Sie dem Farbfeld, das sich oben im Bedienfeld Farbmischer befindet, welche Farbe im Augenblick bearbeitet werden soll.

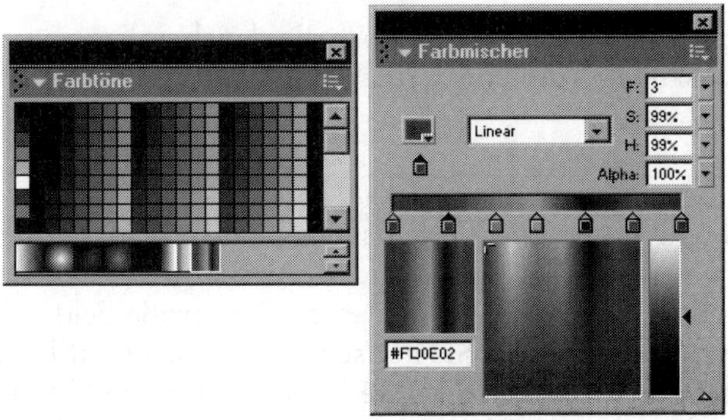

Bild 3.9: Die Bedienfelder FARBTÖNE *und* FARBMISCHER *mit den Einstellungen für Farbverläufe*

9. Klicken Sie jetzt im Bedienfeld FARBMISCHER auf das alleroberste Farbfeld, um eine Anfangsfarbe wie üblich aus der Palette auszuwählen.
10. Soll die Endfarbe verändert werden, klicken Sie unterhalb der Liste des Farbverlaufs das letzte kleine farbige Quadrat an und wählen dann im oberen Farbfeld eine Farbe aus der Palette dafür aus.
11. Selbstverständlich können Sie mit dieser Technik auch alle dazwischen liegenden Farben exakt bestimmen.
12. Um den Platz zu definieren, den die einzelnen Farben innerhalb eines Verlaufs einnehmen sollen, ziehen Sie die kleinen Quadrate nach links oder rechts.

Bild 3.10: Größe der Farbbereiche in einem Verlauf festlegen

> **Hinweis**
> Sie können die Farbquadrate auch über die daneben liegenden Quadrate hinausziehen, um die Reihenfolge der Farben zu beeinflussen.

Im linken größeren Farbfeld unter der Verlaufsleiste wird ebenfalls der komplette Farbverlauf etwas deutlicher angezeigt. Wenn Sie nicht nur aus der Palette auswählen möchten, können Sie auch das mittlere große Feld zur Auswahl einer Farbe verwenden. Arbeiten Sie mit schwarzweißen Grafiken, dient der Regler am rechten Rand dazu, Kontraste für Helligkeit und Dunkelheit einzustellen. Erscheinen diese Felder nicht, klicken Sie auf das kleine weiße Pfeilsymbol am unteren Rand des Bedienfelds FARBMISCHER.

Der neu definierte Farbverlauf wird automatisch in das Bedienfeld FARBTÖNE übertragen und lässt sich dort am unteren Rand für die Füllwerkzeuge auswählen. Sie haben genügend Platz für weitere benutzerdefinierte Farbverläufe, denn das Bedienfeld wird automatisch größer, wenn Sie mehr Farbverläufe erstellen, als zunächst Platz haben.

Hinweis

Benutzerdefinierte Farbverläufe bleiben für alle weiteren Arbeitssitzungen in Flash erhalten. Sie werden zusammen mit dem Film abgespeichert. Damit sie auch in anderen Filmen verfügbar sind, müssen selbst erstellte Farben und Farbverläufe als Palette abgespeichert werden.

Soll ein Farbverlauf wieder entfernt werden, markieren Sie den betreffenden Verlauf im Bedienfeld FARBTÖNE, und wählen Sie aus dem Optionsmenü den Eintrag FÜLLMUSTER LÖSCHEN.

Richtung des Farbverlaufs genau einstellen

Im oberen Beispiel wurde ein neuer gerader Farbverlauf erstellt. Sie können auch eine andere Richtung für den Farbverlauf auswählen und diesen sogar ganz individuell einstellen.

1. Aktivieren Sie das Bedienfeld FARBMISCHER, und wählen Sie aus dem Listenfeld FARBVERLAUFSSTIL einen kreisförmigen oder geraden Verlauf aus.

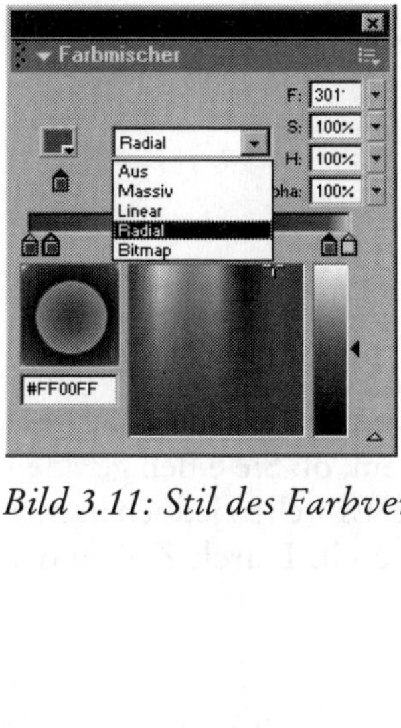

Bild 3.11: Stil des Farbverlaufs auswählen

2. Stellen Sie die Farben wie oben beschrieben nach Bedarf ein, und fügen Sie den neuen Verlauf im Bedienfeld FARBTÖNE mit dem Befehl FÜLLMUSTER DUPLIZIEREN ein (siehe vorheriger Abschnitt).
3. Erstellen Sie nun auf der Bühne ein gefülltes Objekt mit diesem Farbverlauf.
4. Klicken Sie dann in der Werkzeugleiste auf das Symbol FÜLLUNG TRANSFORMIEREN.
5. Klicken Sie damit das Objekt auf der Bühne an, das den Farbverlauf enthält.

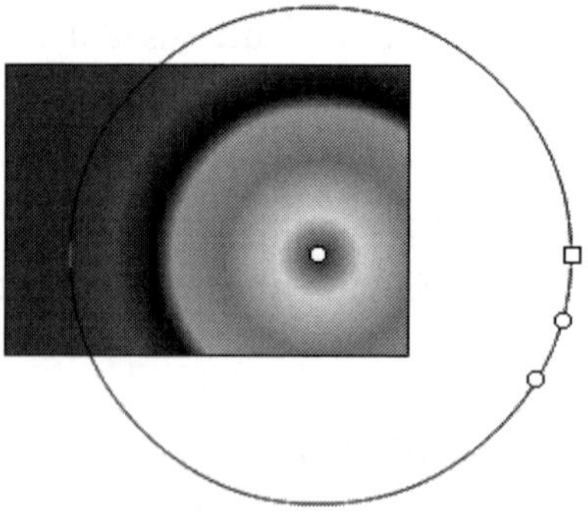

Bild 3.12: Vier Markierungspunkte zur Veränderung des Farbverlaufs

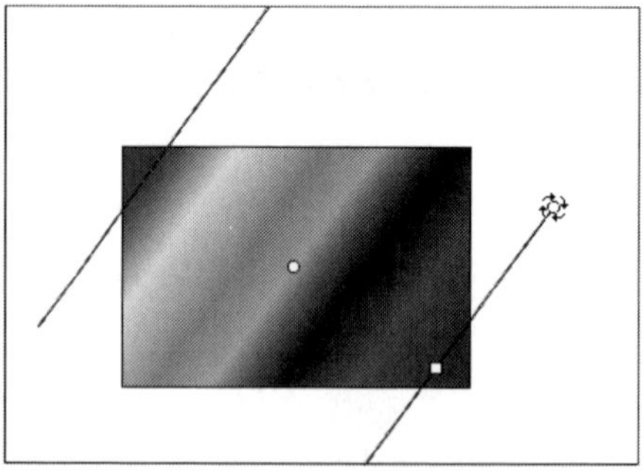

Bild 3.13: Ein diagonaler Effekt wird durch Drehen des Verlaufs erzielt.

6. Um das Objekt herum erscheinen spezielle Markierungspunkte. Diese Markierungspunkte unterscheiden sich, je nachdem, ob Sie einen geraden oder kreisförmigen Farbverlauf ausgewählt haben. Es stehen jedoch immer vier Cursors zur Bearbeitung des Farbverlaufs bereit. Durch Ziehen der

verschiedenen Markierungspunkte können Sie das Zentrum des Farbverlaufs verschieben, diesem eine andere Form geben (bei einem kreisförmigen Verlauf z. B. die Form einer Ellipse) sowie die Breite des Farbübergangs verändern oder den Farbverlauf drehen (um z. B. aus einem geraden Farbverlauf einen diagonalen zu machen).

Experimentieren Sie mit diesen Haltegriffen, um die verschiedenen Transformationen kennen zu lernen, die damit möglich sind.

Bitmap als Füllung

Neben den bereits beschriebenen Methoden für die Abwandlung vordefinierter Farbverläufe gibt es noch eine weitere interessante Funktion für das Füllen von Objekten: Sie können eine beliebige pixelorientierte Grafik (BMP, JPEG oder GIF) ebenfalls als Füllung benutzen.

1. Um ein Bitmap als Füllung zu verwenden, wählen Sie zunächst DATEI/IMPORTIEREN. Markieren Sie das Bitmap auf dem betreffenden Datenträger, und klicken Sie auf ÖFFNEN.
2. Ihre Grafik erscheint jetzt sowohl auf der Bühne als auch bereits in der Bibliothek Ihres Flash-Films.
3. Löschen Sie die Grafik von der Bühne, denn sie ist noch in der Bibliothek vorhanden.
4. Stellen Sie im Bedienfeld FARBMISCHER als FARBVERLAUFSSTIL die Option BITMAP ein.

Bild 3.14: Bitmap als Verlaufsstil auswählen

5. Das soeben importierte Bild erscheint im unten Bedienfeld. Klicken Sie dort mit der Pipette auf das Bitmap, um es als Füllung zu aktivieren. Das Füllfarbenfeld in der Werkzeugleiste zeigt nun ebenfalls das Bitmap als Füllmuster an.

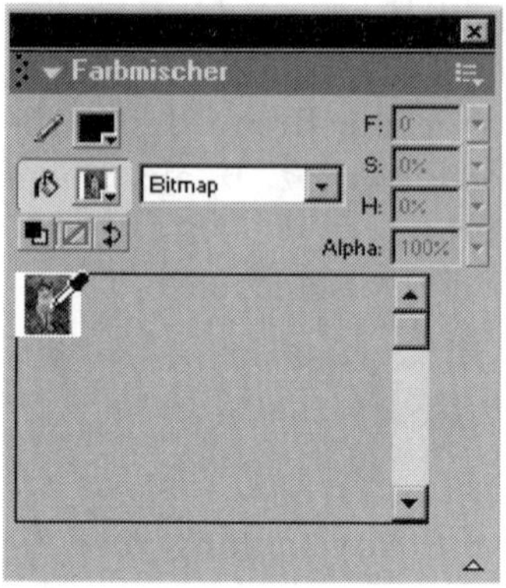

Bild 3.15: Importiertes Bitmap mit der Pipette auswählen

6. Zeichnen Sie nun ein beliebiges gefülltes Objekt auf der Bühne. Das ausgewählte Bitmap erscheint sofort als Füllmuster.

Bild 3.16: Bitmap als Füllung in einem Objekt

So schön eine solche Füllung für ein Objekt auch sein mag, sollten Sie sparsam damit umgehen, denn Bitmaps in einem Flash-Film erhöhen die Dateigröße beträchtlich, und im Zentrum Ihrer Aufmerksamkeit muss bei der Filmerstellung die Frage stehen, ob er vom Benutzer schnell und reibungslos abgespielt werden kann.

Benutzerdefinierte Farben

Wenn Ihnen die 216 in Flash verfügbaren Internetfarben nicht ausreichen, können Sie eigene Farben erstellen, die dann ebenfalls in der Palette zur Auswahl stehen.

Um eine benutzerdefinierte Farbe zu erstellen, klicken Sie auf das kreisrunde Symbol eines Farbrades, das in den Paletten zur ZEICHENFARBE oder zur FÜLLFARBE zu finden ist.

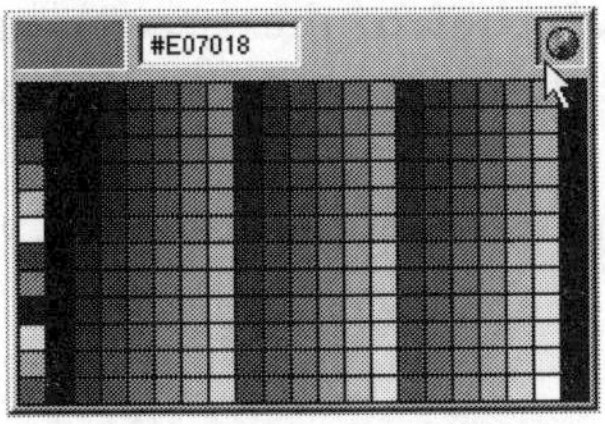

Bild 3.17: Mit dem Farbrad neue Farben einfügen

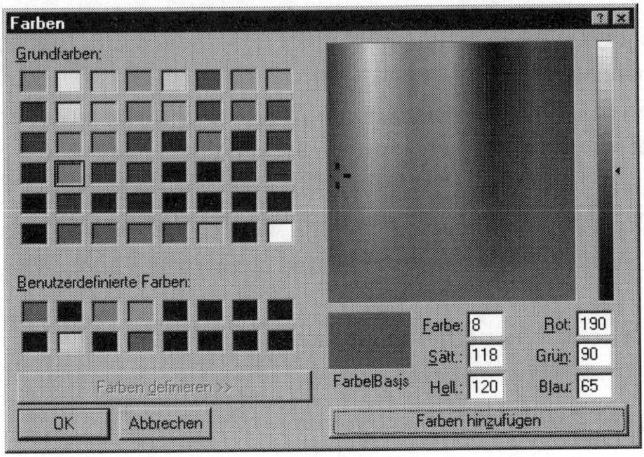

Bild 3.18: Neue Farben definieren

Im Dialogfeld FARBEN können Sie sich selbst auf der rechten Seite mit Hilfe der Maus und des Reglers eine Farbe aus dem großen Farbmischfeld zusammenstellen. Diese Farbe wird in das untere große Farbfeld BASISFARBE übertragen, sobald Sie den Regler an die richtige Position gebracht haben. Klicken

Sie dann auf die Schaltfläche HINZUFÜGEN und auf OK. Diese Farbe steht entweder als FÜLLFARBE oder ZEICHENFARBE zur Verwendung bereit.

Soll eine neue Farbe dauerhaft in der Palette abgelegt werden, öffnen Sie im Bedienfeld FARBMISCHER das Optionenmenü und wählen FÜLLMUSTER HINZUFÜGEN. Nach diesem Schritt erscheint die neue Farbe am unteren Palettenrand.

Farben schnell übernehmen

Möchten Sie eine bestimmte Farbe in Flash übernehmen, die bereits in irgendeiner anderen Datei oder auf einer Webseite definiert ist, steht Ihnen dafür folgendes einfache Verfahren zur Verfügung:

1. Öffnen Sie die Datei oder Webseite, auf der sich die Farbe befindet, und lassen Sie Flash und diese Datei nebeneinander in zwei verschiedenen Programmfenstern anzeigen.
2. Öffnen Sie das Bedienfeld FARBMISCHER.
3. Klicken Sie auf das Feld FÜLLFARBE, und halten Sie die Maustaste gedrückt.
4. Ziehen Sie die Pipette jetzt über den Bildschirm auf die gewünschte Farbe, und lassen Sie die Maustaste los.

Im Farbfeld des Bedienfelds FARBMISCHER und in der Füllfarbe auf der Werkzeugleiste erscheint diese Farbe jetzt und lässt sich wie jede andere Farbe in Flash anwenden.

5. Soll die Farbe dauerhaft in der Palette abgelegt werden, öffnen Sie im Bedienfeld FARBMISCHER das Optionenmenü und wählen FÜLLMUSTER HINZUFÜGEN.

Nach diesem Schritt erscheint die neue Farbe am unteren Palettenrand.

Mit Farbpaletten arbeiten

Wenn Sie nicht mit den in Flash vordefinierten Farben der Palette arbeiten möchten, können Sie sich auch eigene Paletten erstellen und diese nach Bedarf öffnen.

1. Stellen Sie sich dazu eine Palette Ihrer Wahl mit den oben beschriebenen Methoden zusammen. Farben lassen sich aus einer vorhandenen Palette entfernen, indem Sie die Farbe zuerst markieren und im Optionenmenü

des Bedienfelds FARBTÖNE die Option FÜLLMUSTER LÖSCHEN wählen. Keine Sorge: Mit dem Befehl STANDARDFARBEN LADEN aus dem Optionsmenü können Sie jederzeit zu den voreingestellten Farben von Flash zurückkehren.

2. Ist eine Palette nach Ihren Wünschen zusammengestellt, wählen Sie aus dem Optionsmenü des Bedienfelds FARBTÖNE den Eintrag FARBEN SPEICHERN.
3. Im Dialogfeld FARBSATZ EXPORTIEREN vergeben Sie einen Namen für die neue Palette und klicken auf SPEICHERN. Palettendateien haben die Endung .CLR.

Hinweis

Das Arbeiten mit projektspezifischen Farbpaletten empfiehlt sich, weil viele Unternehmen für ihre Webauftritte auf ein ganz bestimmtes Farbspektrum zurückgreifen. Sie können dafür eigene Paletten erstellen und diesen den Namen der jeweiligen Unternehmen geben.

Soll später auf eine solche selbst erstellte Farbpalette zurückgegriffen werden, können Sie diese jederzeit mit der Option FARBEN HINZUFÜGEN aus dem Dialogfeld FARBSATZ IMPORTIEREN wieder in einen Flash-Film einlesen.

Verschiedene Farbmodelle in Flash

Bei der Arbeit mit Farben am Computer haben sich drei verschiedene Modelle herauskristallisiert, die alle von Flash unterstützt werden: hexadezimaler Farbcode, RGB-Farbmodell und das FSH-Modell.

Wenn Sie nur mit Farben arbeiten, die bereits in der einen oder anderen digitalisierten Form vorliegen, müssen Sie sich mit dem Problem der Farbmodelle eigentlich nicht befassen. Ein Verständnis für die verschiedenen Werte ist nur notwendig, wenn Sie z. B. die Farbe von einem Briefkopf, Logo oder gedruckten Prospekt auf eine Internetseite bzw. in einen Flash-Film übernehmen möchten.

Hexadezimal-Code

Der Hexadezimal-Code definiert einzelne Farben auf der Basis einmaliger Werte des RGB-Modells (**R**ot-, **G**rün und **B**lau-Anteile). Die hexadezimale Variante wird vor allem im Internet verwendet.

Dieser Code ist die Standardzuweisungsmethode in Flash. Wenn Sie den Hexadezimal-Code einer Farbe kennen, können Sie diesen auch direkt in das Fenster der Paletten eingeben, um eine bestimmte Farbe zu aktivieren.

Bild 3.19: Hexadezimal-Code in Palette eingeben

Der Hexadezimal-Code beginnt grundsätzlich mit einer Raute (#) und setzt sich dann aus einer sechsstelligen Ziffern-Buchstaben-Kombination zusammen. Jede Farbe hat ihren eigenen Hexadezimal-Code. Die beiden ersten Zeichen stehen für die Farbe Rot, das dritte und vierte Zeichen für die Farbe Grün und das fünfte und sechste Zeichen für die Farbe Blau. Da bei der additiven Farbmischung jeder Farbton aus Anteilen der drei Farben Rot, Grün und Blau gemischt wird, können mit diesem System etwa 16 Millionen Farbtöne erzielt werden.

Die Hexadezimal-Codes entsprechen Zahlenwerten eines Farbmodells, bei dem die Farben Rot, Grün und Blau in jeweils 256 Anteile aufgeteilt sind. Der Farbwert 255 steht für den vollen Farbton einer Grundfarbe. Ihm entspricht der Hexadezimal-Code »FF«. Der Farbwert 0 zeigt an, dass Anteile dieser Grundfarbe in dem Farbton nicht enthalten sind. Der Hexadezimal-Code ist »00«. Schwarz hat folglich den Code »000000«, Weiß dagegen den Code »FFFFFF«. Zum Umrechnen der RGB-Werte in Hexadezimal-Codes gibt es entsprechende Tabellen.

Im Internet finden Sie auf der Site *www.darstadt.gmd.de/~crueger/farbe* gute Tabellen zum Nachschlagen bestimmter Farbtöne.

Bild 3.20: Farbinformationen im Internet

RGB-Modell

Wie das RGB-Modell Farben in einzelne Werte aufsplittet, wurde oben bereits beschrieben. Diese Werte lassen sich – ohne Umweg über den Hexadezimal-Code – auch direkt in Flash eingeben. Im Dialogfeld FARBE und dem Bedienfeld FARBMISCHER stehen dazu die entsprechenden Felder (R, G und B) zur Verfügung.

Bild 3.21: Im Dialogfeld FARBEN *lässt sich neben dem RGB-Wert auch gleich der zugehörige FSH-Wert ablesen oder direkt einfügen.*

Hier werden nun aber nicht die hexadezimalen Codes eingegeben, sondern die tatsächlichen RGB-Werte, die von 0 bis 255 reichen.

FSH-Modell

Das FSH-Modell (entspricht dem HSB-Modell) verwendet zur Definition einer Farbe nicht die Rot-, Grün- und Blauanteile, sondern Werte für den Farbton, dessen Sättigung und Helligkeit.

Soll dieses Modell in Flash verwendet werden, muss es zunächst aktiviert werden. Lediglich im Dialogfeld FARBEN können Sie RGB- und FSH-Werte direkt eingeben. Im Bedienfeld FARBMISCHER wählen Sie dafür aus dem Optionsmenü FSH aus.

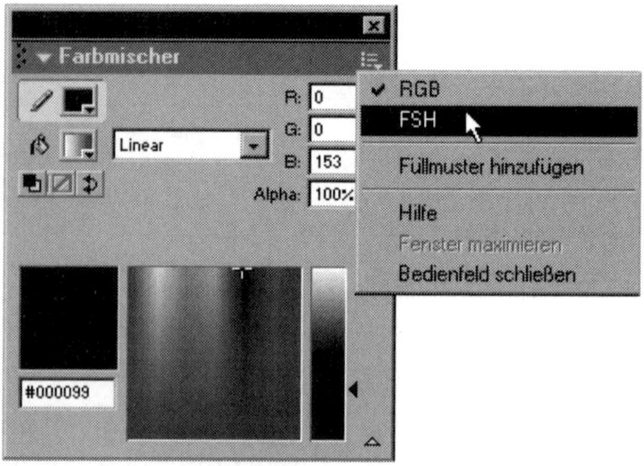

Bild 3.22: FSH-Modell auwählen

Entsprechend ändern sich dann die Eingabefelder im Bedienfeld FARBMISCHER.

Wenn Sie also von einem Drucker oder Designer Farbwerte im FSH-Modell erhalten, können Sie diese ebenfalls sofort in Flash einfügen. Durch diese vielen Eingabemöglichkeiten soll vermieden werden, dass sich der Entwickler mit dem Umrechnen von Farbwerten beschäftigen muss.

Kapitel 4
Text – einmal anders

In Kapitel 2 wurde abschließend erwähnt, dass Flash *kein reines* Grafikprogramm ist, obwohl es viele Funktionen aus der Grafikbearbeitungen bereitstellt. In diesem Kapitel soll gleich zu Beginn deutlich hervorgehoben werden, dass Flash *auch kein* Textverarbeitungsprogramm ist – wenn auch einige Funktionen aus der Textverarbeitung bereit stehen und vermutlich bekannt sind.

Trotzdem spielt der Text in Flash ein zentrale Rolle, denn es gibt kaum eine Website oder Präsentation, die ohne Text auskommt. Im Text steckt der größte Informationsgehalt, weshalb mit dem Textwerkzeug in Flash zwar keine langen Abhandlungen verfasst werden müssen, aber doch schlagwortartige Highlights auf Websites untergebracht werden sollen.

Und genau dafür eignet sich die Textfunktion von Flash hervorragend. Wenn Sie das Konzept des Textes in Flash verstanden haben, können Sie damit die verrücktesten Effekte erzielen, die Ihnen in diesem Kapitel auch vorgestellt werden sollen.

Textblock einfügen

Doch von vorne: Zunächst erfolgt die Texteingabe über das Werkzeug Text in der Werkzeugleiste.

Querverweis

➔ Informationen zum Textwerkzeug finden Sie in Kapitel 2.

Ist dies geschehen, befindet sich auf der Bühne ein Textblock, der sich wie jedes andere Objekt in Flash insgesamt versetzen, skalieren und drehen lässt. Bei der Arbeit mit dem Textblock gibt es zwei Zustände: Entweder die Texteingabe ist abgeschlossen (der Rahmen um den Text hat dann eine hellblaue Farbe), oder der Cursor steht noch im Textblock und es kann mit der Texteingabe oder -formatierung fortgefahren werden.

Texteingabe und Formatierung

Schreiben Sie den Text wie üblich, wenn der Cursor im Textblock steht. Durch Ziehen bzw. durch Doppelklicken mit der Maustaste oder mit [⇧]+[Pfeiltasten] auf der Tastatur können Sie den Text im Texteingabemodus markieren.

Das Eigenschaftenfenster am unteren Bühnenrand enthält alle für Text notwendigen Formateinstellungen. Alternativ stehen diese auch im Menü TEXT zur Auswahl, doch das Eigenschaftenfenster lässt sich auch auf die Bühne in unmittelbare Nähe ziehen, und darin ist ein schneller Zugang zu diesen Funktionen möglich. Wird das Eigenschaftenfenster für den Text nicht angezeigt, wählen Sie FENSTER/EIGENSCHAFTEN.

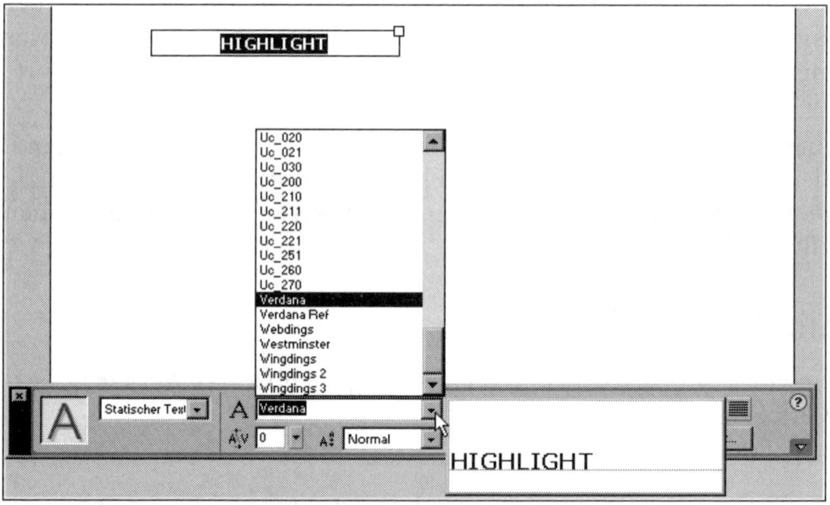

Bild 4.1: Markierter Text mit geöffnetem Eigenschaftenfenster

Um ein Format aus dem Eigenschaftenfenster zuzuweisen, muss das Textwerkzeug aktiv und der Text selbst im Eingabemodus markiert sein. Es genügt nicht, einfach den Textblock mit dem Pfeilwerkzeug anzuklicken.

Die verschiedenen Schriftarten lassen sich aus dem Listenfeld des Eingabefensters auswählen oder über TEXT/SCHRIFTART aus dem Hauptmenü. Dasselbe gilt für die Größe der Schrift und den Schriftstil.

Als Schriftstile stehen NORMAL, FETT, KURSIV, HOCHGESTELLT und TIEFGESTELLT bereit.

Die Textfarbe lässt sich entweder direkt auf der Werkzeugleiste als Füllfarbe einstellen oder im Eigenschaftenfenster per Klick auf das Farbfeld und Auswahl aus der Palette.

Auch die Ausrichtungsoptionen für Text (linksbündig, rechtsbündig, zentriert und Blocksatz) stehen im Menü und Eigenschaftenfenster bereit.

Der Zeichenabstand bedarf vielleicht einer Erläuterung: Im Menü TEXT haben Sie nur die Wahl zwischen WEITER und ENGER. Im Eigenschaftenfenster können Sie den Regler für die Einstellung des Zeichenabstands benutzen oder direkt einen Wert in das daneben stehende Feld eingeben. Hiermit wird nicht die Größe der Zeichen, sondern nur der Abstand zwischen ihnen verändert.

Erklärungsbedürftig ist im Eigenschaftenfenster vielleicht auch das Symbol TEXTRICHTUNG ÄNDERN. Hiermit lässt sich die Reihenfolge der Buchstaben in einem Textblock umdrehen, d.h. der letzte Buchstabe wird zum ersten und umgekehrt, sowie eine horizontale Anordnung festlegen.

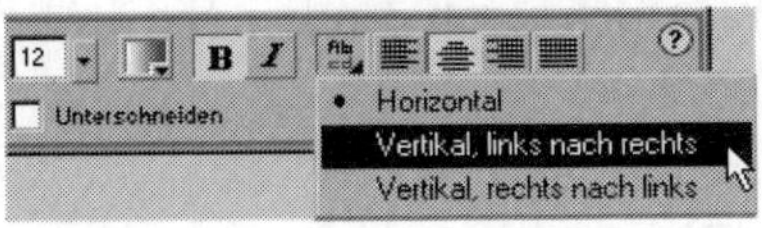

Bild 4.2: Buchstabenanordnung definieren

Klicken Sie im Eigenschaftenfenster für den Text auf die Schaltfläche FORMAT, um ein kleines Zusatzfenster zu öffnen und dort Einstellungen für den Einzug vom linken Objektrand, den Zeilenabstand sowie den linken oder rechten Rand festzulegen.

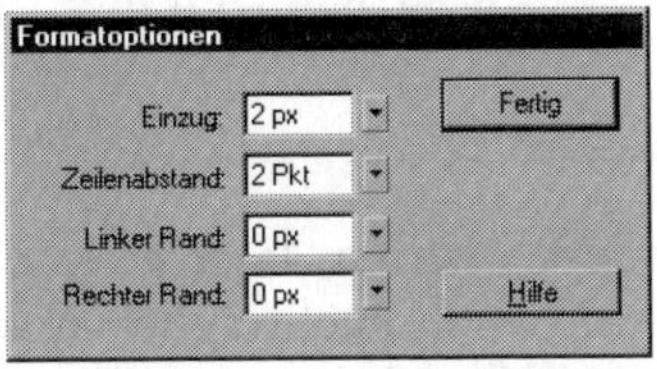

Bild 4.3: Einzug, Zeilenabstand und Randeinstellungen werden hier vorgenommen.

Mit dem kleinen Symbol zum Drehen von Text, können Sie einen Text innerhalb des Textblocks auf den Kopf stellen. Klicken Sie erneut auf das in Bild 4.4 dargestellte Symbol, um ihn wieder wie zuvor anzuzeigen.

Bild 4.4: Text auf den Kopf stellen

Textblöcke bearbeiten

Ist der Text innerhalb eines Textblocks eingegeben und formatiert worden, lässt sich in einem zweiten Schritt der Textblock insgesamt bearbeiten.

Soll der Textblock im Ganzen gedreht, geneigt oder gekippt werden, markieren Sie ihn wie jedes andere Objekt mit dem Pfeilwerkzeug, und wählen Sie die betreffenden Optionen aus dem Menü MODIFIZIEREN/TRANSFORMIEREN. Hier stehen für den Textblock alle Funktionen mit Ausnahme von VERZERREN und UMHÜLLEN zur Auswahl.

> **Querverweis**
>
> Nähere Informationen zum Transformieren finden Sie in Kapitel 2.

Mit dem Drehen und Neigen von Textblöcken lassen sich schon recht hübsche Effekte erzielen, denn Sie können einen Text damit vollkommen ungebunden von Zeilen oder anderen Beschränkungen auf der Bühne drehen und wenden, wie Sie möchten.

> **Achtung**
>
> Beachten Sie, dass beim Neigen von Text dieser schnell unleserlich wird.

Ist ein Text gedreht oder anderweitig transformiert worden, lässt er sich nach wie vor mit dem Textwerkzeug markieren und auch nachträglich mit anderen Formaten versehen. Der Wechsel zwischen der Arbeit am Textblock und der Arbeit an den einzelnen Zeichen ist in diesem Stadium der Textbearbeitung jederzeit möglich.

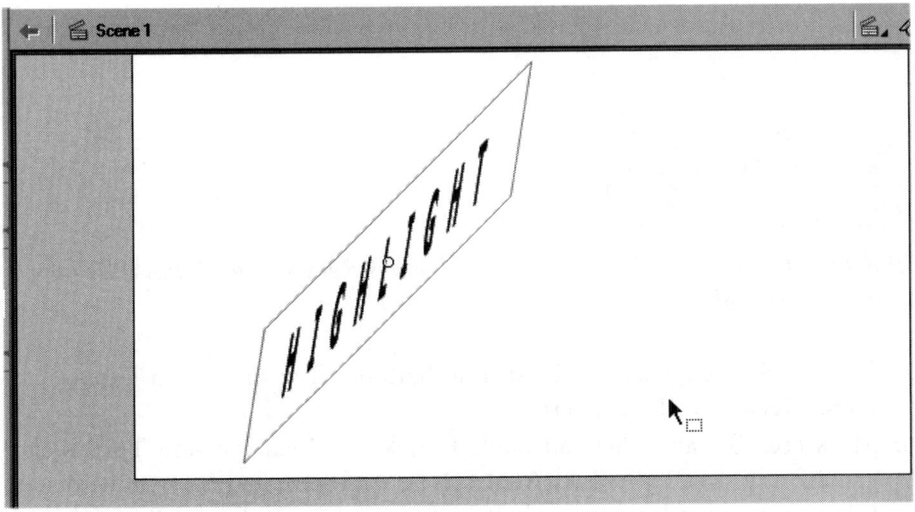

Bild 4.5: Geneigter und gedrehter Text

Farbe im Textblock

Wie die Farbe der Schrift verändert wird, wurde bereits erläutert. Dazu dient das Werkzeug FÜLLFARBE. Eine Schrift hat keinen eigenen Hintergrund und somit scheint zwischen den Buchstaben die Hintergrundfarbe des Films durch.

Soll die Schrift innerhalb des Blocks vor einem bestimmten farbigen Hintergrund erscheinen, der nicht identisch mit dem Filmhintergrund ist, müssen Sie zu folgendem Trick greifen, denn es ist nicht möglich, innerhalb des Textblockes noch einmal eine eigene Hintergrundfarbe festzulegen:

1. Fügen Sie den Textblock ein, und schreiben Sie den Text.
2. Ziehen Sie ein ganz normales Rechteck auf, das ungefähr die Größe des Textblocks hat.
3. Wählen Sie dafür die gewünschte Hintergrundfarbe mit dem Werkzeug FÜLLFARBE aus. Auch die Umrissfarbe dieses Rechtecks sollte identisch mit der Füllfarbe sein, um einen einheitlichen Farbblock zu erhalten, der sich als Hintergrund verwenden lässt.
4. Ziehen Sie das Textfeld auf das farbige Rechteck.

Bild 4.6: Grauer Filmhintergrund, hellgelbes Rechteck und dunkelblauer Textblock

5. Richten Sie den Text zunächst innerhalb des Textblocks im Eigenschaftenfenster aus, z.B. zentriert.
6. Markieren Sie anschließend beide Objekte – Rechteck und Textblock – gleichzeitig. Im Bedienfeld AUSRICHTUNG legen Sie fest, wie die beiden Objekte aneinander ausgerichtet werden sollen, in diesem Beispiel horizontal und vertikal zentriert.

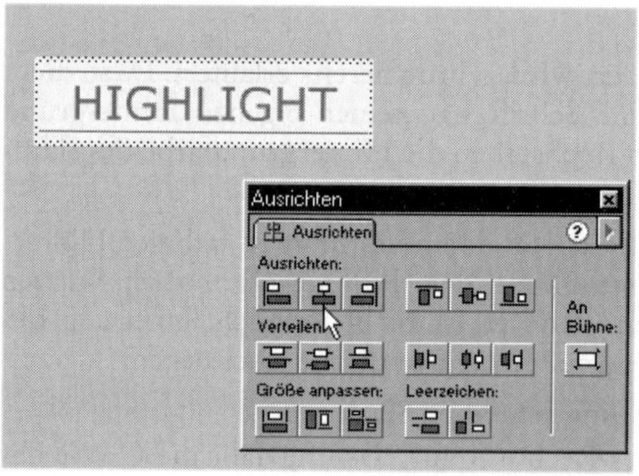

Bild 4.7: Ausrichtung von Text an Objekten

Sollte während des Ziehen oder Ausrichtens das vordere Element nicht mehr sichtbar sein, so ist es nicht aus Versehen gelöscht, sondern in den Hintergrund geraten.

7. Markieren Sie in diesem Fall das Rechteck, und wählen Sie MODIFIZIEREN/ANORDNEN/IN DEN HINTERGRUND.

Sobald sich grafische Elemente auf der Bühne überlagern, können Sie deren Position zueinander über die Optionen im Menü MODIFIZIEREN/ANORDNEN steuern.

8. Um die Bearbeitung eines solchen Arrangements in Zukunft zu vereinfachen, fügen Sie alle beide Elemente zu einer Gruppe zusammen, indem Sie beide markieren und MODIFIZIEREN/GRUPPIEREN wählen.

   Der Vorteil der Gruppierung besteht darin, dass bereits komplette grafische Arrangements verschmolzen werden und als ein ganzes Objekt versetzt oder in ein Symbol verwandelt werden können. Auch die Gefahr, dass aus Versehen ein Teil eines solchen Arrangements wieder verändert wird, besteht dann nicht.

Bild 4.8: Gruppiertes Element

> **Achtung**
>
> Sind Elemente zu einer Gruppe zusammengefasst worden, können sie erst wieder einzeln bearbeitet werden, wenn Sie die Gruppierung wieder rückgängig machen, indem Sie MODIFIZIEREN/GRUPPIERUNG AUFHEBEN wählen oder auf eines der Gruppenelemente doppelklicken. Durch den Doppelklick begeben Sie sich in die Gruppe; alles, was nicht zur Gruppe gehört, erscheint nun blasser. Nachdem Sie die gewünschten Veränderungen vorgenommen haben, klicken Sie einfach auf einen freien Bereich auf der Bühne, und Sie verlassen die Gruppe wieder.

Auch importierte Grafiken lassen sich in Flash in Kombination mit Elementen gruppieren, die in Flash erstellt wurden.

Hinweis

Es ist ratsam, selbst festzulegen, vor welcher Hintergrundfarbe ein Text erscheint, denn für Webentwickler gibt es keine perfekte Kontrolle darüber, vor welcher Hintergrundfarbe auf einer Site der Film letztlich abgespielt wird, und im schlimmsten Fall führt dies dazu, dass Text und Hintergrundfarbe identisch sind – wodurch kein Text mehr zu sehen ist. Die Hintergrundfarbe, die Sie für einen Flash-Film einstellen können, gilt zwar innerhalb von Flash, überschreibt aber nicht die Hintergrundfarben der Websites, auf denen ein Film später eingebunden wird. Dieser Trick lässt sich auch für den gesamten Bühnenbereich anwenden. Sie können grundsätzlich vor allen Inhalten zunächst ein Rechteck in Bühnengröße in der gewünschten Hintergrundfarbe platzieren. Dann haben Sie eine nahezu perfekte Kontrolle. Sie sollten einen solchen Hintergrund aber auf eine eigene gesperrte Ebene legen, damit er während der Arbeit am Film unangetastet bleibt.

Anti-Alias für Text

Die Ränder von Schriftarten sind in Flash nicht immer ganz sauber. Dies fällt besonders an Rundungen und bei großen Zeichen auf. Sollen Zacken an Textzeichen ausgeglichen werden, klicken Sie auf ANSICHT/ANTI-ALIAS TEXT.

Bild 4.9: Oben ohne Anti-Alias, unten mit Anti-Alias für Text

Zeichen aus dem Textblock lösen

Sie lernen nun eine Technik kennen, bei Sie sich vom einheitlichen Textblock verabschieden und jeden einzelnen Buchstaben aus einem solchen Block als eigene Grafik behandeln können. Dazu muss ein Text in seine einzelnen Bestandteile unterteilt werden.

Text teilen

Dies ist mit folgenden Schritten möglich:

1. Erstellen Sie den Text wie üblich als Block, und markieren Sie den gesamten Block mit dem Pfeilwerkzeug.
2. Wählen Sie aus dem Menü MODIFIZIEREN den Befehl TEILEN.

Der Text wird in einzelne Buchstaben zerlegt.

Bild 4.10: Jeder Buchstabe erhält einen eigenen Markierungsrahmen.

Direkt nach dem Teilen ist deutlich zu sehen, dass jeder Buchstabe einen eigenen Markierungsrahmen erhalten hat. Sie können nun einen einzelnen Buchstaben auswählen und diesem unabhängig von den anderen Formate und Transformationen zuweisen bzw. diese Zeichen separat auf der Bühne positionieren, wo es sinnvoll ist.

Bild 4.11: Einzelne Buchstaben unterschiedlich formatieren, positionieren und neigen

Es handelt sich bei den Buchstaben jetzt nicht mehr um Zeichen aus einer integrierten Textverarbeitung, sondern um unabhängige Grafiken.

> Achtung
>
> Ist ein Textblock erst einmal in einzelne Buchstaben unterteilt, so kann er nicht mehr wie Text durch Neueingaben auf der Tastatur überschrieben werden. Die Eigenschaften für Text lassen sich aber nach wie vor zuweisen, zum Beispiel Schriftart und -größe, Farbe etc. Freies Transformieren mit Hüllenbearbeitung ist allerdings mit geteiltem Text nicht möglich.

Geteilten Text animieren

Text lässt sich nicht nur zeichenweise unterschiedlich gestalten, sondern auch auf der Zeitleiste animieren. Schließlich geht es in Flash um Filme, und deshalb sollen in den folgenden Abschnitten die ersten Schritte in Richtung einer Animation unternommen werden. Folgen Sie den nachstehenden Anleitungen, damit Sie einen ersten Eindruck von Symbolen und Schlüsselbildern und deren Rolle in der Zeitleiste bekommen.

> Querverweis
>
> Ausführliche Informationen zu Symbolen und Bildern finden Sie in den Kapiteln 7 und 9.

Text an derselben Stelle animieren

Wenn Sie einen Text grafisch angeordnet und geteilt haben, können Sie ihn wieder als Ganzes behandeln, indem Sie ihn gruppieren. Dies ist dann aber kein Textblock – mit den zugehörigen Bearbeitungsmethoden – mehr, sondern eine gruppierte Grafik. Eine Gruppe lässt sich insgesamt schneller animieren. Mit diesem Beispiel wird ein Effekt erzielt, der die Buchstabengruppe an einer bestimmten Bühnenposition aufblinken lässt. Dies eignet sich für kurze Buchstabenfolgen, zum Beispiel Logos oder Produktnamen etc. Diese zunächst sehr einfache Animation erläutert die Funktion der Zeitleiste.

1. Schreiben Sie einen kurzen Begriff, und weisen Sie ihm die gewünschten Textformate zu.
2. Teilen Sie ihn dann, wie bereits beschrieben, mit MODIFIZIEREN/TEILEN.
3. Weisen Sie den einzelnen Buchstaben verschiedene Transformationen zu.
4. Ist das Gesamtbild arrangiert, markieren Sie alle Zeichen und wählen MODIFIZIEREN/GRUPPIEREN.

Bild 4.12: Geteilter Text wird wieder zu einer Gruppe zusammengefasst.

5. Markieren Sie nun den die gesamte Gruppe per Mausklick. Sie hat nun nur noch einen Markierungsrahmen. Verwandeln Sie sie mit EINFÜGEN/IN SYMBOL KONVERTIEREN in ein Symbol, das dauerhaft in der Bibliothek abgelegt wird.
6. Vergeben Sie im Dialogfeld IN SYMBOL KONVERTIEREN einen Namen, z. B. YES, und aktivieren Sie im Abschnitt VERHALTEN die Option GRAFIK.

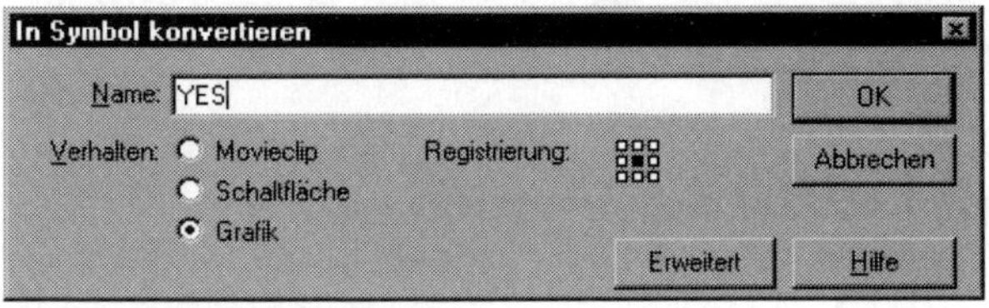

Bild 4.13: Symbol definieren

7. Löschen Sie die Instanz des Bildes auf der Bühne, indem Sie die Grafik markieren und [Entf] drücken. Die Grafik selbst ist sicher in der Bibliothek aufbewahrt. Das Löschen ist notwendig, weil im ersten Bild nichts zu sehen sein soll, um den Effekt des Einblendens zu erhalten.

8. Das erste Schlüsselbild auf der Zeitleiste ist nun leer, was durch einen leeren Kreis symbolisiert wird. Markieren Sie das Bild Nr. 5 auf der Zeitleiste, und wählen Sie EINFÜGEN/SCHLÜSSELBILD. Auch dieses Schlüsselbild ist noch leer.

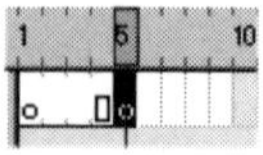

Bild 4.14: Die Zeitleiste mit zwei Schlüsselbildern

9. Öffnen Sie die Bibliothek mit FENSTER/BIBLIOTHEK.
10. Da die neue Bibliothek nur ein Symbol enthält, ist dieses sofort zur Auswahl im Bibliotheksfenster markiert. Ziehen Sie das Symbol einfach auf die Bühne an jene Position, an der die Grafik aufblinken soll.

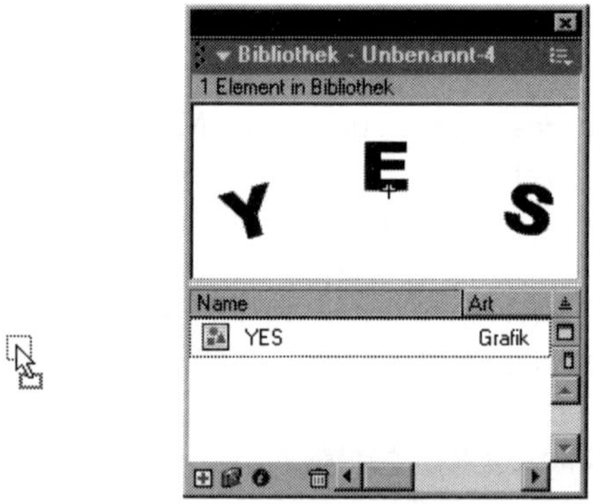

Bild 4.15: Grafik aus der Bibliothek auf die Bühne ziehen

Jetzt ist das Schlüsselbild in Bild Nr. 5 nicht mehr leer. Ein gefüllter Kreis und ein schraffiertes Bild symbolisieren dies.

1. Sie haben bisher auf der Zeitleiste eine Phase von vier leeren Bildern und das erste Bild definiert, in dem die Grafik auftauchen soll. Jetzt geht es darum festzulegen, wie lange die Grafik auf dem Bildschirm zu sehen sein soll. Dazu klikken Sie Bild Nr. 20 an und wählen EINFÜGEN/SCHLÜSSELBILD.

Hinweis

Mit [F6] lässt sich ein Schlüsselbild schneller einfügen.

2. Damit ist die Dauer der Grafikanzeige definiert. Damit die Grafik am Ende auch wieder ausgeblendet wird, wählen Sie EINFÜGEN/LEERES SCHLÜSSELBILD oder drücken [F7].

Sie glauben es vielleicht nicht, aber das war schon alles, um einen kleinen Film zu erstellen. Wollen Sie ihn sehen? Dann wählen Sie STEUERUNG/ZURÜCKSPULEN und anschließend STEUERUNG/ABSPIELEN.

Hinweis

Wenn Sie häufiger mit dem Vor- und Zurückspulen von Filmen beschäftigt sind, lohnt es sich, die Symbolleiste mit den entsprechenden Symbolen dafür einzublenden. Dies geschieht mit FENSTER/SYMBOLLEISTEN/STEUERUNG.

Selbstverständlich können Sie die Grafik im nächsten Bild wieder einfügen, indem Sie erneut Schlüsselbilder einfügen und diese Schritte wiederholen. Eleganter geht dies jedoch, indem Sie einfach alle bereits erstellten Bilder markieren und BEARBEITEN/BILDER KOPIEREN wählen. Klicken Sie mit der Maus einfach das nächste freie Bild dahinter in der Zeitleiste an, und wählen Sie BEARBEITEN/BILDER EINFÜGEN. Auf diese Weise lassen sich eine einmal definierte Animationsfolge schnell wiederholen und der Blinkeffekt über eine beliebige Zeitspanne implementieren.

Als die Buchstaben laufen lernten

Soll der Text nicht insgesamt, sondern buchstabenweise animiert werden, kehren Sie an den Ausgangspunkt der vorherigen Übung zurück.

1. Wählen Sie DATEI/NEU.
2. Ziehen Sie einen Textblock auf, formatieren ihn nach Bedarf und teilen Sie den Textblock mit MODIFIZIEREN/TEILEN. Sie können auch die vorher verwendete Gruppe auf die Bühne ziehen und diese ebenfalls erst teilen und anschließend mit MODIFIZIEREN/GRUPPE AUFHEBEN wieder in ihre einzelnen Bestandteile zerlegen.

3. Fügen Sie mit EINFÜGEN/EBENE für jeden Buchstaben eine eigene Ebene ein.

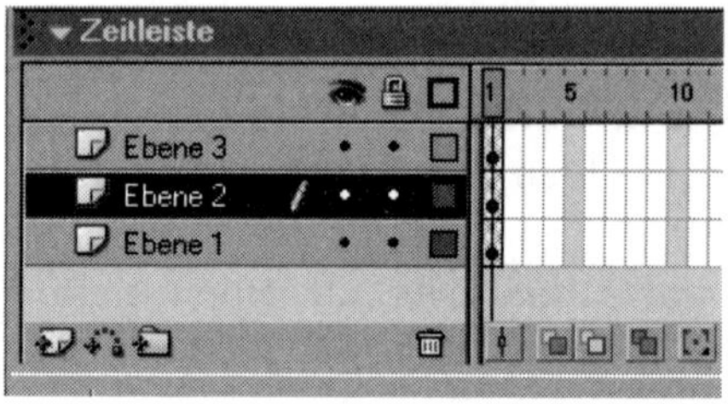

Bild 4.16: Eine Ebene pro Buchstabe

4. Setzen Sie die Buchstaben an die gewählte Position, und markieren Sie nur das erste Zeichen.
5. Konvertieren Sie dieses in ein Symbol.
6. Klicken Sie in der Symbolleiste auf das Symbol AUSSCHNEIDEN.

> Hinweis
>
> Wird die Symbolleiste nicht angezeigt, blenden Sie sie mit FENSTER/SYMBOLLEISTEN/STANDARD ein.

7. Markieren Sie in der Zeitleiste das erste Bild per Mausklick, Sie müssen dort kein Schlüsselbild einfügen, denn das erste Bild ist immer automatisch ein Schlüsselbild.
8. Wählen Sie BEARBEITEN/AN POSITION EINFÜGEN. um das Zeichen im Film exakt dort erscheinen zu lassen, wo es zuletzt auf der Bühne arrangiert war. Mit EINFÜGEN lässt sich die Position nicht genau definieren.
9. Markieren Sie das Bild Nr. 30 auf der Zeitleiste über alle drei Ebenen, indem Sie den Mauszeiger in die erste Ebene setzen und dann nach unten ziehen.
10. Drücken Sie [F5] oder wählen Sie EINFÜGEN/BILD.

Es erscheinen Bilder in der Zeitleiste.

11. Konvertieren Sie den zweiten Buchstaben in ein Symbol, und schneiden Sie ihn aus.

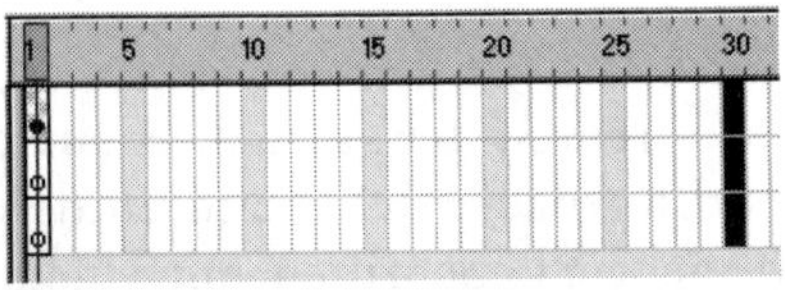

Bild 4.17: Bild über mehrere Ebenen markieren

12. Markieren Sie Bild Nr. 10 in der zweiten Ebene, und fügen Sie mit [F6] ein Schlüsselbild ein. Mit BEARBEITEN/AN POSITION EINFÜGEN wird jetzt zeitversetzt der zweite Buchstabe eingefügt und gleichzeitig aus der ersten Ebene entfernt.

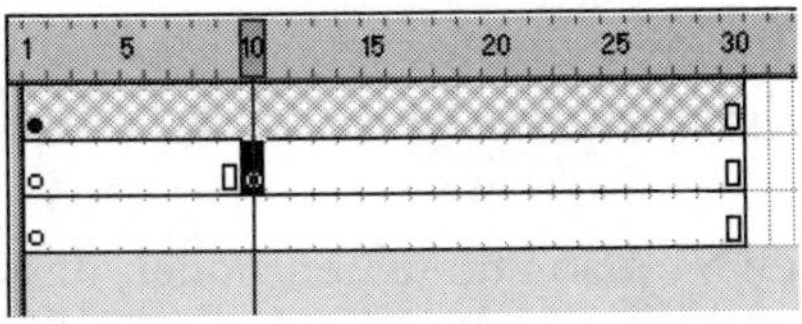

Bild 4.18: Grafische Symbole zeitversetzt anordnen

13. Markieren Sie in Ebene eins den dritten Buchstaben, konvertieren Sie ihn in ein Symbol, und schneiden Sie ihn aus.
14. In der dritten Ebene platzieren Sie an Bild Nr 30 mit [F6] das letzte Schlüsselbild. Fügen Sie hier mit BEARBEITEN/AN POSITION EINFÜGEN den dritten Buchstaben ein.

Und jetzt: Film ab! Spulen Sie zurück, und lassen Sie den Film ablaufen. Die Buchstaben werden nun einzeln an ihrer Position auf der Bühne eingeblendet.

Weitere Optionen für Text

Bei der Arbeit mit Texten in Flash haben Sie noch einige zusätzliche Möglichkeiten. Sie können durch eine bestimmte Einstellung festlegen, dass Flash Geräteschriftarten nutzt. Ferner lässt sich definieren, dass Text aus einer bereits vorhandenen Quelle automatisch eingelesen wird.

Geräteschriftarten

Bei der Verwendung von Schriftarten, die auf Ihrem System installiert sind, werden auch die Informationen, die eine Schrift genauer definieren, in den Flash-Film eingebettet. Doch es lassen sich nicht alle Schriften mit einem Film exportieren. Um sicherzustellen, dass die gewählte Schriftart exportierbar ist, wählen Sie ANSICHT/ANTIALIAS TEXT. Werden die zackigen Ränder an der Schrift nicht ausgeglichen, ist dies ein Hinweis darauf, dass eine Schrift nicht exportiert werden kann, weil die Umrisse der Schriftart von Flash nicht erkannt werden.

Um auf Nummer sicher zu gehen verwenden Sie anstelle der eingebetteten Schriftinformationen eine Geräteschriftart.

Geräteschriftarten werden nicht in die SWF-Datei eingebettet, sondern aus den jeweils lokal auf dem Computer eines Benutzers vorhandenen Schriften ausgewählt.

Durch die Wahl einer Geräteschriftart stellen Sie also zum einen sicher, dass der Text ordnungsgemäß angezeigt wird, und zum anderen reduzieren Sie die Größe der Filmdatei, weil keine Schriftartinformationen exportiert werden. Geräteschriftarten sind vor allem bei kleinen Schriftgrößen meist deutlicher lesbar (unter 10 Punkt).

Der Nachteil von Geräteschriftarten ist, dass Sie nicht sicher sein können, welche Schrift auf dem Computer des Benutzers angezeigt wird. Es wird zwar grundsätzlich die Ähnlichste gewählt, dies kann aber bei exotischen Schriften trotzdem zu drastischen Unterschieden führen.

Um wenigstens eine geringe Kontrolle über das Erscheinungsbild von Geräteschriftarten zu haben, lassen sich dafür in Flash drei Attribute festlegen: _SANS sorgt für eine Schrift ohne Serifen mit geraden Buchstaben (z. B. Helvetica oder Arial), _SERIF stellt eine Schriftart mit Ab- und Aufstrichen ein (z. B. Times Roman), und _TYPEWRITER definiert eine Schriftart mit gleich bleibender Zeichengröße (z. B. Courier).

So geben Sie an, dass ein Text in einem Flash-Film eine Geräteschrift verwenden soll:

1. Markieren Sie den betreffenden horizontalen Textblock auf der Bühne.
2. Wählen Sie FENSTER/EIGENSCHAFTEN, falls das TextEigenschaftenfenster nicht angezeigt wird.
3. Im Popup-Menü TEXTTYP wählen Sie STATISCHER TEXT aus.

4. Aktivieren Sie dann das Kontrollfeld SCHRIFTARTEN DES GERÄTS VERWENDEN.

Statischer Text

Bisher haben Sie ausschließlich mit statischem Text und dem damit verbundenen Verhalten gearbeitet. Dazu gehört auch das Einstellen der Geräteschriftarten. Neben dieser Textart stehen in Flash auch der dynamische Text und der Eingabetext zur Auswahl.

Dynamischer Text

Dynamischer Text bietet die Möglichkeit, bereits vorhandenen Text aus einer anderen Quelldatei dynamisch einlesen zu lassen.

Auch Text im Format HTML lässt sich in Flash einfügen. Dies ist aber nicht mit statischem Text, sondern nur mit dynamischem Text oder Eingabetext möglich.

> Querverweis
>
> ➔ Dies lässt sich jedoch nicht ohne ein kleines ActionScript bewerkstelligen, weshalb dieses Thema in Kapitel 11 erläutert wird.

Text lässt sich aber zunächst als dynamisch definieren, indem Sie dies im Menü TEXTART des Eigenschaftenfensters angeben.

Eingabetext

Ähnlich wie mit dem dynamischen Text verhält es sich auch mit dem Eingabetext, der jenen Text bezeichnet, der in Eingabefeldern erscheint. Um ein für Benutzer verfügbares Feld zur Texteingabe bereitzustellen, ist ebenfalls ein kleines ActionScript erforderlich (siehe daher Kapitel 11).

Text lässt sich aber zunächst als Eingabetext definieren, indem Sie dies im Menü TEXTART des Eigenschaftenfensters angeben.

Auswählbarer Text

Text lässt sich in Flash auch so gestalten, dass er auswählbar wird, d. h. der Benutzer kann ihn mit der Maus markieren, um diesen zu kopieren.

Soll ein Text auswählbar sein, markieren Sie ihn auf der Bühne und wählen im Eigenschaftenfenster für den Text die Textart DYNAMISCHER TEXT aus. Klicken Sie dann auf das Symbol AUSWÄHLBAR.

Kapitel 5
Sound einfügen und synchronisieren

In Flash können Sie Sounddateien problemlos einbinden. Es gibt sogar eine eigenständige Soundbibliothek mit mitgelieferten Klängen für den schnellen, ersten Hausgebrauch. Selbstverständlich ist es aber auch möglich, eigenen Sound zu benutzen. In diesem Fall müssen Sie die Sounddateien erst in Flash importieren, was jedoch ganz einfach ist.

> **Hinweis**
>
> Im Internet finden Sie ebenfalls Soundbibliotheken, aus denen Sie sich frei bedienen können, weil es sich meistens nur um kurze Soundtracks handelt. Dazu stehen die verschiedensten Musikportale zur Auswahl, siehe Anhang D.

Sound lässt sich in Flash entweder so einrichten, dass er unaufhörlich während des Films im Hintergrund mitläuft oder nur während bestimmter Bildfolgen in einem Film wahrzunehmen ist.

Ehe Sie Ihre Filme kräftig mit Sound würzen, sollten Sie jedoch die Informationen zur Soundkomprimierung, die am Ende dieses Kapitels gegeben werden, genau studieren. Sound hat nämlich einen Nachteil, der besondere Beachtung verdient: Sounddateien sind sehr umfangreich und würden die Dateigröße eines Films drastisch erhöhen, könnte man dies in Flash nicht mit einigen besonderen Techniken ein wenig ausgleichen.

Zu diesen Überlegungen gehört es auch, folgende Unterscheidung zu treffen: Möchten Sie Ereignissound oder Streaming-Sound verwenden? Dies sind die beiden Arten von Sound, die sich in Flash definieren lassen. Ein Ereignissound muss komplett auf den Computer des Benutzers heruntergeladen werden, ehe er abgespielt wird. Der Streaming-Sound hingegen wird sofort abgespielt, sobald genügend Daten für die ersten Bilder heruntergeladen sind. Ereignissound zu benutzen ist nur dann sinnvoll, wenn es sich um ganz kurze Soundstücke handelt, z.B. einen Warnton, der beim Anklicken einer Schaltfläche eingespielt werden soll, oder einen anderen signalartigen, kurzen Sound. Soll ein Sound über mehrere Bilder hinweg auf der Zeitleiste synchronisiert werden, empfiehlt es sich, Streaming-Sound dafür einzufügen.

Die Einstellungen und Optionen für Sound lassen sich entweder generell im Dialogfeld VERÖFFENTLICHUNGSEINSTELLUNGEN auf dem Register FLASH für jeden Sound im Film vornehmen oder einzeln bestimmten Soundsequenzen im Eigenschaftenfenster zuweisen.

Sound einfügen

Ebenso wie die Grafiken wird auch der Sound in der Bibliothek abgelegt und lässt sich von dort in den Film ziehen. In Flash gibt es bereits einige mitgelieferte Sounddateien, die für die ersten Schritte verwendet werden sollten. Öffnen Sie dazu mit FENSTER/GEMEINSAME BIBLIOTHEKEN/SOUND die Soundbibliothek von Flash. Sie können Sound auch zusammen mit anderen Elementen eines Films in einer anderen Bibliothek aufbewahren.

So fügen Sie Sound in einen Film ein:

1. Erstellen Sie für Ihre Sounddateien grundsätzlich pro Sound eine eigenen Ebene, indem Sie EINFÜGEN/EBENE wählen. Vergeben Sie einen bezeichnenden Namen für diese Ebenen.

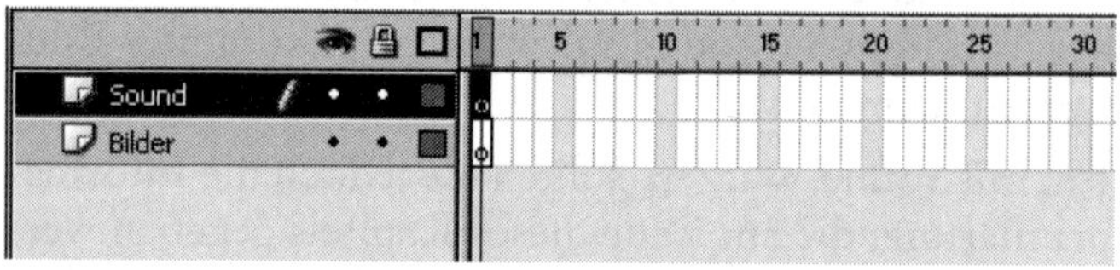

Bild 5.1: Eigene Ebene für den Sound anlegen

2. Markieren Sie das erste Bild der Sound-Ebene.
3. Die Soundbibliothek sollte bereits geöffnet sein. Wählen Sie daraus einen Sound aus.
4. Ziehen Sie den Sound wie eine Grafik mit gedrückter Maustaste einfach auf die Bühne.
5. Er wird dadurch automatisch in das erste bzw. markierte Bild der Soundebene eingefügt. Damit der Sound nicht nur für die Dauer eines Bildes angezeigt wird, markieren Sie anschließend Bild Nr. 30 in der Soundebene auf der Zeitleiste und drücken [F6], um dort ein Schlüsselbild einzufügen.

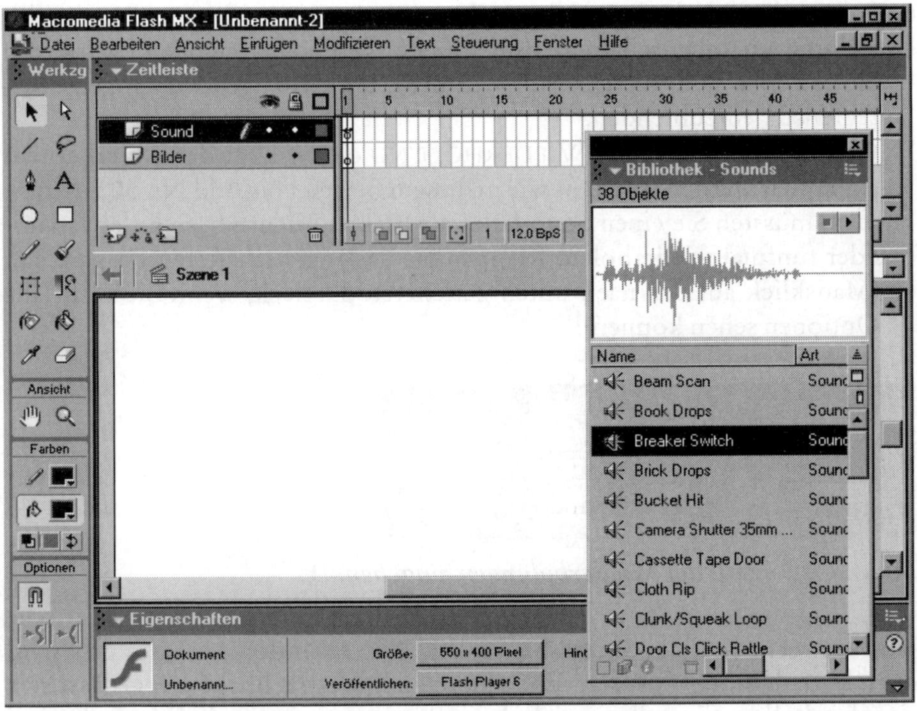

Bild 5.2: Sound aus der Bibliothek auf die Bühne ziehen

Jetzt wird der Sound auch in der Zeitleiste deutlich sichtbar und lässt sich wie jeder andere Film auch mit den Steuerungsbefehlen zurückspulen und abspielen.

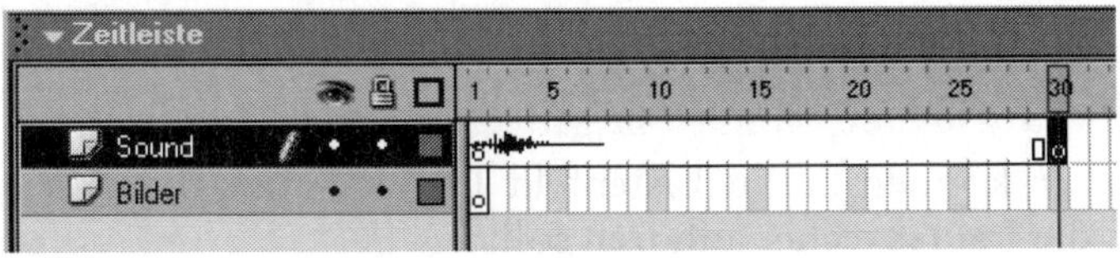

Bild 5.3: Ereignissound in der Zeitleiste

Da es sich bei den Sounds in der Bibliothek um kurzen Ereignissound handelt, ist der Spaß z. B. in Bild Nr. 7 schon wieder vorbei.

6. Soll er wiederholt abgespielt werden, müssen Sie eine entsprechende Einstellung im Eigenschaftenfenster für den Sound vornehmen. Markieren Sie das erste Bild, das den Sound enthält, um das zugehörige Eigenschaftenfenster einzublenden.
7. Geben Sie hier im Feld WIEDERHOLUNG ein, wie oft der Sound erneut abgespielt werden soll. Um wie in diesem Beispiel bis Bild Nr. 30 zu kommen, müssten Sie einen Sound, der aus sieben Bildern besteht, etwa vier- oder fünfmal wiederholen. Klappen Sie das Eigenschaftsfenster ganz auf (Mausklick auf das nach unten gerichetete Dreieck, wenn Sie nicht alle Optionen sehen können).

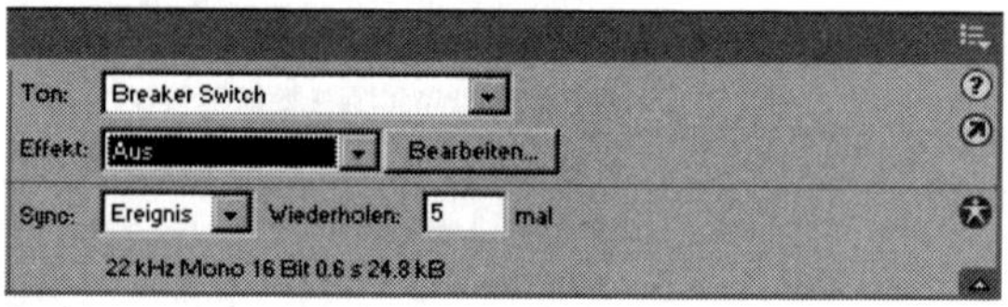

Bild 5.4: Anzahl der Wiederholungen eingeben.

Jetzt erstreckt sich der Sound bis zu Bild Nr. 30 in der Zeitleiste und wird noch kurz darüber hinaus zu Ende gespielt. Die tatsächliche Länge lässt sich also durch diese Einstellung nicht beeinflussen, sondern lediglich die Dauer.

> Achtung
>
> Streaming-Sound sollte nicht wiederholt werden, denn dabei werden Bilder in den Film eingefügt und die Download-Zeit um die Anzahl der Wiederholungen heraufgesetzt.

Effekte für Sound

Im Eigenschaftenfenster können Sie in Listenfeld EFFEKT auswählen, wie sich ein Sound durch die Lautsprecher anhören soll:

- Mit der Option KEIN EFFEKT wird dem Sound kein Effekt zugewiesen bzw. bereits zugewiesene Effekte lassen sich damit wieder entfernen.
- Wählen Sie die Option LINKER KANAL oder RECHTER KANAL, um den Sound entweder nur im linken oder nur im rechten Lautsprecher erklingen zu lassen.

- Mit VON LINKS NACH RECHTS oder VON RECHTS NACH LINKS wird ein Effekt erzielt, der den Sound vom linken in den rechten Lautsprecher bzw. umgekehrt übergehen lässt.
- Soll ein Sound allmählich lauter werden, wählen Sie EINBLENDEN, soll er allmählich leiser werden AUSBLENDEN.
- BENUTZERDEFINIERT ist aktiv, wenn Sie im Bearbeitungsfenster Änderungen am aktuellen Sound vorgenommen haben.

Sound importieren

Wenn Sie eigenen oder anderen Sound als in der allgemeinen Bibliothek geboten in einen Flashfilm einbinden möchten, importieren Sie diesen mit den nachfolgenden Schritten in die aktuelle Filmbibliothek. Nach dem Import können Sie die Filmbibliothek mit FENSTER/BIBLIOTHEK zur Auswahl des Sounds einblenden.

1. Wählen Sie DATEI/IN BIBLIOTHEK IMPORTIEREN.
2. Im Dialogfeld IMPORTIEREN wählen Sie die Sounddatei aus, die Sie in der Flash-Bibliothek zur Auswahl haben möchten.

Importierbare Soundformate

Die folgenden Soundformate lassen sich in Flash mit den oben beschriebenen Schritten importieren:

- WAV (nur Windows)
- AIFF (nur Macintosh)
- MP3 (Windows oder Macintosh).

Ist QuickTime 4 oder eine neuere Version auf Ihrem System installiert, können Sie auch auf folgende Soundformate zurückgreifen:

- AIFF (Windows oder Macintosh)
- Sound Designer II (nur Macintosh)
- Sound Only QuickTime Movies (Windows oder Macintosh)
- AU (Windows oder Macintosh)
- System 7 Sounds (Macintosh)
- WAV (Windows oder Macintosh).

Importierter Sound wird zusammen neben Bitmaps und Symbolen dauerhaft in der Bibliothek abgelegt und lässt sich von dort immer wieder in einen Film einfügen. Beim Einfügen wird nur eine Instanz des Sounds auf der Bühne platziert. Der Sound in der Bibliothek bleibt erhalten.

> **Hinweis**
>
> Wenn Sie einem importierten Sound in Flash Effekte zuweisen möchten, sollten Sie dazu am besten 16-Bit-Sound verwenden. Bei begrenztem Arbeitsspeicher empfiehlt es sich, nur kurze Soundclips zu benutzen oder anstelle von 16-Bit-Sound mit 8-Bit-Sound zu arbeiten.

Sound synchronisieren

Wenn Sie Sound exakt mit den Ereignissen in der Zeitleiste in Einklang bringen möchten, müssen Sie dazu Streaming-Sound verwenden, denn Ereignissound lässt sich nicht exakt synchronisieren.

Markieren Sie dazu einen Sound, und wählen Sie aus dem Popup-Menü SYNC im Eigenschaftenfenster für Sound eine der folgenden Optionen aus:

- Mit der Einstellung EREIGNIS wird der bereits beschriebene Ereignissound erzeugt, für den sich zwar ein Anfangsbild und eine Wiederholung festlegen lassen, aber nicht mehr. Ereignissound wird unabhängig von den Geschehnissen in der Zeitleiste bis zum Ende abgespielt, auch wenn der Film bereits fertig ist. Ereignissound kann z. B. auch simultan abgespielt werden. Dies ist möglich, wenn ein Benutzer schnell hintereinander auf eine Schaltfläche klickt, der ein Ereignissound zugewiesen wurde. Beide Soundtracks werden dann jeweils zum Zeitpunkt der Auslösung abgespielt und sind eventuell zeitgleich zu hören.
- Mit START definieren Sie ebenfalls den Startpunkt für einen Ereignissound, verhindern damit aber das Abspielen einer neuen Soundinstanz – wie oben beschrieben.
- Mit STOP halten Sie den in die Zeitleiste eingefügten Sound an.

- STREAM synchronisiert den Sound für das Abspielen auf einer Website. Dabei wird die Animation in der Zeitleiste auf den Streaming-Sound eingestellt. Das heißt, wird eine Animationen nicht schnell genug abgespielt, um mit dem Sound Schritt zu halten, werden die betreffenden Bilder in der Animation übersprungen. In Wirklichkeit wird also nicht der Sound mit dem Film synchronisiert, sondern die Animationsfolge mit dem Sound. Streaming-Sound wird immer nur über die Anzahl derjenigen Bilder abgespielt, in die er eingefügt wurde – ganz im Gegensatz zum Ereignissound.

So setzen Sie Sound gezielt über eine bestimmte Bildfolge ein und können ihn exakt mit Bildern in anderen Ebenen abstimmen:

1. Markieren Sie in der Soundebene jenes Bild, in dem der Sound beginnen soll, und fügen Sie dort mit F6 ein Schlüsselbild ein.
2. Markieren Sie dann das Bild, in dem der Sound enden soll, und fügen Sie dort ebenfalls ein Schlüsselbild ein.
3. Kehren Sie zum Startbild für den Sound zurück, und markieren Sie es.
4. Ziehen Sie den Sound aus der Bibliothek auf die Bühne, und stellen Sie im Menü SYNC des Eigenschaftenfensters die Option STREAM ein. Der Sound wird nun wirklich nur bis zum angegebenen zweiten Schlüsselbild abgespielt und danach abgeschnitten.

Bild 5.5: Streaming-Sound definieren

5. Ziehen Sie den roten Abspielkopf nach links und dann langsam nach rechts über die Bilder, um den Sound bildweise anzuhören.

Zu beachten ist, dass auch Ereignissound, der scheinbar an einem Schlüsselbild abgeschnitten würde, dennoch weiter abspielt.

Ein solchermaßen abgeschnittener Soundtrack kann zu der Überlegung führen, ob er nicht noch bearbeitet werden sollte. In diesem Bild ist z. B. eine langsame Einstiegsphase zu sehen, während der Sound auf seinem Höhepunkt plötzlich abbricht. Dies ließe sich noch weiter bearbeiten, um den ersten Teil herauszuschneiden und dafür das Hauptteil zu Ende zu führen.

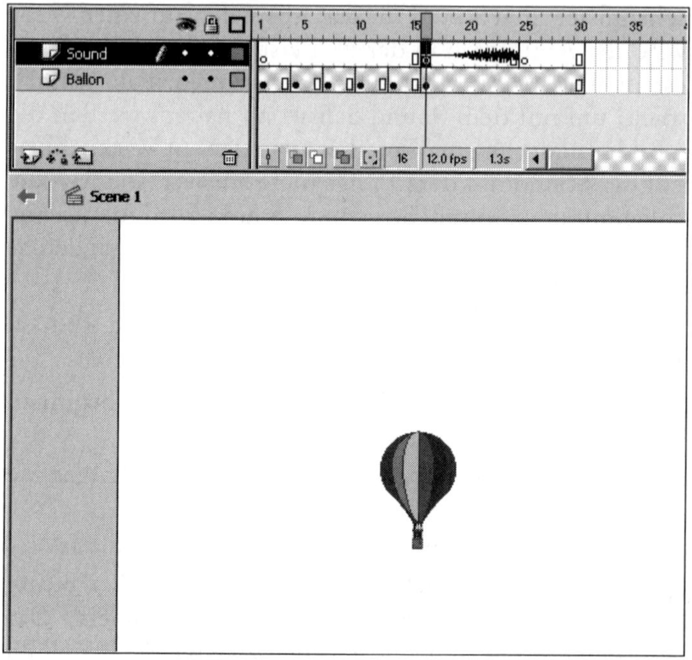

Bild 5.6: Sound setzt erst bei der Landung des Ballons ein.

Hinweis

Wird Sound im Format MP3 als Streaming-Sound eingebunden, müssen Sie diesen Sound für den Export erneut komprimieren. Dabei können Sie dieselben Einstellungen wie für den Import verwenden.

Sound bearbeiten

Es empfiehlt sich, Sound zu bearbeiten, wenn dies möglich ist, denn jedes überflüssige Schnipselchen kostet sehr viel Dateiumfang und sollte deswegen entfernt werden.

Soundberabeitung kann aber auch notwendig werden, um, wie beim obigen Beispiel erwähnt, eine perfekte Synchronisation zu erzielen.

Um Sound zu bearbeiten, muss dieser zunächst in die Bibliothek und den Film eingefügt worden sein.

1. Markieren Sie den Sound in dem Bild auf der Zeitleiste, in dem er sich befindet.
2. Wählen Sie dann FENSTER/EIGENSCHAFTEN, um die Soundeigenschaften einzublenden, und klicken Sie dort auf die Schaltfläche BEARBEITEN.

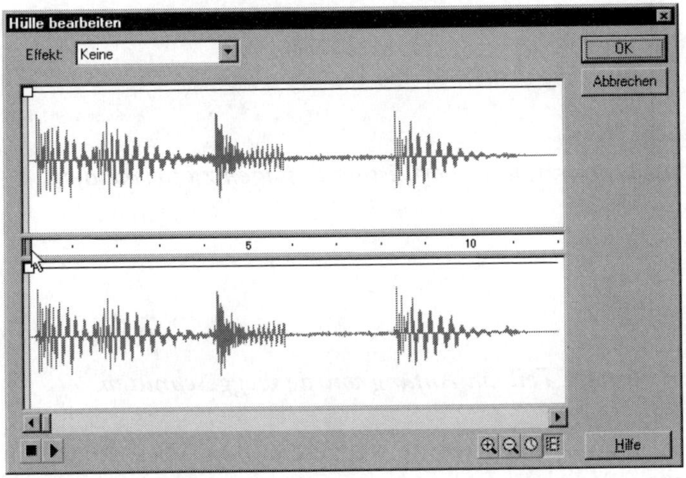

Bild 5.7: Das Dialogfeld HÜLLE BEARBEITEN

3. Im Dialogfeld HÜLLE BEARBEITEN werden oben der rechte und unten der linke Kanal dargestellt. Zwischen beiden befindet sich die Zeitleiste, auf der links ein Regler bereitsteht. Damit können Sie den Startpunkt des Sounds neu definieren. In diesem Dialogfeld wird wirklich der Sound selbst bearbeitet, also keine Bilder in der Zeitleiste.
4. Um den rechten Regler zu sehen, müssen Sie eventuell mit der Bildlaufleiste am unteren Rand an das Ende des Sounds blättern. Sie können den bearbeiteten Sound direkt im Dialogfeld HÜLLE BEARBEITEN abspielen lassen, um ihn zu überprüfen, und müssen dafür nicht in die Zeitleiste des Films zurückkehren. Verwenden Sie dazu die Steuerelemente für Sound am linken unteren Rand des Dialogfelds.

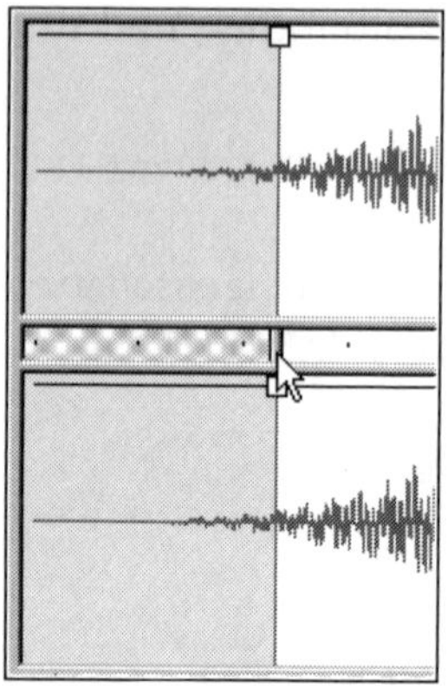

Bild 5.8: Sound wird verkürzt, um überflüssige Passagen zu vermeiden.

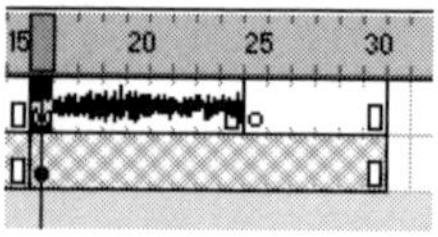

Bild 5.9: Der kaum hörbare Teil am Anfang wurde weggeschnitten.

Der kaum hörbare Teil am Anfang wurde weggeschnitten. Dies ist auch in der Zeitleiste zu sehen. Vergleichen Sie diesen Sound mit dem Sound aus Bild 5.6 – es ist derselbe Sound.

Je stärker die Ausschläge einer Soundaufzeichnung sind, desto stärker sind auch die Ausschläge in der optischen Darstellung.

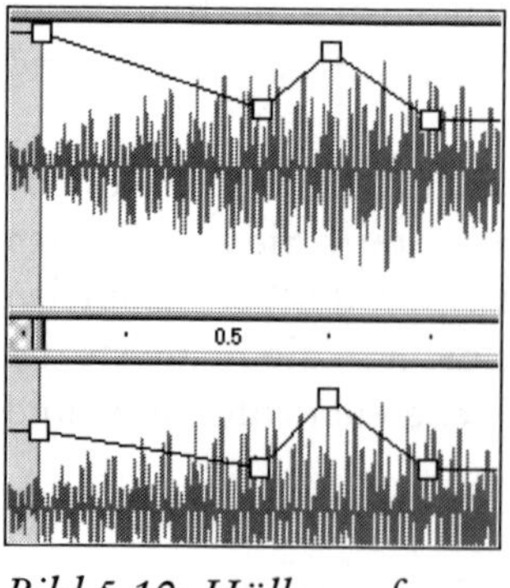

Bild 5.10: Hüllenanfasser zum Ausgleich von Höhen und Tiefen

Im Dialogfeld HÜLLE BEARBEITEN können Sie auch die Hüllenanfasser (quadratische Ziehpunkte an den oberen Kanalrändern) versetzen und nach unten oder oben ziehen, um Überblendungseffekte zu erzielen.

Reichen die vorhandenen Anfasser nicht aus, fügen Sie neue ein, indem Sie auf die Hüllenlinien klicken. Die Anfasser lassen sich entfernen, indem Sie sie aus dem Fenster ziehen.

Hinweis

Je nach gewähltem Effekt lassen sich die Hüllenanfasser in den einzelnen Kanälen parallel oder unabhängig voneinander versetzen.

Der Soundbearbeitung wurde in Flash so viel Platz eingeräumt, weil jedes Stückchen Sound bei einem Film deutlich ins Gewicht fallen kann. Um eine möglichst geringe Filmgröße zu erhalten, sollten Sie sich von Anfang an angewöhnen, jeden überflüssigen Sound aus einem Flash-Film zu entfernen. Maßgeblich für die Dateigröße ist die Anzahl und Länge der verwendeten Soundtracks. Soll ein Hintergrundsound z. B. nicht langweilig werden, können Sie ihn durch Effekte und Überblendungen variieren und dennoch immer nur ein- und denselben Sound verwenden.

Sound mit einer Schaltfläche verbinden

Besonders beliebt auf Webseiten ist die Variante, einer Schaltfläche oder einem Button einen Sound hinzufügen, der abgespielt wird, wenn der Benutzer darauf klickt, sozusagen als eine Art Antwortsignal.

Schaltflächen sind in Flash eine eigenen Symbolform, weil Schaltflächen verschiedene Zustände besitzen können. Eine Schaltfläche kann gedrückt, losgelassen oder aktiv sein.

Querverweis

➔ Weitere Informationen zu Schaltflächensymbolen finden Sie in Kapitel 7.

Ein Sound lässt sich also nicht nur mit einer bestimmten Schaltfläche verbinden, sondern mit dem betreffenden Zustand einer Schaltfläche.

1. Öffnen Sie mit FENSTER/GEMEINSAME BIBLIOTHEKEN/SCHALTFLÄCHEN eine bereits vordefinierte Bibliothek mit Symbolen, die sich als Schaltflächen benutzen lassen. Alternativ erstellen Sie eine eigenes Schaltflächensymbol mit EINFÜGEN/IN SYMBOL KONVERTIEREN.
2. Platzieren Sie die Schaltfächeninstanz auf der Bühne
3. Klicken Sie sie mit der rechten Maustaste an, und wählen Sie im Kontextmenü den Eintrag BEARBEITEN aus.

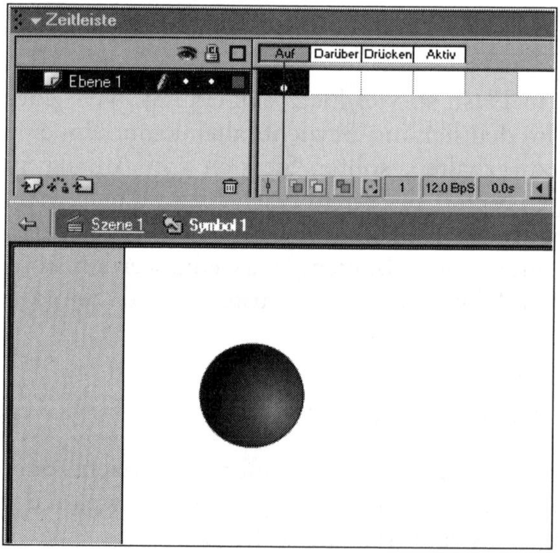

Bild 5.11: Schaltflächenzeitleiste mit vier verschiedenen Zustandsbeschreibungen.

Der Bildschirm wechselt nun in eine andere Darstellungsform, weil es sich um eine Schaltfläche handelt. In der Zeitleiste sind größere Bilder als gewohnt und darüber die Beschriftung für die einzelnen Zustände einer Schaltfläche zu sehen.

4. Legen Sie in der Zeitleiste mit EINFÜGEN/EBENE eine eigene Ebene für den Sound an. Die bereits vorhandene Ebene enthält soll die verschiedenen Grafiken für die Schaltfläche enthalten.
5. Markieren Sie Soundebene der Schaltflächenzeitleiste das Bild für den Zustand, für den Sie einen Sound hinzufügen möchten (z.B. DRÜCKEN) und fügen Sie dort mit F7 ein leeres Schlüsselbild ein.
6. Wählen Sie aus der Bibliothek oder dem Listenfeld TON im Eigenschaftenfenster den Sound aus, der hier eingefügt werden soll. Ziehen Sie ihn von der Bibliothek auf die Bühne.

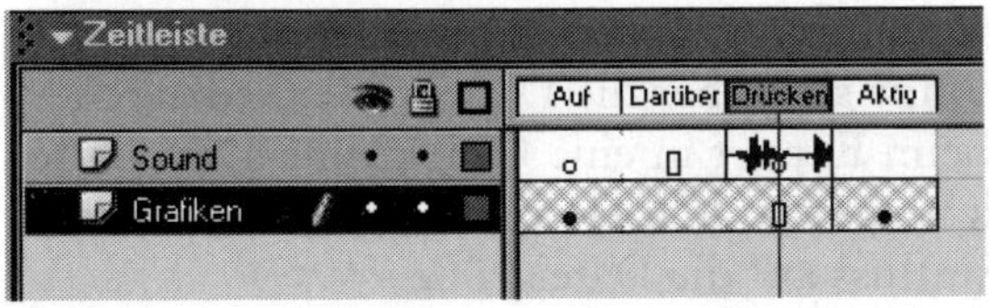

Bild 5.12: Sound für einen bestimmten Schaltflächenzustand einfügen

7. Aktivieren Sie im Sound-Eigenschaftenfenster im Menü SYNC die Option EREIGNIS.
8. Lassen Sie die Schaltfläche in der Schaltflächenzeitleiste abspielen, indem Sie den roten Abspielkopf darüberziehen.

> **Hinweis**
>
> Wenn beim dritten oder vierten Zustand kein Schaltflächensymbol auf der Bühne erscheint, so ist für diesen Zustand noch keine eigene Grafik entworfen worden. Trotzdem lässt sich Sound dafür einfügen.

9. Mit einem Klick auf die Beschriftung SZENE1 oberhalb des Bühnenfensters kehren Sie wieder in den Flash-Film zurück und verlassen damit die Symbolbearbeitung.
10. Hier können testen, ob der Sound wirklich beim Drücken der Schaltfläche zu hören ist, indem Sie STEUERUNG/SCHALTFLÄCHEN AKTIVIEREN wählen.

11. Lassen Sie den Film abspielen und klicken Sie währenddessen die Schaltfläche an. Der Sound sollte bei gedrückter Maustaste zu hören sein.

Auf diese Weise können Sie bei Bedarf jedem Schaltflächenzustand einen speziellen Sound zuweisen.

Sound komprimieren

Ehe Sie einen Film veröffentlichen, der Sound enthält, sollte dafür gesorgt werden, dass der Sound so wenig Dateigröße wie nur möglich beansprucht. Dies lässt sich durch eine Komprimierung des Sounds erreichen.

Eine Ausnahme davon bildet Sound in QuickTime-Filmen. Hier können Sie beliebig viel Sound verwenden, ohne sich über die Dateigröße Gedanken zu machen, denn der Sound wird beim Export in eine QuickTime-Datei automatisch in nur einen Soundtrack umgewandelt. Hier hat die Anzahl der verwendeten Soundtracks keinen Einfluss auf die Dateigröße.

Querverweis

➔ Nähere Informationen zur Veröffentlichung von Filmen finden Sie in Kapitel 14.

In allen anderen Fällen beansprucht Sound beträchtlichen Platz auf der Festplatte und im Arbeitsspeicher (RAM). Das Format MP3 ist bereits komprimiert und daher kleiner als WAV oder andere Soundformate.

Stereosound benötigt doppelt so viele Ressourcen wie Monosound. Optimal ist es, einen 16-Bit-Sound mit 22 KHz zu verwenden, aber Sie können in Flash auch 8-Bit- oder 16-Bit-Sound mit 11 KHz, 22 KHz oder 44 KHz verwenden. Flash konvertiert diesen Sound dann beim Export in niedrigere Samplingraten.

Hinweis

Welche Einstellungen ein importierter Sound verwendet, können Sie im Eigenschaftenfenster für den Sound ablesen.

Bild 5.13: Soundbeschaffenheiten sind unter der Option SYNC *im Eigenschaftenfenster abzulesen.*

Für die Soundkomprimierung beim Export eines Films lassen sich entweder globale Einstellungen im Dialogfeld EINSTELLUNGEN FÜR VERÖFFENTLICHUNG vornehmen, die für jeden Sound in einem Flash-Film Gültigkeit haben, oder Komprimierungseinstellungen für jeden einzelnen Sound definieren. Im Allgemeinen überschreiben die individuellen Soundkomprimierungseinstellungen die globalen Einstellungen. Es lässt sich allerdings auch festlegen, dass die globalen Filmeinstellungen die individuellen überschreiben. Dies kann sinnvoll sein, wenn Filme für zwei verschiedene Zwecke erstellt werden sollen, z. B. für das Internet und für eine Präsentation, die auf CD-ROM veröffentlicht wird. Für Letzteres können Sie dann die einzelnen Einstellungen schnell überschreiben.

Querverweis

➔ Genaue Informationen zu den globalen Soundeinstellungen finden Sie in Kapitel 14.

Die Komprimierungsoptionen lassen sich sowohl für Ereignissound als auch für Streaming-Sound festlegen. Verschiedene Streaming-Sounds werden jedoch beim Exportieren eines Flash-Films zu einer einzigen Stream-Datei zusammengefasst, wobei die höchste Komprimierungseinstellung, die einem einzelnen Streaming-Sound zugewiesen wurde, als Grundeinstellung für diese Streaming-Datei benutzt wird. Darin einbezogen werden auch Streaming-Sounds aus Video-Objekten.

Es macht also keinen Sinn, Streaming-Sound viele verschiedene Komprimierungseinstellungen zuzuweisen, denn spätestens beim Export wird nur noch die höchste Einstellung verwendet, und dies kann Auswirkungen auf die Soundqualität jener Passagen haben, die mit niedrigeren Kompressionsraten versehen wurden. Je höher nämlich die Kompressionsrate, desto niedriger leider die Soundqualität. Bei der Komprimierung gehen viele Details aus einem Sound verloren, weshalb es zur Kunst des Webdesigners gehört, auf der einen Seite für eine möglichst geringe Dateigröße und auf der anderen Seite für genügend Qualität zu sorgen. Doch Sie können in Flash beliebig mit Sound experimentieren, ehe Sie eine Komprimierungseinstellung definitiv festlegen.

Wenn Sie keinerlei Komprimierungseinstellungen für Sound vornehmen und einen Flash-Film mit DATEI/FILM EXPORTIEREN veröffentlichen, wird der gesamte Sound im Film unkomprimiert exportiert.

Exporteinstellungen für einzelnen Sound

Um die Exporteinstellungen für einen einzelnen Soundtrack in einem Flash-Film vorzunehmen, führen Sie die folgenden Schritte aus:

1. Markieren Sie den betreffenden Sound in der Bibliothek, und klicken Sie ihn dort mit der rechten Maustaste an.

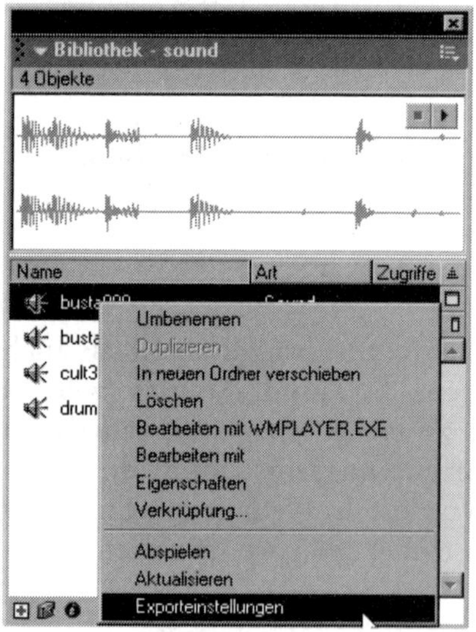

Bild 5.14: Exporteinstellungen für einzelnen Sound definieren

2. Aus dem Kontextmenü wählen Sie die Option EXPORTEINSTELLUNGEN.
3. In diesem Dialogfeld wählen Sie zunächst aus, welche Komprimierungsform gewählt werden soll. In diesem Beispiel wird die Option MP3 aktiviert.

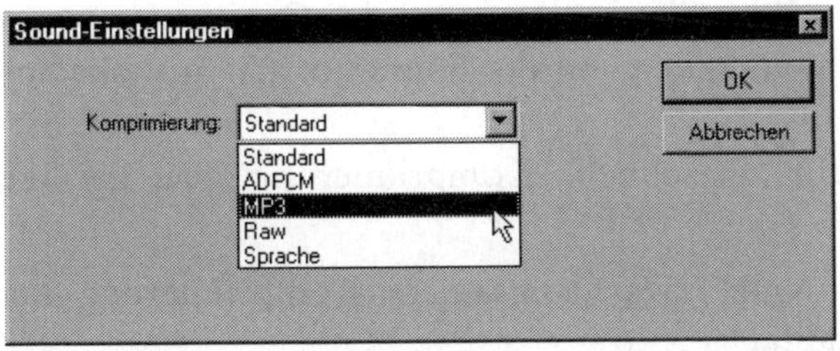

Bild 5.15: Komprimierungsoption auswählen

Querverweis

➔ Eine Erläuterung zu den einzelnen Komprimierungseinstellungen finden Sie später in diesem Kapitel.

4. Entsprechend der Auswahl ändern sich die angezeigten Einstellungsmöglichkeiten im Dialogfeld. Die Einstellung MP3 empfiehlt sich für längeren Streaming-Sound.

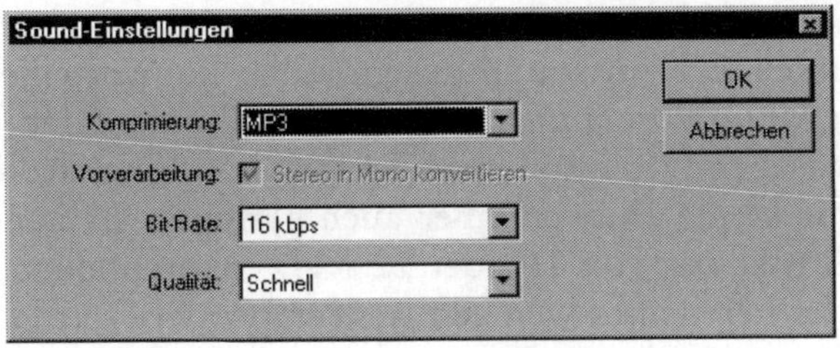

Bild 5.16: Soundkomprimierung für MP3

5. Wählen Sie aus dem Listenfeld BITRATE aus, wie viele Bits pro Sekunde die exportierte Sounddatei ausgeben soll. Hier ist ein Wertebereich zwischen 8 und 160 Kbps (Kilobyte pro Sekunde) möglich. Für den Export von Musik sollten Sie einen Wert über 16 Kbps wählen, andernfalls ist die Tonqualität zu schlecht.
6. Die Option STEREO IN MONO KONVERTIEREN lässt sich nur dann aktivieren, wenn ein Stereosound importiert und eine Bitrate über 20 Kbps gewählt wurden.

7. Im Listenfeld QUALITÄT wählen Sie eine der folgenden Optionen aus, um die Komprimierungsgeschwindigkeit mit der Soundqualität auszubalancieren:
   - SCHNELL sorgt für ein schnelle Komprimierung, aber geringe Soundqualität.
   - MITTEL definiert eine etwas langsamere Komprimierung bei höherer Soundqualität
   - OPTIMAL stellt die langsamste Komprimierung, dafür aber die höchste Soundqualität ein.
8. Klicken Sie auf OK, um die ausgewählten Exporteinstellungen dem Sound in der Bibliothek zuzuweisen.

Komprimierungsvarianten

Für die Komprimierung stehen fünf Einstellungsmöglichkeiten zur Auswahl, die im Folgenden beschrieben werden.

STANDARD: Ist diese Option aktiv, werden die globalen Einstellungen aus dem Dialogfeld Veröffentlichungseinstellungen übernommen.

ADPCM: Definiert eine Komprimierung für 8-Bit- oder 16-Bit-Sound. Diese Einstellung ist für kurzen Ereignissound geeignet. Sie können eine Konvertierung von Stereo in Mono vornehmen. Mit der Samplingrate definieren Sie einen Ausgleich zwischen Dateigröße und Tonqualität. Eine niedrige SAMPLINGRATE sorgt für kleine Dateien, aber auch geringe Qualität. Bei Ereignissound ist eine Einstellung von 11 oder 22 KHz zu empfehlen. Einem importierten Sound, der bereits mit wenigen KHz importiert wurde, kann Flash nicht mehr zuweisen.

MP3:Die MP3-Komprimierung wurde bereits im vorherigen Abschnitt erläutert. Ist ein Sound bereits im MP3-Format in Flash importiert worden, können Sie im Dialogfeld für die Exporteinstellungen auch festlegen, dass die Einstellungen aus dem Import beibehalten werden sollen. MP3 empfiehlt sich bei Streaming-Sound und Musik.

RAW: Sound wird ohne Komprimierung exportiert. Eine Umwandlung von Stereo in Mono ist möglich. Auch hier definiert die SAMPLINGRATE einen Ausgleich zwischen Dateigröße und Soundqualität.

SPRACHE: Lässt sich für die Komprimierung von Sprachaufzeichnungen verwenden. Als Samplingrate kann hier 5 KHZ gewählt werden, empfehlenswert sind jedoch 11 Khz.

Kapitel 6
Grafiken und Videos importieren

Grafiken werden auf Computern entweder als Vektor- oder als Bitmapgrafik angezeigt. Alle Zeichnungen, die Sie mit den Flash-Werkzeugen erstellen, sind Vektorgrafiken. Sie können aber auch Grafiken in Flash einbinden, die in anderen Programmen erstellt wurden – seien dies Vektor- oder Bitmapgrafiken.

Vektorgrafiken beschreiben ein Bild anhand von Linien und Kurven, den Vektoren also. Hinzu kommen Informationen über Farb- und Positionseigenschaften. Dies alles wird in einer Vektorgrafik hinter den Kulissen abgespeichert.

Bitmaps bestehen dagegen aus vielen einzelnen Bildpunkten, die jeweils unterschiedlichste Farbnuancen aufweisen können. Eine Bitmapgrafik ist daher meist um vieles größer, aber auch detailgetreuer als eine Vektorgrafik.

Wenn Sie Vektorgrafiken bearbeiten, ändern Sie die Eigenschaften der Linien, die eine Form beschreiben. Dabei geht die Qualität der Grafik nicht verloren. Bei Vektorgrafiken gibt es keine Bildauflösung und daher auch keine Qualitätseinbußen beim Skalieren.

Bei der Bearbeitung von Bitmaps werden die einzelnen Bildpunkte bzw. Pixel selbst verändert. Je mehr Pixel eine Bitmap besitzt, desto detaillierter ist die Abbildung. Ein Foto verfügt also über eine sehr hohe Anzahl von Bildpunkten. Wird die Größe eines Bitmap geändert, müssen die Pixel neu verteilt werden, wodurch ein Bitmap danach z.B. einen gezackten Rand erhalten kann. Auch die Auflösung spielt bei Bitmaps eine Rolle, weil sie angibt, wie viele Pixel auf einer bestimmten Fläche angezeigt werden sollen. Reduzieren Sie für ein Foto die Auflösungseinstellungen drastisch, erhalten Sie nur noch grobe Umrisse.

Grafikformate

Sie können in Flash Grafiken aus anderen Macromedia-Anwendungen wie Freehand oder Fireworks einfügen, aber auch GIFs, PNGs, Illustrator-Dateien und Bitmaps. Welche einzelnen Dateiformate Flash akzeptiert, entnehmen Sie bitte den nachstehenden Tabellen.

Die erste Tabelle enthält jene Dateitypen, die sich ohne besondere Zusätzen importieren lassen, während die zweite Tabelle jene Dateien anzeigt, die eine Installation von QuickTime 4 auf Ihrem Computer erfordern.

Dateityp	Dateiendung
Adobe Illustrator (Version 8 oder eine frühere Version)	.EPS, .AI
AutoCAD DXF	.DFX
Bitmap	.BMP
Enhanced Windows Metafile	.EMF
Freehand	.FH7, .FH8, .FH9, ODER .FH10
FutureSplash Player	.FPL
GIF und animierte GIFs	.GIF
JPEG	.JPG
PICT (auf dem Mac)	.PCT ODER .PIC
PNG	.PNG
Flash Player	.SWF
Windows Metafile	.WMF

Grafiktyp	Dateiendung
MacPaint	.PNTG
Photoshop	.PSD
PICT (unter Win)	.PCT ODER .PIC
QuickTime Image	.QTIF
Silicon Graphics Image	.SGI
TGA	.TGA
TIFF	.TIF

Importieren von Bitmaps

Mit den nachfolgenden Schritten lässt sich eine Bitmap-Datei in Flash einbinden:

1. Soll das Bitmap direkt in den aktuellen Flash-Film übernommen werden, wählen Sie DATEI/IMPORTIEREN.
2. Soll ein Bitmap in die Bibliothek des aktuellen Films eingefügt werden, wählen Sie DATEI/IN BIBLIOTHEK IMPORTIEREN. Sie können das Bitmap dann von dort auf die Bühne ziehen.
3. Im Dialogfeld für den Import wählen Sie in der Liste der Dateitypen das gewünschte Dateiformat aus oder ALLE DATEIEN, um alle Dateiformate anzuzeigen.
4. Wählen Sie das Bitmap aus, und klicken Sie auf die Schaltfläche ÖFFNEN.

> **Hinweis** Bereits vorhandene Ebenen aus einem Bitmap werden in Flash je nach gewähltem Dateityp übernommen. Dadurch erscheinen in der Zeitleiste gegebenenfalls neue Ebenen.

Über die Zwischenablage

Das Kopieren von Grafiken über die Zwischenablage aus anderen Anwendungen ist möglich. Dabei wird automatisch das Anti-Aliasing angewendet, damit in Flash kein Qualitätsverlust entsteht. Farbverläufe, Transparenzen und Maskenebenen lassen sich damit erhalten.

Grafiken, die mit Kopieren und Einfügen aus anderen Flash-Filmen übernommen werden, werden im aktuellen Bild des Films eingefügt.

Kopierter Text wird zu einem einzigen Textobjekt umgewandelt.

Vektorbasierte Grafiken aus anderen Zeichenprogrammen werden zu einer Gruppe zusammengefasst, die sich in Flash aber wieder aufheben lässt.

Bitmaps werden ebenfalls zu einer Gruppe zusammengefasst, die sich dann in Flash teilen lässt.

Um ein Bitmap aus einer anderen Anwendung in den aktuellen Flash-Film einzufügen:

1. Wählen Sie in der Anwendung, in der das Bitmap erstellt wurde, die Option BEARBEITEN/KOPIEREN aus.
2. Wechseln Sie dann zu Flash, und wählen Sie BEARBEITEN/EINFÜGEN.

Bitmaps bearbeiten

Nachdem ein Bitmap in Flash importiert ist, lässt es sich nicht mit allen Werkzeugen in Flash bearbeiten, denn es ist eine Art »Fremdkörper«. Trotzdem stehen wesentliche Bearbeitungsmöglichkeiten auch in Flash zur Auswahl. Reichen diese einmal nicht aus, bearbeiten Sie das Bitmap zuerst in der Anwendung, in der es erstellt wurde, und importieren Sie es dann in Flash.

In Flash lassen sich Bitmaps zunächst wie jedes andere Objekt versetzen, vergrößern und drehen. Zu beachten ist bei der Verwendung von Bitmaps jedoch, dass sie ähnlich wie Sound die Dateigröße eines Flash-Films drastisch anheben können. Ein einmal importiertes Bitmap wird dabei jedoch nur einmal berechnet. Ist also ein Bitmap bereits in einen Film importiert, können Sie es beliebig oft verwenden.

Querverweis

➔ Wie Sie Bitmaps für den Export einrichten können, erfahren Sie später in diesem Kapitel im Abschnitt »Optimale Bitmaps erstellen«.

Bitmaps selbst lassen sich in Flash nicht mit anderen Farben füllen, aber Sie können Bitmaps umgekehrt als Füllung für Objekte verwenden.

Darüber hinaus ist es möglich ein Bitmap in Flash mit MOFIZIEREN/TEILEN zu teilen. Dabei werden ähnlich farbigen Bildpunkten bestimmte Farbbereiche zugewiesen. Ist ein Bitmap geteilt, stehen dafür auch die Werkzeuge in Flash zur Auswahl.

Soll ein bereits importiertes Bitmap noch einmal in der Ursprungsanwendung bearbeitet werden, lässt sich die Anwendung direkt aus Flash heraus öffnen. Klicken Sie dazu mit der rechten Maustaste auf das Bitmap, und wählen Sie aus dem Kontextmenü BEARBEITEN MIT.

Querverweis

➔ Wie sich die Farben in Bitmaps mit den Werkzeugen Lasso und Zauberstab ändern lassen, wurde bereits im Kapitel 2, Abschnitt »Das Werkzeug Lasso«, beschrieben.

Bitmap als Füllung verwenden

Soll ein Bitmap für eine in Flash erstellte Form als Füllung benutzt werden, verfahren Sie nach dem Importieren des Bitmap in die aktuelle Bibliothek wie folgt:

1. Zeichnen Sie die betreffende Form mit einem der Werkzeuge in Flash. Sie können dazu ein beliebiges Werkzeug verwenden, es muss sich aber um eine geschlossene Form handeln und darf kein Symbol oder eine Gruppe sein.
2. Öffnen Sie das Bedienfeld FARBMISCHER aus dem Menü FENSTER, und stellen Sie dort als Füllung im Listenfeld die Option BITMAP ein.
3. Die in den aktuellen Film importierten Bitmaps werden angezeigt und lassen sich per Mausklick auswählen und dem Objekt auf der Bühne zuweisen.

Bitmaps austauschen

Sobald Sie in Bitmap auf der Bühne anklicken, werden dessen Eigenschaften angezeigt. Hier sind der Name und die Maße des Bitmaps sowie dessen Auflösung zu sehen. Mit der Schaltfläche BEARBEITEN gelangen Sie in die Originalanwendung, um das Bitmap dort weiterzubearbeiten.

Ein bereits in Flash verwendetes Bitmap lässt sich auch elegant durch ein anderes ersetzen:

1. Markieren Sie das Bitmap auf der Bühne, das ersetzt werden soll.
2. Klicken Sie im Eigenschaftenfenster auf die Schaltfläche AUSTAUSCHEN, um ein Dialogfeld für die Auswahl eines Bitmap zu öffnen.
3. Wählen Sie hier das Bitmap aus, das als Ersatz verwendet werden soll, und klicken Sie auf OK.

Bild 6.1: Bitmaps austauschen

Informationen zu Bitmaps

Wählen Sie FENSTER/INFO und FENSTER/TRANSFORMIEREN, um Informationen zu einem Bitmap anzuzeigen, die im Eigenschaftenfenster nicht zu sehen sind.

Im Bedienfeld INFO finden Sie Angaben zu den Farbwerten und zur Größe des Bitmaps. Im Bedienfeld TRANSFORMIEREN können Sie ablesen, welche Transformationen einem Bitmap zugewiesen wurden.

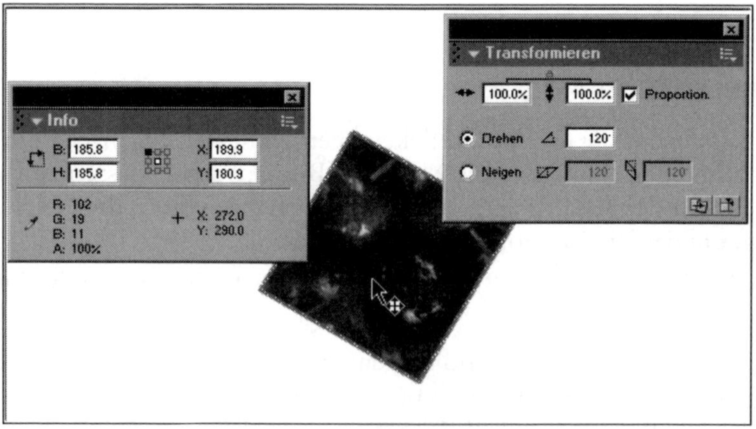

Bild 6.2: Bedienfeld INFO *und* TRANSFORMIEREN *für ein Bitmap*

Wenn Sie den Mauszeiger über die verschiedenen Farben eines Bitmaps ziehen, sehen Sie, wie sich die RGB-Werte im Bedienfeld INFO entsprechend ändern.

Optimale Bitmaps erstellen

Es gibt verschiedene Möglichkeiten, darauf zu achten, dass Bitmaps die Dateigröße eines Flash-Films nicht unnötig in die Höhe schrauben. Als erster Grundsatz sollte dennoch gelten, nicht zu viele Bitmaps einzubinden. Darüber hinaus können Sie bereits in der Originalanwendung dafür sorgen, dass das importierte Bitmap akzeptable Einstellungen enthält. Dazu gehört es, eine angemessene Auflösung der Grafik bereits in der Originalanwendung zu wählen. Mehr als 96 dpi sollte sie keinesfalls haben. Auch die Größe von Bitmaps lässt sich in einem Zeichenprogramm meist besser einstellen als in Flash. Versuchen Sie, ein Bitmap möglichst in der Größe zu importieren, die es im Film einnehmen soll.

Bitmaps nachzeichnen

Als Zweites gibt es die Möglichkeit, bereits in Flash importierte Bitmaps in eine Vektorgrafik umzuwandeln und damit alle Pixelinformationen, die so platzraubend sind, aus dem Bitmap zu entfernen. Zu beachten ist bei diesem Vorgang, dass jegliche Verbindung zu dem Bitmapsymbol in der Bibliothek verloren geht. Das Nachzeichnen von Bitmaps bezieht sich immer nur auf die Instanz, die sich aktuell auf der Bühne befindet.

Enthält ein Bitmap komplexe Formen und Farben, kann die konvertierte Vektorgrafik sogar zunächst größer sein als das Bitmap. Da sich die Farben aber nach dem Nachzeichnen bearbeiten lassen, lässt sich dieses Problem mitunter anschließend lösen.

Hinweis

Das Problem wird jedoch nicht nur durch Farben hervorgerufen, sondern dadurch, dass bei einer zu detailgenauen Umwandlung z. B. für jeden Pixel der Bitmap mehrere Vektoren (der Pixel wird als Fläche betrachtet, somit sind mindestens zwei oder drei Vektoren nötig) verwendet werden. Dazu kommt dann noch die Farbe der Fläche. Das macht pro Vektor schon drei Zahlen (Ausgangskoordinaten, Länge und Farbnummer), während bei der Bitmap für einen Pixel die Koordinaten und die Pixelfarbe reichen. Bei ungünstigen Einstellungen wird also durch die vielen Vektoren ein größerer Speicherbedarf erreicht.

Um ein Bitmap in eine Vektorgrafik zu konvertieren:

1. Markieren Sie das Bitmap auf der Bühne.
2. Wählen Sie MODIFIZIEREN/BITMAP NACHZEICHNEN.

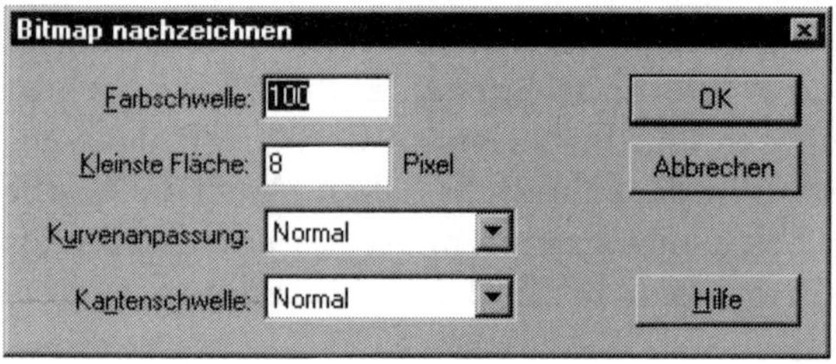

Bild 6.3: Das Dialogfeld BITMAP NACHZEICHNEN

3. Im Dialogfeld BITMAP NACHZEICHNEN können Sie verschiedene Einstellungen für die Konvertierung in eine Vektorgrafik definieren.

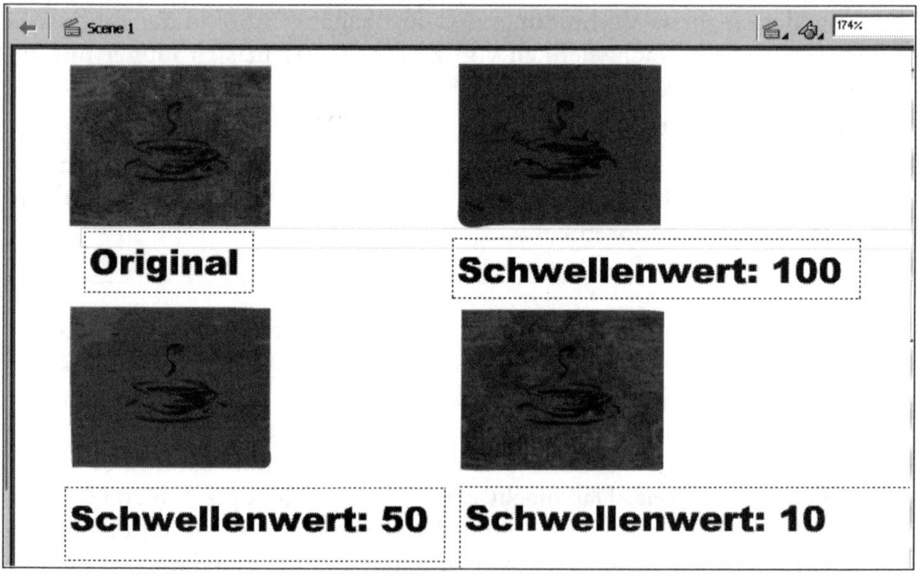

Bild 6.4: Je nach Verwendungszweck der Kaffeetasse ist der eine oder andere Wert geeignet.

4. Im Listenfeld FARBSCHWELLE wählen Sie aus, in welcher Farbwertnähe sich eine Farbe befinden darf, um in der Vektorgrafik als ein- und dieselbe Farbe definiert zu werden. Ein hoher Wert führt zu geringer Farbvielfalt, damit aber auch zu hohem Qualitätsverlust. Je nach Bitmap kann der hier notwendige oder sinnvolle Wert sehr verschieden sein. Enthält ein Bitmap selbst nur wenige Farben, können Sie einen niedrigen Wert einstellen und umgekehrt. Der mögliche Wertebereich liegt zwischen 0 und 500.

   Ein Schwellenwert von 100 (eine etwas rabiate Standardeinstellung) ähnelt wohl eher einem Tapetenmuster, während 50 schon noch als Logo auf einer virtuellen Speisekarte Platz nehmen dürfte. Bei 10 ist die Reduktion wahrscheinlich zu gering, um für die Dateigröße eine Rolle zu spielen. Aber etwas ist immer mehr als gar nichts.

Achtung

Ist ein Bitmap erst einmal nachgezeichnet, lässt es sich nicht mehr einfach per Mausklick auswählen, denn es besteht jetzt aus vielen kleinen Farbflächen. Sie müssen dazu mit dem Pfeilwerkzeug einen Markierungsrahmen um das Bitmap aufziehen.

Als KLEINSTE FLÄCHE geben Sie einen Wert zwischen 1 und 1000 an, um die Anzahl der umliegenden Pixel zu definieren, die bei der Farbzuweisung eines Pixel berücksichtigt werden sollen.

5. Wählen Sie für die Kurvenanpassung eine Option aus, um festzulegen, wie genau das Nachzeichnen der Kurven aus dem Bitmap nachvollzogen werden soll.
6. Im Listenfeld KANTENSCHWELLE wählen Sie ein Option aus, um zu bestimmen, wie scharf oder unscharf die Kanten aus dem Bitmap nachgezeichnet werden sollen.

Hinweis

Beim Nachzeichnen werden die Farbwerte der Pixel aus einem Bitmap verglichen. Ist der Unterschied zwischen zwei Farben größer als der als Schwellenwert angegebene Betrag, so wird für diese beiden Pixel ein anderer Farbton gewählt. Liegt er jedoch innerhalb des angegebenen Wertebereichs, wird diesen Pixel dieselbe Farbe zugeteilt. Je größer der Schwellenwert, desto kleiner die Anzahl der Farben.

Bitmaps komprimieren

Nachdem nun alle Methoden angesprochen wurden, mit denen sich ein Bitmap für den Filmexport so vorbereiten lässt, dass es möglichst wenig Speicherplatz beansprucht, soll nun noch die letzte Methode erwähnt werden: die Komprimierung. Ähnlich wie beim Sound können Sie alle Bitmaps aus dem Film mit einer globalen Komprimierungseinstellung versehen oder die Bitmaps einzeln komprimieren.

Um ein einzelnes Bitmap zu komprimieren:

1. Markieren Sie das betreffende Bitmap in der Bibliothek. Instanzen auf der Bühne lassen sich nicht unabhängig vom Symbol komprimieren. Jede Instanz erhält dadurch automatisch dieselbe Komprimierungseinstellung.
2. Klicken Sie das Bitmap mit der rechten Maustaste an, und wählen Sie aus dem Kontextmenü den Eintrag EIGENSCHAFTEN.

Bild 6.5: Bitmapeigenschaften zur Komprimierung aufrufen

3. Im Dialogfeld BITMAP-EIGENSCHAFTEN aktivieren Sie das Kontrollfeld GLÄTTEN ZULASSEN, um die Kanten eines Bitmap durch Anti-Aliasing abzuschwächen.

4. Wählen Sie als Komprimierung eine der beiden folgenden Optionen aus: PHOTO (JPEG) oder VERLUSTFREI (PNG/GIF). Die Einstellung Photo (JPEG) ist für JPEG-Grafiken und für farbintensive Bilder oder Fotos geeignet. Deaktivieren Sie die Option IMPORTIERTE JPEG-DATEN VERWENDEN, um im Feld QUALITÄT genaue Angaben zur Qualitätserhaltung bei der Komprimierung zu machen. Geben Sie einen Wert von 2 bis 100 ein. Die Komprimierungseinstellung VERLUSTFREI (PNG/GIF) sichert bei Bitmaps mit geringer Farbenanzahl deren Erhalt. Die Komprimierung findet zwar statt, aber nicht auf Kosten der Farbenanzahl. VERLUSTFREI empfiehlt sich also bei einfachen Bitmaps wie Buttonsymbolen etc.

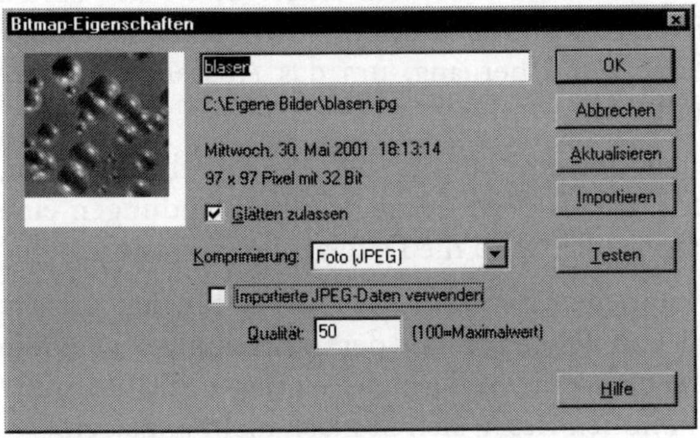

Bild 6.6: Komprimierungseinstellungen für Bitmaps

5. Klicken Sie auf die Schaltfläche TESTEN, um die Einstellungen vor der definitiven Übernahme zu prüfen.
6. Mit der Schaltfläche AKTUALISIEREN ändern Sie auch das Original-Bitmap entsprechend den hier vorgenommenen Änderungen.
7. Um die Komprimierung endgültig durchzuführen, klicken Sie auf OK.

Freehand-Dateien importieren

Sollen Freehand-Grafiken in Flash über die Zwischenablage eingefügt werden, empfiehlt es sich, in den Exporteinstellungen von Freehand die Farbumwandlung in CMYK zu definieren.

Sie können Freehand-Dateien (Version 10 oder eine frühere Version) direkt und äußerst problemlos in Flash importieren. Der CMYK-Farbmodus wird automatisch in RGB konvertiert, sobald eine Freehand-Datei in einen Flash-Film importiert wird.

Beinhaltet eine Freehand-Datei sich überlagernde Objekte, die Sie als getrennte Objekte beibehalten möchten, positionieren Sie diese bereits in Freehand auf verschiedenen Ebenen. Beim Import aktivieren Sie dann im Importfenster für Freehand-Dateien die Einstellung EBENEN. Andernfalls werden diese Objekte an den Kreuzungspunkten unterteilt in einer Ebene in Flash eingefügt.

Beim Importieren von Farbverläufen aus Freehand unterstützt Flash bis zu acht verschiedene Farben in einer Füllung. Enthält eine Freehand-Grafik mehr Farben, sorgt Flash für einen Übergang, um das Aussehen der ursprünglichen Füllung zu simulieren.

Enthalten die importierten Freehand-Dateien bereits Überblendungen, importiert Flash diese schrittweise als Pfad. Je mehr Überblendungen eine Freehand-Datei aufweist, desto größer wird die Dateigröße in Flash.

Freehand-Dateien mit eingebundenen EPS-Bildern müssen für den Import in Flash im Importdialogfeld von Freehand mit der Einstellung KONVERTIERT EDITIERBARE EPS versehen sein. Andernfalls ist das EPS-Bild nicht sichtbar. Weitere EPS-Informationen lassen sich in Flash nicht anzeigen.

1. Um eine Freehand-Datei problemlos zu importieren, wählen Sie DATEI/IMPORTIEREN.
2. Als DATEITYP wählen Sie im Importfenster von Flash den Eintrag FREEHAND aus.

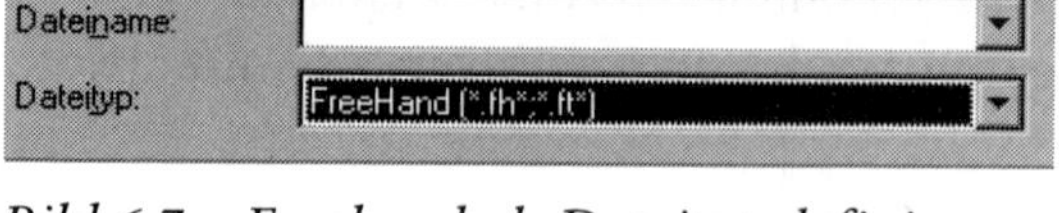

Bild 6.7: Freehand als Dateityp definieren

3. Markieren Sie die Freehand-Datei, und klicken Sie auf ÖFFNEN. Es erscheint das Import-Dialogfeld für Freehand-Dateien, in dem Sie die bereits beschriebenen Einstellungen vornehmen können.

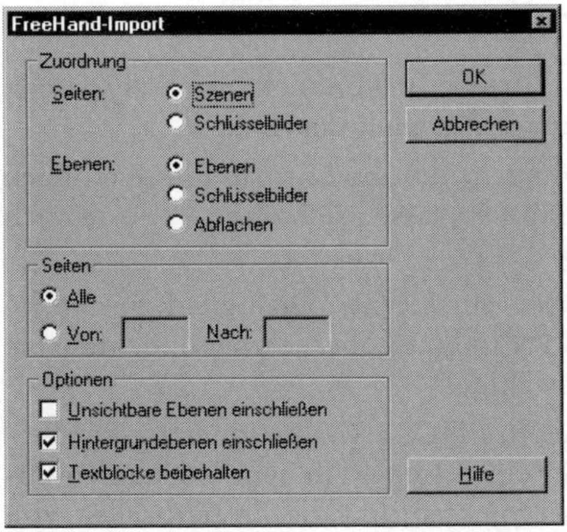

Bild 6.8: Eigene Importeinstellungen für Freehand-Dateien

4. Durch diese Vielzahl an Importeinstellungen ist ein ausgesprochen nahtloser Import von Freehand in Flash möglich. Auch Textblöcke lassen sich hier wie in Freehand definiert beibehalten, und die Einstellung EBENEN lässt sich natürlich immer dann anwenden, wenn in Freehand definierte Ebenen gleich mit in Flash übernommen werden sollen. Dasselbe gilt für unsichtbare Ebenen und Hintergrundebenen.

Bild 6.9: Perfekter Import einer Freehand-Datei in Flash

Firework-PNGs importieren

Das Grafikformat PNG bietet viele Vorteile in Hinblick auf Transparenz und Dateigröße, denn PNGs sind von vornherein komprimiert.

Die detaillierten Transparenzeinstellungen, die im Format PNG möglich und mit Fireworks definiert werden können, lassen sich ohne Verluste auch in Flash einbinden.

Ähnlich wie bei Freehand erhalten Sie ein eigenes Dialogfeld, wenn Sie PNG-Dateien mit DATEI/IMPORTIEREN in Flash übernehmen möchten. Sie müssen dafür als DATEITYP PNG auswählen.

Das Importfenster bietet die Möglichkeit, PNGs als Filmsequenz unter Beibehaltung der Ebenen einzufügen oder einen Import in neue Ebenen vorzunehmen. Es erlaubt das Rastern von Objekten und die Editierbarkeit von Pfaden und Texten.

Auf Wunsch lässt sich eine PNG auch einfach als plattes Bitmap auf nur einer Ebene einfügen.

Adobe-Illustrator-Dateien importieren

Für Adobe-Illustrator-Dateien gibt es in Flash ebenfalls einige Einstellungsmöglichkeiten. Voilà – hier das Import-Dialogfeld für EPS-Dateien aus dem Adobe Illustrator.

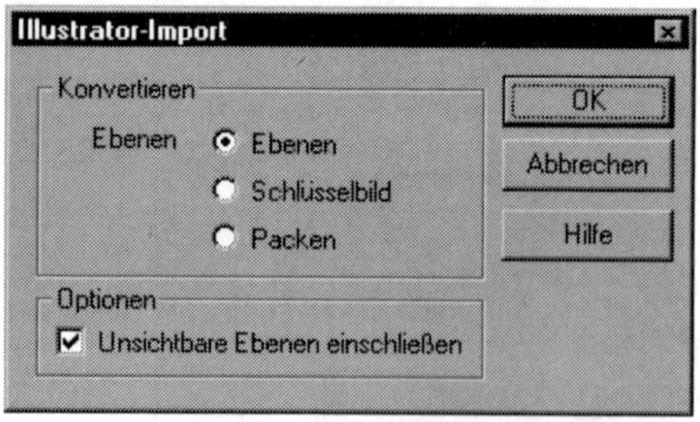

Bild 6.10: Importeinstellungen für EPS- und AI-Dateien

Um Zugriff auf dieses Dialogfeld zu erhalten, importieren Sie die EPS- oder AI-Datei wie gewohnt und stellen dafür als DATEITYP EPS ein.

Es lässt sich festlegen, was mit Ebenen geschehen soll: Diese können ebenfalls wiederum als Ebenen oder als Schlüsselbilder oder als plattes Bitmap in Flash eingefügt werden.

Ob unsichtbare Ebenen auch dazugehören sollen, kann ebenfalls definiert werden.

Filmsequenzen importieren

Filmsequenzen sind schnell aufeinander folgende Bilder, die dadurch den Eindruck von Animationen erwecken. Im Web sind die animierten GIFs weit verbreitet, weil sich damit kleine, platzsparende Animationen auf Webseiten unterbringen lassen. Liegt Ihnen eine solche Animation (auch aus Adobe Illustrator möglich) vor, können Sie diese in Flash übernehmen.

Flash erkennt Animationen automatisch daran, dass die Dateinamen durchgängig und in Folge nummeriert sind. Beim Import einer Animation in Flash spielt also nicht das Dateiformat die entscheidende Rolle, sondern die Nummernfolge im Dateinamen.

Markieren Sie die erste Datei einer Animation beim Import. Sie werden dann gefragt, ob die vorliegende Datei Teil einer Animation ist und als solche importiert werden soll. Bestätigen Sie dies.

Das Importieren einer Animation dauert geringfügig länger als das Importieren eines Bildes. Die Dauer hängt von der Anzahl der Bilder ab, die einzeln übernommen werden – zu groß sollte sie aber nicht sein, denn sie schrauben natürlich auch die Dateigröße herauf.

Bild 6.11: Ein Dampfer bewegt sich vom linken Bildrand ...

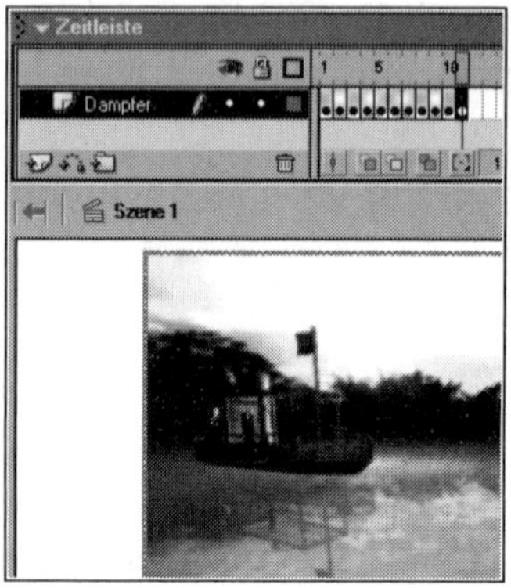

Bild 6.12: ... in die Mitte des Bildes.

Beim Importieren einer Animation werden die einzelnen Bilder in ihrer exakten Folge in die Bilder der aktuellen Flash-Ebene eingefügt. In dieser Beispiel-Animation wurden elf Bilder importiert.

Alle Bilder aus der Animation befinden sich in der Bibliothek von Flash, d.h. die Animation ist auch bearbeitbar: Sie können einzelne Bilder herausnehmen und die Animation neu zusammenstellen.

Bild 6.13: Bilder aus einer Animation als Symbole in der Bibliothek

Querverweis

➔ Wie Sie mit Symbolen und Bilder arbeiten, erfahren Sie in Kapitel 7.

Damit die automatische Sequenzerkennung in Flash funktioniert, sollte eine der drei folgenden Dateibenennungsarten eingehalten werden:

Bild001.gif, Bild002.gif, Bild003.gif oder Bild1, Bild2, Bild3 oder Bild-001.ai, Bild-002.ai, Bild-003.ai (für Animationen aus Illustrator).

Videos einbinden

Das Einbinden von Videos in Flash wird von Version zu Version immer erfreulicher. Folgende Video-Formate können Sie in Flash problemlos übernehmen: AVI-Videos, MPG-Videos, DV- und MOV-Videos.

Wählen Sie DATEI/IMPORTIEREN, um ein Video in Flash einzufügen, und stellen Sie den gewünschten Dateityp ein. Sie werden gefragt, ob das Video eingebettet oder verknüpft werden soll. Um ein Video als festen Bestandteil in den Flash-Film zu integrieren, muss es eingebettet werden.

Flash verwendet zum Import und Export von Videos einen Code von Sorenson Spark. Damit wird der Komprimierungs/- und Dekomprimierungs-Algorithmus festgelegt, der steuert, wie Videos komprimiert und dekomprimiert werden. Es gibt dafür verschiedene Verfahren.

Je nachdem, welche Codes auf Ihrem System installiert sind, lassen sich auch andere Videoformate importieren.

Im Import-Dialogfeld für Videos legen Sie die Qualität, das Intervall der Schlüsselbilder, die Größe für den Videorahmen und die Synchronisation des Videos im Flash-Film fest. Letzere Einstellung bietet Ihnen die Möglichkeit, ein Verhältnis zwischen den Bildern im Video und der Übertragung in die Bilder eines Flash-Films anzugeben. Mit der Einstellung 1:1 erhält jedes Bild im Video einen eigenen Platz in der Zeitleiste von Flash. Wählen Sie 1:2, um die Anzahl der Bilder in Flash zu verdoppeln. Verkürzen lässt sich ein Video auf diese Weise leider nicht.

Rechts unten werden die Größe des Videos und die Abspieldauer angegeben.

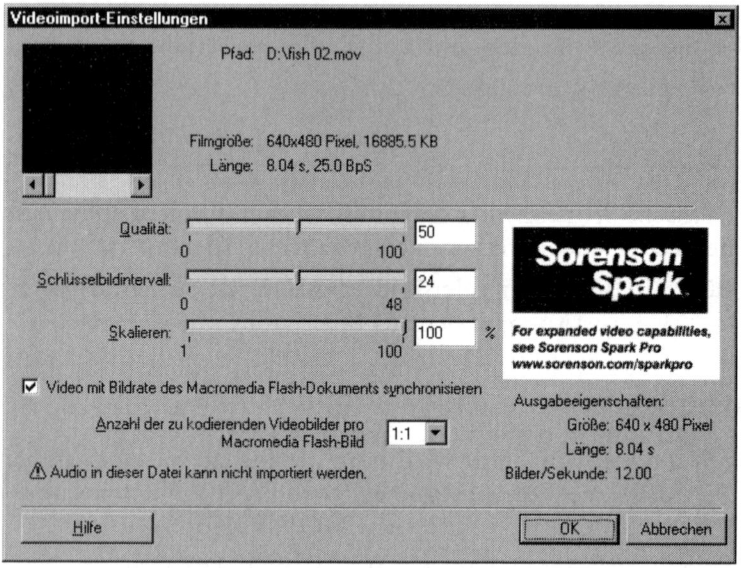

Bild 6.14: Importeinstellungen für Videos

Sound, der zu Videos gehört lässt sich nicht automatisch übernehmen. Er kann aber nachträglich als Streaming-Sound importiert und dann zusammen mit dem Video im Flash-Film veröffentlicht werden.

Ist ein Video in Flash eingefügt, belegt es in der Zeitleiste die entsprechende Anzahl von Bildern.

Auf der Bühne läuft ein Video in einem vordefinierten Rahmen ab und ist in Flash eingebettet. Beim Export eines Flash-Films müssen Sie das Video nicht extra behandeln – es ist fest im Film verankert. Der Rahmen, in dem das Video abläuft, lässt sich zwar versetzen, und auch seine Größe kann nachträglich bearbeitet werden. Alle anderen Vorarbeiten zu Hintergrundfarbe des Videos etc. müssen jedoch vorab im jeweiligen Videobearbeitungsprogramm durchgeführt werden (z. B. in Premiere).

Ein eingebettetes Video lässt sich in Flash ebenso abspielen wie ein Flash-Film.

Im Eigenschaftenfenster legen Sie die Größe und Position des Videorahmens fest. Mit der Schaltfläche AUSTAUSCHEN können Sie ein Video ebenso einfach auswechseln, wie dies bereits für Bitmaps beschrieben wurde.

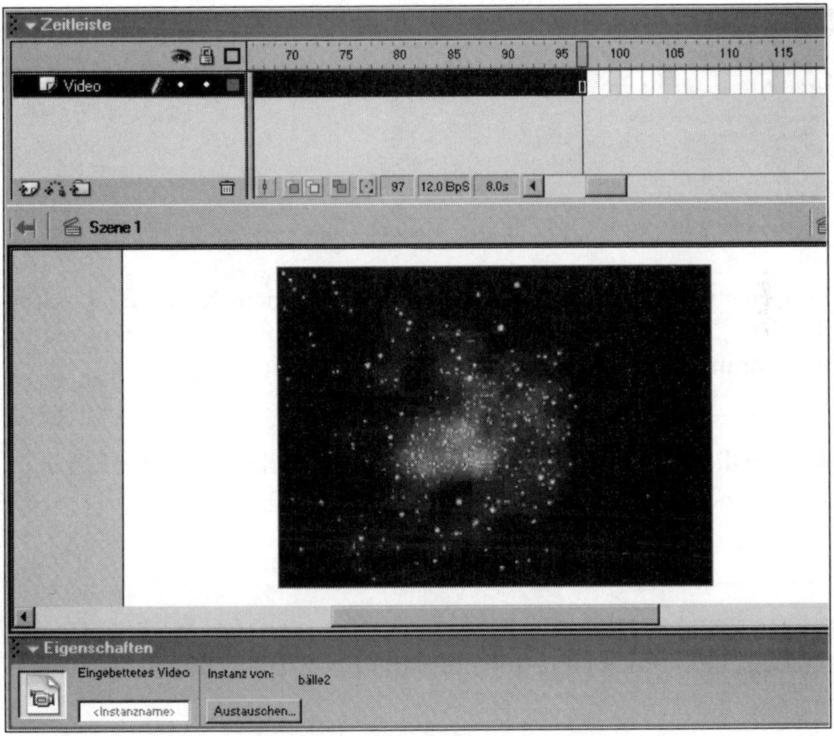

Bild 6.15: AVI-Video in Flash

Anders als bei Animationen wird ein Video nicht bildweise in der aktuellen Bibliothek abgelegt, sondern als Ganzes.

Videos beanspruchen sehr viel Speicherplatz und sollten deshalb für die Entwicklung von Websites nur sparsam eingesetzt werden.

QuickTime-Video verknüpfen

Neben den oben beschriebenen Techniken zum Einbetten von Videos können Sie in Flash QuickTime-Videos auch einfach verknüpfen.

Beim Import von QuickTime-Videos wählen Sie dazu einfach DATEI/IMPORTIEREN und nach der Dateiauswahl und dem Öffnen im Import-Dialogfeld das Kontrollfeld MIT EXTERNER VIDEO-DATEI VERKNÜPFEN.

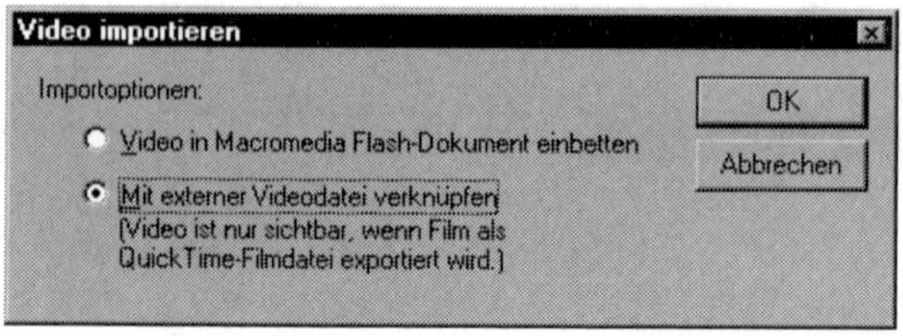

Bild 6.16: Verknüpfen von QuickTime-Videos

Ein verknüpftes QuickTime-Video wird nicht zu einem festen Bestandteil des Flash-Films, sondern ist lediglich ein Verweis auf die Ursprungsdatei. Diese muss zusammen mit dem Flash-Film veröffentlicht werden.

Querverweis

➔ Nähere Informationen zum Veröffentlichen verknüpfter QuickTime-Videos erhalten Sie in Kapitel 14.

Ein QuickTime-Video lässt sich in Flash skalieren, drehen und animieren. Tweening zwischen QuickTime-Inhalten und Flash-Bildern ist jedoch nicht möglich.

Querverweis

➔ Informationen zum Tweening finden Sie in Kapitel 9 »Animationen«.

Nach dem Import eines verknüpften QuickTime-Videos wird dieses nur im ersten Bild eines Flash-Films angezeigt. Weitere Bilder müssen manuell in die Zeitleiste des Videos eingefügt werden.

Eine Vorschau auf ein verknüpftes QuickTime-Video erhalten Sie, indem Sie dem Video zunächst mit EINFÜGEN/BILD die entsprechende, bereits markierte Anzahl an Bildern in der Zeitleiste zuweisen. Dann können Sie über übliche Flash-Steuerung auch ein QuickTime-Video abspielen. Das Testen ist in Flash allerdings nicht möglich.

Soll der Pfad für die Verknüpfung zur QuickTime-Datei geändert werden, markieren Sie das Video in der aktuellen Bibliothek und wählen aus dem Optionenmenü in der oberen rechten Ecke des Bibliotheksfensters die Option EIGENSCHAFTEN. Aktivieren Sie die Schaltfläche PFAD EINSTELLEN, und navigieren Sie im Dialogfeld ÖFFNEN zur betreffenden Video-Datei. Klicken Sie dann auf ÖFFNEN und im ersten Dialogfeld auf OK.

Bild 6.17: Eigenschaften von Quicktime-Videos

Video-Objekt erstellen

Für Liveaufzeichnungen aus Webcams lässt sich in einem Flash-Film ein Objekt erstellen. Innerhalb dieses Objekts können dann Live-VideoStreams von einer Kamera oder dem *Realtime Messaging Service of Flash Application* eingespielt werden.

Um ein solches Video-Objekt zu erstellen, wählen Sie aus dem Optionenmenü der Bibliothek den Eintrag NEUES VIDEO.

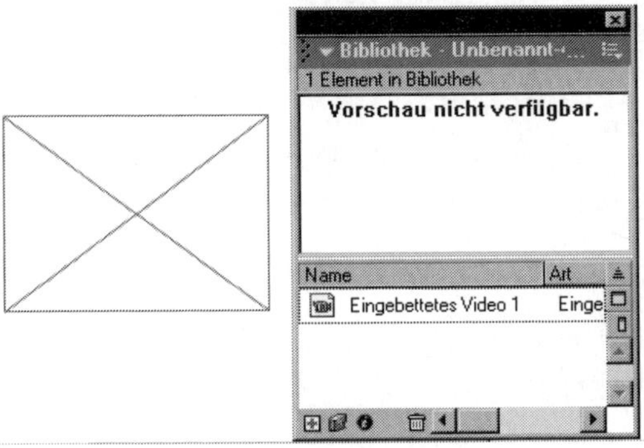

Bild 6.18: Leeres Video-Objekt für Live-Übertragungen

Wählen Sie EIGENSCHAFTEN aus dem Optionenmenü, um einen Namen für das Objekt zu vergeben. Der Pfad zur Videodatei lässt sich ebenfalls im Eigenschaftenfenster per Klick auf die Schaltfläche IMPORTIEREN angeben.

Hiermit wird eine Art Platzhalter für spätere Live-Übertragungen im Flash-Film geschaffen.

Kapitel 7
Bilder und Symbole

Sie haben nun schon viele Komponenten kennen gelernt, die sich in einen Flash-Film einbinden lassen: in Flash erstellte Vektorgrafiken und Textblöcke, Farbfüllungen und Transformationen, importierten Sound, importierte Bitmaps, animierte GIFs, Videos und viele andere Grafiktypen und deren Import in Flash.

Doch dies alles sind nur die Zutaten zu Ihrem Film. Sicherlich bietet Flash einige ganz hübsche Effekte und Möglichkeiten zur Gestaltung, doch die eigentliche Power des Programms werden Sie erst in diesem Kapitel kennen lernen. Hier geht es nämlich darum, wie alle diese Zutaten zu einem köstlichen Gericht zusammengebraut werden – jenem Film, den Sie für die Öffentlichkeit im Internet oder einem anderen Medium zugänglich machen möchten.

Wie bereits zu Beginn erwähnt, kommt es beim Filmen auf die Abfolge der einzelnen Bilder an. Das Mühsame an der Herstellung von Filmen besteht darin, dass jedes Bild einzeln mit Inhalten gefüllt werden muss. Vielleicht haben Sie schon einmal gesehen, wie früher Zeichentrickfilme erstellt wurden. Der Grafiker musste zunächst jedes Bild einzeln zeichnen. Im Laufe der Zeit haben sich dann Techniken entwickelt, wie sich bereits komplette Teile aus anderen Bildern übernehmen lassen, und mit Flash wird all dieser Mühsal endgültig ein Ende gesetzt. Dies geschieht zum einen über die Symbole und deren Eigenschaften, zum anderen über bestimmte Techniken wie das Tweening, die Sie in den folgenden Kapiteln kennen lernen werden.

Die Inhalte für die Bilder müssen in Flash nicht mühsam einzeln auf der Bühne gezeichnet werden, sondern lassen sich in Symbole verwandeln. Ein solches Symbol ist dann automatisch in der Bibliothek abgespeichert und kann von dort in jedes x-beliebige Bild auf der Zeitleiste gezogen werden. Wie Sie bereits gesehen haben, werden alle importierten Komponenten automatisch in Symbole verwandelt und in der Bibliothek abgelegt.

Eine Umwandlung in Symbole ist immer dann notwendig, wenn Sie in Flash Elemente erstellen, die dauerhaft verfügbar sein sollen, und dies ist sicherlich häufig der Fall.

Neben dem Vorteil, permanent verfügbar zu sein, haben Symbole die entscheidende Eigenschaft, sich in allen Bildern eines Films aktualisieren zu lassen. Außerdem können Sie Symbole ohne nennenswerten Zuwachs an Dateigröße beliebig oft im Film wiederverwenden. Wie Bilder und Symbole zusammenwirken, erfahren Sie in den folgenden Abschnitten.

Bilder

Die Bilder in der Zeitleiste von Flash sind zunächst nichts anderes als leere Rahmen. Stellen Sie sich am besten leere Bilderrahmen vor, die nebeneinander an einer Wand hängen. Ihre Aufgabe ist es, diese Bilder zu füllen. Wenn Sie danach ganz schnell an der Wand vorbeilaufen könnten, würden diese Bilder in Form einer Bewegung ineinander übergehen. Die Steuerung der Zeitleiste und der Abspielkopf übernehmen diesen Part.

Normale leere Bilder

Jedes leere Bild in der Zeitleiste von Flash hat eine Bildnummer. Diese Nummer wird zum einen auf der Skala über der Zeitleiste angezeigt, zum anderen ist im ersten Feld unterhalb der Zeitleiste immer die aktuelle Bildnummer eingeblendet.

Gefällt Ihnen die Darstellung der Bilder in der Zeitleiste nicht, öffnen Sie mit einem Klick auf das Skalensymbol rechts außen ein Menü, das verschiedene andere Darstellungsvarianten für die Zeitleiste anbietet. Sie können die Bilder hiermit größer oder kleiner bzw. auch verkürzt anzeigen.

Bild 7.1: Bilder wie gewünscht darstellen

In der Zeitleiste selbst ist jedes fünfte Bild leicht grau schattiert, um die Orientierung zu erleichtern.

Das erste Bild in der ersten Ebene ist ein leeres Schlüsselbild. Dies ist grundsätzlich der Fall. Alle ersten Bilder in allen Ebenen sind bereits zu Beginn leere Schlüsselbilder. Alle anderen Bildnummern sind ausschließlich leere Bilder – also keine Schlüsselbilder. Leere Schlüsselbilder enthalten ein kleines, ungefülltes Kreissymbol und sind ebenfalls weiß – genau so wie die anderen leeren Bilder.

Solange keine weiteren Schlüsselbilder eingefügt sind, steht der Abspielkopf grundsätzlich auf dem ersten Bild. Um ein Verständnis für den Unterschied zwischen Bild und Schlüsselbild zu entwickeln, vollziehen Sie am besten die folgende Übung nach, die später auch mit Schlüsselbildern noch einmal wiederholt wird.

1. Fügen Sie probehalber eine Zeichnung im ersten Bild auf der Bühne ein. Zeichnen Sie z.B. einen Kreis mit dem Ellipsenwerkzeug.
2. Behalten Sie das erste Bild auf der Zeitleiste dabei im Auge. Sobald die Bühne mit einem Inhalt gefüllt wird, nimmt das Bild eine graue Schattierung mit gefülltem Kreissymbol an.
3. Wählen Sie jetzt mehrmals EINFÜGEN/BILD, oder drücken Sie mehrmals [F5].

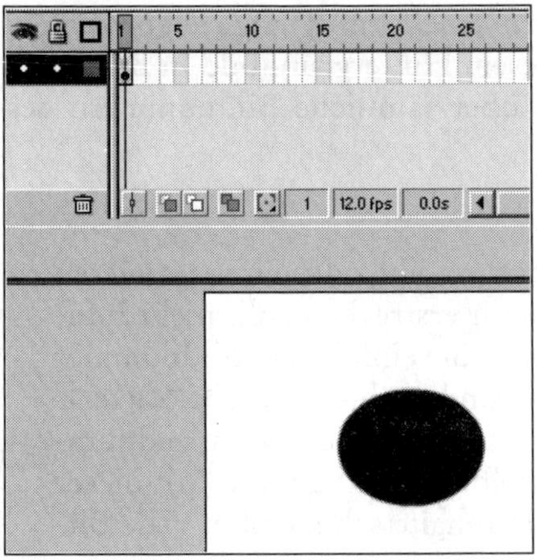

Bild 7.2: Das leere Schlüsselbild aus Bild 1 wird zu einem gefüllten Schlüsselbild, sobald die Bühne einen Inhalt erhalten hat.

Durch diese Aktion wird dasselbe Bild erneut in die Zeitleiste in die anschließenden Bildnummern eingefügt. Alle neu eingefügten einfachen Bilder erscheinen nur grau, weil sie gefüllt sind, aber ohne Kreis, weil es keine Schlüsselbilder sind. Das Endbild einer Reihe wird immer mit einem hellen Rechteck dargestellt.

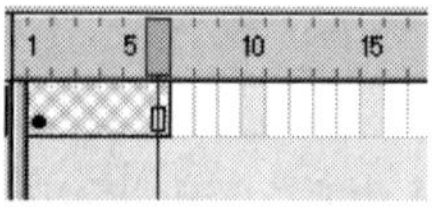

Bild 7.3: Neu eingefügte Bilder gleichen Inhalts

4. Wenn Sie den Abspielkopf über diese Bilder ziehen, erscheint dasselbe Bild über einen längeren Zeitraum. Klicken Sie versuchshalber eines der Bilder in der Mitte der Reihe an, und drücken Sie die Taste [Entf]. Der gesamte Inhalt aller Bilder wird dadurch entfernt. Dies gibt Aufschluss über den inneren Zusammenhang einfacher Bilder: Es sind nämlich eigentlich keine einzelnen Bilder, sondern nur ein Bild, das über einen bestimmten Zeitraum auf der Bühne eingeblendet wird. Sie können also z. B. nicht Bildnummer 3 einfach herauslöschen.

Einfache Bilder dienen also nur dazu, dieselben Inhalte über einen bestimmten Zeitraum hinweg im Film anzuzeigen. Soll z. B. ein bestimmter Hintergrund gleichbleibend hinter allen Bildern eines Films angezeigt werden, genügt es, dafür eine eigene Ebene mit diesem Hintergrundbild in Bildnummer 1 zu erstellen und dieses Bild dann über sämtliche Bildnummern des Films hinweg einzufügen.

> **Hinweis**
>
> Damit Sie bei einem Hintergrundbild oder einem anderen Bild, das sich über viele Bildnummern erstrecken soll, nicht hundert Mal [F5] drücken müssen, klicken Sie einfach die Bildnummer an, die das Endbild enthalten soll, und wählen Sie EINFÜGEN/BILD, oder drücken Sie [F5]. Alle dazwischen liegenden Bildnummern werden automatisch mit demselben Inhalt gefüllt. Mit dieser Technik können Sie gleich bleibende Inhalte schnell über viele Bilder verteilen.

Schlüsselbilder

Nachdem Sie wissen, dass ein eingefügtes Bild eigentlich keine neuen Inhalte erzeugen kann, liegt der Gedanke nahe, dass diese Aufgabe den Schlüsselbildern zukommt. Soll ein anderes Bild in einer Reihe von Bildern erzeugt werden, um Veränderung in einem Film zu erzeugen, müssen Sie dafür mit F6 oder EINFÜGEN/SCHLÜSSELBILD ein Schlüsselbild einfügen.

1. Zeichnen Sie erneut einen Inhalt in Bildnummer 1 – z. B. einen schwarzen Kreis –, und wiederholen Sie das obige Beispiel, diesmal jedoch mit Schlüsselbildern anstelle von einfachen Bildern.
2. Drücken Sie anschließend mehrmals F6. Es erscheinen viele, ebenfalls mit derselben Grafik gefüllte Schlüsselbilder in der Zeitleiste.
3. Auf der Bühne ist zunächst kein Unterschied zum Einfügen von einfachen Bildern zu erkennen. Wenn Sie diesmal aber ein Bild in der Mitte der Reihe anklicken und Entf drücken, wird nur der Inhalt dieser Bildnummer entfernt. Daran können Sie erkennen, dass es sich bei den neu eingefügten Schlüsselbildern wirklich um unabhängige Bildinhalte handelt. Die Inhalte einzelner Schlüsselbilder lassen sich individuell bearbeiten. Sie können jedem Inhalt andere Farben, Formen, Positionen und Effekte zuweisen. Verwenden Sie dazu die Eigenschaftenfenster oder Bedienfelder bzw. die Werkzeuge auf der Zeitleiste.

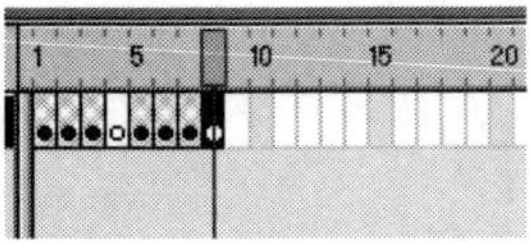

Bild 7.4: Aus der Mitte der Schlüsselbilder wurde ein Inhalt herausgelöscht.

4. Der schwarze Kreis, der auf diese Weise in fünf Schlüsselbildern in der oberen linken Bühnenecke erscheint, lässt sich in Bild 2 durch ein rotes Rechteck in der Bühnenmitte ergänzen oder ersetzen. Wählen Sie für Bild Nummer 3 eine blaue Ellipse, die rechts außen am Bühnenrand positioniert wird, und in Bild 4 setzen Sie ein grünes Quadrat, das in der rechten unteren Bühnenecke steht. In Bild 5 erscheint wieder der schwarze Kreis links oben. Für jede Bearbeitungsphase müssen Sie lediglich die betreffenden Bildnummern in der Zeitleiste markieren.

5. Wenn Sie anschließend STEUERUNG/ZURÜCKSPULEN und STEUERUNG/ABSPIELEN wählen, erscheint ein kurzes Aufflackern der einzelnen Bilder und damit ein erster kleiner Film. Wie Sie sehen, ist die Anzeige der einzelnen Bilder sehr kurz, dies lässt sich aber auch nachträglich korrigieren. Sollen z. B. die Inhalte aus den Bildnummern 2, 3 und 4 länger angezeigt werden, markieren Sie die betreffenden Bildnummern in der Zeitleiste, und drücken Sie ein paarmal [F5], um normale Bilder desselben Inhalts dahinter einzufügen und damit die Dauer der Anzeige auszudehnen. Lassen Sie den Film erneut abspielen, um den Unterschied zwischen der ersten kurzen und der zweiten längeren Bildfolge zu erkennen.

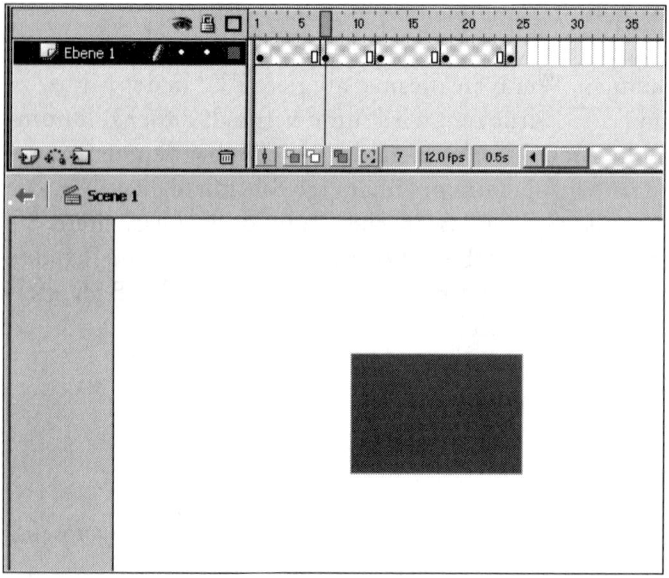

Bild 7.5: In der Zeitleiste werden die einzelnen Schlüsselbilder mit den zugehörigen Bildern gleichen Inhalts angezeigt.

Leere Schlüsselbilder

Leere Schlüsselbilder können Sie verwenden, wenn Sie entweder Inhalte ganz neu erstellen möchten oder innerhalb einer Bildreihe wirklich ein leeres Bild benötigen, das die Funktion eines Cut oder Schnitts, wie dies in der Filmsprache genannt wird, erfüllt. Die Bühne wird dabei kurz leer gefegt, wobei beim Abspielen des Films aber kaum ein weißes oder leeres Bild zu sehen ist, weil die Geschwindigkeit zu schnell ist. Das Auge nimmt ein leeres Schlüsselbild eher als Filmschnitt war, der dazu dient, ein neues Bühnengeschehen einzuleiten.

Leere Schlüsselbilder lassen sich mit EINFÜGEN/LEERES SCHLÜSSELBILD in einer Bildfolge auf der Zeitleiste oder mit [F7] einfügen. Ein leeres Schlüsselbild erhalten Sie auch, wenn Sie den Inhalt eines Schlüsselbildes auf der Bühne entfernen. Leere Schlüsselbilder werden auf der Zeitleiste in Form eines weißen Bildes mit weißem Kreis dargestellt. Sie können beliebig viele leere Schlüsselbilder nacheinander einfügen. Ist auf einer anderen Ebene noch ein Hintergrundbild eingefügt, so wird die Bühne durch ein Schlüsselbild nicht weiß, sondern zeigt nur den Inhalt der aktuellen Ebene nicht weiter an. Die Inhalte anderer Ebenen sind dennoch zu sehen.

> **Hinweis**
> Ebenso wie beim Einfügen von Schlüsselbildern wird die davor befindliche Bildreihe auch bis zu einem leeren Schlüsselbild automatisch fortgesetzt.

Mit Symbolen arbeiten

Die eigentliche Power – von der schon die Rede war – entsteht in Flash durch die Verwendung von Symbolen. Sie können ein Element auf der Bühne jederzeit in ein Symbol verwandeln, damit dieses dauerhaft für die Arbeit am Film in der Bibliothek zur Auswahl steht.

Grafik in Symbol konvertieren

1. Markieren Sie das Objekt auf der Bühne, das in ein Symbol verwandelt werden soll.
2. Wählen Sie EINFÜGEN/IN SYMBOL KONVERTIEREN, oder drücken Sie [F8].
3. Es erscheint das Dialogfeld IN SYMBOL KONVERTIEREN. Hier legen Sie fest, um welche Art von Symbol es sich handeln soll: Grafik, Schaltfläche oder Movieclip. Vergeben Sie zunächst einen aussagekräftigen Namen für das Symbol, damit Sie es später in der Bibliothek schnell wiederfinden.

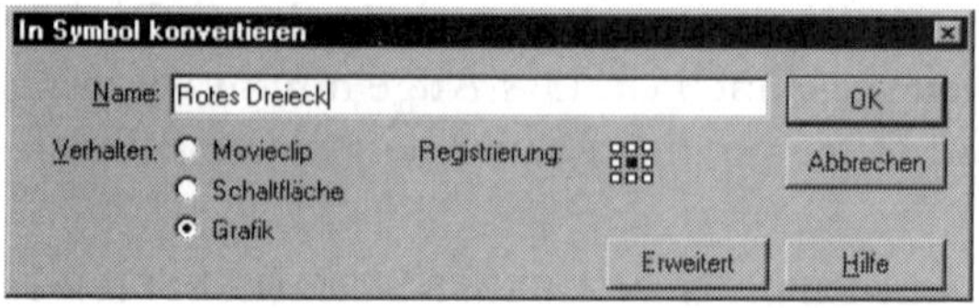

Bild 7.6: Grafik wird in ein benanntes Symbol konvertiert.

4. Aktivieren Sie für dieses Beispiel das Optionsfeld GRAFIK, und klicken Sie auf OK.

   Bereits auf der Bühne können Sie erkennen, dass es sich nicht mehr um eine herkömmliche Grafik, sondern um ein Symbol handelt, denn die Markierung erscheint nicht mehr schraffiert, sondern mit einem blauen Rahmen, und in der Mitte des Symbols befindet sich während der Markierung ein kleiner weißer Kreis mit Fadenkreuz.

Hinweis

Beachten Sie diese Unterschiede, denn Sie können damit per Mausklick auf der Bühne ermitteln, ob es sich um ein Symbol oder ein noch nicht verwandeltes Element handelt.

5. Öffnen Sie mit FENSTER/BIBLIOTHEK die Bibliothek des aktuellen Films. Darin befindet sich das soeben erstellte Symbol.

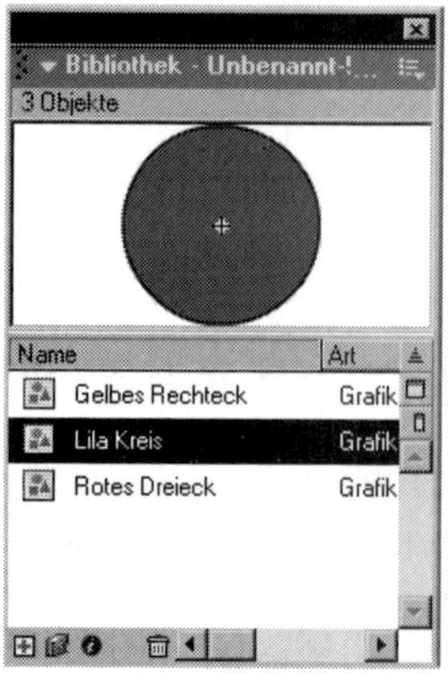

Bild 7.7: Grafiksymbole in der Bibliothek

6. Fügen Sie an einer beliebigen Position auf der Zeitleiste ein leeres Schlüsselbild ein, und ziehen Sie das neue Symbol mit der Maus aus der Bibliothek auf die Bühne.

Sie können ein bereits vorhandenes Symbol aus der Bibliothek in beliebig vielen anderen Bildern und Ebenen einfügen. Jedes Objekt in Flash lässt sich in ein Symbol verwandeln. Ob es sich dabei um eine Form, um Text, Sound oder importierte Movieclips handelt, ist unerheblich.

Instanzen eines Symbols

Wenn Sie, wie im vorherigen Abschnitt beschrieben, ein Symbol aus der Bibliothek zur erneuten Verwendung auf die Bühne ziehen, erstellen Sie damit eine weitere Instanz des Symbols. Es ist wichtig, zwischen der Instanz eines Symbols und dem Symbol zu unterscheiden, denn damit hängen verschiedene automatische Aktualisierungsmechanismen zusammen.

Wird die Instanz eines Symbols auf die Bühne gezogen und dort bearbeitet, d.h. die Ursprungsform des Symbols geändert, hat dies keinerlei Auswirkungen auf das Symbol in der Bibliothek. Darin besteht ja gerade der Vorteil von Symbolen. Sie können bestimmte Grundstrukturen als Symbol abspeichern und diese in den einzelnen Instanzen auf der Bühne beliebig abwandeln.

Es gibt daneben aber auch die Möglichkeit, das Symbol selbst in einem bestimmten Bearbeitungsmodus zu ändern. Dies hat dann sehr wohl Auswirkungen auf die bereits vorhandenen Instanzen auf der Bühne. Eine Instanz hat immer einen »heißen Draht« zum Originalsymbol. Dieser heiße Draht übermittelt die Informationen für Änderungen aber nur in einer Richtung: vom Symbol zu den Instanzen und nicht umgekehrt.

Durch diese beiden Möglichkeiten können Sie aus dem Vollen schöpfen: Sie können die Symbole zum einen dazu nutzen, schnell viele ähnliche Instanzen einer Grafik in verschiedenen Bildern und Ebenen eines Films zu erzeugen. Zum anderen gibt es immer die Möglichkeit, schnell allen bereits vorhandenen Instanzen andere Eigenschaften zuzuweisen, indem Sie das Symbol selbst bearbeiten.

Zum besseren Verständnis der Symbolinstanzen führen Sie folgende Schritte durch.

1. Erstellen Sie aus einem Element auf der Bühne ein Symbol in der Bibliothek.
2. Fügen Sie mit [F7] drei weitere leere Schlüsselbilder ein.
3. Ziehen Sie dasselbe Symbol aus der Bibliothek in alle drei Schlüsselbilder.
4. Nehmen Sie Bearbeitungen an den einzelnen Symbolinstanzen in allen drei Schlüsselbildern vor, indem Sie deren Farbe, Größe oder andere Eigenschaften ändern.
5. Fügen Sie dann ein viertes leeres Schlüsselbild ein, und ziehen Sie das Symbol aus der Bibliothek erneut auf die Bühne.

Sie sehen, dass die Bearbeitung der einzelnen Instanzen auf der Bühne, das Originalsymbol nicht im geringsten verändert hat. Sie können sogar noch einen Schritt weiter gehen: Wenn Sie feststellen, dass Sie ein bestimmte abgewandelte Instanz eines Symbols ebenfalls häufig benötigen, markieren Sie diese, und wandeln Sie sie in ein weiteres Symbol um. Dazu müssen Sie nur einen anderen Symbolnamen vergeben. Auf diese Art und Weise lässt sich nach dem Baukastenprinzip eine Symbolbibliothek erstellen, auf deren Fundus Sie jederzeit zurückgreifen können.

Achtung

Ist eine Instanz, die auf einem Symbol basierte, in ein anderes Symbol verwandelt worden, wird dadurch allerdings der »heiße Draht« zum Originalsymbol gekappt. Automatische Aktualisierungen, wie sie im nächsten Abschnitt beschrieben werden, sind in diesem Fall nicht mehr möglich.

Symbole bearbeiten

Sollen die Originalversion eines Symbols und alle davon »abhängigen« Instanzen auf der Bühne geändert werden, muss das Symbol in einem eigenen Bearbeitungsmodus auf der Bühne angezeigt werden.

Dieser Bearbeitungsmodus lässt sich aktivieren, indem Sie direkt auf ein Symbol in der Bibliothek oder auf der Bühne einen Doppelklick ausführen. Es erscheint dann eine »eigene« Bühne mit »eigener« Zeitleiste nur für dieses Symbol. Alle anderen Grafiken und Symbole auf der Bühne werden in diesem Modus abgeschwächt im Hintergrund dargestellt.

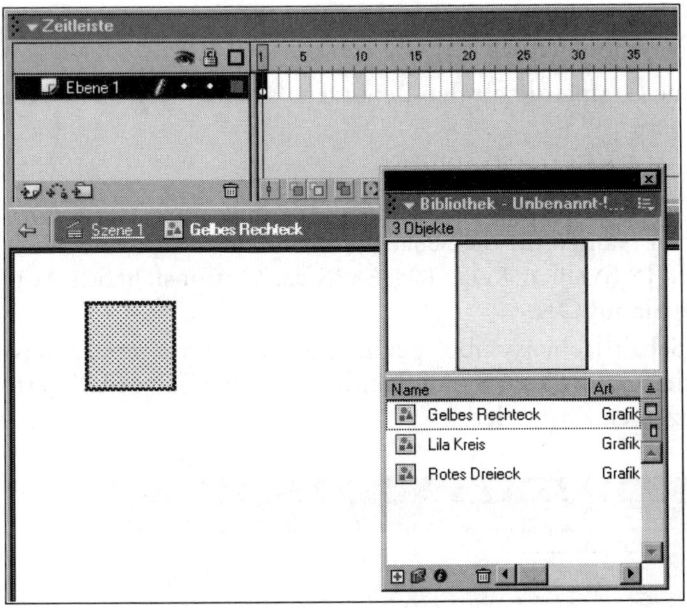

Bild 7.8: Symbol im Bearbeitungsmodus

Besonders deutlich zu erkennen ist der Bearbeitungsmodus für ein Symbol in der Leiste unter der Zeitleiste. Neben der Beschriftung SZENE1 ist hier der Name des Symbols zu lesen.

Alle Bearbeitungen eines Symbols, die in diesem Modus vorgenommen werden, wirken sich auch auf die verschiedenen, eventuell bereits im Film vorhandenen Instanzen aus. Hier wird das Originalsymbol verändert. Bearbeiten Sie das Symbol nach Wunsch, und kehren Sie mit einem Klick auf den Eintrag Szene1 wieder in den Film zurück. Die Änderungen werden automatisch in die Bibliothek und für alle anderen Instanzen übernommen und müssen nicht extra gespeichert werden.

Schaltflächen als Symbole

Beim Konvertieren einer Grafik in ein Symbol können Sie auch auswählen, dass diese als Schaltfläche interpretiert werden soll. Dies bietet den Vorteil, mit den verschiedenen Zuständen, die eine Schaltfläche haben kann, sofort verschiedene Aktionen zu verbinden. Ein Schaltflächensymbol wird ebenfalls in der Bibliothek abgelegt, und andere Instanzen davon werden ebenso wie bei einem Grafiksymbol aktualisiert.

1. Entwerfen Sie eine Grafik, die für den Benutzer als Schaltfläche zum Anklicken dienen kann.
2. Markieren Sie diese Grafik auf der Bühne.
3. Wählen Sie EINFÜGEN/IN SYMBOL KONVERTIEREN.
4. Vergeben Sie einen Namen für die Schaltfläche, und aktivieren Sie dieses Mal im Dialogfeld IN SYMBOL KONVERTIEREN das Optionsfeld SCHALTFLÄCHE. Klicken Sie auf OK.
5. Öffnen Sie das Schaltflächensymbol per Doppelklick im Bearbeitungsmodus. Die Zeitleiste für dieses Symbol enthält bereits vier vordefinierte Bilder für die einzelnen Zustände.

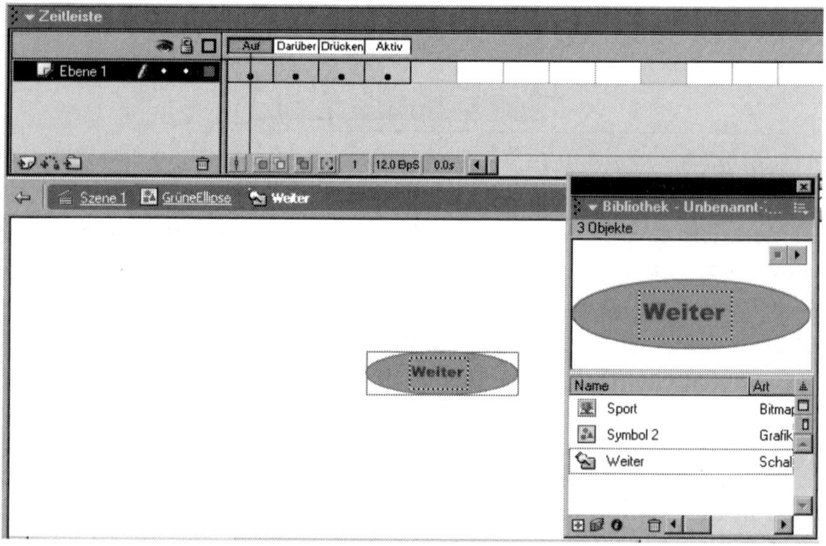

Bild 7.9: Schaltflächensymbole erhalten in der Bibliothek eine andere Kennzeichnung als Grafiksymbole.

Die verschiedenen Zustände einer Schaltfläche sind: AUF, DARÜBER, DRÜCKEN und AKTIV. Damit werden jene Zustände beschrieben, die ein Benutzer mit der Maus auf einer Schaltfläche ausführen kann. Je nachdem, welche Grafik Sie in die einzelnen Bilder der Symbolzeitleiste setzen, erscheinen diese bei der betreffenden Benutzeraktion. Soll die Schaltfläche anders erscheinen, wenn der Benutzer diese mit der Maus anklickt, fügen Sie in das dritte Bild die entsprechende Grafik ein, z. B. dieselbe Grafik mit einer Farbinversion oder einem dreidimensionalen Effekt, der an einen gedrückten Button erinnert. Auf diese Weise lassen sich die vier verschiedenen Schaltflächenmodi sofort und unkompliziert grafisch unterschiedlich darstellen.

Schaltfläche mit Sound verbinden

Um einen bestimmten Schaltflächenmodus mit Sound zu verbinden, sollte sich bereits eine Sounddatei als Symbol in der Bibliothek befinden, andernfalls importieren Sie die Sounddatei zunächst.

Querverweis

➔ Detaillierte Informationen zum Einfügen von Sound in Flash finden Sie in Kapitel 5.

Führen Sie die folgenden Schritte aus:

1. Angenommen, Sie möchten, dass ein bestimmter Sound ertönt, wenn der Benutzer den Mauszeiger auf eine Schaltfläche setzt. Aktivieren Sie dazu mit einem Doppelklick den Bearbeitungsmodus des betreffenden Schaltflächensymbols.
2. Fügen Sie in das Bild DARÜBER ein Schlüsselbild ein.
3. Ziehen Sie, während das Bild DARÜBER aktiv ist, aus der Bibliothek einen Ereignissound auf die Bühne. Der Sound ist dadurch fest mit dem aktuellen Bild verbunden.
4. Wechseln Sie mit BEARBEITEN/FILM BEARBEITEN zurück zum Hauptfilm, und verlassen Sie damit den Bearbeitungsmodus für Schaltflächen.
5. Wählen Sie STEUERUNG/SCHALTFLÄCHEN AKTIVIEREN, um den Sound sofort zu testen.

Wenn Sie jetzt den Mauszeiger auf die Schaltfläche setzen, ertönt der eingebundene Sound.

Sie können auch bestimmte Aktionen mit einer Schaltfläche verbinden, z. B. den Aufruf einer bestimmten URL oder eines anderen Movieclips etc.

Querverweis

→ Informationen zu den Aktionen und deren Einbindung finden Sie in Kapitel 11.

Movieclips als Symbole

Die dritte Variante von Symbolen sind die Movieclips. Sie können ein Symbol als Grafik, Schaltfläche oder Movieclip erstellen. Im Dialogfeld IN SYMBOL KONVERTIEREN aktivieren Sie dazu die Option MOVIECLIP.

Ein Movieclip-Symbol dient dazu, einen »Film im Film« ablaufen zu lassen und komplexere Interaktionen zu ermöglichen. Im Bearbeitungsmodus unterscheidet sich der Movieclip nicht von der Zeitleiste des Hauptfilms und bietet alle Möglichkeiten, die auch für den Hauptfilm zur Auswahl stehen. Sie können Objekte aller Art einfügen. Lediglich am Symbolnamen neben SZENE1 ist zu erkennen, dass Sie hier in einem Movieclip-Symbol arbeiten.

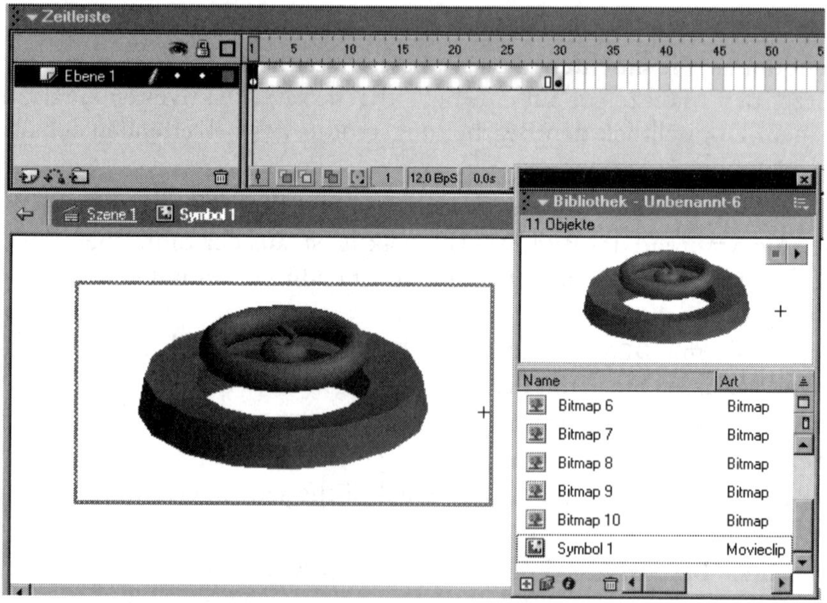

Bild 7.10: Movieclip-Symbol im Bearbeitungsmodus

In der Bibliothek unterscheiden sich Movieclip-Symbole durch eine andere Kennzeichnung von den übrigen Symbolarten.

Stoppt der Hauptfilm, wird der Movieclip noch weiter abgespielt. Im Hauptfilm belegt der Movieclip aber nur ein Bild. Diese Technik lässt sich zur Verschachtelung von Filmen verwenden.

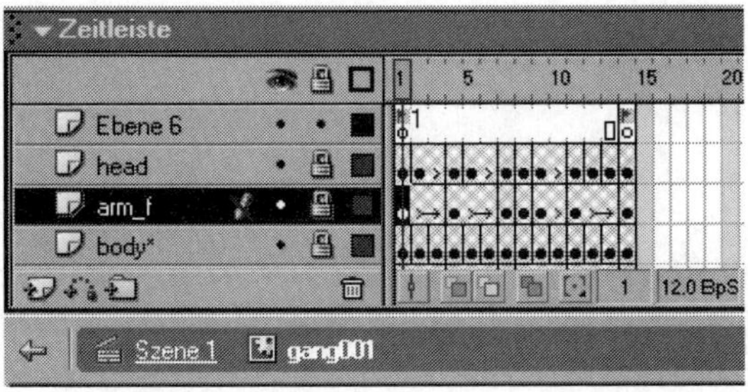

Bild 7.11: Movieclip zur Verschachtelung eines »Films im Film«

Ein Movieclip kann beliebig viele eigene Ebenen haben und mit allen Elementen ausgestattet sein, die die Hauptzeitleiste enthält, z.B. Form-Tweens, interaktive Elemente und Aktionen.

Kapitel 8
Die verschiedenen Bibliotheken

In Flash gibt es zwei Arten von Bibliotheken: die jeweils aktuelle, zu einem Film gehörige Bibliothek und allgemeine Bibliotheken, die für alle Filme verwendet werden können. Eine aktuelle Bibliothek lässt sich auch in eine allgemeine verwandeln.

Sie können aber auch Bibliotheken aus anderen Filmen in einem Flash-Film öffnen, die keine allgemeinen Bibliotheken sind, um auf darin enthaltene Symbole zuzugreifen und diese bei Bedarf in die aktuelle Bibliothek zu übernehmen.

Außerdem wird in diesem Kapitel erläutert, wie Sie Verknüpfungen zwischen einzelnen Symbolen in verschiedenen Filmen herstellen können, um eine Aktualisierung der Symbole in den Bibliotheken zu ermöglichen.

Aktuelle Filmbibliothek

Die aktuelle Filmbibliothek wird zusammen mit dem Film gespeichert und lässt sich mit FENSTER/BIBLIOTHEK oder der Tastenkombination [Strg]+[L] öffnen. Es erscheint ein eigenes Fenster, in dem die Symbole abgelegt und verwaltet werden können.

Wie Sie Elemente in die Bibliothek einfügen, wurde bereits in den Kapiteln zu Sound, Grafiken und Symbolen erläutert. Generell lässt sich aber festhalten: Soll eine externe Datei in die Bibliothek des aktuellen Flash-Films übernommen werden, wählen Sie DATEI/IN BIBLIOTHEK IMPORTIEREN oder DATEI/IMPORTIEREN, wenn das Element gleichzeitig auf der Bühne und in der Bibliothek erscheinen soll. Wird ein Element in Flash erstellt, muss es in ein Symbol konvertiert werden, um in der Bibliothek abgelegt zu werden.

Die verschiedenen Elemente wie Sound, Videos, Bitmaps, Grafiken und Schaltflächen oder Filmsequenzen sind anhand der verschiedenen Symbole, die ihnen in der Bibliothek voranstehen, einfach zu unterscheiden. Markieren Sie in der Bibliothek eines der Elemente, erhalten Sie im oberen Bereich eine Vorschau darauf.

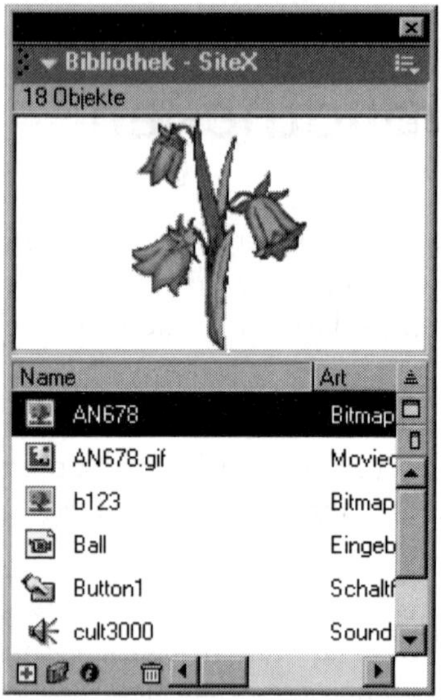

Bild 8.1: In der Bibliothek lassen sich die verschiedenen Filmelemente sammeln und aufbewahren.

Ist die Bibliothek bei der Arbeit an einem Film geöffnet, können Sie auf der Bühne schnell ein neues Symbol erstellen, indem Sie auf das Pluszeichen am unteren Rand des Bibliotheksfensters klicken. Sie gelangen damit ebenso in das Dialogfeld NEUE SYMBOLEIGENSCHAFTEN wie über das Menü mit dem Befehl EINFÜGEN/NEUES SYMBOL. Nach der Vergabe eines Namens und der Festlegung der Symbolart erscheint in der Bibliothek zunächst ein leerer Eintrag. Sobald Sie auf der Bühne ein Element platzieren oder zeichnen, wird dieses in das Symbol integriert. Per Mausklick auf den Eintrag SZENE 1 verlassen Sie den Symbolbearbeitungsmodus wieder.

Querverweis

➔ Wie Elemente aus der Bibliothek gelöscht und neue Ordner zum Verwalten eingefügt werden, entnehmen Sie bitte Kapitel 1.

Ansichten der Bibliothek

Das Bibliotheksfenster erscheint beim erstmaligen Öffnen in einer abgespeckten Version und sehr schmal. Ziehen Sie den rechten Fensterrand mit der Maus nach außen, um weitere Spalten in der Bibliothek darstellen zu lassen und in diesen Spalten genauere Informationen zu den einzelnen Symbolen abzulesen. Hier werden Zugriffe, Verknüpfungen und Änderungsdatum angezeigt.

Ein schneller Wechsel zwischen beiden Ansichten ist möglich, wenn Sie rechts außen auf die Symbole direkt über der Bildlaufleiste im Bibliotheksfenster klicken.

Die Breite der einzelnen Spalten lässt sich anpassen, indem Sie die Begrenzungslinie der Spaltenköpfe mit der Maus versetzen.

1. Um eine Sortierung der Elemente in der Bibliothek anhand der Einträge in den verschiedenen Spalten vorzunehmen, klicken Sie zunächst auf den betreffenden Spaltenkopf, z.B. NAME oder ÄNDERUNGSDATUM.

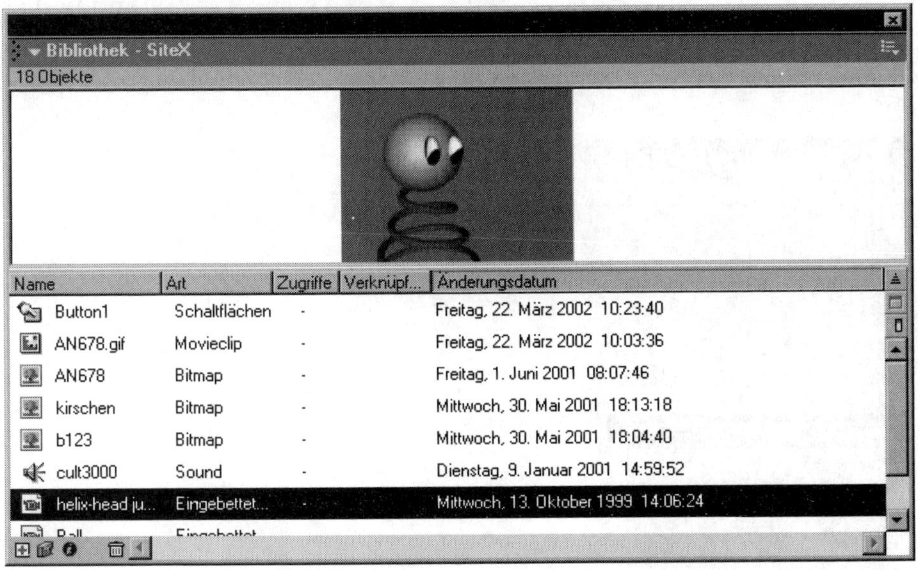

Bild 8.2: Nach Änderungsdatum sortierte Bibliothekselemente

2. Klicken Sie dann auf das nach oben oder unten gerichtete Symbol SORTIERFOLGE UMKEHREN am rechten Fensterrand der Bibliothek. Ist der Pfeil nach oben gerichtet, erfolgt eine aufsteigende Sortierung (A bis Z oder ältestes bis jüngstes Datum). Ein nach unten gerichteter Pfeil zeigt eine absteigende (Z bis A und jüngstes bis ältestes Datum) Sortierfolge an. Die Sortierung kann dabei helfen, Symbole schnell wieder zu finden. Dies mag bei wenigen Symbolen noch überflüssig erscheinen, doch eine solche Bibliothek füllt sich schnell, und langes Suchen lässt sich auf diese Art vermeiden.

Bibliothek organisieren

Zu einer übersichtlichen Verwaltung der einzelnen Symbole in einer Bibliothek gehört auch das Anlegen bestimmter Ordner für die verschiedenen Symbolarten oder nach projektspezifischen Kriterien.

Einen schnellen Zugriff auf alle Optionen, die in der Bibliothek für die Arbeit mit Symbolen und Ordnern notwendig sind, erhalten Sie, wenn Sie ein Symbol oder einen Ordner mit der rechten Maustaste in der Bibliothek anklicken. Hiermit können Sie Symbole und Ordner löschen, umbenennen, Ordnerinhalte ein- und ausblenden und Ordner verschieben.

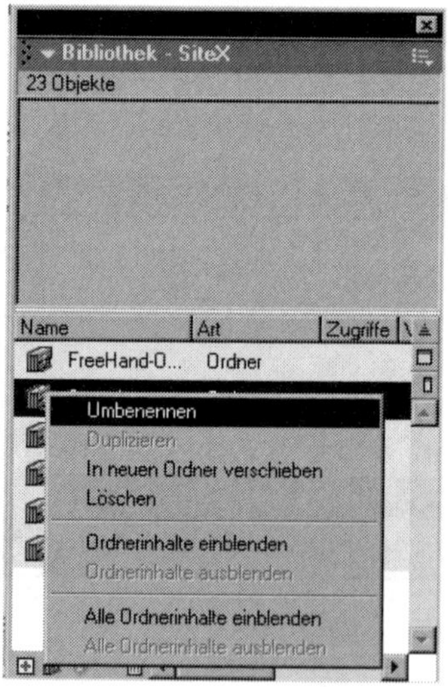

Bild 8.3: Kontextmenüs für Ordner und Symbole

Symbole und Ordner lassen sich innerhalb der Bibliothek schnell an eine andere Position setzen, indem Sie diese einfach mit der Maus dorthin ziehen. Soll z. B. ein Symbol in einen bestimmten Ordner eingefügt werden, ziehen Sie es einfach mit der Maus auf diesen Ordner. Ordner können auch in anderen Ordnern platziert, also ineinander verschachtelt werden.

Symbol umbenennen

Soll ein bereits benanntes Symbol einen anderen Namen erhalten, verfahren Sie wie folgt:

1. Klicken Sie das Symbol in der Bibliothek mit der rechten Maustaste an, und wählen Sie aus dem Kontextmenü die Option UMBENENNEN.
2. Die Markierung wird geöffnet, Sie können den Cursor versetzen und einen neuen Namen direkt in der Bibliothek einfügen.

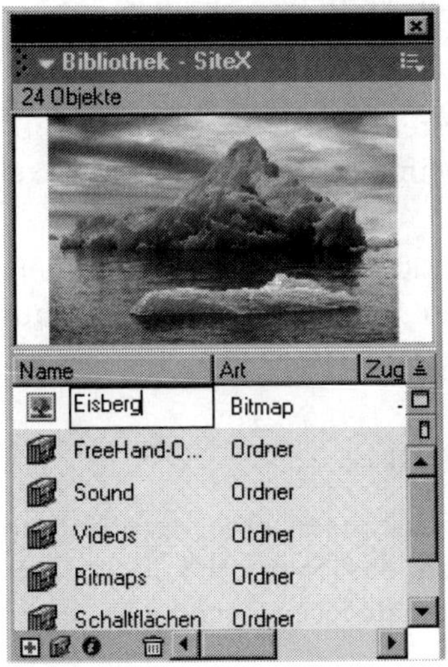

Bild 8.4: Symbol umbenennen

Ordnernamen lassen sich auf dieselbe Weise neu vergeben.

Symbole duplizieren

Das Duplizieren von Symbolen ist eine gute Möglichkeit, den Weg über die Instanzen abzukürzen, wenn Sie ein ähnliches aus einem bereits vorhandenen Symbol erstellen möchten.

Angenommen, Sie haben bereits ein Symbol in der Bibliothek abgelegt und wissen im Voraus, dass Sie aus diesem Symbol noch ein zweites, ähnliches erstellen möchten. Sobald Sie dieses Symbol auf die Bühne ziehen, wird es zu einer Instanz und muss von der Bühne aus in der bearbeiteten Version erneut erst in ein Symbol anderen Namens konvertiert werden. Mit dem Duplizieren lässt sich dieser Vorgang effektiver durchführen.

Hinweis

Diese Technik steht nicht für importierte Symbole zur Auswahl. Letztere müssen über den bereits erwähnten Umweg erneut in ein Symbol anderen Namens verwandelt werden.

1. Klicken Sie das Symbol, aus dem ein neues erstellt werden soll, in der Bibliothek mit der rechten Maustaste an, und wählen Sie aus dem Kontextmenü die Option DUPLIZIEREN.
2. Vergeben Sie im Dialogfeld SYMBOL DUPLIZIEREN einen anderen Namen, und bearbeiten Sie das Symbol dann wie gewünscht auf der Bühne, um auf der Basis des ersten Symbols ein neues zu erstellen.

Symbole in der Bibliothek aktualisieren

Wie bereits in Kapitel 7 erläutert, werden alle Instanzen eines Symbols in einem Film automatisch aktualisiert, wenn sich das Symbol ändert. Das importierte Symbol selbst lässt sich aber auch aktualisieren, wenn es in einer anderen Anwendung bearbeitet wurde.

Angenommen, Sie haben ein JPEG-Bild als Symbol in Ihrer Flash-Bibliothek abgelegt, das später noch einmal in Adobe Photoshop, PaintShop Pro oder einer anderen Anwendung nachbearbeitet wurde. Sie müssen dieses Symbol nicht neu importieren, sondern können es mit folgenden Schritten aktualisieren:

1. Klicken Sie das betreffende Symbol in der Bibliothek mit der rechten Maustaste an, und wählen Sie aus dem Kontextmenü die Option AKTUALISIEREN.
2. Hat sich die Grafikdatei geändert, erscheint im Dialogfeld MEDIEN AKTUALISIEREN ein Häkchen vor dem betreffenden Dateinamen.

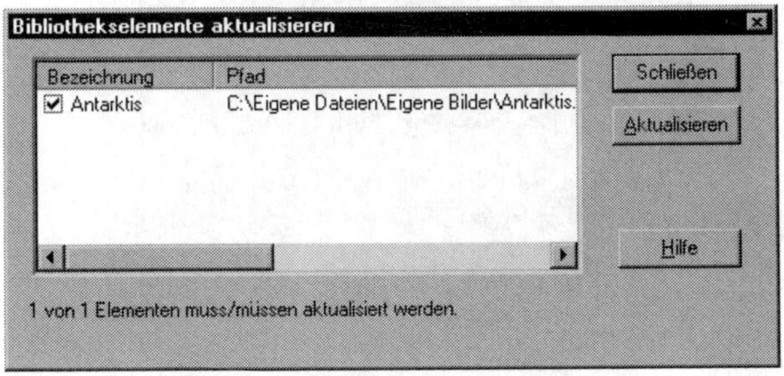

Bild 8.5: Symbole aktualisieren

3. Klicken Sie auf die Schaltfläche AKTUALISIEREN, um die Änderungen in Flash zu übernehmen.

Am unteren Rand des Dialogfelds MEDIEN AKTUALISIEREN wird angegeben, wie viele Dateien aktualisiert werden können.

Eine Aktualisierung in Flash ist erst dann möglich, wenn die Datei in der externen Anwendung abgespeichert wurde. Es besteht keine OLE-Verbindung zur betreffenden Datei.

> Hinweis
>
> Möchten Sie ein Symbol direkt aus Flash heraus in der Originalanwendung bearbeiten, öffnen Sie das Kontextmenü für das Symbol, und wählen Sie BEARBEITEN MIT (ANWENDUNG).

Zugriffe anzeigen lassen

Sie können in der Bibliothek Informationen darüber einholen, wie oft ein Symbol im aktuellen Film verwendet wurde.

1. Öffnen Sie das Optionenmenü in der Bibliothek, indem Sie rechts oben im Bibliotheksfenster auf das Optionssymbol klicken.

2. Wählen Sie aus dem Menü den Eintrag ANZAHL DER ZUGRIFFE JETZT AKTUALISIEREN.

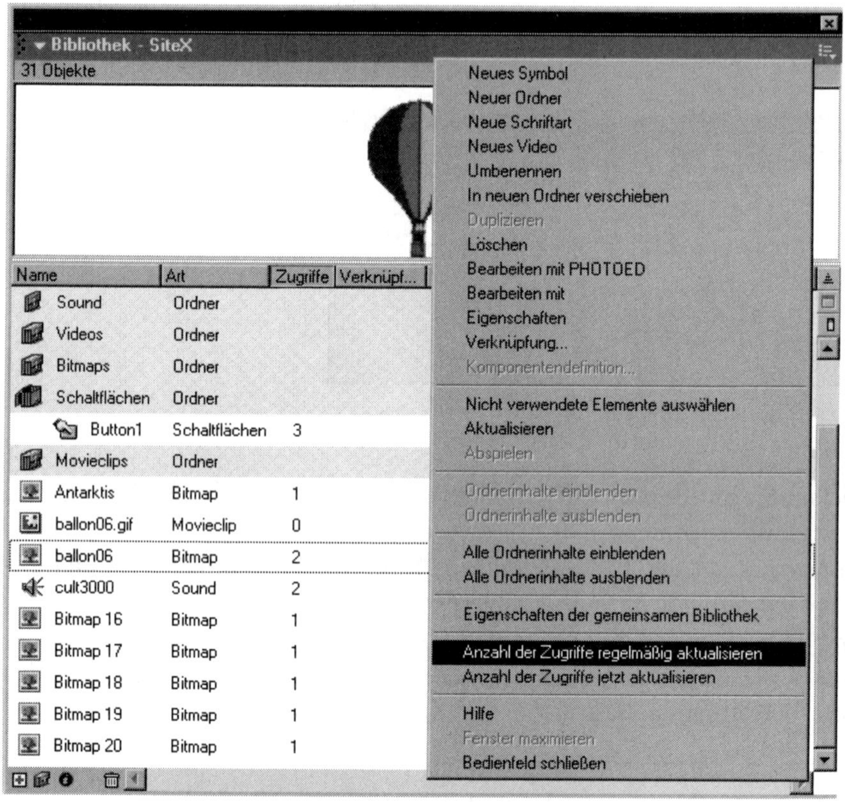

Bild 8.6: Optionenmenü für Zugriffszählung aktivieren

3. In der dritten Spalte ZUGRIFFE der Bibliothek werden daraufhin neben jedem Symbol die entsprechenden Zugriffszahlen angezeigt.
4. Soll die Anzahl der Zugriffe permanent auf dem neuesten Stand gehalten werden, wählen Sie aus dem Optionenmenü den Eintrag ANZAHL DER ZUGRIFFE REGELMÄSSIG AKTUALISIEREN aus.

Nicht benutzte Symbole ermitteln

Vor dem Export eines Flash-Films zur Veröffentlichung empfiehlt es sich, in der Bibliothek ein wenig »aufzuräumen« und jene Symbole zu entfernen, die überhaupt nicht verwendet wurden.

1. Um nicht benutzte Symbole schnell zu ermitteln, öffnen Sie die Bibliothek und wählen aus dem Optionenmenü den Eintrag NICHT VERWENDETE ELEMENTE AUSWÄHLEN.
2. Alle in der Bibliothek vorhandenen Symbole, die nicht im Film verwendet wurden, werden gleichzeitig markiert.
3. Es genügt ein anschließender Mausklick auf den Papierkorb, um diese Symbole endgültig aus der Bibliothek zu entfernen und den Film damit »abzuspecken«.

Komponenten in der Bibliothek

Wenn Sie eine der in Flash mitgelieferten Oberflächenkomponenten wie Kontrollfelder oder Listenfelder in einer Bibliothek als Symbol ablegen, wird automatisch ein eigener Komponentenordner in der Bibliothek erstellt.

Alle weitere Komponenten – ob selbst erstellte oder vordefinierte – werden bei der Umwandlung in ein Symbol standardmäßig in diesem Ordner der Bibliothek aufbewahrt.

Der Komponentenordner enthält noch weitere Unterordner, mit deren Hilfe sich Elemente, auf die alle Komponenten zugreifen, von jenen gesondert aufbewahren lassen, die individuell benutzt werden. Bildlaufleisten werden z. B. von verschiedenen Komponenten genutzt und befinden sich deshalb in einem eigenen Ordner, um den dafür notwendigen Speicherplatz möglichst gering zu halten.

Symbole aus anderen Filmbibliotheken verwenden

Wenn Sie bereits mehrere Flash-Filme mit jeweils eigenen Bibliotheken erstellt haben und in einem weiteren Flash-Film auf eines der Symbole zugreifen möchten, die bereits in einem anderen Film verwendet wurden, verfahren Sie wie folgt:

1. Öffnen Sie den aktuellen Film, in dem Sie ein Symbol aus einem anderen Film benutzen möchten. Sie können diesen anderen Film praktischerwei-

se einfach in Form einer Bibliothek öffnen, indem Sie DATEI/ALS BIBLIOTHEK ÖFFNEN wählen.

2. Aus dem Dialogfeld ALS BIBLIOTHEK ÖFFNEN wählen Sie den Flash-Film aus, dessen Bibliothek Sie benutzen möchten.
3. Der Film selbst wird dabei nicht geöffnet, die zugehörige Bibliothek erscheint in einem eigenen Fenster unter der aktuellen Bibliothek. Sie können Symbole aus anderen Filmbibliotheken in die aktuelle Bibliothek übernehmen, indem Sie sie einfach aus dem Bibliotheksfenster auf die Bühne ziehen. Dabei werden die Symbole automatisch in die aktuelle Filmbibliothek kopiert. Beachten Sie, dass keine Namensgleichheit vorliegen darf.

> Hinweis
>
> In der Titelleiste eines Bibliotheksfensters wird immer der Name des zugehörigen Films angezeigt.

Am Ende der Beschreibung der aktuellen Filmbibliothek soll noch einmal darauf hingewiesen werden, dass die Symbole, die in der Bibliothek enthalten sind, maßgeblich die Dateigröße eines Films bestimmen. Der gesamte Inhalt wird mit dem Film für die Veröffentlichung exportiert.

> Hinweis
>
> Sind zwei Bibliotheken geöffnet, werden Sie untereinander angezeigt. Ziehen Sie mit der Maus an der schraffierten Fläche in der Titelleiste, um die geöffneten Bibliotheken voneinander zu lösen und anderweitig am Bildschirm zu platzieren. Ist nur die Titelleiste und nicht der Inhalt zu sehen, klicken Sie auf den weißen Pfeil links außen in der Titelleiste des Bibliotheksfensters.

Bibliotheken, die zu anderen Filmen gehören und zusätzlich geöffnet wurden, lassen sich in diesem Zustand nicht bearbeiten, d.h. Sie können keine Symbole daraus löschen, umbenennen oder Ordner hinzufügen. Dazu müssen Sie den zugehörigen Film öffnen und die betreffende Bibliothek darin anzeigen. Dieser Mechanismus soll verhindern, dass versehentlich Inhalte verändert werden, die in anderen Filmen gebraucht werden.

Allgemeine Bibliotheken

In Flash stehen allgemeine Bibliotheken allen Filmen zur Verfügung und lassen sich nach deren Erstellung als allgemeine Bibliothek direkt aus dem Untermenü FENSTER/ALLGEMEINE BIBLIOTHEKEN öffnen.

Die Organisation von Symbolen in einer allgemeinen Bibliothek wird auf dieselbe Weise ausgeführt wie in der aktuellen Filmbibliothek: Sie können Ordner erstellen, Elemente löschen, neu anordnen, umbenennen etc. Dies alles ist jedoch nur möglich, wenn der Film, in dem die allgemeine Bibliothek erstellt wurde, ebenfalls geöffnet ist.

Allgemeine Bibliothek verwenden

In Flash sind bereits einige vordefinierte allgemeine Bibliotheken vorhanden. Sie öffnen diese mit FENSTER/ALLGEMEINE BIBLIOTHEKEN. Im Untermenü stehen die bereits vorhandenen allgemeinen Bibliotheken zur Auswahl und lassen sich per Mausklick öffnen und verwenden. Auf alle Symbole, die darin platziert werden, kann auch aus anderen Flash-Filmen zugegriffen werden.

Ziehen Sie einfach ein Symbol aus einer allgemeinen Bibliothek auf die Bühne. Das betreffende Symbol wird dadurch automatisch in das Fenster der aktuellen Filmbibliothek übernommen.

Allgemeine Bibliothek erstellen

Soll eine allgemeine Bibliothek von Beginn an zusammen mit einem neuen Film erstellt werden:

1. Öffnen Sie den Film der bereits einige Symbole enthält, die in eine allgemeinen Bibliothek übernommen werden sollen, oder erstellen Sie diese Symbole in einem neuen Film.
2. Wählen Sie DATEI/SPEICHERN UNTER, und navigieren Sie im Dialogfeld SPEICHERN UNTER zum Bibliotheksordner von Macromedia (Standardinstalltion unter Windows: PROGRAMME\MACROMEDIA\FLASH MX\BIBLIOTHEKEN).
3. Vergeben Sie dann einen Dateinamen Ihrer Wahl, und klicken Sie auf SPEICHERN.

Die Bibliothek eines jeden Films, der in diesem Verzeichnis gespeichert wurde, wird durch diese Schritte zu einer allgemeinen Bibliothek, die sich anschließend in jedem Flash-Film aus dem Untermenü FENSTER/ALLGEMEINE BIBLIOTHEKEN unter dem vergebenen Namen öffnen lässt.

Wird eine allgemeine Bibliothek in einem anderen Film geöffnet, lassen sich deren Symbole nicht bearbeiten; dazu muss wieder der Film geöffnet werden, in dem die allgemeine Bibliothek erstellt wurde.

Verknüpfung zwischen Symbolen in verschiedenen Bibliotheken

In Flash gibt es die Möglichkeit, Verknüpfungen zwischen den Symbolen nicht nur zu externen Anwendungen herzustellen, sondern auch zwischen Symbolen in verschiedenen Bibliotheken, um eine Aktualisierung aus einer Bibliothek in einer anderen zu ermöglichen. Wichtig dabei ist, dass Sie für diesen Vorgang eine bestimmte Struktur entwickeln, denn es gibt immer nur eine Symbolquelle, von der aus sich Symbole in beliebig vielen anderen Bibliotheken einfügen und später aktualisieren lassen. Die verschiedenen Symbolquellen können sich aber in jeder beliebigen Bibliothek befinden, weshalb es schwierig ist, den Überblick darüber zu behalten.

Als Struktur könnte man z. B. festlegen, dass sich Bibliotheken, die Quellsymbole enthalten, in einem bestimmten Ordner befinden oder grundsätzlich allgemeine Bibliotheken sein sollen. (was aus technischer Sicht nicht erforderlich ist). Eine Aktualisierung ist prinzipiell zwischen allen Bibliotheksarten möglich, aus Gründen der Übersichtlichkeit jedoch besonders für die Arbeit mit allgemeinen Bibliotheken zu empfehlen.

Angenommen, Sie haben in einer allgemeinen Bibliothek ein Symbol abgelegt, das auch in einer aktuellen Filmbibliothek benutzt werden soll, z. B. ein Firmenlogo. Vollziehen Sie die folgenden drei voneinander getrennten Arbeitsschritte nach:

Quellsymbol einfügen

In diesem Schritt wird das Quellsymbol aus einer Bibliothek auf die Bühne eines anderen Films gezogen.

1. Erstellen Sie einen neuen Film (NEU.FLA), und wählen Sie DATEI/ALS BIBLIOTHEK ÖFFNEN.

2. Wählen Sie jene Datei (z. B. QUELLE.FLA) aus, die das gemeinsam zu verwendende Quellsymbol enthält, das auch im aktuellen Film eingefügt werden soll, etwa eine allgemeine Bibliothek oder eine zentral gespeicherte Datei. Klicken Sie auf ÖFFNEN.
3. Ziehen Sie das betreffende Symbol (Firmenlogo) aus der soeben geöffneten Bibliothek auf die Bühne des neuen Films. Dadurch wird das Symbol auch automatisch in die aktuelle Filmbibliothek übernommen.
4. Schließen Sie die Filmbibliothek, speichern Sie den Film NEU.FLA.

Quellsymbol bearbeiten

In diesem Schritt soll das Quellsymbol bearbeitet werden.

1. Öffnen Sie mit DATEI/ÖFFNEN den Film, mit dem die Bibliothek verbunden ist, die das Quellsymbol enthält, QUELLE.FLA.
2. Öffnen Sie die Bibliothek, und doppelklicken Sie auf das gemeinsam benutzte Symbol, um in den Symbolbearbeitungsmodus zu gelangen.
3. Ändern Sie die Farbe oder Form des Symbols, und speichern Sie den Film QUELLE.FLA.
4. Schließen Sie den Film mit DATEI/SCHLIEßEN nun ganz, damit die spätere Aktualisierung auch wirklich eindrucksvoll ist.

Symbol aktualisieren

Das Quellsymbol ist anders als das Symbol im Film NEU.FLA. Mit wenigen Schritten erreichen Sie, dass das Symbol in NEU.FLA an die Änderungen angepasst wird. Eine Anpassung der Änderungen kann so definiert werden, dass diese automatisch vor dem Export der Autorendatei in einen Flash-Film oder unmittelbar in der Autorendatei erfolgt. Beide Varianten werden hier beschrieben.

1. Öffnen Sie wieder den Film NEU.FLA und dessen aktuelle Filmbibliothek mit FENSTER/BIBLIOTHEK.
2. Klicken Sie das Symbol, das aktualisiert werden soll, in der Bibliothek mit der rechten Maustaste an, und wählen Sie EIGENSCHAFTEN.
3. Im Dialogfeld SYMBOLEIGENSCHAFTEN klicken Sie auf die Schaltfläche ERWEITERT. Das Dialogfeld erhält dadurch zusätzliche Optionen.
4. Im unteren Bereich des Dialogfelds aktivieren Sie das Kontrollfeld VOR DEM VERÖFFENTLICHEN IMMER AKTUALISIEREN.

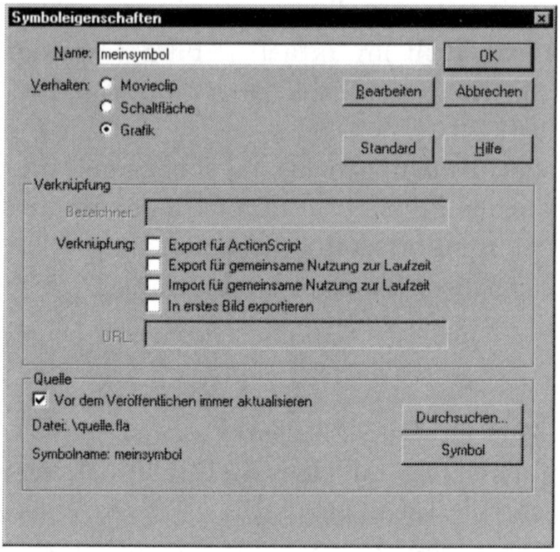

Bild 8.7: Automatische Aktualisierung vor der Veröffentlichung festlegen

5. Klicken Sie auf OK. Das Symbol im Film NEU.FLA wird automatisch vor dem Export aktualisiert.
6. Um eine sofortige Aktualisierung in der Autorendatei zu erreichen, klicken Sie das Symbol ebenfalls in der Bibliothek mit der rechten Maustaste an, und wählen aus dem Kontextmenü die Option AKTUALISIEREN.
7. Im Dialogfeld MEDIEN AKTUALISIEREN setzen Sie ein Häkchen vor das betreffende Symbol in der Liste und klicken auf die Schaltfläche AKTUALISIEREN und auf SCHLIEßEN.
8. In der Autorendatei erscheint das neu bearbeitete Symbol aus der Datei QUELLE.FLA.

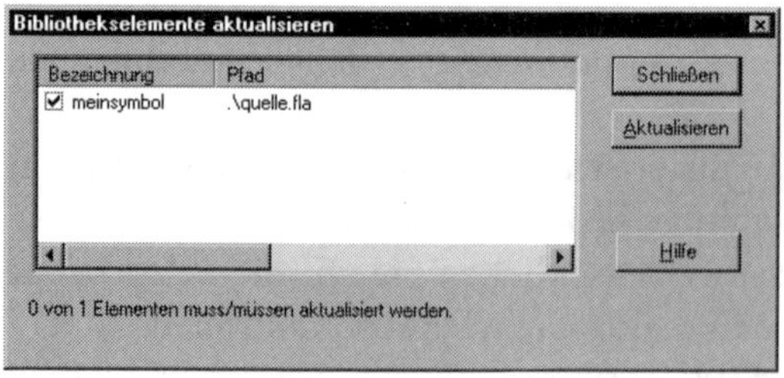

Bild 8.8: Sofortige Aktualisierung in der Autorendatei

Symbole exportieren und importieren

In den vorherigen Abschnitten wurde beschrieben, wie Symbole zwischen Autorendateien aktualisiert werden können. Es ist darüber hinaus auch möglich, aus bereits exportierten Filmen Symbole in Autorendateien zu aktualisieren.

Vor dem Export eines Films muss dazu jedoch der Export eines Symbols definiert werden.

1. Klicken Sie das Symbol, das für die Aktualisierung frei gegeben werden soll, in der Bibliothek mit der rechten Maustaste an, und wählen Sie den Eintrag VERKNÜPFUNG aus dem Kontextmenü.
2. Es erscheint das Dialogfeld EIGENSCHAFTEN SYMBOLVERKNÜPFUNG. Aktivieren Sie das Optionsfeld EXPORT FÜR GEMEINSAME NUTZUNG ZUR LAUFZEIT.

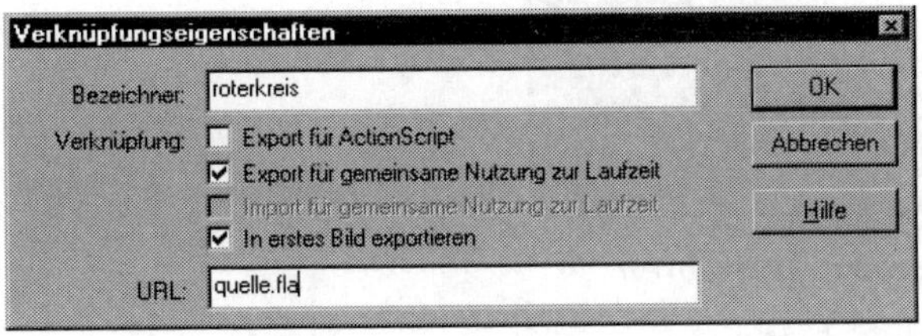

Bild 8.9: Symbol für den Export aus einer fertig gestellten Filmdatei in einen anderen Film einrichten.

3. Vergeben Sie außerdem im Feld BEZEICHNER einen aussagekräftigen Namen für das Symbol, dem die Verknüpfungseigenschaften zugewiesen werden sollen.
4. Im Feld URL geben Sie den relativen oder absoluten Pfad jener Datei an, die das Quellsymbol enthält, das für andere Personen zur Aktualisierung freigegeben wurde.
5. Schließen Sie das Dialogfeld mit OK, und beachten Sie, dass der veröffentlichte Film unter den angegebenen URL gespeichert sein muss, damit darauf zugegriffen werden kann.
6. Um ein solchermaßen freigegebenes Symbol aus einem exportierten Film zu verwenden, verfahren Sie umgekehrt. Erstellen Sie zunächst einen neuen Film.

7. Öffnen Sie die Quellbibliothek, in der sich das Symbol befindet, das in verknüpfter Form in den neuen Film eingefügt werden soll, und ziehen Sie das Symbol daraus auf die Bühne.
8. Das Symbol wird dadurch automatisch in die aktuelle Filmbibliothek übernommen, die Sie jetzt ebenfalls anzeigen sollten. Klicken Sie das neue Symbol darin mit der rechten Maustaste an, und wählen Sie VERKNÜPFUNG.
9. Aktivieren Sie diesmal im Dialogfeld EIGENSCHAFTEN SYMBOLVERKNÜPFUNG die Option DIESES SYMBOL IMPORTIEREN VON URL, und im darunter liegenden Textfeld geben Sie den Pfad zur betreffenden Bibliotheksdatei in relativer oder absoluter Form an, z. B.: ALLGEMEIN.SWF oder C:\PROGRAMME\MACROMEDIA\BIBLIOTHEKEN\ALLGEMEIN.SWF.

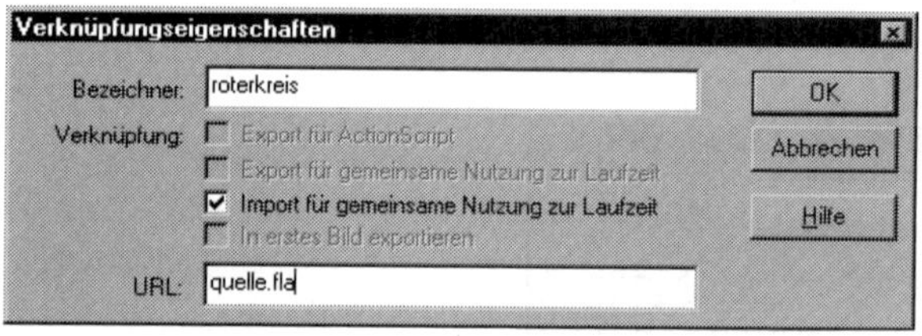

Bild 8.10: Symbol für den Import einrichten

> **Hinweis**
>
> Selbstverständlich kann als URL auch der Pfad zu einer exportierten Filmdatei auf einem Server angegeben werden, z. B. HTTP:\\WWW.DOMAIN.COM.

Die Aktualisierung dieser verknüpften Symbole lässt sich ebenfalls im Kontextmenü mit der Option AKTUALISIEREN ausführen, wie dies bereits für die Aktualisierung zwischen Autorendateien in den vorherigen Abschnitten beschrieben wurde.

Abschließend sei noch einmal darauf hingewiesen, dass aktualisierte Symbole in Bibliotheken auch jede Instanz dieses Symbols auf der Bühne bzw. im Film betreffen. Dies ist ja schließlich der Sinn des Ganzen.

Kapitel 9
Individuelle Instant-Animation

Dass diese Überschrift nur ein scheinbarer Widerspruch ist, werden Sie in diesem Kapitel erfahren. Sie haben in den vergangenen Kapiteln bereits einige kleinere Bildfolgen oder Filmchen erstellt und denken mittlerweile womöglich: Wie mühsam! Was soll das Tolle an Flash sein?

Wie Sie bereits wissen, fügen Sie gleichbleibende Bildfolgen über einen beliebigen Zeitraum in Form von Schlüsselbildern per Tastendruck in die Zeitleiste ein, doch Bewegung kommt damit noch nicht automatisch bzw. nur mühsam ins Spiel, indem Sie verschiedene Inhalte in die einzelnen Schlüsselbilder einfügen.

In Flash gibt es vordefinierte Bewegungsszenarien – die *Tweens* –, wobei Sie nur den Anfangs- und Endpunkt einer Animation festlegen müssen: Den Rest errechnet Flash von selbst! Diese Technik wird Form-Tweening genannt. Für Feinabstimmungen in den einzelnen Bildern bleibt dennoch Raum, Sie werden also nicht zu Instant-Animationen gezwungen.

Ebenfalls per Tastendruck lässt sich ein Film jederzeit testen und in das Exportformat SWF umwandeln. Damit zeigen Sie einen Film in Flash bereits so an, wie er vom Benutzer im Flash-Player gesehen wird.

Eine Erweiterung des Form-Tweening bietet der Bewegungs-Tween, der sich auch für Gruppen, Symbole und Textblöcke eignet.

Wie die einzelnen Szenen in Flash ineinander greifen und sich abstimmen lassen, wird ebenfalls in diesem Kapitel erläutert.

Überfrachten Sie Ihren Film nicht mit Animationen, denn der Betrachter möchte Informationen erhalten, und Animationen dienen zwar dazu, das Auge auf einen bestimmten Punkt zu lenken, sind aber bestimmt kein Markenzeichen für gute Lesbarkeit. Logos, kleine Schlagwörter oder wirklich gut gemachte Bildtransformationen hingegen bringen den nötigen Pfeffer auf eine Website oder in eine Präsentation. Für die Erstellung von Spielen gelten diese Weisheiten natürlich nicht, denn dafür ist Action pur auf der Bühne angesagt.

Querverweis

➔ Wenn Sie – wie bei Spielen – vor allem auf die Bewegungsabläufe konzentriert sind, sollten Sie sich mit der manuellen Positionierung von Einzelbildern nicht allzu lange aufhalten, denn dafür werden in Kapitel 10 noch weitere Techniken – die Pfadebenen – vorgestellt.

Form-Tweening

Das Form-Tweening lässt sich nur für einfache Formen anwenden, d.h. nicht für Symbole, Gruppen oder Textblöcke.

Um Ihnen gleich das ganze Spektrum der Möglichkeiten vor Augen zu führen, die das Form-Tweening (auch *Morphing* genannt) bietet, vollziehen Sie am besten die folgende Übung nach:

1. Erstellen Sie im ersten Bild der Zeitleiste in der linken oberen Bühnenecke einen Kreis mit blauer Umrissfarbe und hellgrüner Füllung.
2. Klicken Sie das Bild Nummer 20 in der Zeitleiste an, und fügen Sie dort mit F7 ein leeres Schlüsselbild ein.

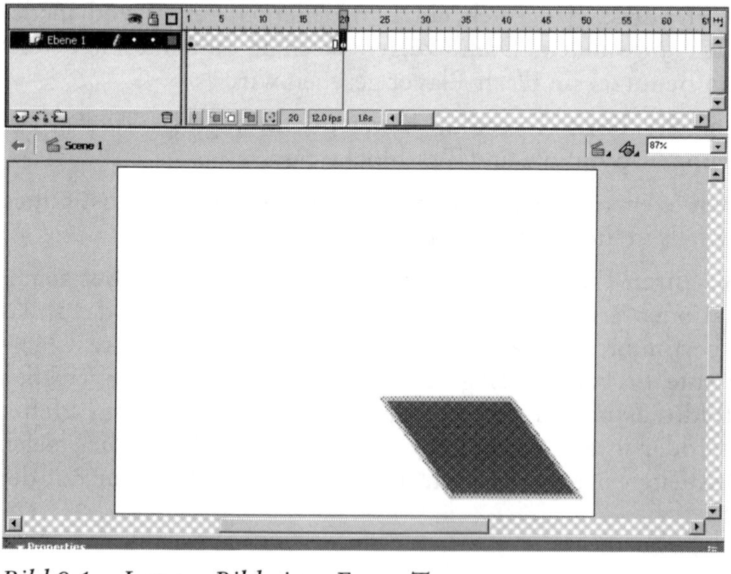

Bild 9.1: Letztes Bild eines Form-Tweens

3. Erstellen Sie in Bild 20 in der rechten unteren Bühnenecke ein Quadrat mit einer hellgelben Umrisslinie und roter Füllfarbe. Neigen Sie das Quadrat anschließend mit dem Werkzeug FREIES TRANSFORMIEREN. Ihre Bühne sollte etwa aussehen wie in Bild 9.1.
4. Setzen Sie den Abspielkopf zurück auf Bild 1, oder klicken Sie einfach Bild 1 an.
5. Öffnen Sie mit FENSTER/EIGENSCHAFTEN das Eigenschaftenfenster.
6. Wählen Sie aus dem Listenfeld TWEEN die Option FORM. Die Anzeige der Bildfolge in der Zeitleiste ändert sich: Es erscheint ein durchgezogener Pfeil vor hellgrünem Hintergrund. Daran erkennen Sie, dass ein Form-Tween eingefügt wurde.

   Doch was genau ist ein Form-Tween? Lassen Sie es sich vorführen:

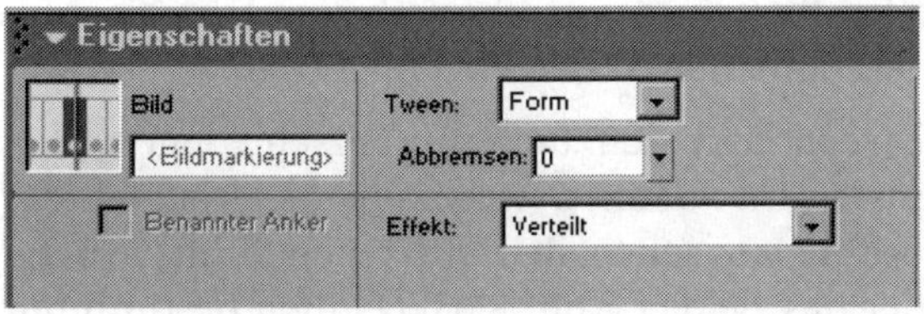

Bild 9.2: Form-Tween im Anfangsbild definieren

7. Spielen Sie den Film ab, indem Sie einfach die Eingabetaste drücken. Beobachten Sie die Veränderungen genau. Es wird in den Zwischenbildern nicht nur ein automatischer Übergang von der linken oberen zur rechten unteren Bühnenecke geschaffen, sondern auch ein Übergang vom Kreis zum Parallelogramm und von Grün zu Rot bzw. Blau zu Gelb. Flash fügt also automatisch alle Zwischenschritte ein, um von einem Anfangsbild zu einem Endbild zu gelangen. Dabei werden Bühnenposition, Form und Farbe berücksichtigt.

Die Anzahl der dazwischenliegenden Bilder ist unerheblich, es können drei oder 100 sein. Je nach Anzahl der Zwischenbilder gleichen sich die einzelnen Bilder mehr oder weniger.

Achtung

Es sollte immer nur ein Form-Tween zu einer bestimmten Zeit in einem Film ablaufen, um Funktionalitätsprobleme zu vermeiden. Achten Sie darauf, dass zwischen verschiedenen Form-Tweens keine zeitlichen Überschneidungen erfolgen. Am besten legen Sie Form-Tweens außerdem in verschiedene Ebenen.

Um die Zwischenbilder einzeln zu begutachten, klicken Sie diese einfach in der Zeitleiste an.

Form-Tweens bearbeiten

Um einzelne Zwischenbilder zu bearbeiten, markieren Sie diese in der Zeitleiste und fügen mit [F6] ein Schlüsselbild ein. Anschließend lassen sich Form, Farbe und Position mit den üblichen Werkzeugen ändern.

Ein einmal eingefügter Form-Tween lässt sich auch mit verschiedenen Einstellungen im Eigenschaftenfenster im Ganzen variieren. Sie können die Geschwindigkeit der Überblendung zwischen den einzelnen Bildern definieren, indem Sie mit dem Regler des Feldes ABBREMSEN einen bestimmten Wert einstellen. Die Standardeinstellung ist eine gleichmäßige Geschwindigkeit.

Mit einem positiven Wert erzielen Sie zu Beginn der Überblendung eine höhere Geschwindigkeit, die dann gegen Ende abnimmt, mit einem negativen Wert erhalten Sie den umgekehrten Effekt. Eine erhöhte oder verminderte Geschwindigkeit bewirkt einen drastischeren oder allmählicheren Übergang zwischen den einzelnen Bildern.

Mit den Optionen VERTEILT oder WINKELFÖRMIG im Feld ÜBERBLENDTYPEN im Eigenschaftenfenster können Sie zwischen zwei verschiedenen Übergangsarten auswählen. VERTEILT eignet sich besser für unregelmäßige Formen, WINKELFÖRMIG mehr für symmetrische Figuren.

Soll ein Form-Tween nachträglich verlängert werden, ziehen Sie das Endbild einfach in der Zeitleiste weiter nach rechts. Die Neuberechnung der Zwischenschritte erfolgt automatisch.

Sie können durch Einfügen eines Schlüsselbildes in einen Form-Tween auch eine ganz andere Form hinzufügen. Auch dabei erfolgt die Neuberechnung des Tweens automatisch.

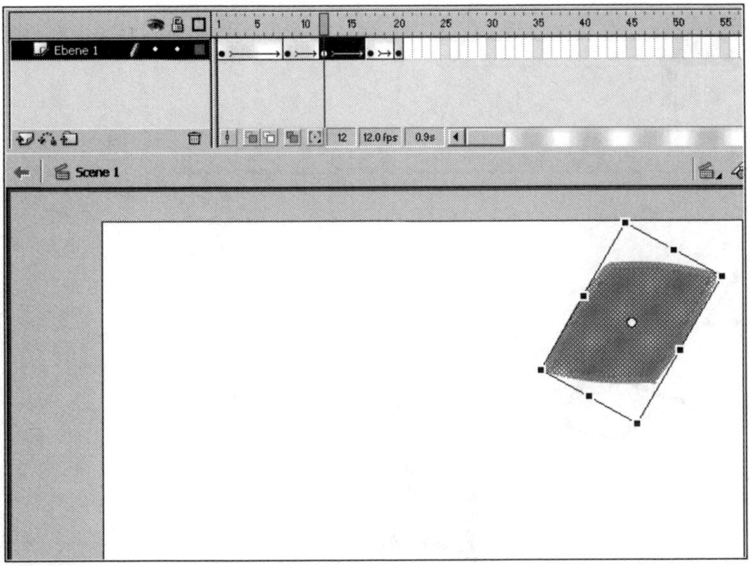

Bild 9.3: Abgewandelter Form-Tween mit neuen Schlüsselbildern

Zwischenformen genau definieren

Mit Hilfe von Formmarken lässt sich der Übergang von einer Form zur anderen genau definieren. Dazu werden an der Anfangs- und Endfigur Formmarken gesetzt, die nummeriert werden. Durch die Nummerierung lässt sich festlegen, welche Ecke einer Anfangsfigur zu welcher Ecke der Endfigur überblendet werden soll.

Am besten lässt sich das durch folgendes Beispiel verdeutlichen:

1. Erstellen Sie einen Form-Tween, dessen Anfangsbild in einer Bühnenecke ein Dreieck ist und dessen Endfigur in der anderen Bühnenecke ein Stern darstellt.
2. Mit Hilfe von Formmarken können Sie definieren, zu welchem Eckpunkt des Sterns die einzelnen Eckpunkte des Dreiecks überblendet werden sollen. Markieren Sie dazu in der Zeitleiste das Anfangsbild, und wählen Sie MODIFIZIEREN/FORM/FORMARKEN HINZUFÜGEN.
3. Es erscheint eine mit »a« beschriftete Formmarke in der Anfangsfigur. Ziehen Sie diese mit der Maus an jene Ecke des Dreiecks, die als Fixpunkt für die Überblendung dienen soll.

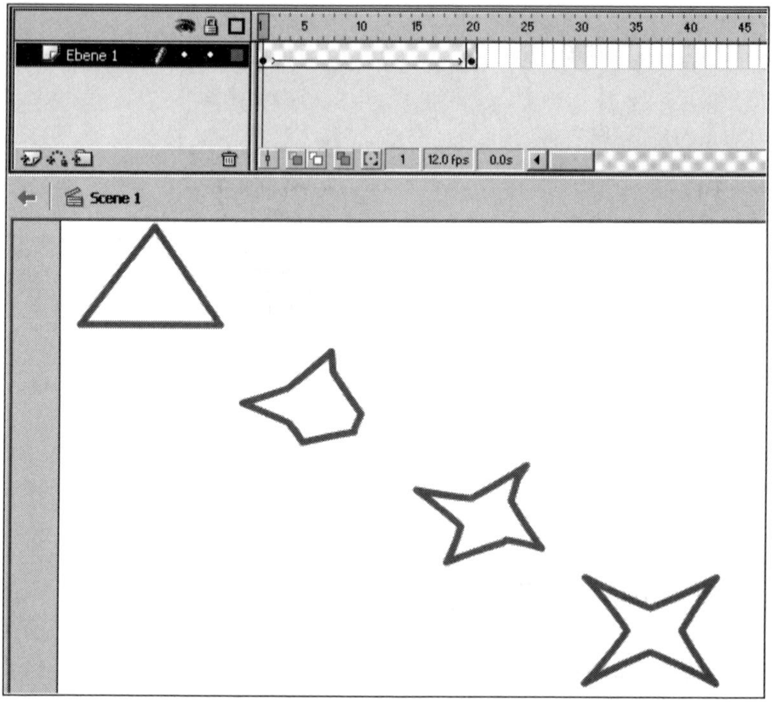

Bild 9.4: Automatisch berechneter Form-Tween

4. Wechseln Sie zum Endbild des Form-Tweens, und platzieren Sie die Formmarke an jener Ecke, zu der die Spitze (oder die markierte Ecke) des Dreiecks überblendet werden soll.
5. Lassen Sie den Film abspielen, und kontrollieren Sie die Überblendung.
6. Variieren Sie im nächsten Schritt die Position der Formmarke im Endbild, z.B. indem Sie die Formmarke auf die Sternspitze rechts unten setzen.
7. Lassen Sie den Film erneut ablaufen, um den Unterschied zu erkennen.

Sie können beliebig viele Formmarken einfügen, indem Sie den Befehl MODIFIZIEREN/FORM/FORMMARKEN HINZUFÜGEN wiederholen. Als Nächstes erscheint dann eine Formmarke »b«, der ebenfalls eine Entsprechung im Endbild zugeordnet wird. Auf diese Weise lässt sich genau steuern, welche Ecke zu welcher Ecke überblendet werden soll.

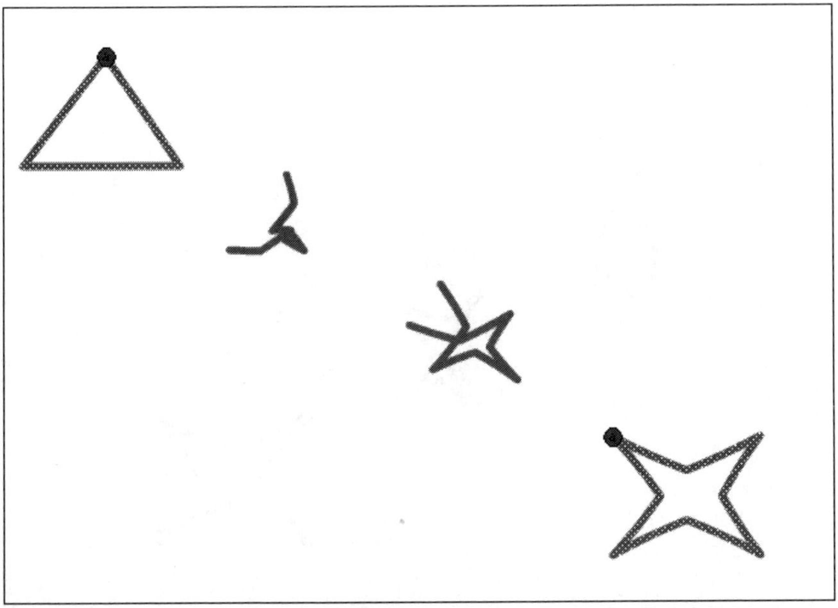

Bild 9.5: Formmarken definieren den genauen Weg der Überblendung.

> **Hinweis**
>
> Formmarken lassen sich übrigens nicht nur an Ecken, sondern auch mitten auf einer Linie einfügen, um dort einen Punkt zu markieren, der als Überblendungsorientierung dienen soll.

Wenn Sie Bild 9.4 mit Bild 9.5 vergleichen, sehen Sie, welche drastischen Unterschiede Sie in der Ausgestaltung der einzelnen Zwischenbilder erzielen können, indem Sie Formmarken verwenden. Ob dies immer die gelungenere Lösung ist, bleibt Ihren Experimentierkünsten und dem jeweiligen Zweck überlassen. Meist ist eine genaue Kontrolle erst durch den Einsatz mehrerer Formmarken möglich (siehe Bild 9.6).

Um Formmarken wieder auszublenden oder für eine spätere Bearbeitung erneut anzuzeigen, wählen Sie ANSICHT/FORMMARKEN.

Sollen alle Formmarken wieder gelöscht werden, steht dafür die Option MODIFIZIEREN/FORM/FORMMARKEN ENTFERNEN zur Auswahl.

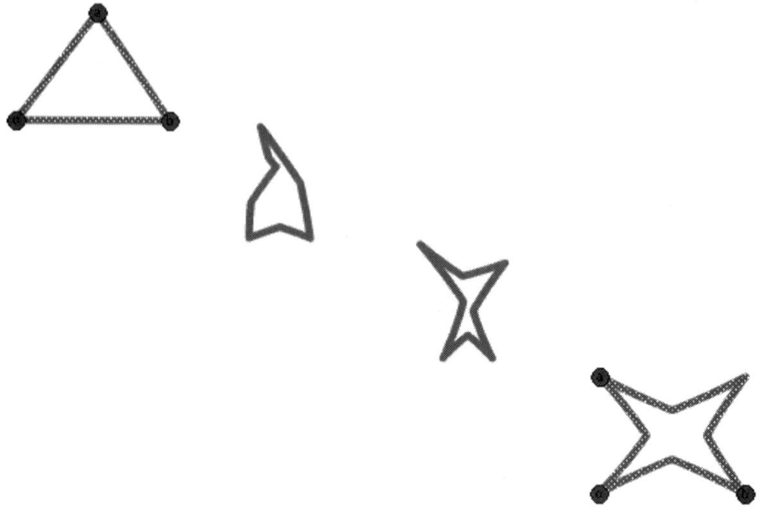

Bild 9.6: Formüberblendung mit drei Formmarken

Film abspielen und testen

Um einen Film schnell abzuspielen, genügt es, die Eingabetaste zu drücken, auch wenn der Abspielkopf im letzten Bild steht. Das Zurückspulen und Abspielen lässt sich so am effektivsten in der Autorenumgebung von Flash ausführen.

Sie können auch die Symbolleiste STEUERUNG am Bildschirm anzeigen, wenn Sie es vorziehen, mit den üblichen Symbolen zu arbeiten. Die Symbolleiste wird mit FENSTER/SYMBOLEISTEN/STEUERUNG angezeigt und enthält Schaltflächen zum bildweisen oder kompletten Vor- und Zurückspulen sowie zum Abspielen und Stoppen an einer bestimmten Position. Alternativ dazu lässt sich ein bestimmtes Bild der Zeitleiste immer dadurch anzeigen, indem Sie einfach die betreffende Bildnummer in der Zeitleiste anklicken.

Welche Methode der Filmsteuerung effektiver ist, hängt von Ihren Gewohnheiten und der Länge eines Films ab.

Soll ein Film so abgespielt werden, wie er im Flash-Player erscheint – also wie er vom Benutzer gesehen wird –, wählen Sie STEUERUNG/FILM TESTEN. Die Filmdatei wird dabei unter dem gleichen Namen in das Format SWF exportiert und in demselben Ordner wie die FLA-Datei abgelegt.

Der Film spielt in der Umgebung des Flash-Players ab. Das Abspielen wird in dieser Umgebung unendlich wiederholt, weil die Option SCHLEIFE im Menü STEUERUNG standardmäßig aktiv ist. Deaktivieren Sie diese Option, um einen Film nur einmal abzuspielen.

Um die Test-Umgebung wieder zu verlassen und zur Autorendatei zurückzukehren, wählen Sie DATEI/SCHLIEßEN.

Bewegungs-Tweens

Animationen für Gruppen, Symbole und Textblöcke, die ja vom Form-Tweening ausgeschlossen sind, lassen sich dennoch erstellen, indem Sie einen Bewegungs-Tween einfügen. Dabei werden die Zwischenschritte einer Bewegung über die Bühne automatisch errechnet, eine Formumwandlung findet in den Einzelschritten jedoch nicht statt. Außer Bewegung können jedoch auch weitere Eigenschaften von Symbolen wie z. B. die Transparenz, Tönung etc. getweent werden.

Der Vorteil dieser Animationstechnik besteht darin, dass Sie schnell auch Gruppen und Textblöcke bzw. Symbole animieren können.

1. Um zum Beispiel eine Art Laufschrift mit Textblöcken im Film zu erstellen, platzieren Sie die einzelnen Textblöcke in eigenen Schlüsselbildern an verschiedenen Bühnenpositionen.
2. Markieren Sie abschließend das erste Bild, und wählen Sie EINFÜGEN/BEWEGUNGS-TWEEN ERSTELLEN. Damit wird vom aktuellen Schlüsselbild bis zum nächsten ein automatischer Bewegungsübergang in den Zwischenbildern eingebaut. Sind mehrere Schlüsselbilder im Film vorhanden, müssen Sie den Befehl wiederholen.
3. Mit EINFÜGEN/TWEEN ENTFERNEN können Sie zugewiesene Bewegungs-Tweens wieder rückgängig machen.

Bild 9.7: Textblöcke mit Bewegungs-Tweens animieren

Hinweis

Für einfache Formen können Sie ebenfalls keine Bewegungs-Tweens definieren. Dafür müssen Sie auf das Form-Tweening zurückgreifen, das sich ja auf ein Bewegungs-Tween reduzieren lässt, wenn die Formen in den Schlüsselbildern gleich bleiben und nur eine andere Bühnenposition einnehmen. Einfache Formen, die am Anfang eines Bewegungs-Tweens liegen, werden unter dem Namen Tween 1 automatisch als Symbol in die Bibliothek eingefügt. Das Endbild eines Tweens muss jedoch manuell in ein Symbol verwandelt werden, damit ein wirklicher Tween mit allen Zwischenbildern entsteht.

Ein funktionierender Tween ist immer durch eine durchgezogene Linie in der Zeitleiste dargestellt. Ist die Linie unterbrochen, d. h. gestrichelt, ist der Tween nicht korrekt eingerichtet, und das liegt meistens daran, dass eine Form nicht in ein Symbol umgewandelt oder umgekehrt ein Form-Tween für Symbole definiert wurde.

Bewegungs-Tween bearbeiten

Da ein Bewegungs-Tween keine Formveränderung unterstützt, sind Anfangs- und Endbild meist identisch, d. h. es kann sich um dasselbe Objekt handeln, das nur an verschiedenen Positionen auf der Bühne steht. In dieser Hinsicht war das vorherige Beispiel mit Textblöcken nicht sehr typisch. Um einen normalen Bewegungs-Tween zu erstellen, können Sie in Bild 1 einfach eine Grafik einfügen und diese im Endbild an eine andere Position setzen.

Um einen Bewegungs-Tween zu bearbeiten, muss grundsätzlich das Anfangsbild markiert und das Eigenschaftenfenster komplett mit sämtlichen Optionen eingeblendet sein. Kicken Sie in der äußersten rechten Ecke auf das nach unten gerichtete Dreieck, um alle

Im Listenfeld TWEEN ist automatisch die Option BEWEGUNG eingestellt, wenn ein Bewegungs-Tween bereits definiert wurde. Welche Funktion der Regler ABBREMSEN hat, wurde im Abschnitt zur Bearbeitung von Form-Tweens erläutert. Für die Bewegungs-Tweens steht noch eine automatisierte Drehbewegung zur Auswahl, die sich im Feld DREHEN einstellen und sehr effektvoll einsetzen lässt.

Mit den Optionen IM UHRZEIGERSINN und GEGEN DEN UHRZEIGERSINN veranlassen Sie eine entsprechende Drehbewegung des Objekts in den einzelnen Zwischenbildern. Diese Bewegung wird automatisch berechnet. Es ist nicht notwendig, ein Objekt im Anfangs- oder Endbild eines Tweens zu drehen, Flash macht alles ganz allein. Geben Sie im nebenstehenden Feld ein, wie viele Drehbewegungen innerhalb des Tweening ausgeführt werden sollen. Um die Anzahl der Drehungen zu beurteilen, sollten Sie STEUERUNG/ FILM TESTEN wählen. In der Autorenumgebung wird dies nicht exakt wiedergegeben.

Die Option AUTOMATISCH wird relevant, wenn Sie ein Objekt im Anfangs- oder Endbild mit einem bestimmten Drehwinkel versehen haben. Die Drehrichtung wird automatisch so eingestellt, dass die geringste Drehbewegung ausgeführt wird.

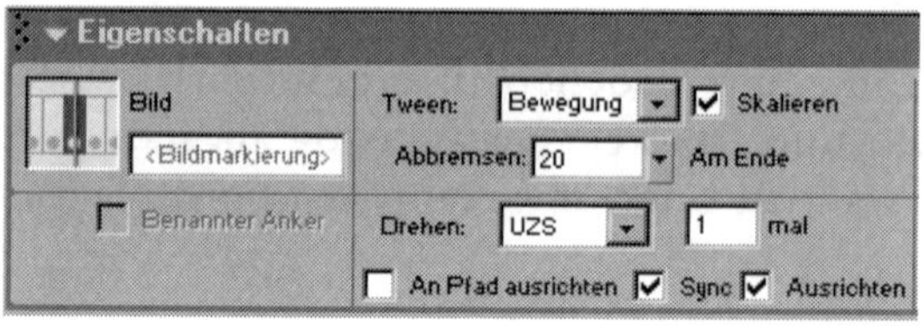

Bild 9.8: Drehung im Bewegungs-Tween definieren

Ist das Kontrollfeld SKALIEREN aktiv, werden auch Größenunterschiede zwischen Anfangs- und Endbild beim Tweening berücksichtigt.

Wie Sie die Bewegung eines Objekts gezielt mit Hilfe einer Pfadebene steuern können, erfahren Sie in Kapitel 10. Damit ein Tween den Pfad als Anhaltspunkt für seine Bewegung verwendet, sollte im Eigenschaftenfenster für den Tween die Option AUSRICHTEN aktiviert worden sein.

Szenen eines Films

Die einzelnen Szenen eines Films bieten dem Entwickler genügend Flexibilität bei der Arbeit an einem Film. Sie können Szenen dazu nutzen, Ihren Film in bestimmte aufeinander folgende Bereiche einzuteilen. Haben Sie zum Beispiel bereits eine Schlussszene erstellt und möchten nachträglich noch etwas zwischen Hauptteil und Ende einfügen, verwenden Sie dazu einfach eine neue Szene.

Die Standardszene wird unterhalb der Zeitleiste angezeigt und trägt den Titel SZENE 1. Sie können beliebig viele weitere Szenen einfügen, Szenen wieder löschen oder duplizieren. Die Reihenfolge der Szenen bleibt ebenfalls bis zum Export des Films variabel und lässt sich jederzeit auch nachträglich ändern.

Szenen einfügen, benennen und neu anordnen

1. Um eine neue Szene in einen Film einzufügen, wählen Sie EINFÜGEN/SZENE. Sie müssen sich dazu allerdings im Hauptfilm befinden und nicht im Symbolbearbeitungsmodus.
2. Anstelle von SZENE 1 ist nun die Beschriftung SZENE 2 zu lesen, doch keine Sorge: Die erste Szene ist nicht verloren gegangen. Blenden Sie mit FENSTER/SZENE das Bedienfeld SZENE ein. Hier sind alle Szenen eines

Films zu finden. In einem Flash-Film können Sie aktuell immer nur an einer Szene arbeiten. Um wieder zur ersten Szene zurückzuwechseln, klicken Sie im Bedienfeld auf SZENE 1.

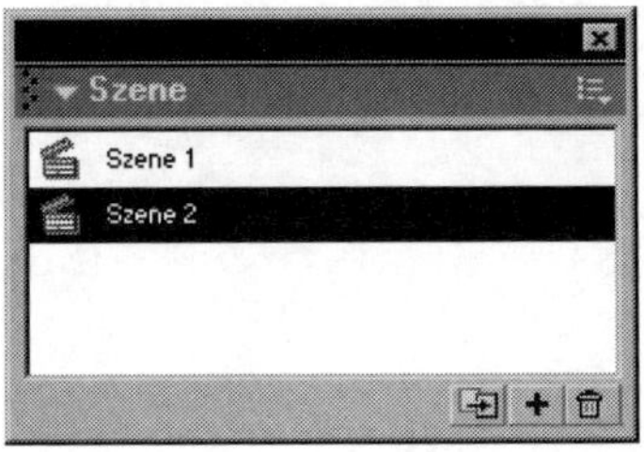

Bild 9.9: Szenen eines Films im Bedienfeld SZENE

3. Ein Doppelklick auf eine Szene öffnet das Beschriftungsfeld. Vergeben Sie für die einzelnen Szenen aussagekräftige Namen, um die Orientierung zu erleichtern.
4. Sie können neue Szenen auch direkt im Bedienfeld SZENE per Mausklick auf das Pluszeichen einfügen. Eine neue Szene wird immer über der markierten Szene eingefügt.
5. Die Reihenfolge der Szenen mitsamt allen Inhalten ändern Sie, indem Sie im Bedienfeld SZENE die einzelnen Szenen mit der Maus an die gewünschte Position ziehen. Für das Abspielen des Films ist die Reihenfolge maßgeblich, die hier festgelegt wird.
6. Soll eine Szene entfernt werden, markieren Sie diese im Bedienfeld SZENE, und klicken Sie auf das Papierkorbsymbol.

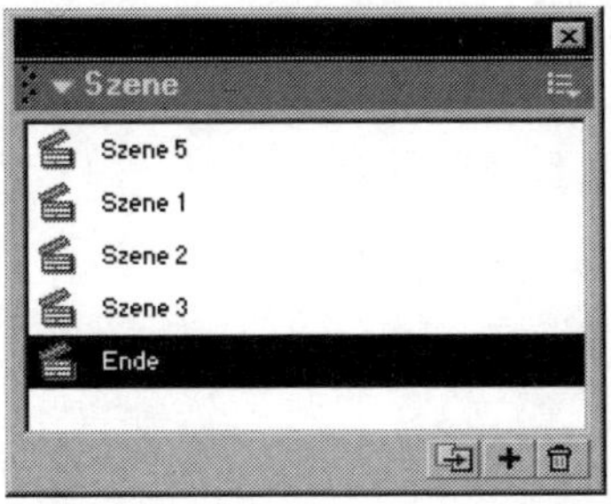

Bild 9.10: Neue und benannte Szenen in individueller Reihenfolge

Hinweis

Haben Sie Ihren Film in verschiedene Szenen unterteilt, können Sie diese auch einzeln testen, indem Sie STEUERUNG/SZENE TESTEN wählen. Es wird nur die jeweils aktuelle Szene abgespielt.

Kapitel 10
Ebenen

Die Ebenen erfüllen in Flash eine ganz wichtige Funktion: Sie ermöglichen es, Inhalte parallel oder sich überlagernd in ein- und demselben Bild abzuspielen. Wie Sie schon wissen, wird Sound z.B. in einer speziellen Ebene abgelegt, um zeitgleich oder synchron zu den betreffenden Bildern in einer anderen Ebene abzuspielen.

Wer bereits mit anderen Grafikprogrammen gearbeitet hat, dem ist der Begriff *Layer* sicher nicht unbekannt, und genau dies sind Ebenen in Flash. Sie können sich leere Ebenen wie übereinander liegende durchsichtige Schichten vorstellen. Sobald ein Inhalt auf einer Ebene platziert wird, ist es im Allgemeinen mit der Durchsichtigkeit vorbei. In diesem Fall überlagern sich die Objekte, und zwar in der Reihenfolge, in der sie auf den Ebenen liegen. Ebene 1 ist die unterste Ebene, auf der zum Beispiel Hintergrundgrafiken oder Objekte eingefügt werden, die hinter allen anderen Objekten liegen sollen.

Beim Erstellen eines Films mit mehreren Ebenen sollten Sie also zu Beginn überlegen, in welcher Stapelfolge die Inhalte erscheinen sollen und beim Aufbau eines Films mit der »untersten Schicht« beginnen. Selbstverständlich lässt sich die Reihenfolge der Ebenen bei Bedarf aber auch verändern. Ebenen können weiterhin benannt und kopiert werden.

Neben der herkömmlichen Arbeit mit Ebenen sieht Flash noch zwei Spezialebenen vor: die Pfadebenen, die dazu dienen, einen Bewegungs-Tween entlang einem Pfad auszurichten, und die Maskenebenen, mit denen sich zum Beispiel Spotlight-Effekte erzielen lassen.

Ebenen hinzufügen

Soll eine weitere Ebene in Flash eingefügt werden, achten Sie zuvor darauf, an welcher Position im Ebenenstapel diese erscheinen soll. Neue Ebenen werden grundsätzlich über der aktuell markierten Ebene eingefügt. Ist nur eine Ebene vorhanden, erscheint eine neue Ebene namens Ebene 2 über der ersten.

1. Wählen Sie EINFÜGEN/EBENE. Die Ebenen werden auf der linken Seite der Zeitleiste angezeigt. Jede Ebene erhält automatisch eine bestimmte Farbe zur besseren Unterscheidung.
2. Neue Ebenen werden über der zuvor markierten Ebene eingefügt. Mit einem Doppelklick auf die Bezeichnung Ebene 2 können Sie eine Ebene umbenennen. Geben Sie einfach den neuen Namen ein, sobald der Cursor in der Beschriftung steht.

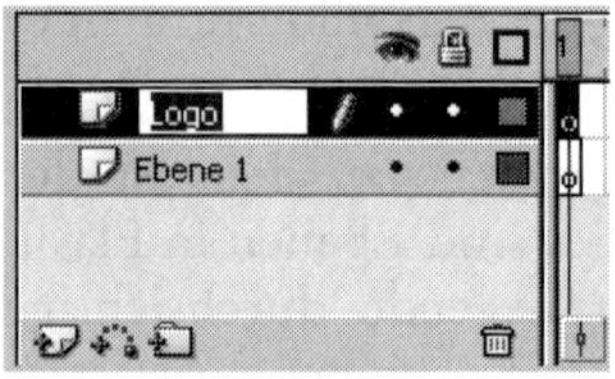

Bild 10.1: Neu eingefügte Ebene lässt sich sofort benennen.

Unterhalb des Ebenenstapels, links neben dem Papierkorb, stehen verschiedene Symbole zum schnellen Einfügen von Ebenen, Pfadebenen und Ebenenordnern zur Auswahl. Ein Mausklick genügt, um das jeweilige Element einzufügen.

Soll eine Ebene entfernt werden, markieren Sie diese, und klicken Sie auf das Papierkorbsymbol.

Um Ebenen nachträglich an eine andere Position in der Stapelfolge zu bringen, ziehen Sie die betreffende Ebene mit der Maus an die gewünschte Position.

Sind viele Ebenen eingefügt worden, können Sie mit der Bildlaufleiste am rechten Rand der Zeitleiste nach oben oder unten blättern. Die Anzeige der Ebenen lässt sich auch erweitern, indem Sie die Trennungslinie zwischen Zeitleiste und Bühne nach unten ziehen.

Hinweis

Sie können grundsätzlich nur in einer Ebene, nämlich der jeweils markierten und damit aktuellen Ebene, arbeiten. Wird eine neue Ebene hinzugefügt, ist diese automatisch auch die aktuelle Ebene.

Ebenenordner verwenden

Schnell fallen viele Ebenen an. Sie können zwar durch die Erweiterung der Zeitleiste mehr Ebenen auf einen Blick anzeigen, doch dadurch wird auch die Bühne verkleinert, weshalb die meisten Web-Autoren dies nicht so gerne tun.

Die neue Ordnerfunktion in Flash MX bietet dem langen Blättern durch die einzelnen Ebenen Abhilfe. Wenn Sie einen Ebenenordner anlegen, können Sie darin beliebig viele Ebenen platzieren. Die Ordner ändern nichts an der Reihenfolge oder der Darstellung der Inhalte, sondern sind ausschließlich ein Instrument zum Ordnen und für einen schnelleren Zugriff auf Ebenen.

1. Um einen Ebenenordner zu erstellen, wählen Sie EINFÜGEN/EBENENORDNER.
2. Auch Ordner – zu erkennen am Ordnersymbol – werden über der aktuell markierten Ebene eingefügt und lassen sich, wie bereits beschrieben, per Doppelklick auf den Ordnernamen benennen. Ordner haben in der Zeitleiste keine Bildentsprechungen, weil es sich um ein reines Organisationsinstrument handelt.
3. Per Mausklick auf das Dreieck vor einem Ordner öffnen bzw. schließen Sie diesen, um die darunter liegenden Ebenen ein- oder auszublenden.

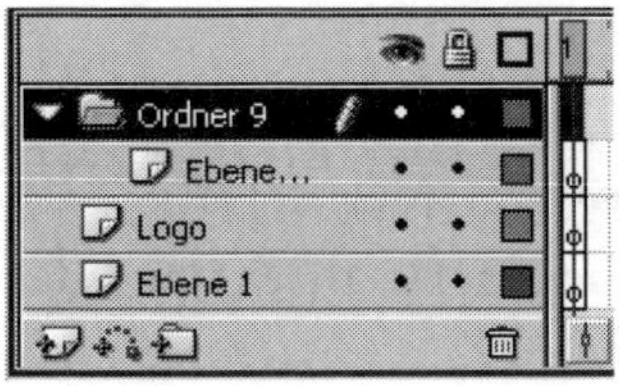

Bild 10.2: Ordner können beliebig viele Ebenen beinhalten.

Sollen Ordner oder Ebenen in Ordnern verschoben werden, markieren Sie diese, und ziehen Sie sie mit der Maus an die gewünschte Position in der Stapelfolge.

Innerhalb eines Ordners gilt dieselbe Stapelfolge wie außerhalb. Die Inhalte aller Ebenen, die sich in ein- und demselben Ordner befinden, werden über den Inhalten der darunter liegenden Ebenen außerhalb des Ordners angezeigt.

Darstellung der Ebenen

Links von der Zeitleiste mit den Einzelbildern werden in der Voreinstellung von Flash vier Ebenen dargestellt. Diese Anzeige lässt sich ändern, indem Sie die Trennlinie zwischen Zeitleiste und Bühne mit der Maus nach oben oder unten ziehen.

Für die meisten dieser Ansichtsfunktionen müssen Sie Ihr Augenmerk auf die Symbole richten, die über dem Ebenenstapel zu finden sind: Auge, Schloss und quadratische Umrisslinie.

In den einzelnen Spalten unter diesen Symbolen können Sie die zugehörige Funktion für jeweils eine bestimmte Ebene aktivieren oder deaktivieren, indem Sie auf den zugehörigen Punkt oder das zugehörige Umrisssymbol ganz rechts außen klicken.

Das Bleistiftsymbol erscheint immer nur neben einer Ebene, denn es symbolisiert die jeweils aktuelle Ebene, in der gearbeitet werden kann.

Ebenen ein-/ausblenden

Um alle Elemente einer Ebene auszublenden, verfahren Sie wie folgt.

1. Angenommen, die Inhalte von Ebene 3 sollen vorübergehend ausgeblendet werden, klicken Sie rechts neben Ebene 3 auf den Punkt, der sich in der Spalte mit dem Augensymbol befindet.

   Es erscheint ein rotes Kreuz an dieser Position. Dieses Kreuz signalisiert, dass die Option für die betreffende Ebene aktiv ist.

2. Um die Inhalte aller Ebenen auszublenden, klicken Sie direkt auf das Augesymbol über allen Ebenen.

Sie heben diese Einstellung wieder auf, indem Sie den Punkt neben den Ebenen bzw. das Augesymbol erneut anklicken.

Hinweis

Sollen mit Ausnahme einer Ebene alle anderen Ebenen ausgeblendet werden, halten Sie die Taste ALT gedrückt, und klicken Sie jene Ebene an, die eingeblendet bleiben soll. Klicken Sie zweimal auf das Augesymbol, um alle Ebenen wieder anzuzeigen.

Ebenen sperren

Manchmal kann es sinnvoll sein, mühsam ausgerichtete Elemente oder Gruppierungen auf einer oder mehreren Ebenen zu sperren, um eine unbeabsichtigte Veränderung zu vermeiden.

1. Sollen die Inhalte einer Ebene für weitere Bearbeitungen gesperrt werden, klicken Sie in der Spalte des Schlosssymbols auf den Punkt neben der betreffenden Ebene.

   Es erscheint dort ebenfalls ein Schlosssymbol, das signalisiert, dass die Inhalte dieser Ebene aktuell gesperrt sind.

2. Um die Sperre wieder aufzuheben, klicken Sie das Schlosssymbol erneut an.

Sie können auch alle Ebenen sperren, indem Sie direkt auf das Schlosssymbol klicken.

> Hinweis
>
> Sollen nur einzelne Gruppen von Elementen vorübergehend gesperrt werden, gibt es dafür in Flash eine zusätzliche Möglichkeit. Markieren Sie die betreffende Gruppe, und wählen Sie MODIFIZIEREN/ANORDNEN/SPERREN. Zuvor muss die Gruppierung mit MODIFIZIEREN/GRUPPIEREN erfolgt sein.

Elementumrisse anzeigen

Es kann die Orientierung erleichtern, alle Elemente nur als Umrisslinie in der Farbe anzuzeigen, die zu einer Ebene gehört.

1. Klicken Sie neben der betreffenden Ebene in die Spalte für die Umrissanzeige (gefülltes, farbiges Quadrat).

   Die Füllung im Symbol und gleichzeitig aller gefüllten Elemente auf der Bühne wird vorübergehend ausgeblendet.

2. Sollen alle Elemente aller Ebenen nur mit ihren Umrissen dargestellt werden, klicken Sie direkt auf das Umrisssymbol in der Spalte über den Ebenen.
3. Die Füllungen lassen sich durch erneutes Anklicken schnell wieder einblenden.

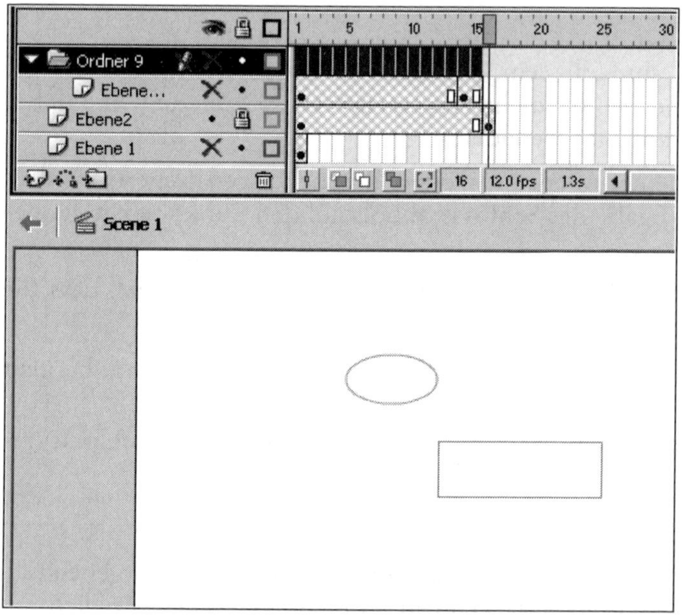

Bild 10.3: Alle Ebenen werden in der Umrissdarstellung angezeigt, der Inhalt von Ebene 1 ist ausgeblendet, Ebene 2 ist gesperrt.

Werden einem Ordner die oben beschriebenen Darstellungsvarianten zugewiesen, so betrifft diese Einstellung alle in dem Ordner enthaltenen Ebenen.

Ebeneneigenschaften

Wie Ebenen in Flash angezeigt werden, lässt sich auch ganz generell festlegen. Sie können z. B. einstellen, welche Höhe eine Ebene einnehmen soll, wodurch die Darstellung der Bildhöhe in der Zeitleiste definiert wird. Die jeweilige Ebenenfarbe lässt sich ebenfalls nach Bedarf anpassen. Die Eigenschaften einer Ebene bestimmen auch deren Verwendungszweck, d.h. im Dialogfeld EIGENSCHAFTEN legen Sie auch fest, um welchen Ebenentyp es sich handeln soll.

Ebenenhöhe anpassen

Auf der Zeitleiste definiert eine Ebene die Höhe der Bilder.

1. Soll diese Höhe geändert werden, klicken Sie eine Ebene mit der rechten Maustaste an und wählen aus dem Kontextmenü den Eintrag EIGENSCHAFTEN.
2. Im Dialogfeld EBENENEIGENSCHAFTEN können Sie im Feld HÖHE DER EBENE einen anderen Prozentwert aus dem Listenfeld auswählen, um die Darstellung der Ebene zu vergrößern.

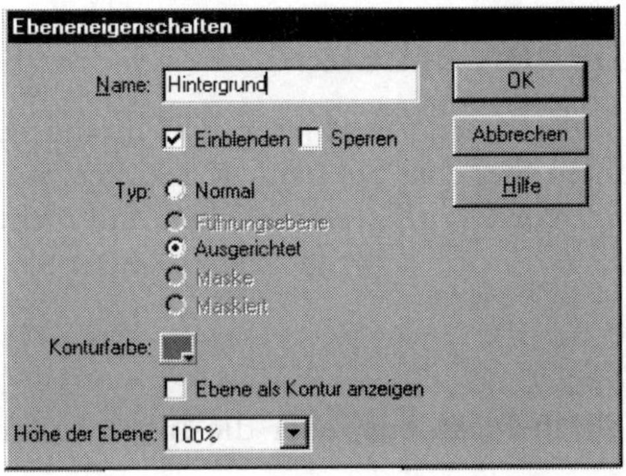

Bild 10.4: Im Dialogfeld EBENENEIGENSCHAFTEN *lassen sich Ebenen anpassen und einrichten.*

Farbe der Umrisse ändern

Um die automatisch zugewiesene Umrissfarbe für eine Ebene zu ändern, verfahren Sie wie folgt:

1. Doppelklicken Sie auf eines der farbigen Umrisssymbole neben einer Ebene. Damit lässt sich das Dialogfeld EBENENEIGENSCHAFTEN ebenfalls schnell öffnen.
2. Klicken Sie einmal auf das Farbfeld KONTURFARBE, um eine Palette zu öffnen und daraus die gewünschte Ebenenfarbe auszuwählen.
3. Schließen Sie das Dialogfeld mit OK, um die neu gewählte Farbe zu übernehmen. Sie können auch mehrere Ebenen mit derselben Umrissfarbe kennzeichnen.

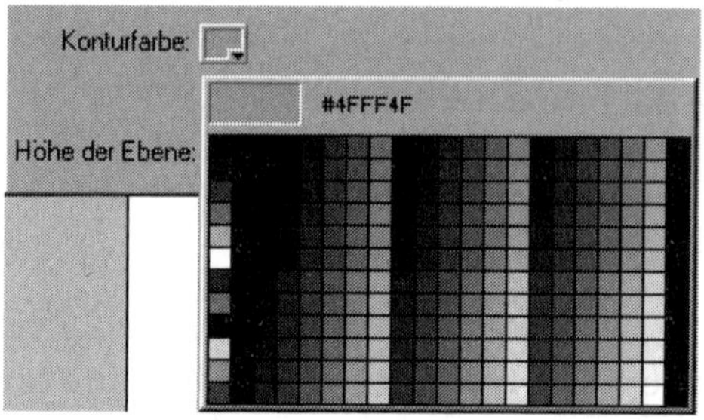

Bild 10.5: Konturfarbe für Ebenen anpassen

Mit den Elementen auf Ebenen arbeiten

Die Elemente auf Ebenen lassen sich gleichzeitig markieren und in andere Ebenen kopieren oder löschen. Beachten Sie, dass Sie beim Markieren von Ebenen auf den Namen einer Ebene im vorderen Bereich klicken und nicht in die Spalten im rechten Bereich.

Elemente auswählen

Mit nur wenigen Schritten können Sie in Flash entweder die Inhalte aller Ebenen oder einer Ebene markieren.

1. Um alle Elemente aller nicht gesperrten Ebenen auszuwählen, wählen Sie BEARBEITEN/ALLES AUSWÄHLEN oder drücken [Strg]+[A].
2. Sollen alle Inhalte einer Ebene ausgewählt werden, genügt es, die Ebene selbst per Mausklick zu markieren. Ob die Elemente einer Ebene markiert sind oder nicht, erkennen Sie daran, ob alle Bilder in der Zeitleiste schwarz dargestellt werden.

> Hinweis
>
> Mehrere angrenzende Ebenen markieren Sie durch Drücken der Taste [⇧] und Anklicken der ersten und letzten Ebene in der Stapelfolge. Nicht angrenzende Ebenen markieren Sie, indem Sie die Taste [Strg] gedrückt halten und die betreffenden Ebenen anklicken.

Ebeneninhalte kopieren

Sie können nicht die Ebenen selbst kopieren, aber deren Inhalte.

1. Klicken Sie jene Ebene an, deren gesamten Inhalt Sie kopieren möchten.
2. Wählen Sie BEARBEITEN/BILDER KOPIEREN.
3. Klicken Sie auf das Symbol EBENE EINFÜGEN.
4. Markieren Sie die neu erstellte Ebene per Mausklick, und wählen Sie BEARBEITEN/BILDER EINFÜGEN.

Der Inhalt eines Ebenenordners wird mit folgenden Schritten kopiert:

1. Klicken Sie auf das Dreieckssymbol links neben dem Ordnernamen, um die darunter liegenden Ebenen auszublenden.
2. Klicken Sie auf den Ordnernamen, um den gesamten Inhalt auszuwählen.
3. Wählen Sie BEARBEITEN/BILDER KOPIEREN.
4. Klicken Sie auf das Symbol EBENENORDNER EINFÜGEN.
5. Markieren Sie den neuen Ebenenordner per Mausklick, und wählen Sie BEARBEITEN/BILDER EINFÜGEN.

Elemente auf Ebenen verteilen

Sollen verschiedene ausgewählte Elemente sofort auf mehrere Ebenen verteilt werden, steht dafür in Flash ein eigener Befehl zur Auswahl. Dieser Vorgang entspricht dem Import von Grafiken oder Filmsequenzen in mehrere Ebenen. Ist eine Grafik bereits in einem anderen Programm auf mehreren Ebenen erstellt, lässt sich diese Verteilung auch in Flash übernehmen.

Eine Verteilung auf verschiedene Ebenen ist aber auch möglich, wenn Elemente in Flash selbst erstellt wurden, zum Beispiel bei geteiltem Text. Ist ein Text in die einzelnen Buchstaben »zerlegt« worden, können Sie diese für Animationen automatisch in verschiedene Ebenen einlesen lassen.

1. Markieren Sie die Einzelteile einer Grafik, z. B. einer aufgelösten Gruppe, oder von geteiltem Text.
2. Wählen Sie MODIFIZIEREN/AUF EBENEN VERTEILEN.

Jedes Grafikelement wird auf einer eigenen Ebene eingefügt.

Führungsebenen

Ähnlich wie die Hilfslinien lässt sich in Flash auch eine komplette Ebene definieren, die einzig und allein die Ausrichtung von Objekten auf anderen Ebenen unterstützen soll.

Objekte, die sich auf einer solchen Führungsebene befinden, können zur Ausrichtung verwendet werden und sind im fertigen Film nicht zu sehen

1. Um eine normale Ebene in eine Führungsebene zu verwandeln, wählen Sie aus dem Kontextmenü (Rechtsklick) der Ebene den Eintrag FÜHRUNGSEBENE.
2. Vor dem Ebenennamen erscheint als Symbol eine Art Koordinatensystem. Platzieren Sie beliebige Formen und Objekte auf dieser Ebene, die zur Unterstützung der Ausrichtung von Elementen auf anderen Ebenen notwendig sind.
3. Soll eine Führungsebene wieder in eine normale Ebene zurückkonvertiert werden, wählen Sie den Befehl einfach erneut. Auch im Dialogfeld EBENENEIGENSCHAFTEN lässt sich festlegen, ob es sich um eine normale Ebene oder Führungsebene handeln soll.

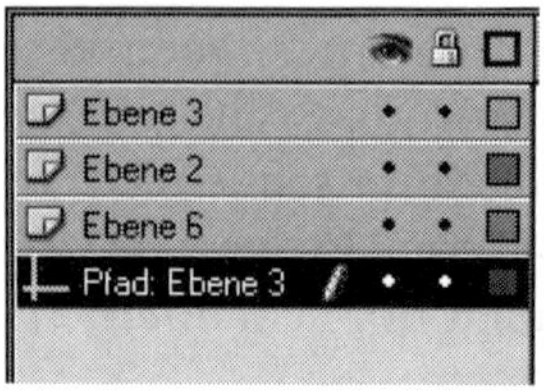

Bild 10.6: Führungsebene am unteren Stapelrand

Die Elemente auf einer Führungsebene werden nicht veröffentlicht, sie dienen ausschließlich zur Unterstützung des Entwicklers.

Pfadebenen für Bewegungs-Tweens

Wie bereits in Kapitel 9 erwähnt, bietet ein bestimmter Ebenentyp die Möglichkeit, Bewegungs-Tweens entlang einem Pfad auszurichten. Das funktioniert so: Sie erstellen zunächst wie üblich einen Bewegungs-Tween auf einer Ebene und sperren diese Ebene anschließend, damit der Tween nicht aus

Versehen verändert wird. Auf einer eigenen Pfadebene, die über der Tween-Ebene liegt, lässt sich dann der Weg des Tweens mit einem der Flash-Werkzeuge zeichnen. Die Arbeit findet also auf zwei verschiedenen Ebenen statt und wird im Folgenden genau beschrieben.

1. Legen Sie per Mausklick auf das Pluszeichen eine neue Ebene für den Bewegungs-Tween an.
2. Fügen Sie in das erste Bild eine Symbolinstanz ein, und kopieren Sie diese.
3. Definieren Sie in Bild 50 ein leeres Schlüsselbild [F7]. Fügen Sie dort die kopierte Symbolinstanz an einer anderen Position auf der Bühne ein.
4. Markieren Sie wieder Bild 1, und wählen Sie EINFÜGEN/BEWEGUNGS-TWEEN. Damit wird bereits eine Art Pfad geschaffen, der jedoch grundsätzlich linear von Punkt A zu Punkt B über die Bühne verläuft. Die Position der Symbolinstanz im Anfangsbild und die Position der Symbolinstanz im Endbild definieren diesen Pfad.
5. Sperren Sie die Ebene mit dem Bewegungs-Tween, indem Sie in der Schlossspalte auf den Punkt rechts neben dem Ebenennamen klicken.
6. Soll ein solcher Pfad einen kurvigen Verlauf oder einen anderen Weg, etwa einen Zickzackkurs etc., beschreiben, können Sie ihn mit Hilfe einer Pfadebene dementsprechend bearbeiten. Markieren Sie dazu die Ebene mit dem Bewegungs-Tween, und wählen Sie aus dem Kontextmenü den Eintrag PFAD HINZUFÜGEN.
7. Über der aktuellen Ebene wird eine weitere Ebene mit der Beschriftung PFAD: EBENENNAMEN und einem speziellen Pfadsymbol eingefügt. Die Ebene des Bewegungs-Tweens wird darunter eingerückt dargestellt. Diese beiden Ebenen gehören zusammen, d. h. sie sind miteinander verknüpft. In der Pfadebene wird nichts anderes festgelegt als der Verlauf der Bewegung.

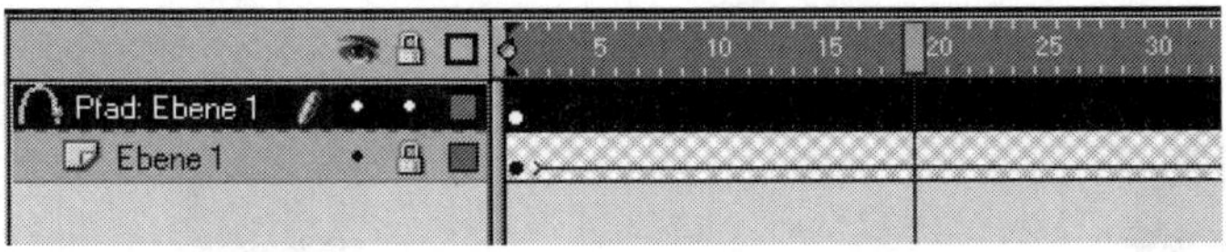

Bild 10.7: Die Pfadebene liegt über der Ebene mit dem Bewegungs-Tween.

8. Dazu aktivieren Sie beispielsweise das Freihandwerkzeug und zeichnen den Pfad vom Mittelpunkt der Symbolinstanz im Anfangsbild zum Mittelpunkt des Symbols im Endbild auf der Pfadebene. Wenn es Ihnen nicht leicht fällt, frei Hand einen Pfad zu zeichnen, können Sie auch zunächst mit dem Linienwerkzeug eine Linie vom Anfangs- zum Endbild ziehen und diese dann in einem zweiten Schritt mit dem Pfeilwerkzeug in einen Kurvenverlauf ändern.
9. Wählen Sie STEUERUNG/ABSPIELEN, um die Bewegung des Symbols über die Bühne zu verfolgen.
10. Um einzelne Zwischenschritte auf dem Pfad zu bearbeiten, klicken Sie unterhalb der Zeitleiste auf das Symbol ZWIEBELSCHALENKONTUREN oder MEHRERE BILDER BEARBEITEN. Auf der Skala über der Zeitleiste erscheint eine spezielle Markierung, die Sie mit der Maus über alle Bildnummern ausdehnen können, die vom Bewegungs-Tween belegt sind. Durch diese Markierung wird eine Darstellung der Zwischenschritte als Kontur oder gesamtes Bild (je nach ausgewähltem Symbol) möglich.

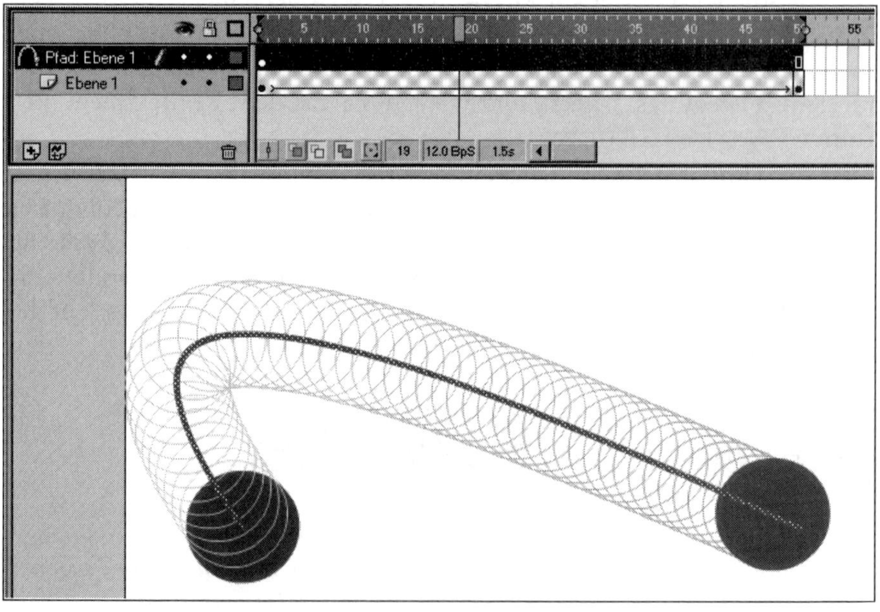

Bild 10.8: Jedes Einzelne der 50 Bilder lässt sich durch die Zwiebelschichtmarkierung einzeln am Pfad ausrichten.

11. Die Ausrichtung der einzelnen Symbolinstanzen in den verschiedenen Bildern eines Pfads erfolgt am Registrierungspunkt bzw. Symbolmittelpunkt. Sie können eine Symbolinstanz in jedem einzelnen Bild exakt mit der Maus am Pfad platzieren und wie gewünscht ausrichten. Um die Zwiebelschalenkonturen zu sehen und zu bearbeiten, müssen Sie die Sperre der Ebene mit dem Bewegungs-Tween wieder aufheben.

Mit Hilfe von Pfadebenen lassen sich nicht nur Symbolinstanzen, sondern auch getweente Gruppen oder Textblöcke entlang einem Pfad animieren.

Zum Zeichnen der Pfade können Sie neben dem Linien- und Freihandwerkzeug auch das Werkzeug RECHTECK, ELLIPSE oder STIFT verwenden. Wichtig ist, dass der Registrierungspunkt oder Mittelpunkt der Symbolinstanz an dem gezeichneten Pfad einrastet.

> **Hinweis**
>
> Registrierungspunkte für ein Symbol lassen sich im Dialogfeld IN SYMBOL KONVERTIEREN einstellen. Dort erscheint eine schematische Abbildung des Symbols. Klicken Sie einfach jenen Eck- oder Randpunkt an, der als Registrierungspunkt verwendet werden soll. Ist kein anderer Registrierungspunkt definiert worden, gilt der Mittelpunkt eines Symbols als Standardregistrierungspunkt.

Gelingt das Einrasten nicht, ist eventuell die Einrastfunktion für den Bewegungs-Tween nicht aktiv. Aktivieren Sie im Eigenschaftsfenster des Bewegungs-Tweens die Option AUSRICHTEN.

Sie können auch mehrere Ebenen mit ein- und derselben Pfadebene verknüpfen, wenn mehrere Objekte demselben Pfad folgen sollen. Fügen Sie dazu einfach unterhalb der Pfadebene beliebige weitere Ebenen ein, und achten Sie darauf, dass die Ebeneneigenschaft AUSGERICHTET aktiv ist. Dies ist aber automatisch der Fall, sobald Sie eine neue Ebene unter der Pfadebene einfügen. Blenden Sie die bereits vorhandene Ebene per Mausklick auf das Augesymbol aus, um das Symbol auf der neuen Ebene besser sehen und am Pfad ausrichten zu können.

Soll ein Test mit STEUERUNG/ABSPIELEN ausgeführt werden, müssen ausgeblendete Ebenen zuvor wieder eingeblendet werden.

Die Inhalte der Pfadebene sind im exportierten Film nicht sichtbar und lassen sich per Klick auf das Augesymbol auch für einen Testlauf ausblenden.

Um eine Verknüpfung zu einer Pfadebene wieder aufzuheben, können Sie die betreffende Ebene einfach mit der Maus über die Pfadebene ziehen oder im Dialogfeld EBENENEIGENSCHAFTEN die Option NORMAL aktivieren.

Hinweis

Spiele, bei denen bewegte Elemente mit der Maus »abgeschossen« werden müssen, sind nichts anderes als Symbolinstanzen, die entlang einem individuellen Pfad animiert sind. Die Symbolinstanzen werden allerdings noch mit bestimmten Aktionen, z. B. einer Stop- und Gehe-zu-Aktion ausgestattet, damit nach dem Mausklick durch den Benutzer auch etwas passiert, z. B. das aktuelle Objekt ausgeblendet und ein neues an anderer Position eingeblendet wird.

Maskenebenen

Spotlight-Effekte oder Übergänge (wie Vorhang auf und Vorhang zu) lassen sich mit einer Maskenebene erzeugen. Dadurch wird ein Loch erstellt, durch das die darunter liegenden Ebenen sichtbar werden.

Unter einer Maskenebene lassen sich auch mehrere andere Ebenen positionieren, um zusätzliche Effekte zu erzielen. Dynamisch wird es erst, wenn Sie das Objekt auf der Maskenebene animieren, z. B. den Scheinwerfer oder das Fernglas oder die Animation auf der darunter liegenden Ebene erfolgt. Zur Animation können Sie eine Form-Tween oder Bewegungs-Tween (auch entlang eines Pfades) verwenden.

Querverweis

Informationen zum Bewegungs-Tween und Form-Tween finden Sie in Kapitel 9.

Maskenebene erstellen

Um eine Maskenebene zu erstellen, platzieren Sie ein Element auf der Maskenebene, das als Maske dienen soll. Dieses Element fungiert als Fenster, das den Blick auf die darunter liegenden Ebenen frei gibt.

1. Markieren Sie jene Ebene, deren Objekte durch die Maske erscheinen sollen. Diese Ebene wird auch als *maskierte Ebene* bezeichnet.
2. Wählen Sie EINFÜGEN/EBENE, oder klicken Sie auf das Pluszeichen, um darüber eine neue Ebene einzufügen.
3. Zeichnen Sie auf der obersten Ebene – der *Maskenebene* – jenes Objekt, das als Fenster (»Maske«) dienen soll. Maßgeblich ist allein die Form des Objekts. Sie können dazu ein beliebiges Werkzeug verwenden. Farbfüllungen und Strickstärken werden dabei nicht berücksichtigt. Die gesamte Form wird auf dieser Ebene automatisch als durchsichtig definiert. Der Rest der Ebene ist undurchsichtig.
4. Klicken Sie die Maskenebene mit dem soeben gezeichneten Element mit der rechten Maustaste an, und wählen Sie aus dem Kontextmenü den Eintrag MASKE. Die beiden verknüpften Ebenen (Maskenebene und maskierte Ebene) erhalten schraffierte Symbole. Die maskierte Ebene – jene Ebene, deren Inhalte durch die Maskenebene zu sehen sein sollen – wird unter der Maskenebene eingerückt dargestellt.
5. Nachdem die Ebene in eine Maskenebene verwandelt wurde, sperren Sie beide Ebenen. Die darunter liegende Ebene scheint durch das gezeichnete Element hindurch. Der Rest der Maskenebene ist undurchsichtig. Besonders effektvoll wird eine Maskenebene, wenn Sie das Element darauf mit einem Bewegungs-Tween animieren.

Der Maskeneffekt lässt sich nur abspielen, wenn beide Ebenen gesperrt sind. Einen umgekehrten Bewegungseffekt erzielen Sie, wenn sich nicht das Maskenelement bewegt, sondern Elemente auf der maskierten Ebene. Sie können auf der Maskenebene z. B. einen unbeweglichen Schlitz zeichnen und fügen auf der maskierten Ebene eine Filmsequenz ein, die sich genau in der Höhe des Schlitzes befindet. In diesem Fall bewegt sich die Maske nicht, sondern die Bewegung wird dahinter erzeugt. Die erste Variante könnte man als Scheinwerfer-Effekt, die zweite als Fenstereffekt bezeichnen.

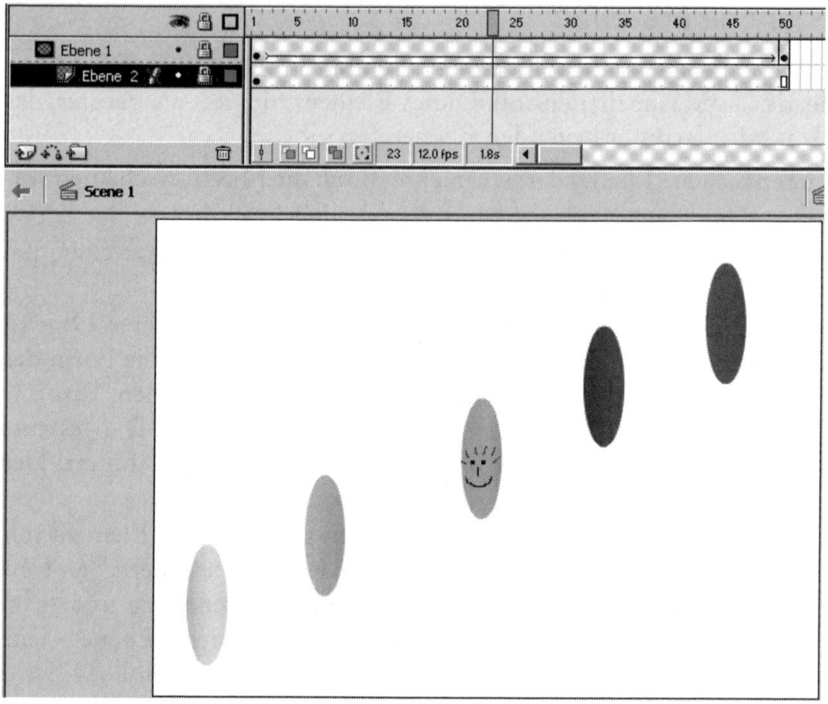

Bild 10.9: Das Oval bewegt sich hier als animierte Maske von links unten nach rechts oben über die Bühne und enthüllt dabei die verschiedenen Inhalte der maskierten Ebene.

Mehrere maskierte Ebenen einsetzen

Sollen mehrere Ebenen maskiert werden, führen Sie einen der folgenden Schritte aus:

- Ziehen Sie eine bereits vorhandene Ebene direkt unter die Maskenebene.
- Erstellen Sie an einer anderen Position unter der Maskenebene eine neue Ebene.
- Wählen Sie MODIFIZIEREN/EBENE und aktivieren die Option MASKIERT im Dialogfeld EBENENEIGENSCHAFTEN.

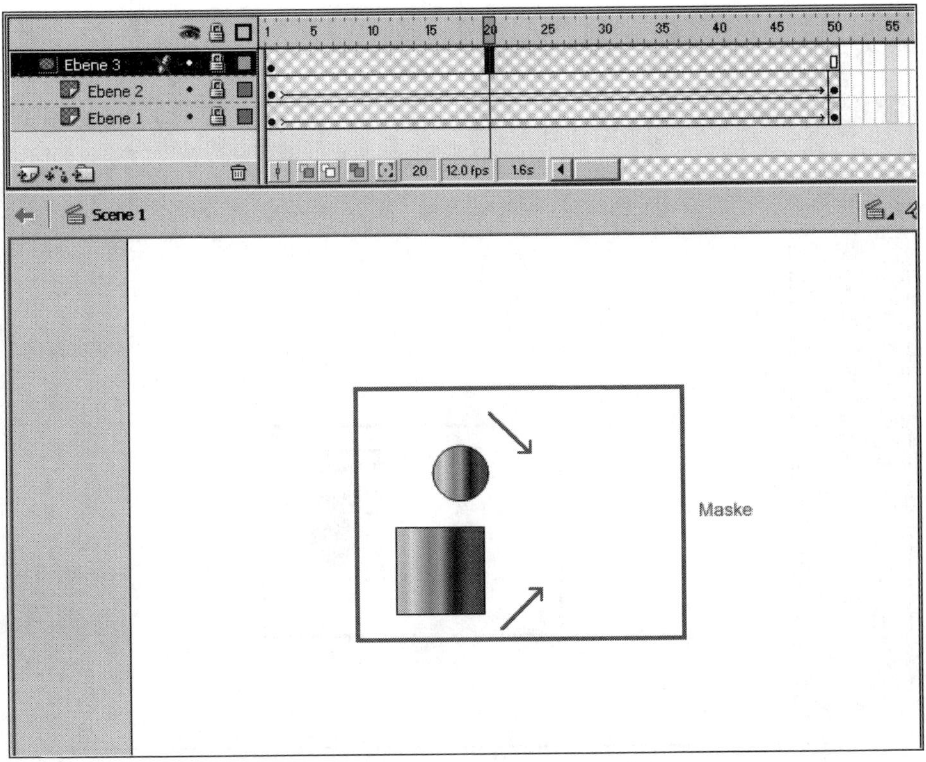

Bild 10.10: Auf zwei maskierten Ebenen bewegen sich Objekte in unterschiedliche Richtung.

In Bild 1.10 werden zwei Ebenen maskiert. Jede Ebene enthält einen Bewegungs-Tween. Die Objekte bewegen sich in unterschiedliche Richtungen: Der Kreis läuft von links oben nach rechts unten, das Rechteck von links unten nach rechts oben. In der Mitte der Bühne kreuzen sich die Wege der Objekte. Die Reihenfolge der Ebenen bestimmt, welches Objekt hinter dem anderen verläuft. In diesem Fall befindet sich der Kreis auf Ebene 3, weshalb er hinter dem Rechteck durchläuft.

Als Maske dient ein fensterartiger Ausschnitt, der den Moment des Kreuzungspunktes auffängt bzw. den Blick nur darauf frei gibt. Die rechteckige Maske ist eigentlich nicht zu sehen und wurde in diesen Abbildungen nur aus Gründen der Anschaulichkeit als sichtbares Element eingefügt.

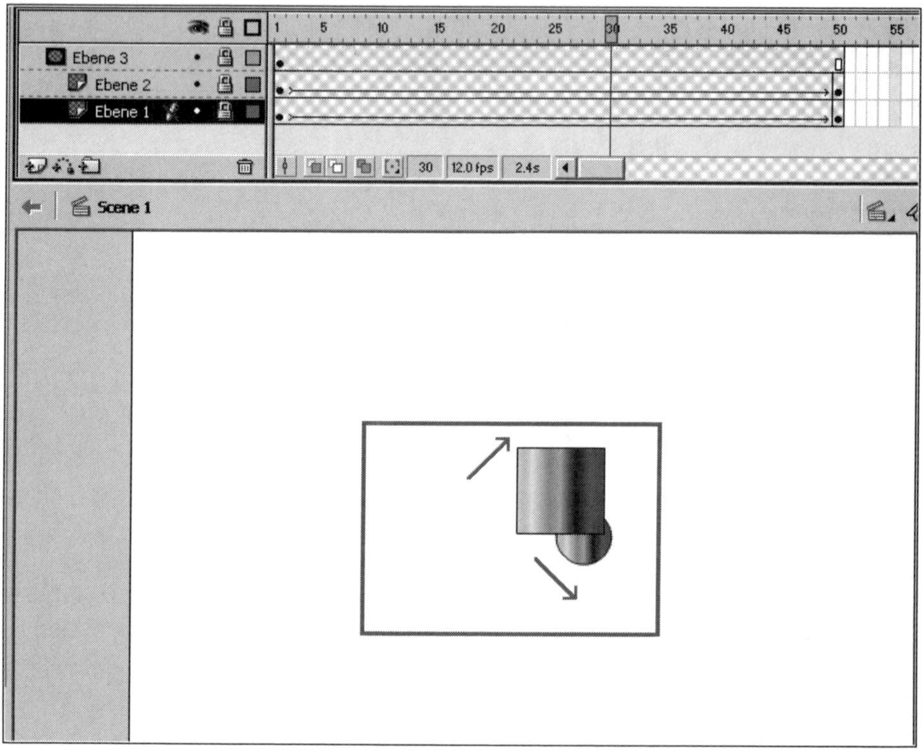

Bild 10.11: Zwei Objekte auf zwei maskierten Ebenen kreuzen sich.

Eine Maskenebene lässt sich jederzeit wieder in eine herkömmliche Ebene umwandeln, indem Sie dafür im Dialogfeld EBENENEIGENSCHAFTEN die Option NORMAL wählen.

Auf maskierten Ebenen können Sie auch Videos und Filmsequenzen abspielen lassen.

Kapitel 11
Interaktivität durch Aktionen und Komponenten

Die Interaktivität ist neben der Animation das zweite große Plus von Flash und das Bindeglied zur Programmierung. In Flash stehen vordefinierte Aktionen zur Verfügung, mit denen sich bestimmte Vorgänge automatisieren, interaktive Handlungen zwischen dem Benutzer und Ihrem Flash-Film ausführen sowie dynamische Aufgaben integrieren lassen, z.B. der Aufruf einer bestimmten Webseite, aber auch vieles andere mehr. Die Aktionen bieten ein ausgesprochen breites Spektrum an Einsatzmöglichkeiten; sie sind die Schnittstelle zur Programmierung, weil sie in der Programmiersprache von Flash, dem ActionScript, geschrieben sind.

Sie müssen aber nicht programmieren können, um Aktionen zu verwenden, denn in Flash stehen alle Aktionen in einem Dialogfeld per Mausklick zur Auswahl. Sie werden dann durch die Auswahl automatisch als Skript geschrieben. Es findet also eine Art Übersetzung statt, die es Anfängern erleichtert, mit dem ActionScripting zurecht zu kommen.

Können Sie programmieren, haben Sie aber auch die Wahl, ActionScript-Anweisungen schnell und direkt einzugeben. Das Bedienfeld AKTIONEN lässt sich nämlich in zwei Betriebsmodi verwenden: im normalen Modus oder im Expertenmodus.

Im normalen Modus wählen Sie die Aktionen aus, und das zugehörige ActionScript wird automatisch in den Film eingefügt, sofern es an dieser Position einen Sinn macht, d.h. Flash denkt mit und erlaubt keine Eingabe von Aktionen, die unsinnig sind. Ein gewisses Verständnis für die einzelnen Anweisungen in einer Aktion ist aber dennoch notwendig, damit Sie die Aktionen entsprechend Ihren Vorstellungen einrichten können.

Der Expertenmodus bietet unbegrenzte Eingabemöglichkeiten, und Sie können die Anweisungen auch direkt in das Skriptfenster schreiben. Dies setzt allerdings Kenntnisse der Programmiersprache ActionScript voraus.

Auf diese elegante Art können Sie langsam in das Schreiben von ActionScripts einsteigen und später – wenn Sie sich etwas besser auskennen – die schnellere und unbeschränkte Bedienungsvariante wählen. Das häufige Verwenden von ActionScripts wird Ihnen dabei helfen, mit den Anweisungen immer vertrauter zu werden, und genau dabei möchte Sie dieses Buch unterstützen.

Neben den Aktionen stehen in Flash Operatoren, Funktionen, Variablen, Methoden, Eigenschaften, Konstanten und anderes für eine objektorientierte Programmierung bereit. Alle diese Elemente lassen sich im Bedienfeld AKTIONEN auswählen.

Die Komponenten sind Elemente wie Bildlaufleisten, Kontrollfelder und andere Oberflächenelemente, die auf Webseiten oder in Spielen besonders häufig für die Interaktion mit dem Benutzer benötigt werden. In der Version Flash MX steht erstmalig eine vordefinierte Auswahl solcher Komponenten in einem eigenen Bedienfeld bereit. Sie können diese Komponenten einfach auf die Bühne ziehen und müssen Sie dann nur noch für Ihre speziellen Zwecke bearbeiten.

Achtung

Wenn Sie mit ActionScripts arbeiten, die in einer Vorgängerversion von Flash MX, etwa Flash 5, erstellt wurden, werden diese Skripts automatisch konvertiert, denn einige (wenige) Dinge haben sich zwischen beiden Versionen geändert. Das neue ActionScript entspricht dem ECMA-262-Standard, einer Spezifikation, die von der *European Computer Manufacterers Association* geschrieben wurde.

Das Bedienfeld AKTIONEN

Grundsätzlich lassen sich Aktionen nur zu Symbolinstanzen oder Bildern in der Zeitleiste hinzufügen. Einfache Formen können nicht mit Aktionen versehen werden. Wenn Sie einer Grafik eine Aktion zuordnen möchten, muss diese zuvor in ein Symbol – Schaltfläche, Movieclip oder Grafik – verwandelt worden sein.

Außerdem muss das betreffende Bild in der Zeitleiste oder die Symbolinstanz auf der Bühne markiert sein, ehe eine Aktion hinzugefügt wird.

Für die Zuweisung von Aktionen in einen Flash-Film ist das Bedienfeld AKTIONEN erforderlich. Hier werden Aktionen entweder ausgewählt oder direkt mit ActionScript geschrieben.

1. Wählen Sie FENSTER/AKTIONEN, oder drücken Sie F9, um dieses Bedienfeld zu öffnen.
2. Sie können es nach Bedarf anpassen und auf dem Bildschirm verschieben wie alle anderen Bedienfelder auch. Zu Beginn empfiehlt sich jedoch eine Position, in der alle Eingabefelder gut sichtbar sind, z. B. an der Standardposition des Eigenschaftenfensters am unteren Bildschirmrand oder frei schwebend.

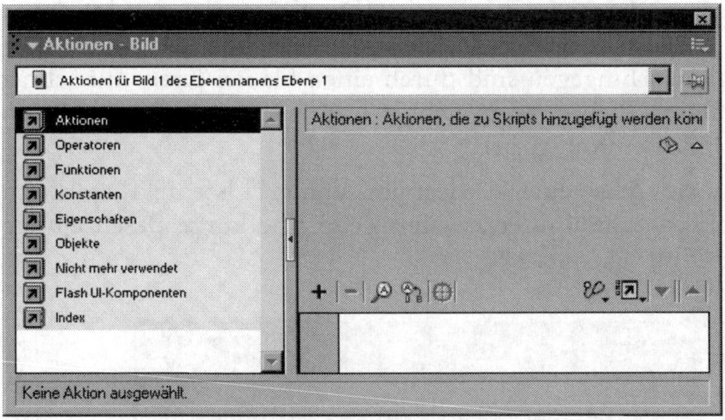

Bild 11.1: Das Bedienfeld AKTIONEN

3. In der allerersten Zeile des Bedienfelds AKTIONEN wird angezeigt, welchem Bild in der Zeitleiste eine Aktion aktuell zugewiesen wird.

   Hier lassen sich auch Symbole einstellen, wenn eine Aktion nicht einem Bild in der Zeitleiste, sondern einem Symbol auf der Bühne zugewiesen werden soll. Nicht alle Aktionen, die für Symbole zur Auswahl stehen, sind auch für Bilder verfügbar. Entsprechend wird zwischen Bildaktionen und Symbolaktionen unterschieden.
4. Klicken Sie auf das Symbol ANSICHTSOPTIONEN unten rechts, um sicherzustellen, dass im Moment der normale Modus und nicht der Expertenmodus aktiv ist.

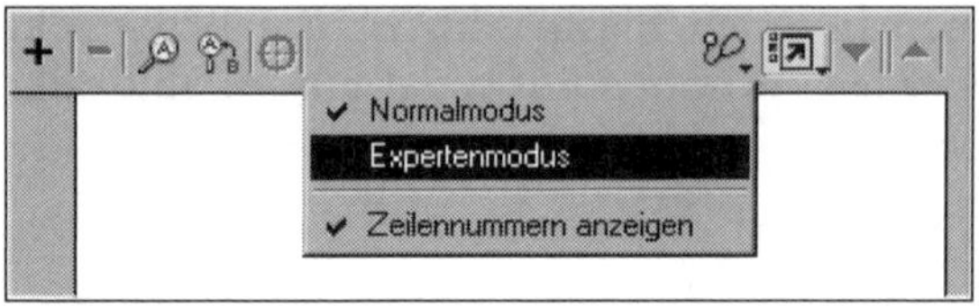

Bild 11.2: Wechsel zwischen normalem Modus und Expertenmodus

Das Bedienfeld AKTIONEN ist wie folgt aufgeteilt: Am linken Rand befinden sich in einem Listenfeld alle in Flash verfügbaren Kategorien für Action-Script-Anweisungen. Die erste Kategorie sind die AKTIONEN. Durch einen Mausklick auf das blaue Buchsymbol öffnen Sie den Ordner und erhalten Einblick in die darunter liegenden Kategorien. Die Kategorien werden durch das Buchsymbol dargestellt und lassen sich per einfachem Mausklick aufblättern. Die Aktionen hingegen sind durch einen blauen Kreis mit schräg nach oben gerichtetem Pfeil gekennzeichnet und befinden sich thematisch geordnet in den einzelnen Kategorien.

Wird eine Kategorie oder eine Aktion im linken Listenfeld markiert, erscheint unmittelbar rechts in der zweiten Zeile eine kurze Beschreibung zum ausgewählten Eintrag.

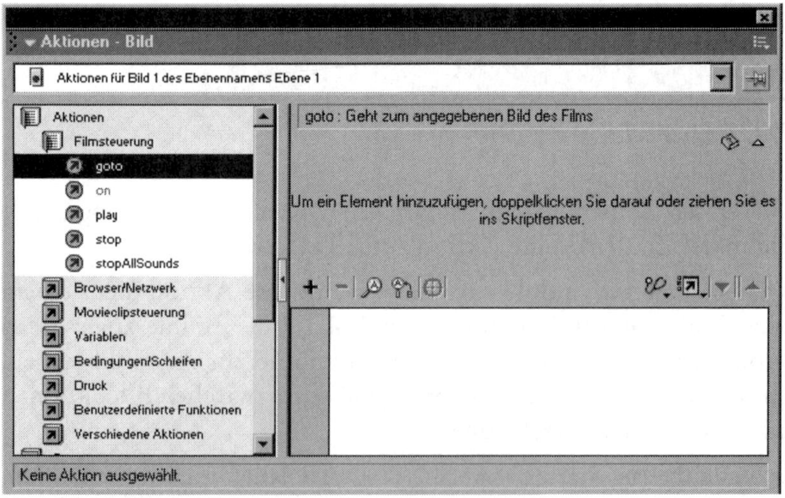

Bild 11.3: Die Kategorien auf der linken Seite enthalten verschiedene Aktionen.

Sobald eine Aktion selbst markiert wird, erscheint rechts eine Anleitung zum Einfügen von Aktionen: Entweder wird die Aktion mit der Maus links aus dem Fenster nach rechts in den Skriptbereich gezogen, oder Sie transferieren die Aktion mit einem Doppelklick in das Skriptfenster.

Das Skriptfenster ist der schmale weiße Bereich unterhalb der Symbolleiste im Bedienfeld AKTIONEN. Sie können einem Bild auch mehrere Aktionen zuweisen und das Bedienfeld AKTIONEN vergrößern, um dann alle Aktionen im Skriptfenster zu sehen. Die Aktionen werden zeilenweise untereinander eingefügt.

Für erfahrene Benutzer gibt es einen schnelleren Zugang zu den Aktionen, vorausgesetzt Sie wissen, wie eine Aktion heißt und in welcher Kategorie sie sich befindet. Wenn Sie auf das Pluszeichen in der Symbolleiste klicken, erscheint dieselbe hierarchische Kategorienordnung wie im linken Listenfeld. Per Mausklick auf die Kategorienamen und Aktionsnamen fügen Sie eine Aktion ebenfalls in das Skriptfenster ein.

Im Expertenmodus können Sie die Anweisungen direkt über die Tastatur in das Skriptfenster schreiben oder mit den bereits beschriebenen Techniken eingeben. Hier gibt es keine Beschränkungen bei der Eingabe von Anweisungen.

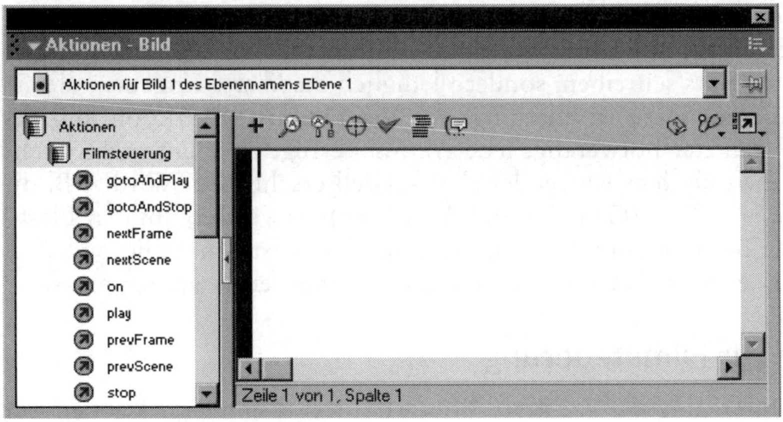

Bild 11.4: Bedienfeld AKTIONEN *im Expertenmodus*

Die Symbolleiste ist im Expertenmodus um einige Funktionen erweitert, z. B. um die Syntaxprüfung und die automatische Code-Formatierung.

Alle diese Funktionen und noch mehr stehen aber auch im umfangreichen Optionenmenü des Bedienfelds AUSRICHTEN zur Auswahl, das sich per Mausklick auf das Optionensymbol in der oberen rechten Fensterecke öffnen lässt. Bereits vorhandene Skripts lassen sich mit Befehlen aus diesem Menü z. B. importieren oder exportieren.

Im Normalmodus ist die Auswahl der Funktionen im Optionenmenü allerdings eingeschränkt, weil sich die meisten dieser Befehle auf die direkte Codeeingabe beziehen und dafür Hilfsmittel anbieten.

Einfache Aktionen einfügen

In diesem Kapitel können nicht alle Aktionen besprochen werden, die in Flash zur Auswahl stehen, beispielhaft werden jedoch einige wichtige herausgegriffen und erläutert.

Aktionen werden immer einem einzelnen Bild auf der Zeitleiste zugewiesen, und zwar dem jeweils aktuell markierten Schlüsselbild. Dies geschieht per Doppelklick auf den Aktionsnamen in der Liste der Kategorien das Bedienfelds AKTIONEN.

Das gesamte Skript, das eine Aktion beschreibt, wird rechts in das Skriptfenster übertragen und lässt sich dort durch die Angabe bestimmter Parameterwerte genau anpassen und für Ihren Film einrichten. Sie müssen also selbst keine Skripts schreiben, sondern lediglich die Werte eingeben, die ein Skript definieren. Dazu ist allerdings ein Verständnis der Aktion und der einzelnen Parameter notwendig. Jede Aktion verfügt über unterschiedliche Parameter, die sich dem Anwender aber schnell erschließen. Wird z. B. die Aktion `Goto and Play` (Gehe zu und Abspielen) verwendet, um den Flash-Film zu einer bestimmten Bildposition zu dirigieren, ist es nahe liegend, dass als Parameter z. B. die betreffende Bildnummer angegeben werden muss.

Aktionen zur Filmsteuerung

Die erste Unterkategorie der Kategorie AKTIONEN enthält Aktionen zur Filmsteuerung, die häufig benötigt werden und deren Zuweisung einfach ist. Mit den Aktionen zur Filmsteuerung können Sie z. B. festlegen, dass der Film am Ende wieder zu einem anderen Bild springt und das Abspielen dort fortgesetzt wird.

Um den Ausführungen folgen zu können, vollziehen Sie einmal folgendes Beispiel nach.

1. Öffnen Sie einen neuen Flash-Film, und fügen Sie in die Bilder 1 bis 30 einen Bewegungs- oder Form-Tween ein, ein Movieclip oder eine andere Bildfolge, die Bewegung und Animation auf der Bühne erzeugt.
2. Markieren Sie in der Zeitleiste das letzte Bild dieser Folge.
3. Öffnen Sie das Bedienfeld AKTIONEN mit [F9]. Ziehen Sie den rechten Rand des Bedienfelds nach rechts, um eine vergrößerte Darstellung zu erhalten.
4. Klicken Sie im linken Listenfeld einmal auf die Kategorie AKTIONEN und einmal auf die Kategorie FILMSTEUERUNG. Es werden jeweils die untergeordneten Elemente sichtbar.

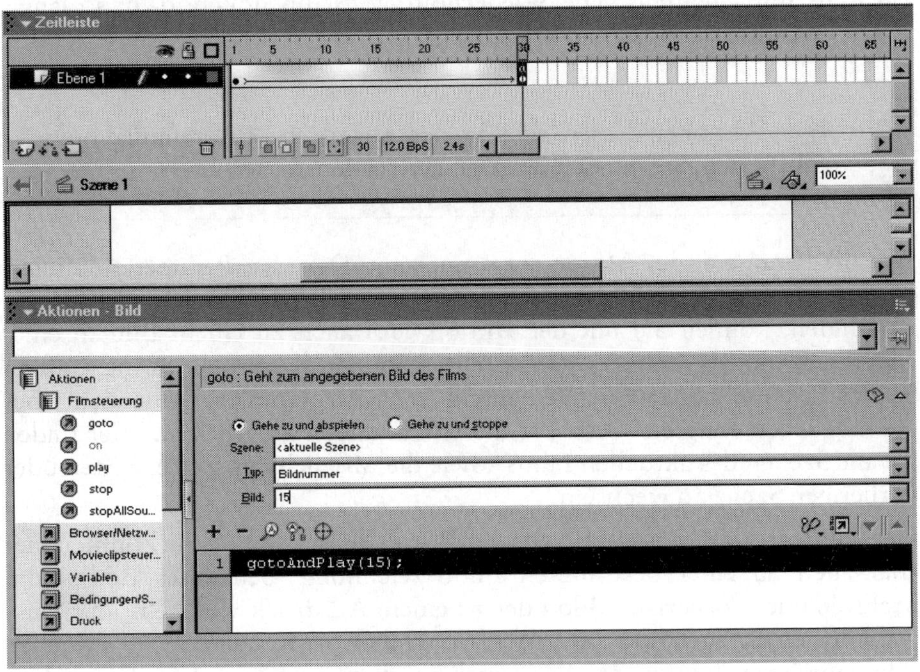

Bild 11.5: Die Aktion goto *wird im Bedienfeld* AKTIONEN *ausgewählt.*

5. Wählen Sie die erste Aktion `Goto` aus, indem Sie sie mit der Maus nach rechts in das Skriptfenster ziehen oder einen Doppelklick darauf ausführen. Daraufhin geschieht einiges: Der rechte Bereich des Dialogfelds zeigt die Parameter SZENE, TYP und BILD an. Außerdem erhält das markierte Bild in der Zeitleiste den kleinen Buchstaben »a« (für *action*). Dieses Symbol zeigt an, dass das betreffende Bild eine Aktion enthält. Die drei für diese Aktion angezeigten Parameter enthalten bereits vordefinierte Werte: AKTUELLE SZENE, BILDNUMMER und 1.
6. Verändern Sie für dieses Beispiel die Bildnummer, indem Sie z. B. 15 in das Feld BILD eingeben.

Bewirkt wird durch diese Aktion Folgendes: Der Film spielt bis zu Bild 30 ab, wird zu Bild 15 zurückgesetzt und beginnt dann von dort abzuspielen. Sie haben mit Hilfe dieser Aktion eine Schleife für einen bestimmten Filmabschnitt implementiert. Die Wiederholfolge ist unendlich, d. h. so lange, wie der Benutzer den Flash-Film anzeigt.

> **Hinweis**
>
> Aktionen lassen sich in der normalen Autorenumgebung nicht testen, Sie müssen dazu in das Testfenster wechseln.

Was die Parameter der Aktion `goto` anbelangt: Der erste Parameter definiert die Szene, in die der Film wechseln soll. Sind in Ihrem Film mehrere Szenen vorhanden, können Sie mit der Aktion `goto` auch zu einem Bild in einer anderen Szene wechseln. Voreingestellt ist immer die aktuelle Szene. Öffnen Sie das Listenfeld SZENE im Bedienfeld AKTIONEN, um eine Übersicht über die möglichen anderen Werte für diesen Parameter zu erhalten. Hier finden Sie alle Szenen des aktuellen Films sowie die Möglichkeit, zur nächsten oder vorherigen Szene zu wechseln.

Der Parameter TYP enthält bereits den Wert BILDNUMMER, Sie könnten hier aber auch zu einer bestimmten Bildbezeichnung (benanntes Bild), zum nächsten oder vorherigen Bild oder zu einem Ausdruck wechseln. Zur Auswahl öffnen Sie auch hier das Listenfeld. Haben Sie für ein Bild im aktuellen Film eine Bezeichnung vergeben, erscheint diese automatisch in diesem Listenfeld.

> **Hinweis**
>
> Ein Bild lässt sich benennen, indem Sie dieses markieren und im Eigenschaftenfenster eine Bezeichnung dafür vergeben. Benannte Bilder werden in der Zeitleiste mit einem roten Fähnchen und der gewählten Bezeichnung kenntlich gemacht.

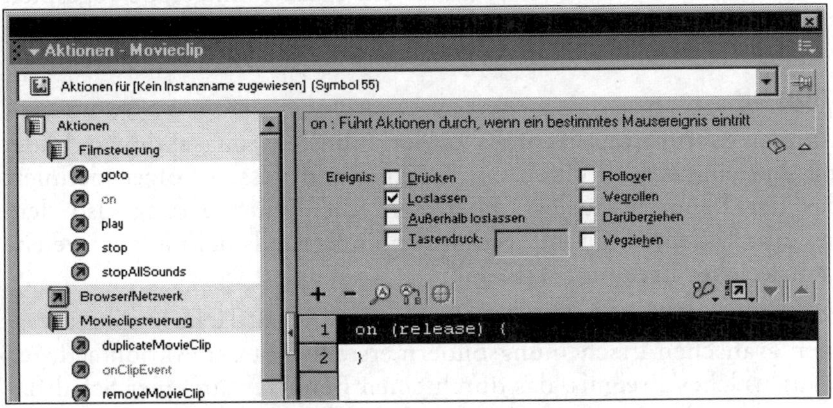

Bild 11.6: Im Eigenschaftenfenster benanntes Bild

Durch den letzten Parameter BILD legen Sie fest, zu welcher Bildnummer der Film wechseln soll, sobald er auf die eingefügte Aktion trifft. In diesem Beispiel ist es die Bildnummer 15, Sie können aber auch jede beliebige andere Bildnummer einfügen. Übrigens lässt sich auch eine Bildnummer angegeben, die nach der aktuellen Bildposition in der Zeitleiste liegt, um einen »Sprung nach vorne« zu erzeugen. Sie können damit beliebige verschachtelte Abspielszenarien entwickeln und auf alle bereits in einem Film vorhandenen Bildfolgen beliebig oft und in immer anderen Variationen zurückgreifen.

Für die Aktion `goto` steht noch eine andere Variante zur Auswahl, die dieselben Parameter erfordert. Über den Listenfeldern für die Parameter sind zwei Optionen angezeigt: GEHE ZU UND ABSPIELEN (standardmäßig aktiv) und GEHE ZU UND STOPPE. Wenn Sie die Aktion GEHE ZU UND STOPPE aktivieren, wird der Film beim Treffen auf die Aktion ebenfalls zur angegebenen Szene und Bildnummer gesetzt, dort aber angehalten. Mit Hilfe dieser beiden Varianten der Aktion `goto` haben Sie quasi unendliche Spielräume, um die exakten Abspielpositionen in einem Film zu definieren.

Für eine perfekte Filmsteuerung sorgen auch die übrigen Aktionen in dieser Kategorie: Die Aktionen `play` und `stop` spielen einen Film im markierten Bild auf der Zeitleiste ab bzw. halten ihn dort an. Hier ist keine Angabe von Parametern notwendig, weil sich die Aktion auf das ausgewählte Bild in der Zeitleiste bezieht.

Mit der Aktion `StopAllSounds` deaktivieren Sie an einer bestimmten Bildposition in der Zeitleiste jeden Sound, der in den Flash-Film gerade abgespielt wird.

Die Aktion ON

Die Aktion `on` gehört zwar ebenfalls zu den Filmsteuerungsaktionen, bildet aber eine Ausnahme, weil damit ein Ereignis und dessen Folgen definiert wird, das der Benutzer auslöst. Hier wird die Filmsteuerung also dem Benutzer überlassen, während Sie im Hintergrund definieren, welche Aktion auf welches Ereignis folgen soll.

Angenommen, Sie haben die Symbolinstanz einer Schaltfläche mit ihren verschiedenen grafischen Erscheinungsbildern erstellt. Mit der Aktion `on` legen Sie fest, auf welches Ereignis, das durch einen Benutzer auf einer Schaltfläche ausgelöst werden kann, reagiert werden soll, z. B. das Drücken oder Loslassen der Maustaste auf der Schaltfläche. Die Aktion `on` definiert zunächst nur, welche Benutzeraktion eine weitere Aktion nach sich ziehen soll. Die eigentliche Aktion wird erst in einem zweiten Schritt definiert.

1. Ziehen Sie aus der Bibliothek eine Schaltflächeninstanz auf die Bühne. Wenn Sie selbst noch keine erstellt haben, können Sie auf die vordefinierten Buttons in der allgemeinen Bibliothek SCHALTFLÄCHEN zurückgreifen.
2. Markieren Sie das Symbol auf der Bühne.
3. Im Bedienfeld AKTIONEN [F9] wählen Sie aus der Kategorie AKTIONEN/FILMSTEUERUNG die Aktion `on` mit einem Doppelklick aus.
4. Das Bedienfeld AKTIONEN zeigt nun verschiedene denkbare Ereignisse an, die ein Benutzer mit einer Schaltfläche auslösen kann. Mit der Aktion `on` legen Sie zunächst nur fest, auf welche Benutzerhandlungen überhaupt reagiert werden soll. Eine Mehrfachauswahl ist möglich. Im Skript werden alle ausgewählten Ereignisse aneinander gereiht. Aktivieren Sie nur das Kontrollfeld LOSLASSEN, um dieser Benutzeraktivität im Anschluss eine bestimmte Aktion zuzuweisen.

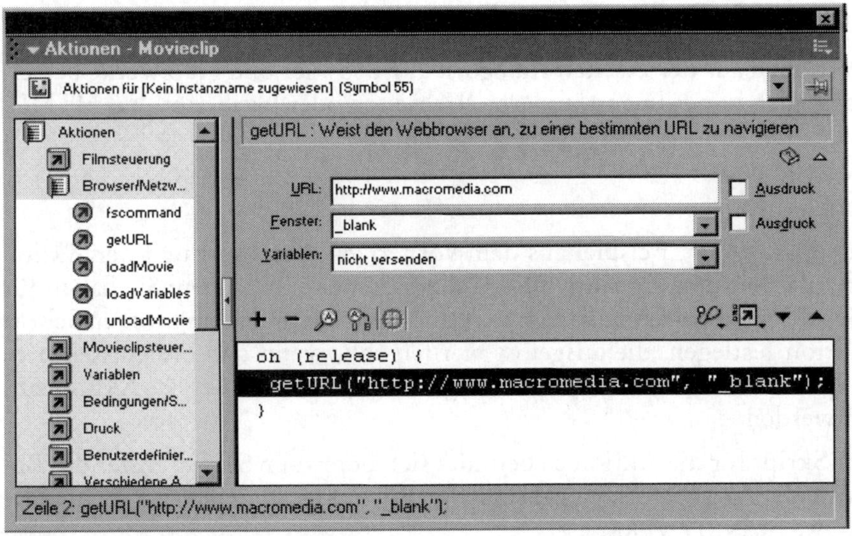

Bild 11.7: Mehrfache Ereignisdefinition für Mausaktivitäten oder Tastenanschläge durch den Benutzer ist möglich.

Wenn Sie keine Mausereignisse mit einer Schaltfläche verbinden möchten, sondern einen Tastenanschlag, aktivieren Sie das Kontrollfeld TASTENDRUCK. Geben Sie rechts daneben in das freie Feld die gewünschte Taste ein, indem Sie diese einfach auf der Tastatur drücken, z. B. die Taste PFEIL RECHTS. Der Benutzer muss natürlich durch irgendeinen Text oder ein Symbol darauf hingewiesen werden, dass er diese Taste drücken kann, um eine Aktion auszulösen. Diese Variante ist vor allem für Spiele interessant, in denen Figuren häufig mit den Pfeiltasten bewegt werden oder andere Aktionen durch Tasten aufgerufen. Im Internet ist die Maus das Benutzerinstrument Nummer 1.

Sollen für verschiedene Ereignisse verschiedene Aktionen definiert werden, legen Sie diese nacheinander fest. Zuerst wird das Mausereignis definiert und anschließend die zugehörige Aktion, etwa eine `goto`-Aktion wie GEHE ZU UND ABSPIELEN, GEHE ZU UND ANHALTEN oder die Aktionen `LoadMovie` oder `getURL`, wenn ein Film oder eine Webseite geladen werden soll.

Aktionen für Browser und Netzwerk

Die Aktionen aus der zweiten Kategorie für Browser und Netzwerke betreffen das Laden von Filmenn, anderen Webseiten oder JavaScripts auf HTML-Seiten.

Aktion `GetURL`

Um gleich mit dem Beispiel aus dem vorherigen Abschnitt und der Aktion `on` fortzufahren und ein sinnvolles Ganzes daraus zu machen: Sie haben für eine Schaltfläche ein Ereignis definiert und möchten in einem zweiten Schritt die Aktion festlegen, die ausgelöst werden soll, wenn das Ereignis eintritt. Im Folgenden soll also nach einer Ereignisdefinition eine `GetURL`-Aktion eingefügt werden.

1. Das Skript für die Aktion `on` befindet sich bereist im Skriptfenster des Bedienfelds AKTIONEN. Wechseln Sie im linken Bereich zur Kategorie BROWSER/NETZWERK.
2. Doppelklicken Sie auf die Aktion `GetURL`, um diese im Anschluss an die Aktion `on` in das Skriptfenster einzufügen. Alle Aktionen, die zu `on` gehören, werden in geschweiften Klammern eingefügt. Die letzte geschweifte Klammer beendet die Aktion `on` und muss grundsätzlich stehen bleiben.

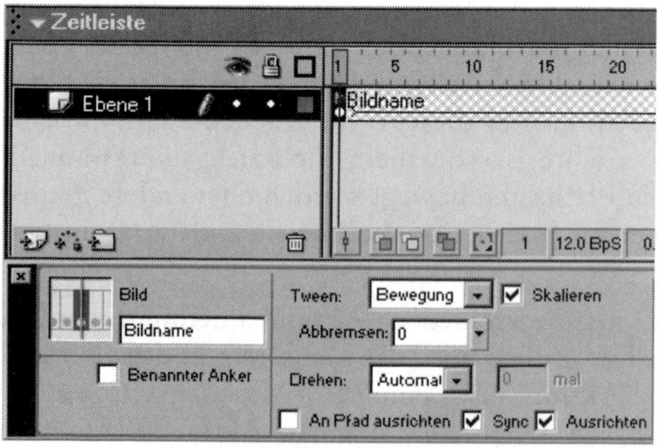

Bild 11.8: URL angeben und definieren, wohin eine Webseite geladen werden soll

3. Um anzugeben, welche Webseite geladen werden soll, fügen Sie in das Feld URL die betreffende Internet- oder Intranetadresse ein, z. B. http://www.macromedia.com. Die Adresse muss komplett mit Protokoll und Top-Level-Domain eingetragen werden. Auch relative Pfadangaben zu einer HTML-Seite sind möglich, z. B. VORSPANN.HTML oder \ORDNER\VORSPANN.HTML. Sobald Sie die Eintragung ins Listenfeld vornehmen, wird parallel dazu im Skriptbereich automatisch der entsprechende Text hinzugefügt. Sie können auf diese Weise beobachten, wie das Skript aufgebaut wird.
4. Wählen Sie für dieses Beispiel aus dem Listenfeld FENSTER den Parameter `_blank` . In diesem Listenfeld definieren Sie, wohin die Website geladen werden soll. Sind Fenster oder Frames zuvor benannt worden, lässt sich der betreffende Name in dieses Feld eingeben. Klappen Sie das Listenfeld auf, um eine der vordefinierten Möglichkeiten zu wählen: `_self` lädt die Webseite in das aktuelle Fenster des Browsers, in dem auch der Flash-Film abgespielt wird; `_blank` lädt die Webseite in ein neues Browserfenster; `_parent` öffnet die Webseite in einem übergeordneten Fenster, und `_top` lädt die Webseite in ein übergeordnetes Browserfenster, wenn der Flash-Film in einem Frame abgespielt wird.
5. Belassen Sie im Feld VARIABLEN die Einstellung NICHT VERSENDEN. Die vordefinierten Einstellungen in diesem Listenfeld werden nachstehend erläutert.

Das komplette Skript sollte so aussehen:

```
on (release) {
    getURL("http://www.macromedia.com", "_blank");
}
```

Auf diese Weise eingerichtet, können Sie testen, ob die angegebene Webseite auch wirklich geladen wird, indem Sie STEUERUNG/FILM TESTEN wählen oder [Strg]+[Eingabetaste] drücken. Klicken Sie das Symbol im Testfenster an, und lassen Sie die Maustaste los, um das definierte Ereignis auszulösen. Jetzt sollten die Verbindung zum Internet hergestellt, der Standardbrowser geöffnet und die angegebene Webseite aus dem Internet geladen werden.

Die möglichen Werte für den Parameter VARIABLEN lauten: VERSENDEN MIT GET und VERSENDEN MIT POST. Die Methoden GET und POST werden von CGI-Skripts dazu verwendet, variable Informationen »einzusammeln«, z. B. Einträge, die ein Benutzer in Formulare auf Webseiten eingegeben hat.

CGI-Skripts verarbeiten diese Informationen und führen weitere Aktionen aus, z. B. das Versenden von Bestätigungen für den Erhalt dieser Informationen etc. Die Methode `Get` hängt die Variablen an das Ende der URL, während mit der Methode `Post` die Variablen in einem eigenen http-Abschnitt versandt werden. `Get` ist für die Übermittlung von kurzen, `Post` für die Übermittlung langer variabler Zeichenfolgen geeignet. Sind keine Variablen vorhanden, wie in diesem Beispiel, sollten Sie diese Einstellungen nicht wählen.

Querverweis

➔ Nähere Informationen zu Variablen erhalten Sie später in diesem Kapitel.

Aktion `LoadMovie`

Ähnlich wie Webseiten lassen sich auch andere Filme laden, wenn ein Benutzer ein entsprechendes Ereignis auslöst. Dazu ist die Aktion `LoadMovie` erforderlich. Diese Aktion erfordert ebenfalls eine absolute oder relative URL zu jener SWF-Datei (kann auch ein JPEG oder ein Movieclip sein), die geladen werden soll.

Im Feld POSITION haben Sie die Wahl zwischen STUFE und ZIEL, wodurch angegeben wird, wohin der Film geladen wird. Dabei wird nicht wie im Fall der Webseite ein Frame oder Browserfenster definiert, sondern eine Stufe im Flash-Player. Die Stufe `0` ist jene Stufe, in welcher der aktuelle Film abgespielt wird. Wenn Sie einen neuen Film in diese Stufe laden, ersetzt dieser den aktuellen Film. Soll der neue Film parallel geladen werden, muss im daneben liegenden Feld eine höhere Stufe eingetragen werden (1, 2, 3 etc.). Sie können mehrere Stufen definieren und dabei gleichzeitig mehrere Filme, Bilder oder Movieclips in den Flash-Player laden, ohne eine neue HTML-Seite zu öffnen. Höhere Stufen liegen auch höher, verdecken also wie eine Ebene die darunterliegenden Stufen.

Wird eine Stufe gewählt, ändert sich das zugehörige ActionScript automatisch in `LoadMovieNum`. Das Skript sieht also wie folgt aus:

```
on (release) {
   loadMovieNum("meinfilm.swf", 2);
}
```

Alternativ können Sie im Feld POSITION auch die Einstellung ZIEL wählen und den Namen eines Movieclips angeben, das durch den neu geladenen Film ersetzt wird.

Das folgende ActionScript definiert die Position eines neu zu ladenden Films in einem Ziel:

```
on (release) {
   loadMovie("meinfilm.swf", "Movieclipname");
}
```

Anstelle der Filmdatei MEINFILM.SWF können Sie auch den Dateinamen eines JPEGs eingeben, z. B. PHOTO.JPG.

> **Hinweis**
>
> Um das Laden eines Films korrekt zu testen, müssen Sie dafür sorgen, dass die Verzeichnisstruktur auf Ihrem Testcomputer der angegebenen Verzeichnisstruktur entspricht und sich die zu ladenden Dateien auch dort befinden.

Aktionen `unloadMovie` und `unloadMovieNum`

Da geladene Filme ja nicht endlos angezeigt werden sollen, können Sie diese mit den Aktionen `unloadMovie` oder `unloadMovieNum` ebenso elegant wieder entfernen, wie Sie sie eingelesen haben. Dabei ist zu berücksichtigen, ob das geladene Movieclip in eine Stufe oder in ein Ziel eingelesen wurde. Entsprechend den Parametern beim Ladevorgang muss auch das Entfernen mit `unloadMovie` oder `unloadMovieNum` vorgenommen werden.

Das folgende Skript entfernt einen Film, der in Stufe 2 des Flash-Players geladen wurde:

```
on (press) {
   unloadMovieNum (2);
}
```

Dieses Skript entfernt das Movieclip namens BLOCKBUSTER aus der Hauptzeitleiste und lädt stattdessen wieder den Originalfilm MEINFILM.SWF in die Stufe 2 des Flash-Players.

```
on (press) {
   unloadMovie ("_root.blockbuster");
   loadMovieNum ("meinfilm.swf", 2);
}
```

> **Hinweis**
>
> Die in diesem Skript verwendete Eigenschaft `_root`, die vom Namen des Films durch eine Punkt-Notation getrennt wird, definiert einen Bezug zur Hauptzeitleiste. Mit der Aktion `_root.stop();` können Sie z. B. den Film in der Hauptzeitleiste von jener Stufe aus anhalten, in der sich das aktuell ausgeführte Skript befindet.

Alternativ zu `unloadMovieNum` können Sie `unloadMovie` unter Angabe eines Ziels verwenden.

Aktion `fscommand`

Mit der Aktion `fscommand` lassen sich mit Hilfe von einmaligen Befehlsnamen und Parametern Mitteilungen an den Flash-Player übersenden. Diese Mitteilungen werden meist von aufwändigen JavaScripts aufgefangen und weiter verarbeitet.

Diese Aktion ist ein gutes Beispiel für den Einsatz der Flash-Referenz. Es ist nicht notwendig, in einem Buch alle Aktionen und die zugehörigen Parameter zu beschreiben, denn in Flash MX gibt es eine hervorragende Referenz zu allen verfügbaren Aktionen, und um eine ausführliche Erläuterung zu allen Aktionen zu schreiben, müsste ein doppelt so dickes Buch verfasst werden.

Die Referenz lässt sich entweder über HILFE/ACTIONSCRIPT-REFERENZ aufrufen oder direkt aus dem Bedienfeld AKTIONEN per Mausklick auf das Referenzbuchsymbol. Mit letzterer Technik erhalten Sie eine kontextsensitive Unterstützung zur jeweils im Bedienfeld ausgewählten Aktion.

In der Referenz wird jede Aktion erläutert, ihre Verfügbarkeit in den verschiedenen Flash-Player-Versionen angezeigt, die notwendigen Parameter erklärt und eines oder mehrere Beispiele für die verschiedenen Anwendungsgebiete der betreffenden Aktion gegeben. Eine bessere Unterstützung könnte dieses Buch auch nicht geben.

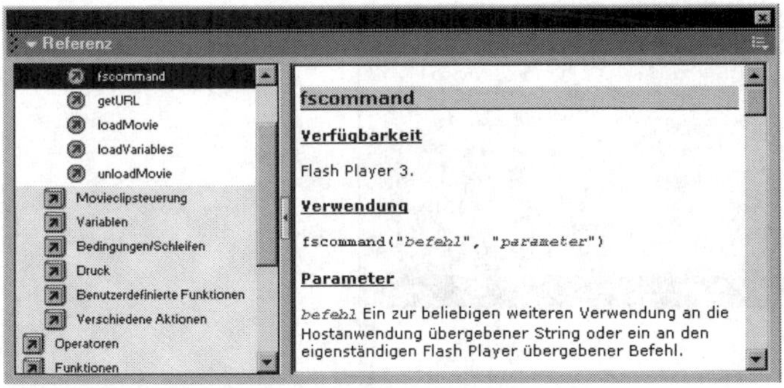

Bild 11.9: Referenzfenster bietet kontextsensitive Hilfe zu den einzelnen Aktionen.

Aktionen zur Movieclipsteuerung

Die folgenden Aktionen werden nur entsprechend ihrem Einsatzgebiet erläutert. Genaue Beschreibungen zu den Parametern und Werten entnehmen Sie bitte der Flash-Referenz.

Aktionen `duplicateMovieClip` und `removeMovieClip`

Mit `duplicateMovieClip` erstellen Sie die Instanz eines Movieclips, während der Originalfilm abspielt. Das Abspielen des Duplikats beginnt grundsätzlich in Bild 1, unabhängig von der Position des Abspielkopfs im Originalfilm. Variablen aus dem Originalfilm werden nicht übernommen. Wird der Originalfilm gelöscht, entfernt dies auch automatisch das Duplikat. Mit `removeMovieClip` löschen Sie ein Duplikat wieder, ohne den Originalfilm zu entfernen.

Aktion `onClipEvent`

Ähnlich der Aktion `on` für Schaltflächeninstanzen lässt sich die Aktion `onClipEvent` für die Definition von Ereignissen auf Movieclip verwenden.

Dazu gehören nicht nur Benutzeraktionen wie Mausbewegungen oder Tastenanschläge. Ein Ereignis für ein Movieclip kann auch der Moment sein, in dem das Movieclip geladen oder entfernt wird bzw. in dem die Zeitleiste in einem neuen Bild steht. Die Mausereignisse zu dieser Aktion sind selbsterklärend. Das Ereignis `Daten` wird bei der Übermittlung der letzten Variablen ausgelöst.

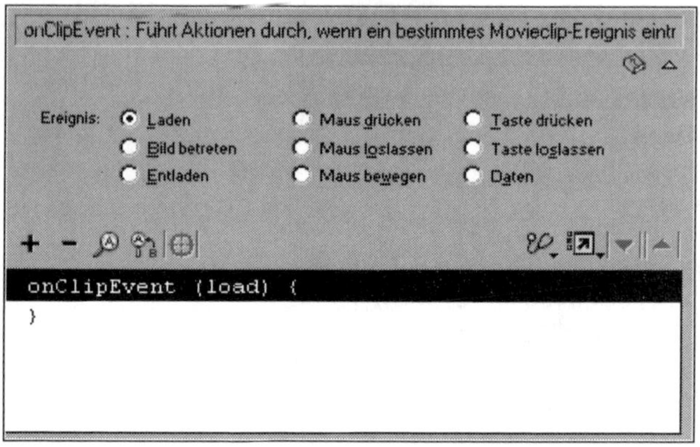

Bild 11.10: Ereignisdefinition für Movieclips

Aktion `setProperty`

Mit dieser Aktion können Sie die Eigenschaft eines Films dynamisch ändern, während er abgespielt wird. Die Liste der auf diese Weise manipulierbaren Eigenschaften ist lang und reicht von spezifischen Bühnenpositionen über die Größe und Breite eines Films bis hin zu dessen Alphawerten.

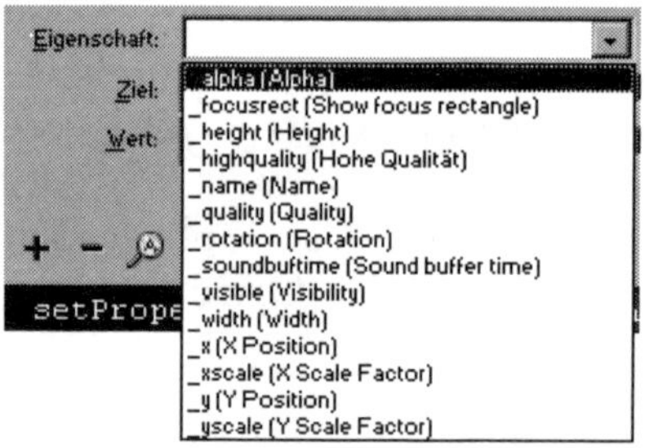

Bild 11.11: Dynamisch veränderbare Movieclip-Eigenschaften

Im Listenfeld EIGENSCHAFTEN wählen Sie aus, welche Eigenschaft geändert werden soll, während Sie im Feld WERT das neue Maß eingeben.

Diese Aktion erlaubt viele interessante, dynamisch erzeugte Effekte, mit denen sich Objekte auf der Bühne mit Hilfe eines ActionScript bewegen und verändern lassen. Einige Aktionen führen ähnliche Aufgaben aus, die sich in einem Film natürlich auch auf der Zeitleiste definieren lassen. Wer sich einmal mit den ActionScripts angefreundet hat, wird diese Möglichkeit eventuell interessanter finden, weil sie einen direkteren und damit auch effizienteren Zugriff auf das Geschehen in einem Film erlaubt.

Aktionen `startDrag` und `stopDrag`

Mit Hilfe von `startDrag` können Sie einen Movieclip ziehbar machen, während der Film abspielt, d. h. der Benutzer kann den Movieclip an eine andere Position ziehen. Dies ist immer dann wichtig, wenn der Benutzer eine Grafik selbst versetzen soll, z. B. in Spielen wie Puzzles oder bei anderen Gelegenheiten. Es kann jeweils nur ein Movieclip gezogen werden. Um die Eigenschaft »ziehbar« wieder von einem Movieclip zu entfernen, wird die Aktion `stopDrag` oder der erneute Aufruf einer weiteren `startDrag`-Aktion für ein anderes Movieclip.

Für eine `startDrag`-Aktion ist zunächst ein Ereignis notwendig, meist das Drücken der Maustaste über einer bestimmten Symbolinstanz. Definieren Sie also zunächst ein `onClipEvent`-Ereignis (etwa DRÜCKEN). Als Nächstes fügen Sie die Aktion `startDrag` darunter ein. Soll das aktuelle Movieclip gezogen werden, ist keine Zielangabe erforderlich. Sie können den Bereich auswählen, in dem der Movieclip ziehbar sein soll, oder definieren, dass der Mauszeiger beim Ziehen an der Objektmitte »klebt«, indem Sie darunter entweder das Kontrollfeld IMMER ALS RECHTECK oder MAUS ZENTRIEREN aktivieren. Dies ist aber nicht obligatorisch. Werden keine Angaben hierzu vorgenommen, zieht die Mauszeiger das Objekt an der Position, an welcher der Benutzer die Maus die Maustaste auf dem Objekt gedrückt hat.

Dieses Skript macht das aktuelle Movieclip ziehbar:

```
onClipEvent (mouseDown) {
   startDrag("");
}
```

Was nützt es aber einem Benutzer, wenn er ein Objekt zwar über die Bühne ziehen, aber nirgends ablegen kann. Wer programmieren lernen möchte, muss sich mit einer bestimmten Logik auseinander setzen, die in diesem Fall lautet: Ein neues Ereignis ist notwendig, das die `stopDrag`-Aktion einleitet.

Im Skriptfenster muss dazu die letzte geschweifte Klammer unter der `startDrag`-Aktion markiert werden. Durch einen Doppelklick auf die Aktion `onClipEvent` wird diese zum zweiten Mal eingefügt und das Ereignis angegeben, welches das Ziehen stoppt, z. B. LOSLASSEN. Anschließend wird die Aktion `stopDrag` eingefügt.

Dieses Skript verwandelt die aktuelle Movieclip-Instanz zu einem ziehbaren Objekt, das vom Benutzer mit gedrückter Maustaste über den Bildschirm gezogen und beim Loslassen der Maustaste an der aktuellen Position abgelegt werden kann:

```
onClipEvent (mouseDown) {
   startDrag("");
}
onClipEvent (mouseUp) {
   stopDrag();
}
```

Testen Sie die Funktionsweise mit STEUERUNG/FILM TESTEN.

Aktion `updateAfterEvent`

Diese Aktion erfordert keine Parameter und wird in einer Ereignisdefinition platziert. Sie sorgt dafür, dass die Anzeige unabhängig von der eingestellten Bildrate aktualisiert wird. `updateAfterEvent` lässt sich auch mit Hilfe einer Methode oder Funktion an die Aktion `setInterval` weitergeben, die ein zeitliches Intervall für den Aufruf von Methoden oder Funktionen definiert.

Aktionen für Variablen

Die Aktionen in der Kategorie VARIABLEN lassen sich nur anwenden, wenn Variablen in einem Skript vorhanden sind. Sie können damit Variablen löschen (`delete`), definieren (`set variable`), deklarieren (`var`) und adressieren (`with`).

Variablen werden erstellt, indem Sie einen Namen dafür eingeben und darunter den zugehörigen Wert definieren. Wenn Sie für eine Schaltflächeninstanz oder ein Movieclip eine Variable definieren und z. B. `Ball` als Variablenname wählen, bietet dies den Vorteil, dass Sie unter diesem Namen von jedem anderen Bild im Film mit Hilfe eines Skripts auf diese Variable zugreifen und mit Hilfe von Eigenschaften neue Werte zuweisen können. Doch dies ist nicht ganz so einfach, wie es klingt, und führt bereits in die Untiefen der Programmierung.

An den Variablen wird die Schnittstelle zur Programmierung besonders deutlich, denn alle bisher beschriebenen Aktionen waren immer nur für die augenblicklich markierte Instanz gültig und unterschieden sich dadurch eigentlich nicht von Befehlen, die Sie direkt in den Dialogfeldern für die markierte Instanz auf der Bühne gewählt haben. Durch die Verwendung von Variablen öffnet sich ein breites Anwendungsspektrum der Flash-Skripts. Variablennamen in einem Film müssen immer eindeutig sein, damit eindeutig ist, welcher Wert damit angesprochen werden soll.

Die Wertangabe für eine Variable wird standardmäßig als Text interpretiert und im Skriptfenster automatisch in Anführungszeichen gesetzt. Soll der Wert als numerische Zahl oder Ausdruck interpretiert werden, muss dazu das danebenstehende Kontrollfeld AUSDRUCK aktiviert werden. In Ausdrücken lassen sich auch Boolsche Operatoren, z. B. für Vergleiche wie Ist-gleich, Größer-als oder Kleiner-als etc. einfügen.

Aktionen für Bedingungen

Haben Sie im vorherigen Abschnitt einen kleinen Einblick in die Flexibilität erhalten, die Variablen für Elemente in einem Film bereithalten, so wird dieser Eindruck durch die Aktionen für Bedingungen noch verstärkt, denn mit Bedingungen lassen sich komplexe Handlungsabläufe oder wiederholte Ausführungen definieren. Die Variablen dienen dazu, das Spektrum der ansprechbaren Objekte zu vergrößern, und die Bedingungen sorgen für einen größeren Handlungsspielraum. Miteinander verknüpft ergibt sich damit eine andere Dimension der Filmsteuerung, die nur durch Skripts möglich ist.

Angenommen, Sie haben das Objekt mit dem Variablennamen `Ball` auf der Bühne platziert. Ist dessen Wert gleich `grün`, soll das Objekt nach links versetzt, ist er gleich `rot`, soll es nach rechts versetzt werden. Mit Hilfe von Variablen und Bedingungen lassen sich Skripts als eine Art Schaltzentrale für alle Geschehnisse in einem Film einsetzen. Aktionen müssen dafür verschachtelt werden. Alle Aktionen aus der Kategorie Bedingungen definieren solche Szenarien.

Mit `break` lassen sich Wiederholungsschleifen unterbrechen, mit `case` wird die Bedingung für eine `switch`-Aktion definiert, `continue` sorgt für ein bestimmtes Ablaufverhalten in `for`- und `while`-Schleifen. `Default` definiert die Standardbedingung für eine `switch`-Aktion, `do while` garantiert die Ausführung eines Skripts, solange eine bestimmte Bedingung zutrifft, `else` sorgt für alternative Handlungen, wenn eine Bedingung nicht zutrifft, `else if` setzt eine nicht zutreffende if-Bedingung fort, `for` wertet eine Bedingung aus, ehe Wiederholungen durchgeführt werden, `if` definiert Bedingungen und `switch` ermöglicht verzweigte Anweisungen, die ebenfalls auf Bedingungen basieren.

Diese Erläuterung ist sicher nur ein kurzer Abriss, soll Ihnen aber einen Eindruck von den Einsatzbereichen der Bedingungs-Aktionen geben soll.

Die weiteren Aktionskategorien im Bedienfeld AKTIONEN dienen zum Ausdrucken eines Flash-Films oder eines Filmabschnitts über ActionScript, den Aufruf von Methoden und Funktionen sowie die Definition von Intervallen und Kommentaren sowie anderen schon sehr weit in die Programmierung hineinreichenden Techniken.

Die Kategorie AKTIONEN selbst ist nur eine von vielen anderen Kategorien, die zur Hardcore-Programmierung gehören und deren Erläuterung den Rahmen dieses Buches überschreiten würden.

Wer nicht in ActionScript programmieren kann, muss aber nicht auf die vielen Vorteile verzichten, die Skripts bieten. Sie können ActionScripts auch in einen Film einbinden, ohne sie selbst geschrieben zu haben. Dafür gibt es im Internet viele Seiten, die bereits vordefinierte Skripts zum Importieren anbieten. Eine Anpassung dieser Scipts an den eigenen Film ist meist nicht allzu kompliziert. Zwei Internetsites dieser Art sind z. B. *www.flashworker.de* und *www.flash5actionscript.com.* Es gibt viele Communities von Flash-Designern, die sich im Internet eigene Plattformen für den Informationsaustausch geschaffen haben. Auf diesen Seiten erhalten Sie Hilfe bei Fragen, können sich ActionScripts und andere Flash-Inhalte herunterladen und an den laufenden Diskussionen um die Programmentwicklung teilnehmen.

Wer ernsthaft die Programmierung von ActionScirpts einsteigen möchte, ist mit dem bei Markt & Technik veröffentlichten Titel »Jetzt lerne ich ActionScript« von D. Louis gut beraten. Ein umfassendes Werk zu Flash, das Kompendium Flash MX von D. Louis und S. Nissen, kann als komplette Referenz dienen (ebenfalls bei Markt+Technik erschienen).

Querverweis

➔ In Anhang C dieses Buches finden Sie eine Liste der gebräuchlichsten Aktionen mit den jeweiligen Parametern.

Operatoren

Um Variablenwerte mit Ausdrücken zu versehen, müssen Operatoren benutzt werden. In ActionScript stehen viele arithmetische, logische und vergleichende Operatoren in der Kategorie Operatoren zur Auswahl. Die Wichtigsten sollen in der nachfolgenden Tabelle kurz dargestellt und erläutert werden.

Operator	Beschreibung
+ (Addition)	`Wert1 + Wert2` Addiert numerische Werte oder verbindet Zeichenfolgen.
- (Subtraktion)	`Wert1 - Wert2` Subtrahiert numerische Werte oder dreht deren Vorzeichen um.
+ (Multiplikation)	`Wert1 * Wert2` Multipliziert beide Zahlen.
/ (Division)	`Wert1 / Wert2` Dividiert beide Zahlen.
== (Ist-gleich)	`Wert1 == Wert2` Testet zwei Werte auf Gleichheit. Ist dies der Fall, wird `true` zurückgegeben.
!= (Ungleich)	`Wert1 != Wert2` Testet auf Ungleichheit. Wenn `Wert1` nicht gleich `Wert2` ist, ist das Ergebnis `true`.
< (Kleiner als)	`Wert1 < Wert2` Vergleicht zwei Werte und gibt zurück, ob `Wert1` kleiner `Wert2` ist.
> (Größer als)	`Wert1 > Wert2` Vergleicht zwei Werte und gibt zurück, ob `Wert1` größer `Wert2` ist.
<= (Kleiner oder gleich)	`Wert1 <= Wert2` Vergleicht zwei Werte und gibt zurück, ob `Wert1` kleiner oder gleich `Wert2` ist.

<table>
<tr><th>Operator</th><th>Beschreibung</th></tr>
<tr><td>>= (Größer oder gleich)</td><td><code>Wert1 >= Wert2</code>
Vergleicht zwei Werte und gibt zurück, ob <code>Wert1</code> größer oder gleich <code>Wert2</code> ist.</td></tr>
<tr><td>&& (logisches Und)</td><td><code>Wert1 && Wert2</code>
Führt für beide Werte eine Boolesche Operation (<code>true</code> oder <code>false</code>) durch und gibt erst <code>true</code> zurück, wenn beide Werte wahr sind.</td></tr>
<tr><td>|| (logisches Oder)</td><td><code>Wert1 || Wert2</code>
Führt für beide Werte eine Boolesche Operation (<code>true</code> oder <code>false</code>) durch und gibt <code>true</code> zurück, wenn einer der beiden Werte wahr ist.</td></tr>
</table>

Aktionen bearbeiten

Soll eine bereits eingegebene Aktion nachträglich noch einmal bearbeitet werden, muss das betreffende Bild oder Symbol markiert und das Bedienfeld AKTIONEN geöffnet werden. Sie können dann die Aktionen im Bedienfeld AKTIONEN zeilenweise im Skriptbereich markieren. Darüber erscheinen dann wieder die jeweils zugehörigen Parameter und Werte, die sich neu definieren lassen.

Bei langen Skripts ist es ratsam, die Zeilennummerierung einzublenden, um die Orientierung zu verbessern und die Markierung zu erleichtern. Dazu können Sie aus dem Ansichtsmenü das Bedienfeld AKTIONEN den Eintrag ZEILENNUMMERN ANZEIGEN auswählen.

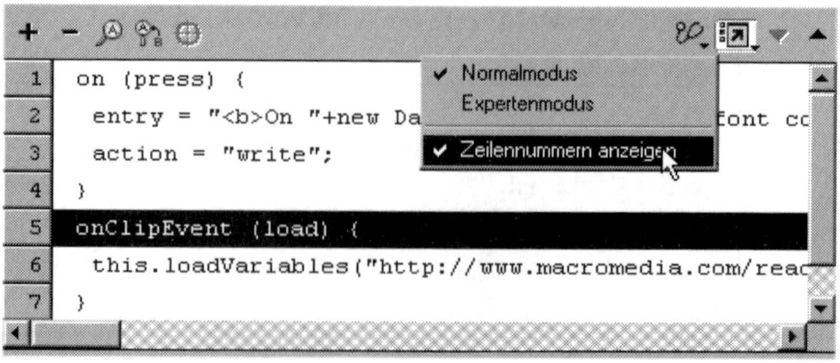

Bild 11.12: Zeilennummern anzeigen

Vor jeder Skriptzeile erscheint links eine anklickbare Schaltflächennummer. Ein Mausklick darauf genügt, um die betreffende Zeile für die Bearbeitung zu markieren.

Sie können bereits eingegebene Aktionen auch verschieben, um deren Reihenfolge im Skript zu ändern. Dazu markieren Sie eine Zeile und klicken im Bedienfeld AKTIONEN rechts außen über dem Skriptfenster auf das nach unten oder oben gerichtete Pfeilsymbol. Flash MX erkennt dabei automatisch, welche Teile eines Skripts zusammengehören. Eine Ereignisdefinition wird z. B. zusammen mit der zugehörigen Aktion verschoben.

Code transferieren

Möchten Sie ein Skript für andere Bearbeiter zugänglich machen oder selbst Skripts aus anderen Quellen in Flash übernehmen, müssen diese Skripts im Dateiformat AS (ActionScript) vorliegen. Anschließend wählen Sie aus dem Optionenmenü im Skriptfenster den Eintrag AUS DATEI IMPORTIEREN oder ALS DATEI EXPORTIEREN. Die Skriptdatei lässt sich wie jede andere Datei auswählen und in Flash importieren.

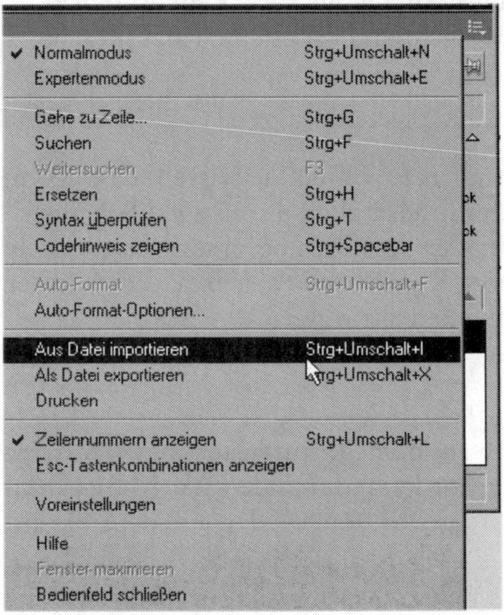

Bild 11.13: Skripts zur weiteren Verwendung im- oder exportieren

In diesem Menü können Sie Skripts ausdrucken, Code-Hinweise ein- oder ausblenden oder die automatischen Formateinstellungen für Skripts in Flash definieren. Mit Letzterem lässt sich der Stil des Skripts steuern, z. B. das Setzen der geschweiften Klammern. Die Darstellung der Skripts, z. B. Farbe und Hintergrund, ändern Sie mit dem Eintrag VOREINSTELLUNGEN im Optionenmenü. Skripts von anderen Autoren lassen sich auf diese Weise an den eigenen Stil anpassen.

Lange Skripts lassen sich auch mit SUCHEN und ERSETZEN bearbeiten. Diese Befehle finden Sie ebenfalls im Optionenmenü. Sie werden wie üblich in Windows-Anwendungen verwendet.

Ein Skript kann auch direkt aus der Zwischenablage in Flash kopiert werden. Sobald der Cursor im großen Skriptfenster steht, lässt sich Code daraus ausschneiden, kopieren und einfügen wie in einem herkömmlichen Texteditor.

> Achtung
>
> Bei der Übernahme von Code anderer Autoren treten die üblichen Copyright-Bestimmungen in Kraft. ActionScript-Codes, die auf Seiten im Internet angeboten werden, sollten nur mit Einverständnis des Entwicklers übernommen werden. Viele Entwickler stellen ihren Code gerne zur Verfügung, aber eine Rücksprache ist notwendig.

Wenn Sie Skripts anderer Autoren studieren, sollten Sie wissen, dass Kommentare zu einzelnen Skript-Passagen grundsätzlich durch zwei Schrägstriche (//) gekennzeichnet sind und bei der Ausführung eines Skripts nicht berücksichtigt werden. Mit Hilfe von Kommentaren geben die Autoren Hinweise auf die Funktion des betreffenden Skriptteils.

Aktionen entfernen

Bereits eingefügte Aktionen lassen sich aus dem Skriptfenster auf zwei Arten wieder entfernen: Direkt nach der Eingabe kann durch den Befehl BEARBEITEN/RÜCKGÄNGIG die zuletzt eingefügte Aktion wieder aus dem Skriptbereich gelöscht werden.

Sollen nachträglich bestimmte Zeilen entfernt werden, markieren Sie die betreffende Zeile per Mausklick auf die Zeilennummer oder den Zeilenanfang, und drücken Sie [Entf].

Kleine Alltagsbeispiele

Nach so viel trockenem Stoff soll Ihnen der folgende Abschnitt einige Anregungen bieten und zeigen, welche Effekte sich mit ActionScripts von Flash erzielen lassen. Die einzelnen Beispiele werden erläutert und lassen sich bei Bedarf in einen Flash-Film intergrieren.

Changierende Schaltflächen

Es soll eine Schaltfläche erstellt werden, deren Farbe changiert, d. h. in einem bestimmten zeitlichen Verlauf eine geringere Transparenz annimmt und dann wieder in voller Pracht erstrahlt. Wie geht das?

Mit den bisher bekannten Techniken könnte ein Farbwechsel innerhalb eines Elements zwar durch einen Form-Tween hergestellt werden, für Instanzen von Schaltflächensymbolen ist dies jedoch nicht möglich, weil sich kein Form-Tween zuweisen lässt. Umgekehrt kann einem einfachen Element auf der Bühne aber auch keine Ereignisbehandlung zugewiesen werden. Dazu müsste ein Movieclip erstellt werden. Sie könnten zwar das Schaltflächensymbol in einen Movieclip integrieren, aber die nachfolgend beschriebene Lösung über ActionScript spart Rechnerleistung.

Um diese Aufgabenstellung zu lösen, können Sie vieles programmieren, hier soll ein einfacher Weg vorgestellt werden:

1. Erstellen Sie in Bild 1 auf der Zeitleiste ein farbiges Objekt, das als Schaltfläche fungieren soll, z. B. einen leuchtend blauen Kreis.
2. Konvertieren Sie dieses Objekt in die Symbolinstanz eines Movieclip.
3. In Bild 1 soll jetzt die gesamte Funktionalität der Symbolinstanz eingefügt werden. Dazu gehören die Ereignisdefinition, das Laden einer URL beim Anklicken durch den Benutzer und die Definition einer Farbeigenschaft. Als Erstes wählen Sie aus der Kategorie MOVIECLIPSTEUERUNG die Aktion `onClipEvent` mit einem Doppelklick aus. Aktivieren Sie als Parameter die Option MAUS LOSLASSEN.

4. Weisen Sie dann aus der Kategorie BROWSER/NETZWERK die Aktion GETURL zu. Definieren Sie für den Parameter URL die Webseite, die aufgerufen werden soll (z. B. http://www.macromedia.com), und wählen Sie für FENSTER den Wert `_blank` aus.
5. Fügen Sie als Nächstes aus der Kategorie MOVIECLIPSTEUERUNG die Aktion `setProperty` mit einem Doppelklick in das Skript ein. Hiermit soll die Transparenz der Farbe definiert werden, die sich dann in jedem weiteren Bild auf der Zeitleiste ändern lässt, um den changierenden Effekt zu erzielen. Im ersten Bild ist die Transparenz der Farbe noch 100, trotzdem soll Sie hier bereits in das Skript aufgenommen werden, damit sie sich später schnell verändern lässt. Wählen Sie für den Parameter EIGENSCHAFT den Eintrag `alpha` aus dem Listenfeld aus, und geben Sie in das Feld WERT 100 ein.
6. Das Skript im ersten Bild auf der Zeitleiste sollte wie folgt aussehen:

```
onClipEvent (mouseUp) {
getURL("http://www.macromedia.com", "_blank");
}
onClipEvent (load) {
setProperty("", _alpha, "100");
}
```

7. Lassen Sie das Bedienfeld AKTIONEN geöffnet, und fügen Sie in Bild 2 auf der Zeitleiste mit [F6] ein Schlüsselbild ein. Damit werden sowohl die Symbolinstanz als auch das zugehörige Skript automatisch in das nächste Bild übernommen.
8. Um jedoch in Bild 2 die Transparenz etwas herabzusetzen, soll der Wert für die Transparenz hier nicht mehr 100, sondern 90 lauten. Markieren Sie dazu im Skriptbereich des Bedienfelds AKTIONEN die Zeile `setProperty`, und geben Sie im Feld WERT 90 ein. Das zweite Bild in der Zeitleiste muss markiert sein. Ist kein Skript zu sehen, aktivieren Sie im obersten Listenfeld unter der Titelleiste des Bedienfelds AKTIONEN den Eintrag AKTIONEN FÜR (SYMBOL).
9. Verfahren Sie mit den übrigen Bildern 3 bis 10 in der Zeitleiste ebenso. Fügen Sie jeweils mit [F6] ein Schlüsselbild ein, und setzen Sie dann die Transparenz pro Bild jeweils um 10 herab. In Bild 3 hat das Symbol einen Tranzsparenzwert von 80, in Bild 4 den Wert 70 etc.

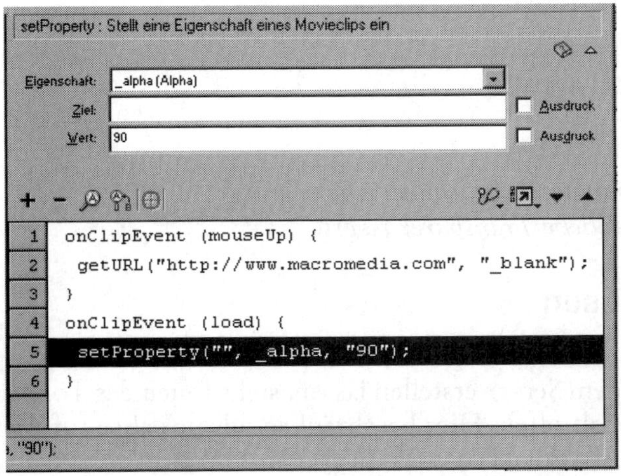

Bild 11.14: Transparenz über den Alphawert definieren

Achtung

Beachten Sie, dass im oberen Listenfeld jedesmal die Aktionen für das Symbol eingestellt werden müssen.

10. In jedem Bild ist die Interaktivität gegeben, und gleichzeitig konnte durch eine Aktion ein differenzierter Transparenzwert für ein- und dasselbe Symbol angegeben werden. Jetzt fehlt nur noch eine Wiederholung, denn die changierende Schaltfläche soll dauerhaft auf der Webseite zu sehen sein. Dazu markieren Sie Bild 10 in der Zeitleiste. Im Bedienfeld AKTIONEN sollten diesmal im obersten Listenfeld nicht die Symbolaktionen, sondern die Bildaktionen aktiviert sein. Der Skriptbereich ist also leer, weil alle bisherigen Aktionen dem Symbol und nicht dem Bild hinzugefügt wurden.
11. Wählen Sie aus der Kategorie FILMSTEUERUNG die Aktion `goto` mit einem Doppelklick aus, und belassen Sie die Option GEHE ZU UND ABSPIELEN sowie den Wert 1 im Feld BILD. Damit ist die Wiederholung des Farbwechsels eingestellt.
12. Wählen Sie STEUERUNG/FILM TESTEN, um die changierende Schaltfläche zu bewundern, und prüfen Sie die Interaktivität durch einen Klick auf den Movieclip in verschiedenen Transparenzmomenten.

Bild 11.15: Anklickbare, changierende Schaltfläche durch unterschiedliche Transparenzwerte

Text dynamisch einlesen

Sie können Texte aus externen Dateien in Flash laden. Da sich solche Textdateien z. B. mit PHP auf dem Server erstellen lassen, steht Ihnen das Tor zu dynamisch generiertem Inhalt offen. Hier beschränken wir uns aber auf das Laden des Textes aus einer Textdatei.

1. Öffnen Sie einen neuen Film. Geben Sie den Text »Hier wird der geladene Text angezeigt« in ein Textfeld ein. Stellen Sie anschließend den Texttyp auf DYNAMISCHER TEXT.
2. Falls noch nicht geschehen, öffnen Sie die erweiterte Anzeige der Eigenschaftenpalette. Geben Sie dort im Feld VAR der Variablen den Namen `dynText`.
3. Erstellen Sie nun eine beliebige Schaltfläche, öffnen Sie dann das Fenster Aktionen mit [F9]. Weisen Sie nun der Schaltfläche die Aktion `loadVariables` aus der Kategorie BROWSER/NETZWERK zu.
4. Belassen Sie die automatisch eingefügte Ereignisabfrage bei LOSLASSEN. Geben Sie für die Aktion `loadVariables` die URL `dynamisch.txt` ein.
5. Lassen Sie bei ORT die Standardeinstellungen auf `Stufe` und `0`. Stellen Sie die Option VARIABLEN auf VERSENDEN MIT POST. Speichern Sie den Film ab.

> **Hinweis**
>
> Um den Film auf Ihrem Rechner zu testen, ist die Einstellung VARIABLEN VERSENDEN MIT POST notwendig. Wenn Sie jedoch die Datei auf einem Server im Internet ablegen, muss die Option auf VERSENDEN MIT GET gestellt werden, um zu funktionieren.

6. Erstellen Sie nun in einem externen Texteditor die Datei `dynamisch.txt` mit folgendem Inhalt:

```
dynText=Dies ist dynamisch geladener Text!
```

> **Hinweis**
>
> In der Textdatei muss der Name der im Film verwendeten Variablen angegeben sein. Achten Sie darauf, dass zwischen dem Namen der Variablen und dem = kein Leerzeichen steht, sonst funktioniert es nicht. Sie können auch HTML-Anweisungen im zu ladenden Text verwenden, um den Text zu formatieren; dazu müssen Sie aber in Flash für das Textfeld die Option TEXT ALS HTML WIEDERGEBEN aktiviert haben.

7. Stellen Sie sicher, das sowohl die Textdatei als auch Ihr Flash-Film im gleichen Verzeichnis abgespeichert sind.
8. Testen Sie den Film mit [Strg]+[Eingabetaste]. Wenn Sie auf die Schaltfläche klicken, wird der Text aus der Datei geladen und ersetzt den ursprünglichen Text.

Durch diese Schritte können Sie es sich erleichtern Ihre Flash-Filme aktuell zu halten. Dazu müssen Sie nur eine Textdatei aktualisieren und diese auf den Server laden. Wenn Sie dabei gewissenhaft vorgehen, ersparen Sie es sich dadurch, in Ihrem Flash-Film Texte zu ändern, den Film dann zu veröffentlichen und auch das Hochladen des kompletten Films. Nicht nur, dass dies Zeit spart, da die TXT-Datei kleiner ist als der fertige Film – Sie können auch einmal von einem Rechner aus eine Aktualisierung vornehmen, auf dem keine Flashanwendung installiert ist.

Komponenten

Die Komponenten sind vorgefertigte Oberflächenelemente, die dem Entwickler den Vorteil bieten, schnell immer wieder benötigte Elemente in einen Flash-Film einzufügen. Die UI-Komponenten lassen sich in einem eigenen Bedienfeld anzeigen, das mit FENSTER/KOMPONENTEN [Strg]+[F7] geöffnet wird.

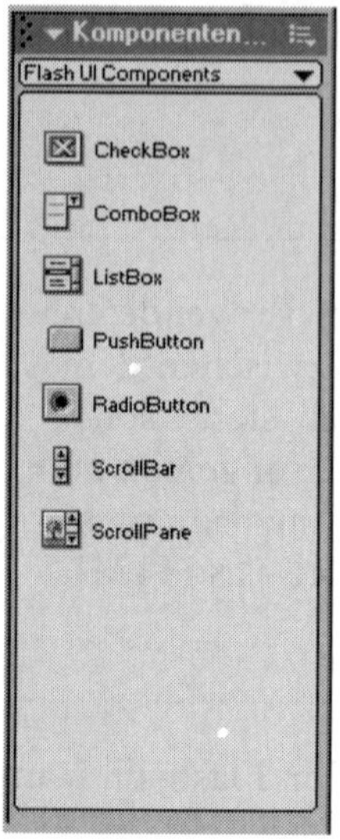

Bild 11.16: Oberflächenelemente schnell zur Hand

Hier stehen Kontrollfelder, Listenfelder, Buttons, Optionsfelder, Bildlaufleisten und Textfelder mit Bildlaufleisten zur Auswahl. Welchem Zweck diese Komponenten dienen, entnehmen Sie bitte der nachstehenden Tabelle.

Komponente	Verwendungszweck
RadioButton (Optionsfeld)	Einzelne Option aus einer Gruppe sich ausschließender Optionen
CheckBox (Kontrollkästchen)	Einzelne Option, die aktiviert oder deaktiviert werden kann
PushButton (Schaltfläche)	Führt einen Befehl aus, wenn der Benutzer darauf klickt oder die Eingabetaste drückt
ComboBox (Kombinationsfeld)	Bestimmter Listentyp mit Optionen
ListBox (Listenfeld)	Liste mit Optionen
ScrollPanel (Bildlauffenster)	Fenster zur Anzeige von Movieclips mit Bildlaufleiste
ScrollBar (Bildlaufleiste)	Bildlaufleiste für Textfelder

Soll ein solches Element in einem Flash-Film benutzt werden, ziehen Sie es zunächst einfach mit der Maus aus dem Bedienfeld auf die Bühne, oder doppelklicken Sie darauf. Ist eine UI-Komponenten in einen Film eingefügt worden, erscheint sie automatisch auch in der Bibliothek des betreffenden Films.

Komponente einfügen und konfigurieren

Um eine Komponente zu bearbeiten, zeigen Sie das zugehörige Eigenschaftenfenster an. Ein Listenfeld muss auf zweierlei Art bearbeitet werden: Die Größe und Position der Komponenten kann geändert werden, und die für den Benutzer auswählbaren Begriffe müssen hinzugefügt werden.

Im Eigenschaftenfenster geben Sie im linken Bereich wie für jedes andere Objekt die Größe und Position einer Komponente ein. Um alle Eigenschaften für eine Komponente anzuzeigen, klicken Sie rechts außen auf das Register EIGENSCHAFTEN. Auch Farbton und Transparenz der Komponenten sind definierbar. Die Einstellungen zur Farbe werden jedoch nicht in der Autorenumgebung, sondern erst beim Test des Films oder in der exportierten Datei sichtbar.

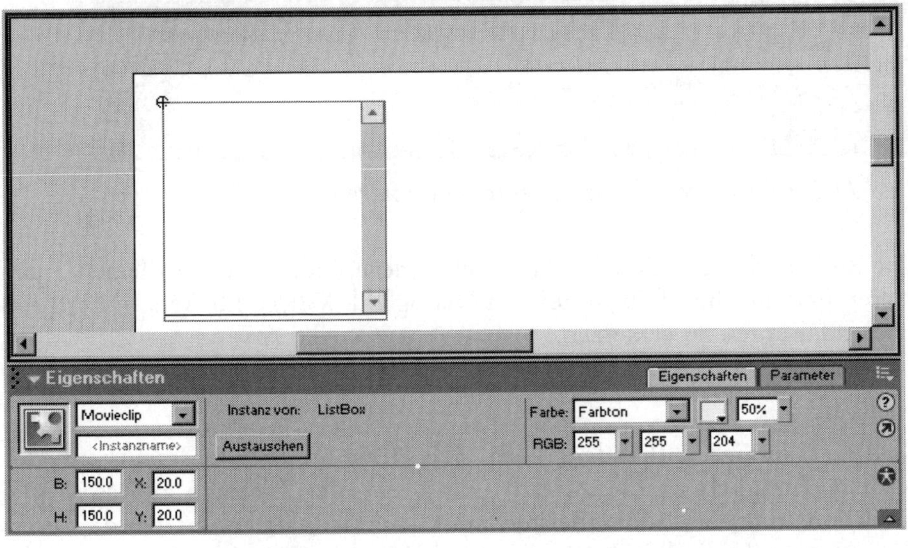

Bild 11.17: Einstellungsmöglichkeiten zum Layout einer UI-Komponente

Durch Anklicken des Registers PARAMETER im Eigenschaftenfenster wird die Beschriftung des Listenfelds möglich. Durch einen Doppelklick auf das Feld LABEL öffnet sich das Dialogfeld WERTE, in das Sie per Mausklick auf das Pluszeichen beliebig viele Begriffe zur Auswahl für den Benutzer einfügen können. Als Standardeintrag erscheint DEFAULT VALUE. Klicken Sie darauf, um diesen mit eigenen Werten zu überschreiben.

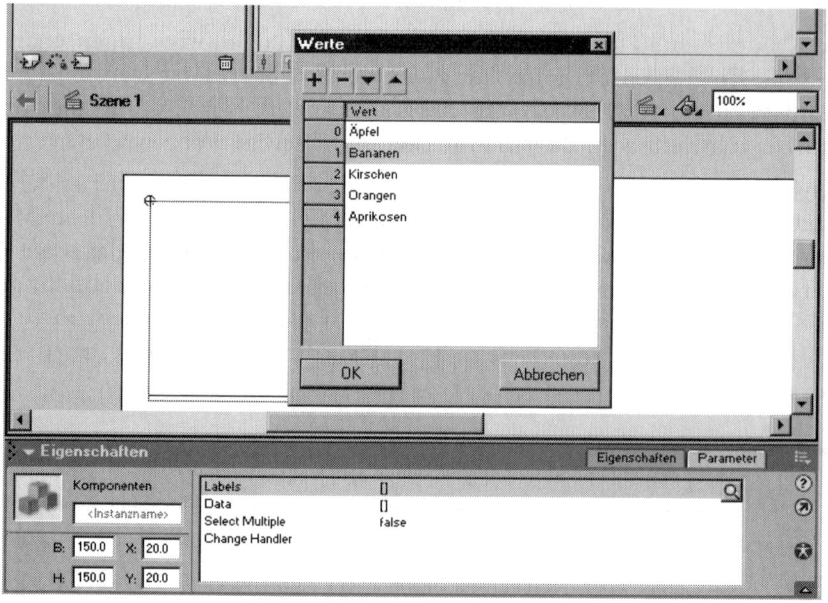

Bild 11.18: Einträge für das Listenfeld definieren

Die Reihenfolge der Einträge lässt sich ändern, indem Sie ein Element markieren und auf die Pfeilsymbole im Dialogfeld WERTE klicken, um es nach oben oder unten zu versetzen.

Die definierten Elemente sind für den Benutzer im exportierten Film auswählbar.

Sind die Einträge vorhanden, lassen sich Höhe und Breite des Listenfeldes auch nachträglich an die Anzahl und Breite der Einträge anpassen. Die Funktionaltität der Bildlaufleisten muss nicht implementiert werden, sondern tritt automatisch in Kraft, sobald die Liste der Einträge länger ist als die Höhe des Feldes.

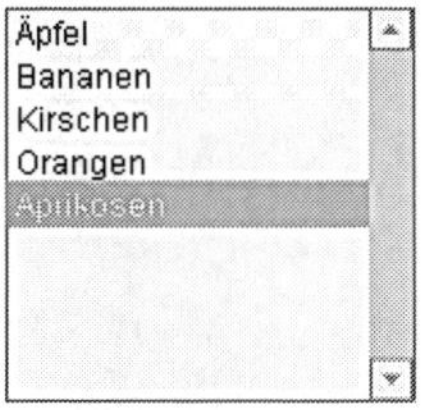

Bild 11.19: So erscheint das definierte Listenfeld im exportierten Film.

Bild 11.20: Angepasstes Listenfeld mit funktionsfähiger Bildlaufleiste.

Für den Parameter DATA müssen keine Einträge vorgenommen werden. SELECT MULTIPLE ist mit dem Wert FALSE versehen, weil in einem Listenfeld keine Mehrfachauswahl möglich ist. Als HANDLER können Sie die Ereignisdefinition `onClick` angeben. Die Benutzerangaben werden von Skripts »aufgefangen« und zur weiteren Bearbeitung eingesammelt.

Bildlaufleisten für Textfelder

Die Komponente SCROLLBAR lässt sich dynamischen Textfeldern oder Eingabetext mit fester Höhe und Breite zuweisen. Wenn Sie die Taste [⇧] gedrückt halten und auf den Griff eines dynamischen oder Eingabetextfeldes doppelklicken, wird dieses Feld in einen Textblock umgewandelt, dessen Größe sich bei der Texteingabe auf der Bühne nicht verändert. Einem solchen Textfeld lässt sich dann eine Bildlaufleiste hinzufügen, damit sie scrollbar wird.

Nach der Erstellung des Textfeldes ziehen Sie einfach die UI-Komponente SCROLLBAR aus dem Bedienfeld KOMPONENTEN auf das Textfeld auf der Bühne. Das Element passt sich automatisch an das Textfeld an.

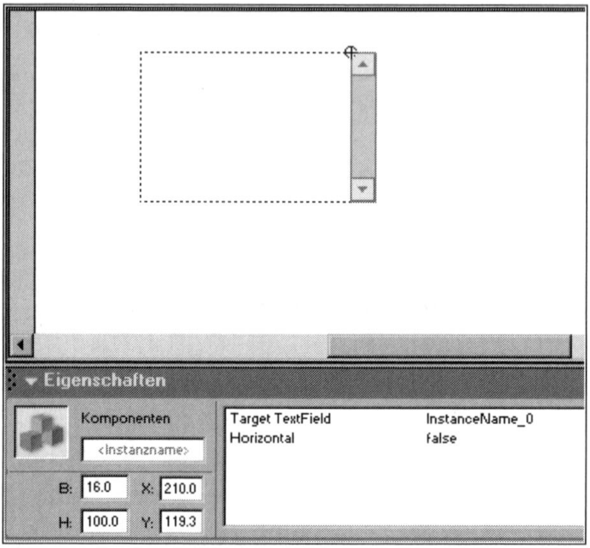

Bild 11.21: Dynamisches Textfeld mit fester Größe und Bildlaufleiste

Eine Bildlaufleiste rastet zwar automatisch ein, wird aber nicht mit dem dynamischen Textfeld gruppiert. Soll beides an eine andere Position versetzt werden, müssen beide Elemente zusammen markiert werden.

Wird die Größe des Textfeldes nachträglich geändert, ziehen Sie die Bildlaufleiste kurz zur Seite, und lassen Sie sie dann erneut am Textfeld einrasten, um die automatische Größenanpassung auszunutzen.

Kontrollkästchen einrichten

Ähnlich dem Listenfeld wird ein Kontrollkästchen beschriftet, indem Sie für LABEL im Eigenschaftenfenster die Beschriftung eingeben. Der Benutzer kann ein Kontrollkästchen entweder aktivieren oder nicht aktivieren. Der Wert der dadurch für ein Kontrollkästchen entsteht, kann deshalb nur true (aktiv) oder false (nicht aktiv) sein. Ein solcher Wert lässt sich von einem Skript auffangen und an Datenbanken weiterleiten oder anderweitig verarbeiten.

Position, Farbe und Größe von Kontrollkästchen werden ebenso im Eigenschaftenfenster definiert wie bei den Listenfeldern.

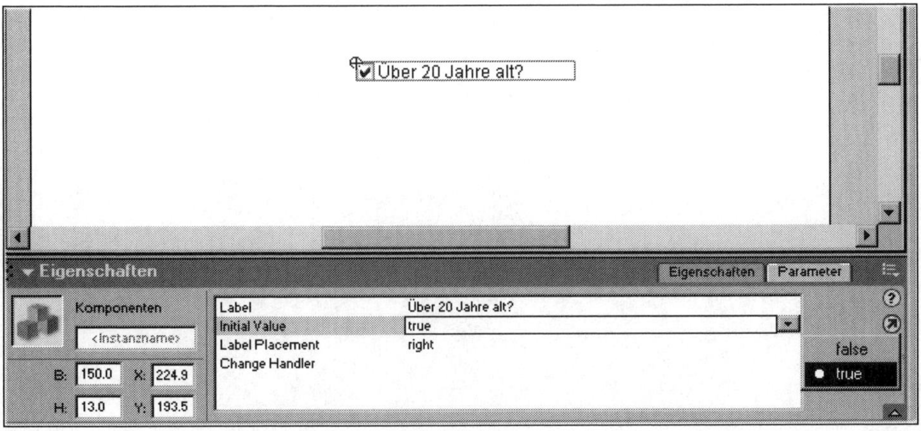

Bild 11.22: Kontrollkästchen einrichten

Für den Parameter INITIAL VALUE wählen Sie FALSE oder TRUE aus dem Listenfeld aus, um festzulegen, wie das Kontrollkästchen zu Beginn erscheinen soll: aktiviert (true) oder nicht (false).

Für den Parameter LABEL PLACEMENT stehen LEFT oder RIGHT zur Auswahl. Hiermit wird eingestellt, ob die Beschriftung links oder rechts vom Kontrollkästchen stehen soll.

Optionsfelder (RadioButtons) werden ähnlich den Kontrollkästchen eingerichtet. Hierfür muss zusätzlich noch ein Gruppenname vergeben werden, der allen zueinander gehörenden Optionsfeldern gemeinsam ist.

Die übrigen Komponenten werden ähnlich dem Listenfeld definiert, und die Schaltfläche (PushButton) erfordert nur eine Beschriftung.

Kapitel 12
Der Film-Explorer

Je umfangreicher ein Flash-Film wird, desto nützlicher wird der Film-Explorer. Um den Zusammenhang einzelner Szenen, Movieclips, Symbole, Schaltflächen, eingebetteter Schriftarten und anderer Filmelementen im Auge zu behalten, empfiehlt sich die Arbeit mit dem Film-Explorer.

Die Struktur eines Films lässt sich über die grafische Darstellung im Film-Explorer optisch anzeigen und ausdrucken. Ausgehend von der Hauptzeitleiste wird eine hierarchische Struktur der Elemente angezeigt.

Der Film-Explorer lässt sich im Menü FENSTER oder über die Tastenkombination [Alt]+[F3] öffnen.

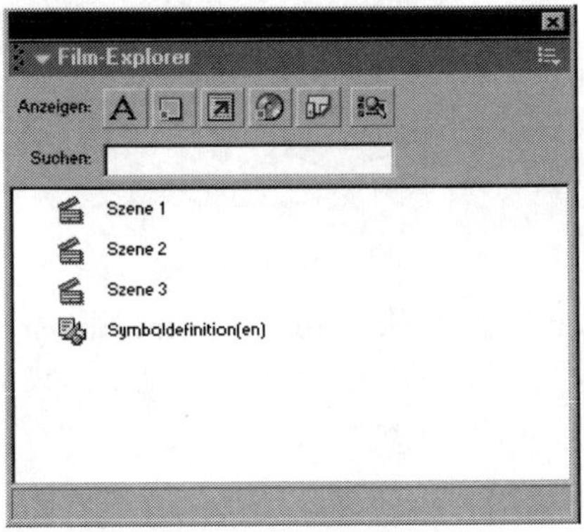

Bild 12.1: Filmexplorer zeigt alle Szenen eines Films an.

Am oberen rechten Rand des Film-Explorers steht das Optionenmenü zur Auswahl bereit. Aktivieren Sie hier den Eintrag ALLE SZENEN anzeigen, um den kompletten Film darzustellen.

Am besten verständlich wird die Funktionsweise des Film-Explorers, wenn Sie zunächst einmal alle Elemente ausblenden, die sich darstellen lassen. Dazu deaktivieren Sie in der oberen Symbolleiste ANZEIGEN des Film-Explorers alle Symbole, sodass diese nicht eingedrückt erscheinen. Es werden nur die Szenen und Symboldefinitionen hierarchisch aufgeführt.

Elemente anzeigen

Angenommen, Sie möchten nur bestimmte Elemente in einem Film unter die Lupe nehmen, so können Sie im Film-Explorer gezielt auswählen, welche Elemente eines Films dargestellt werden sollen.

Ausgehend von der Hauptzeitleiste oder einer aktuellen Szene wird dann zum Bespiel nur angezeigt, welche Schaltflächen ein Film enthält.

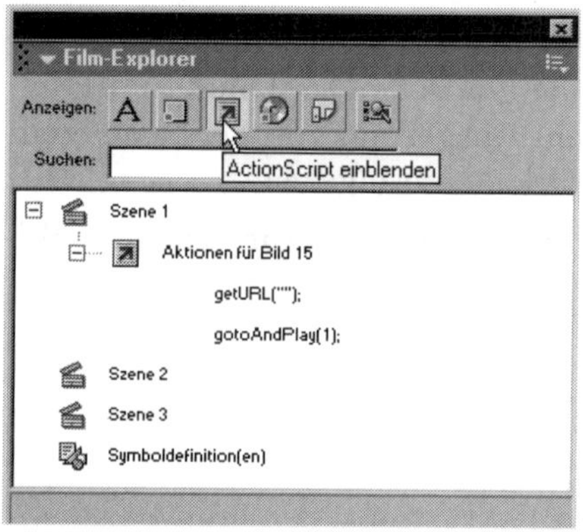

Bild 12.2: ActionScripts im Film darstellen

Die darzustellenden Elemente sind in folgende Rubriken in der Symbolleiste ANZEIGEN eingeteilt:

- Text
- Schaltflächen, Movieclips und Grafiken
- ActionScripts
- Video, Töne und Bitmaps
- Bilder und Ebenen

Klicken Sie einfach die betreffende Schaltfläche an, um die jeweiligen Elemente im Explorer darzustellen. Durch nochmaliges Anklicken deaktivieren Sie die Anzeige wieder.

Sie können selbstverständlich auch Kombinationen der verschiedenen Elemente anzeigen lassen.

Eine gezielte Auswahl ist mit dem letzten Symbol ANZUZEIGENDE OBJEKTE festlegen möglich. Es erscheint das Dialogfeld EINSTELLUNGEN FILM-EXPLORER.

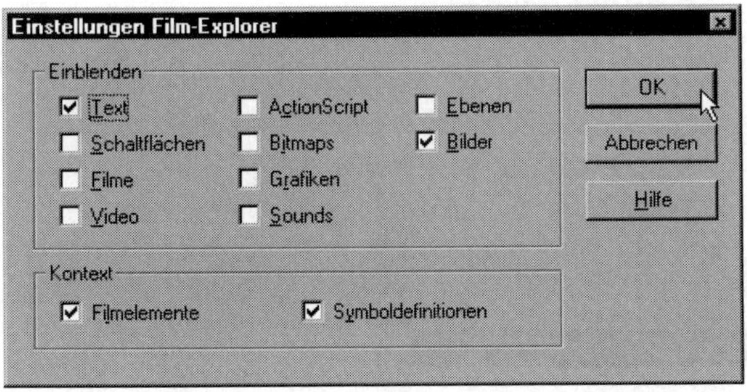

Bild 12.3: Gezielte Auswahl der anzuzeigenden Elemente im Film-Explorer

In diesem Dialogfeld sind Sie nicht mehr auf die Kombinationen beschränkt, welche die Symbole des Film-Explorers anzubieten haben, sondern können einzeln festlegen, welche Elemente Sie anzeigen möchten, indem Sie die betreffenden Kontrollfelder aktivieren und jene deaktivieren, die Sie nicht darstellen möchten.

Ist die Auswahl für die Anzeige getroffen worden, erscheinen vor den einzelnen Szenen wie im Windows-Explorer Pluszeichen. Per Klick auf ein Pluszeichen zeigen Sie alle ausgewählten Elemente einer Szene an. In Bild 12.4 werden die Bilder aller Szenen dargestellt.

Möchten Sie ein angezeigtes Bild bearbeiten, genügt ein Klick auf das betreffende Bild, um dieses sofort in der Autorenumgebung von Flash auf die Bühne zu holen.

Der Film-Explorer ist also nicht nur ein Anzeigeinstrument, sondern kann bei umfangreichen Filmen die Navigation durch die einzelnen Bereiche eines Films beträchtlich erleichtern.

Natürlich ist eine Orientierung anhand von Bildnummern im Explorer nicht viel einfacher als auf der Zeitleiste. Dies ist ein weiterer Grund – neben der Verwendung in ActionScripts –, Bilder zu benennen. Namen sagen mehr als Zahlen.

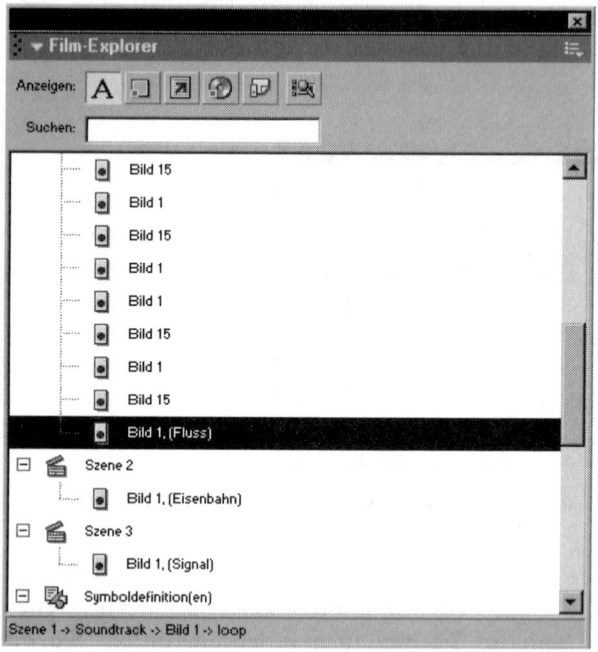

Bild 12.4: Mit der Bildlaufleiste blättern Sie durch den Explorer.

Wenn Sie sich angewöhnen, alle Elemente in Flash zu benennen, d.h. ihnen einen Instanznamen zu geben, wird auch die Suche danach im Filmexplorer erleichtert. Sie können den Namen eines Elements in das Suchfeld eingeben und die Eingabetaste drücken. Die Suche bezieht sich allerdings immer nur auf die angezeigten Elemente.

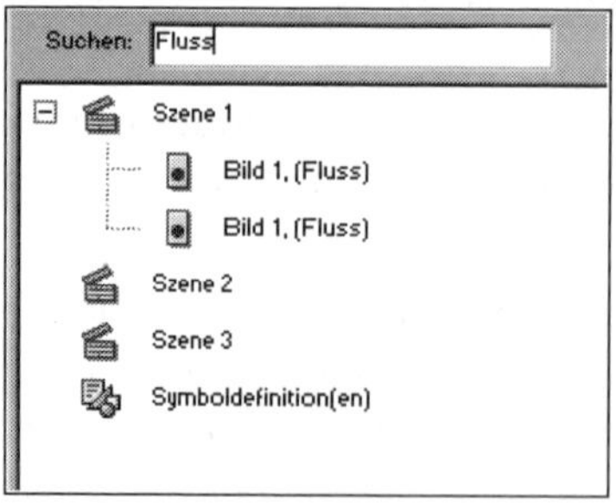

Bild 12.5: Nach Bildnamen suchen

Je nach gewähltem Element für die Anzeige im Film-Explorer erscheinen diese mit den bereits aus der Bibliothek bekannten Symbolen. Dies vereinfacht die Wiedererkennung und die Suche nach einzelnen Elementen.

In der hierarchischen Reihenfolge werden nach den Szenen zunächst die zugehörigen Ebenen angezeigt und dann die Bilder zu diesen Ebenen. Enthält ein Bild eine Schaltfläche oder ein Movieclip etc. werden diese wiederum eingerückt unter dem Bild angezeigt. Auf diese Weise »entblättert« sich der Film vor Ihren Augen mit sämtlichen Inhalten.

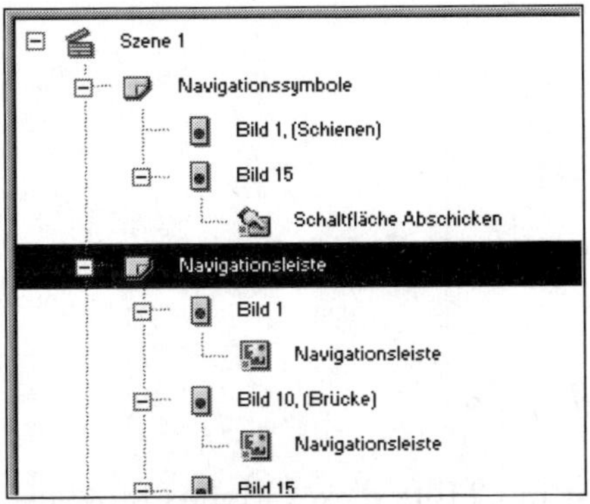

Bild 12.6: Ebenen und ihre Inhalte

Per Mausklick auf das Minuszeichen lassen sich die darunter liegenden Elemente ausblenden.

Optionen des Film-Explorers

Die verschiedenen Optionen für die Arbeit mit dem Film-Explorer stehen nicht nur im bekannten Optionenmenü zur Auswahl, sondern auch im Kontextmenü zu jedem einzelnen Element, das im Film-Explorer angezeigt wird.

Je nach ausgewähltem Element stehen im Optionenmenü manche Befehle nicht zur Auswahl. Eine Ebene oder ein Bild lässt sich zum Beispiel nicht aus dem Film-Explorer herausausschneiden oder kopieren, die Instanz eines Schaltflächensymbols hingegen schon.

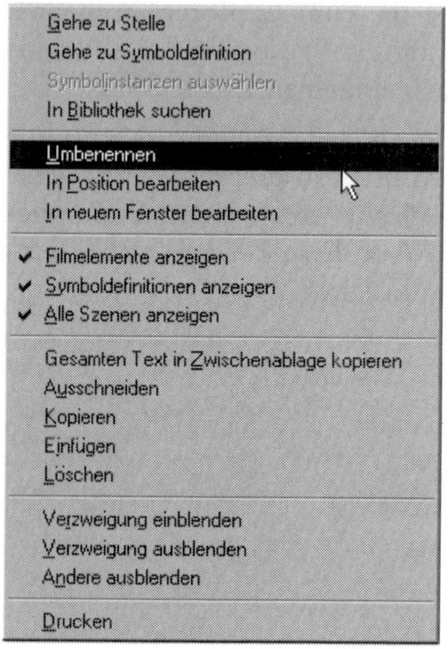

Bild 12.7: Bearbeitungsoptionen im Film-Explorer

Auch das Umbenennen von Symbolen ist mit Hilfe dieses Menüs möglich. Zur Navigation stehen verschiedene Gehe-zu-Befehle und die Suche in der Bibliothek zur Auswahl.

Soll die Verzweigung eine Films ausgedruckt werden, wählen Sie aus dem Optionenmenü den Befehl DRUCKEN.

Kapitel 13
Film testen

Vom Testen des Films wird in diesem Buch zwar erst gegen Ende berichtet, das soll jedoch nicht bedeuten, dass Sie einen Film erst am Ende seiner Erstellung testen sollten – ganz im Gegenteil. Das Testen gehört zum Alltagshandwerk und sollte so oft wie möglich durchgeführt werden.

Nichts ist fataler als ein fertig gestellter Film, der sich erst im abschließenden Test als untauglich herausstellt, denn dies bedeutet sehr viele Korrekturen im Nachhinein.

Zum Testen gehört das Abspielen in der Autorenumgebung ebenso wie der Export in eine SWF-Datei. Doch dies sind jene Tests, die laufend an einem Film vorgenommen werden sollten. Es muss auch geprüft werden, wie die Download-Zeiten des Films ausfallen und ob ein Film in den verschiedenen Player-Versionen optimal wiedergegeben wird. Ist das Ergebnis nicht zufrieden stellend, sind ebenfalls rechtzeitige Anpassungen in Erwägung zu ziehen. Sie können nicht davon ausgehen, das jeder Benutzer die neueste Version des Flash-Players benutzt.

Um es wirklich perfekt zu machen, sollte der Film auch auf unterschiedlichen Rechnersystemen getestet werden. Dabei kommt es darauf an, ob der Film nur auf einem AMD 2200+ mit 1GB RAM und zusätzlich 64MB GeForce 4 Grafikkarte ruckelfrei abläuft, oder ob auch ein Pentium 200 mit 64MB und 1MB Grafikkarte ausreicht.

Als Faustregel sollten Sie einen Film immer dann testen, wenn entscheidende Abschnitte hinzugekommen sind: komplexe Animationen, Scripts für den Aufruf von Webseiten, Sound, Videos etc.

Die verschiedenen typischen Testphasen, die ein Film durchlaufen sollte, sind:

1. Ständige Tests in der Autorenumgebung nach dem Einfügen von Sound, Form- oder Bewegungs-Tweens, Grafiken, Schaltflächen und Bildaktionen in der Hauptzeitleiste eines Films.
2. Testen von Movieclips, Symbol-Aktionen und Scripts in der Testumgebung vom Flash MX.

3. Schrittweises Prüfen von ActionScripts im Debugger.
4. Test der Ladegeschwindigkeit und Dateigröße im Bandbreiten-Profiler.
5. Tests in den Flash-Player-Versionen.

Für den Benutzer unbefriedigende Phänomene beim Laden eines Films aus dem Internet können nicht nur zu lange Ladezeiten, sondern auch ein ruckhaftes Abspielen des Films sein. Wie Sie diese unschönen Einspielungseffekte beheben bzw. steuern können, erfahren Sie ebenfalls in diesem Kapitel.

Film in der Autorenumgebung prüfen

Direkt in der Autorenumgebung können Sie bestimmte Elemente eines Films prüfen, z.B. das Erscheinungsbild von Schaltflächen in ihren vier Modi, Form-Tweens, Bewegungs-Tweens und selbstverständlich alle Bilder, in die einfache Grafiken oder mit den Werkzeugen von Flash gezeichnete Formen eingefügt wurden, Sound und Bildaktionen.

Wer viel testet, kann sich die Symbolleiste STEUERUNG aus dem Menü FENSTER einblenden, aber auch Tastenkombinationen stehen für das Testen »Zwischendurch« bereit: Mit der Eingabetaste können Sie einen Film jederzeit in der Autorenumgebung abspielen. Sie müssen ihn auch nicht unbedingt zurückspulen, um ein erneutes Abspielen zu bewirken. Drücken Sie einfach noch einmal die Eingabetaste. Flash setzt den Abspielkopf automatisch zurück.

Im Menü STEUERUNG stehen alle Befehle für das Abspielen in der Autorenumgebung bereit: STOPP, ABSPIELEN, ZURÜCKSPULEN, ANS ENDE GEHEN, SCHRITT VOR und SCHRITT ZURÜCK.

Wenn ein Film nur wenige Bilder vor- oder zurück »geblättert« werden soll, ziehen Sie den Abspielkopf einfach direkt mit der Maus auf das betreffende Bild. Der Inhalt wird dadurch ebenfalls auf der Bühne angezeigt.

Mit den folgenden Einstellungen im Menü STEUERUNG lässt sich die Art und Weise beeinflussen, wie ein Film in der Testumgebung abgespielt wird:

1. Die Optionen IN SCHLEIFE ABSPIELEN und ALLE SZENEN ABSPIELEN sind ebenfalls für den Test in der Autorenumgebung gedacht, lösen aber keine unmittelbare Aktion aus. Wenn Sie diese Optionen aktivieren und den Film anschließend abspielen, werden sie als Einstellung berücksichtigt.

2. Soll die Funktionalität einer Schaltfläche sowie ihr Erscheinungsbild in den vier verschiedenen Schaltflächenmodi AUF, DARÜBER, DRÜCKEN und AKTIV in der Autorenumgebung geprüft werden, muss dazu die Option SCHALTFLÄCHEN AKTIVIEREN ausgewählt sein.
3. Sound wird in der Autorenumgebung standardmäßig abgespielt. »Nervt« es Sie, andauernd denselben Sound zu hören, wählen Sie die Option SOUND DEAKTIVIEREN.
4. Bildaktionen wie GEHEZU UND ABSPIELEN können ebenfalls direkt in der Autorenumgebung geprüft werden, indem Sie die Option BILDAKTIONEN AKTIVIEREN wählen.
5. Mit der Option LIVE-VORSCHAU AKTIVIEREN (die ohnehin standardmäßig aktiv ist) wird dafür gesorgt, dass Komponenten in der Autorenumgebung so angezeigt werden, wie sie im Film erscheinen.

Querverweis

➔ In Anhang B finden Sie eine Tabelle mit allen in Flash verfügbaren Tastenkombinationen – auch jenen zum Testen eines Films.

Testumgebung

Um Aktionen, Movieclips, Scripts oder Elemente auf einer anderen Zeitleiste während der Filmerstellung zu testen, können Sie STEUERUNG/SZENE TESTEN oder STEUERUNG/FILM TESTEN wählen. Entsprechend wird nur die aktuelle Szene oder der gesamte Film in der Testumgebung von Flash abgespielt.

Sobald einer dieser beiden Befehle aufgerufen wird, findet ein Export des Films in das Dateiformat .SWF statt. Dies entspricht der Wahl des Befehls DATEI/FILM EXPORTIEREN, jedoch werden dabei die Standardveröffentlichungsoptionen verwendet. Auch damit wird nichts anderes als eine Konvertierung des Formats FLA in das Format SWF erzielt. Das Format SWF ist jenes Format, in dem ein Film später veröffentlicht wird, sozusagen die Endfassung. Durch diese Konvertierung in der Testumgebung arbeiten Sie an einem simulierten endgültigen Werk.

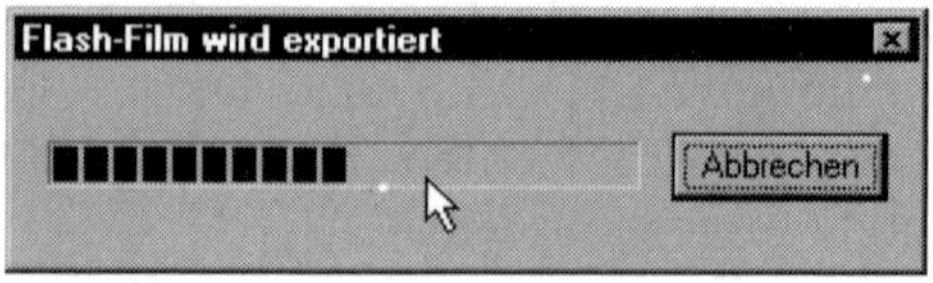

Bild 13.1: Wechsel aus der Autorenumgebung in die Testumgebung

Sie gelangen aus der Testumgebung zurück in die Autorenumgebung, indem Sie einfach das Fenster schließen oder DATEI/SCHLIEßEN wählen.

Die Testumgebung selbst ist ein Teil von Flash, in der auch einige, aber nicht alle Bearbeitungsfunktionen von Flash zur Auswahl stehen. Wenn Sie beim Testen bemerken, dass einige Einstellungen (Seite einrichten, Voreinstellungen etc.) nicht korrekt sind, können Sie diese sofort in der Testumgebung korrigieren und müssen nicht erst zurück in die Autorenumgebung wechseln.

In der Testumgebung läuft ein Film standardmäßig in wiederholter Form ab. Diese Einstellung lässt sich deaktivieren, indem Sie im Menü STEUERUNG das Häkchen vor der Option WIEDERHOLUNG entfernen. Ebenso wie in der Autorenumgebung stehen im Menü STEUERUNG der Testumgebung Optionen für ein schrittweises Abspielen des Films zur Auswahl sowie für das Abspielen und Zurückspulen.

Sollen die Flash-Tastenkombinationen für den Test vorübergehend deaktiviert werden – weil Sie eigene Tastenkombinationen für die Funktionalität des Films definiert haben –, können Sie dies ebenfalls im Menü STEUERUNG mit der Option TASTENKOMBINATIONEN DEAKTIVIEREN. Solange diese Funktion aktiv ist, können Sie eigene Tastenkombinationen für die Bedienung des Films überprüfen.

Sollen die Tastenkombinationen von Flash generell geändert werden, stehen dafür sowohl in der Autorenumgebung als auch in der Testumgebung im Menü BEARBEITEN/TASTENKOMBINATIONEN die entsprechenden Werkzeuge zur Auswahl.

Zunächst müssen die Tastenkombinationen dupliziert werden, ehe Sie neu zugewiesen werden können. Im oberen Listenfeld des Dialogfelds TASTENKOMBINATIONEN ANPASSEN lässt sich auch ein Set aus Tastenkombinationen anderer Anwendungen in Flash übernehmen, z. B. aus Flash 5, FreeHand 10, FireWorks 4, Illustrator 10 und Photoshop 6.

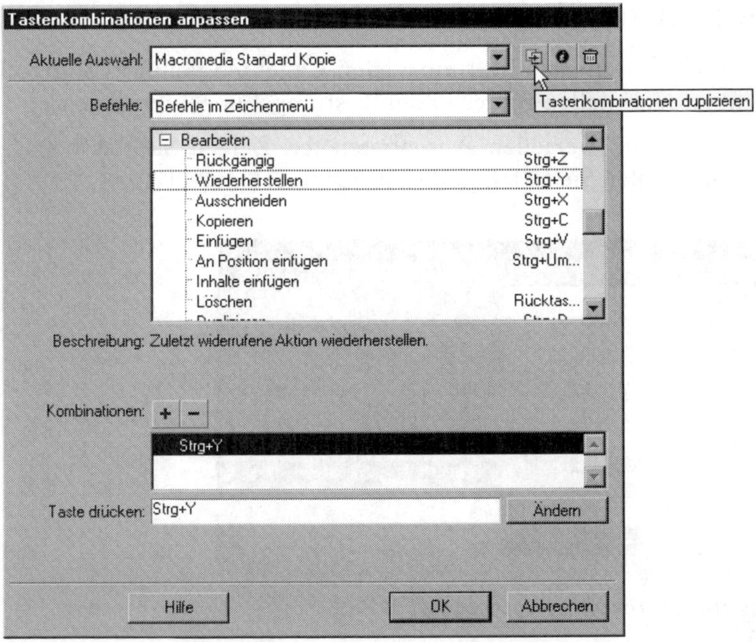

Bild 13.2: Änderungen sind nur in einer Kopie möglich.

Nachdem der zu einer Tastenkombination gehörige Befehl ausgewählt ist, kann im unteren Bereich eine neue Tastenkombination eingefügt werden. Definitiv übernommen werden die Einstellungen durch das Anklicken der Schaltfläche ÄNDERN.

Darstellungsmöglichkeiten in der Testumgebung

Die Ansicht eines Films lässt sich in der Testumgebung ebenfalls nach Bedarf einstellen: Wählen Sie eine vergrößerte oder verkleinerte Darstellung der Filmelemente im Menü ANSICHT aus.

Enthält ein Film viele Grafiken, und dauert das Abspielen in der Testumgebung sehr lange, können Sie eine andere Grafikqualität für den Test auswählen, um die Testläufe zu beschleunigen. Im Menü ANSICHT definieren Sie dazu im Untermenü QUALITÄT die Einstellung NIEDRIG oder MITTEL. Diese Einstellungen haben keine Auswirkungen auf die Grafiken selbst, sondern lediglich auf die Wiedergabe in der Testumgebung.

Das Ausgabefenster

Enthält ein Film ein komplexes Bild mit vielen Objekten, kann es sinnvoll sein, alle Objekte des aktuellen Bildes in der Testumgebung aufzulisten.

Dies geschieht in einem speziellen Ausgabefenster. Zeigen Sie das betreffende Bild an, und wählen Sie FEHLERSUCHE/OBJEKTE AUFLISTEN.

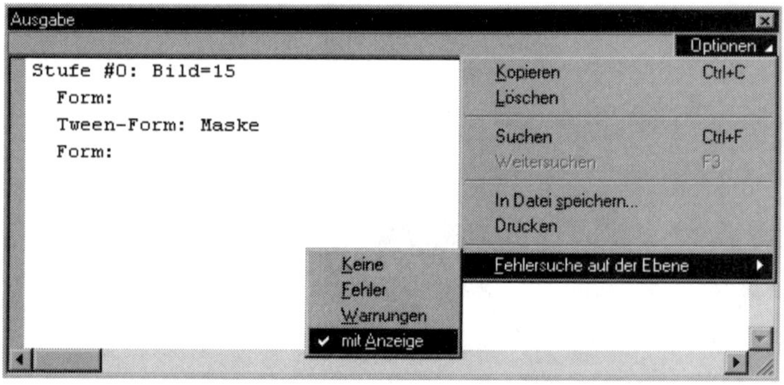

Bild 13.3: Ausgabefenster führt Objekte auf.

Hier lässt sich das Zusammenspiel einzelner Objekte auf verschiedenen Stufen in einem Bild übersichtlich darstellen. Das Optionenmenü des Ausgabefensters bietet die Möglichkeit zum Ausdrucken und Speichern der Auflistung sowie zur Anzeige von Fehlern und Warnungen in Scripts.

Eine ähnliche Übersicht lässt sich auch für Variablen mit FEHLERSUCHE/VARIABLEN AUFLISTEN im Ausgabefenster der Testumgebung erzeugen.

Bei komplexen Filmen ist jedes Instrument, das einen Überblick über die Geschehnisse und Zusammenhänge in einem Film bietet, ein Hilfsmittel, um Fehlern auf die Spur zu kommen. Eine Behebung der Fehler können Sie im Ausgabefenster nicht vornehmen. Kehren Sie dazu in die Autorenumgebung zurück.

Werden Filme aus Flash 5 in Flash MX angezeigt, findet eine automatische Konvertierung statt. Im Ausgabefenster finden Sie beim ersten Laden eines Films Informationen über die vorgenommenen Änderungen.

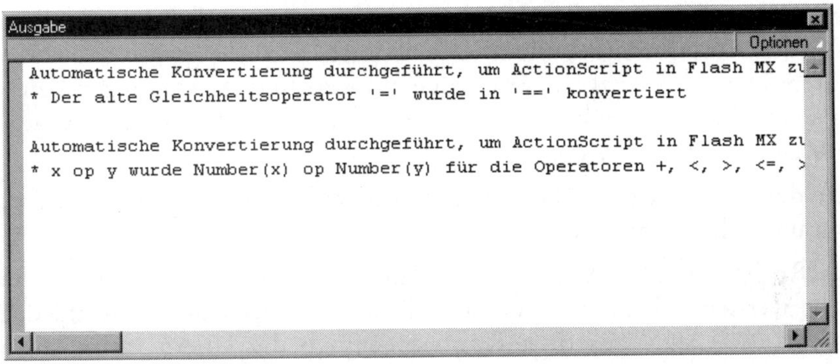

Bild 13.4: Konvertierungsanpassungen beim Wechsel von Flash 5 auf MX

Scripts im Debugger prüfen

Die Arbeit mit dem Debugger ist nicht notwendig, wenn Sie in Ihrem Film nur Grafiken oder einfach Aktionen verwenden. Hiermit lassen sich komplexe ActionScripts auf Fehler prüfen.

Damit eine Prüfung überhaupt möglich ist, muss diese Erlaubnis zunächst für den aktuellen Flash-Film definiert werden. Mit DATEI/EINSTELLUNGEN FÜR VERÖFFENTLICHUNG gelangen Sie in das Register FLASH und können hier das Kontrollfeld FEHLERSUCHE ZULASSEN aktivieren. Ist ein Passwort mit dieser Erlaubnis gekoppelt, muss dieses gegebenenfalls eingegeben werden.

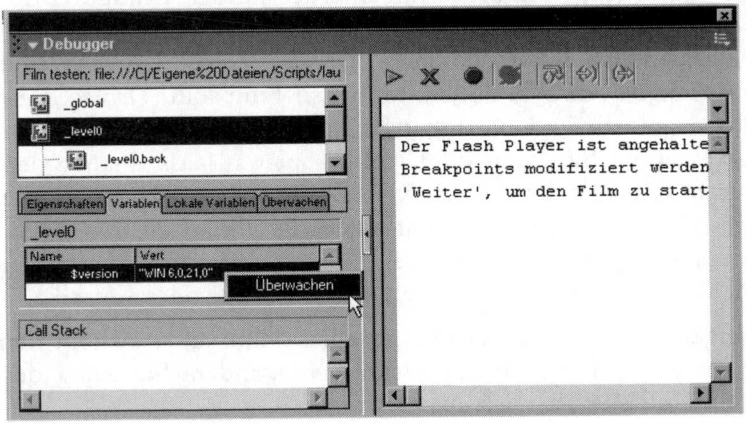

Bild 13.5: Fenster des Debuggers

Wenn Sie ActionScripts in einen Film eingefügt haben, lassen sich diese direkt aus der Autorenumgebung mit dem Befehl STEUERUNG/FEHLERSUCHE prüfen. Der Film wird automatisch exportiert und im Debugger-Fenster angezeigt. In der Testumgebung können Sie dieselbe Funktion mit FENSTER/DEBUGGER aktivieren.

Mit Hilfe der verschiedenen Register unten links lassen sich Eigenschaften, Variablen und lokale Variablen anzeigen.

Auf dem Register ÜBERWACHUNG werden jene Variablen dargestellt, die überwacht werden sollen. Eine Variable lässt sich durch die Auswahl der Option ÜBERWACHEN aus dem Kontextmenü in die Überwachungsliste aufnehmen.

Hinweis

Projektoren lassen sich ebenfalls im Debugger testen, indem Sie einen Film beim Abspielen mit der rechten Maustaste anklicken und die Option DEBUGGER aus dem Kontextmenü wählen.

Das Streaming steuern

Ein Flash-Film, der über das Internet verteilt wird, muss anders als Spiele, Präsentationen oder Tutorials, die auf CD veröffentlicht werden, mit bestimmten Beschränkungen fertig werden. Diese Beschränkungen entstehen durch den Ladevorgang vom Server im Internet auf den Computer des Benutzers. Ein Entwickler hat keinen Einfluss darauf, welche Modemverbindung die verschiedenen Benutzer eines Films besitzen. Heute ist eine Übertragungsrate von 56 KB/Sek. üblich. Ein Flash-Film sollte also so konzipiert sein, dass er mit dieser Übertragungsgeschwindigkeit optimal läuft. Noch besser ist es, wenn Sie einen Film so konzipieren, dass er auch den Übertragungsraten von 14,4 bzw. 28,8 KB/Sek. entspricht. Dann ist am ehesten sichergestellt, dass Sie ein internationales Publikum gut erreichen. Die Hardwareausstattungen in den einzelnen Unternehmen und Haushalten sind nicht in allen Ländern so gut entwickelt wie in Europa oder Amerika.

Die Geschwindigkeit der Datenübertragung eines Films lässt sich in der Testumgebung im Menü FEHLERSUCHE simulieren, indem Sie einen der Werte aus dem unteren Menübereich auswählen.

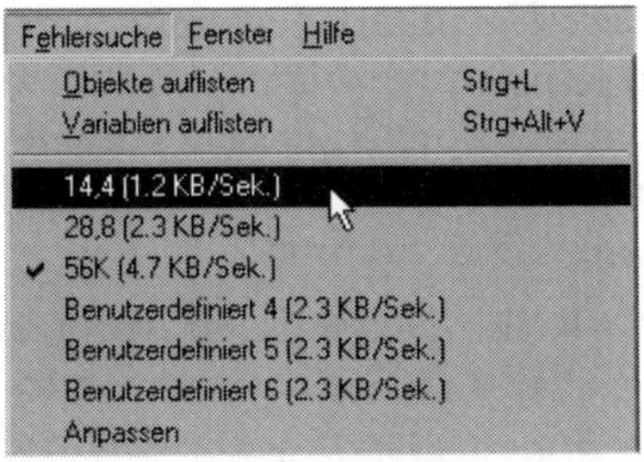

Bild 13.6: Übertragungsgeschwindigkeit simulieren

Sobald eine Übertragungsgeschwindigkeit ausgewählt ist, wird der Film in der Testumgebung so abgespielt, wie dies ein Benutzer zu Hause an seinem Computer erlebt, wenn er den Film aus dem Internet herunterlädt.

Mit dieser Funktion erhalten Sie einen guten Eindruck vom Verhalten eines Films beim Abspielen aus dem Internet. Sie sollten alle verfügbaren Geschwindigkeiten testen, um zu sehen, ab welcher Übertragungsrate eventuell Probleme auftreten. Läuft ein Film in allen Einstellungen ohne lange Wartezeiten zügig ab, haben Sie den optimalen Flash-Film erstellt. Mit der Option ANPASSEN können Sie eigene Übertragungsgeschwindigkeiten im Dialogfeld BENUTZERDEFINIERTE MODEMEINSTELLUNGEN festlegen.

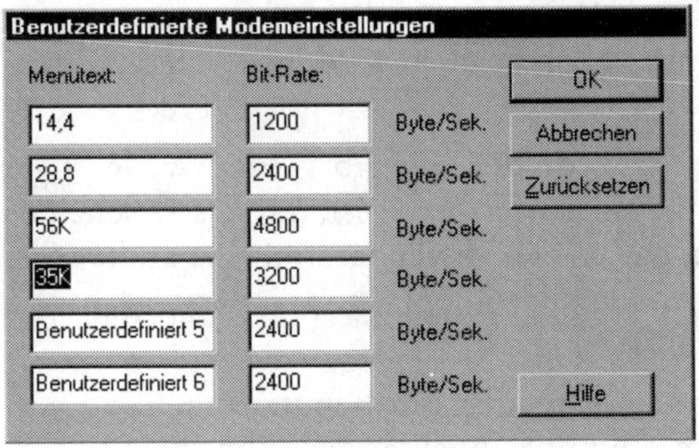

Bild 13.7: Benutzerdefinierte Modemeinstellungen angeben

Unten in diesem Dialogfeld stehen drei Einstellungen für benutzerdefinierte Geschwindigkeiten bereit. In der linken Spalte wird der Text angegeben, der im Menü erscheinen soll, und rechts definieren Sie die Geschwindigkeit in Byte pro Sekunde.

Unter *Streaming* versteht man das portionsweise Herunterladen einer Datei aus dem Internet, wobei der heruntergeladene Inhalt angezeigt wird, sobald eine »vorzeigbare« Masse vorhanden ist. Entwickler können diesen Vorgang ausnutzen, wenn sie verstehen, wie das Streaming bei einem Flash-Film vonstatten geht und auf der anderen Seite beim Benutzer ankommt.

Ein Film wird Bild für Bild von Anfang an der Reihe nach auf den Rechner des Betrachters heruntergeladen. Sie sollten es also vermeiden, gleich zu Beginn eine große Sounddatei in einen Film zu implementieren. Das Gleiche gilt für umfangreiche Grafiken, Videos etc.

Durch die Gestaltung eines Films unter diesen Gesichtspunkten können Sie sich viele Nachbearbeitungen sparen, die erst dann sichtbar werden, wenn die ersten Tests mit den Übertragungszeiten gemacht werden. Oder anders gesagt: Möchten Sie unbedingt ein großes Bitmap in einen Film einbinden, testen Sie dessen Ladezeiten sofort und nicht erst am Ende der Filmerstellung.

Um das Streaming-Verhalten eines Films nachvollziehen zu können, wählen Sie in der Testumgebung zuerst – wie bereits beschrieben – eine Übertragungsgeschwindigkeit aus und aktivieren anschließend im Menü ANSICHT die Option STREAMING ANZEIGEN. Der Film wird dann nicht sofort angezeigt, sondern bezieht das Herunterladen mit ein und spielt erst ab, wenn das Streaming abgeschlossen ist. Sie erkennen das an der Verzögerung, die eintritt, bevor der Film abgespielt wird. Genau um diese Verzögerung geht es, wenn in den folgenden Abschnitten beschrieben wird, wie sich das Streaming optimal gestalten lässt.

Benutzer im Internet sind leider ungeduldig. Es gibt mittlerweile sogar Untersuchungen darüber, wie lange ein Surfer bereit ist, auf das Erscheinen der ersten Information zu warten, ehe er sich abwendet und eine andere Site ansteuert: Bei 20 Sekunden ist der Geduldsfaden schon äußerst gespannt, und bei 30 Sekunden reißt er definitiv.

Die Optimierung ist aber nicht nur notwendig, um Benutzer nicht zu verscheuchen, sondern vor allem, um die Funktionalität des Films zu gewährleisten. Stellen Sie sich vor, ein Benutzer blättert durch eine Listenfeld-Komponente in Ihrem Film und will daraus auswählen, aber die Komponente ist noch gar nicht geladen. Dasselbe gilt für Schaltflächen und andere interaktive Elemente.

Sie haben die Möglichkeit, die Reihenfolge, in der die einzelnen Flash-Bilder geladen werden, umzudrehen. Damit können Sie festlegen, welche Bereiche eines Films bei geringen Übertragungsleistungen zuerst heruntergeladen werden sollen. Diese Einstellung nehmen Sie mit DATEI/EINSTELLUNGEN FÜR VERÖFFENTLICHUNG auf dem Register FLASH vor, indem Sie im Listenfeld LADEREIHENFOLGE die Option NACH UNTEN einstellen.

Bild 13.8: Ladereihenfolge umkehren

Ebenfalls auf diesem Register finden Sie die Option GRÖßENBERICHT ERSTELLEN. Damit lässt sich beim Export des Films ein Bericht über die Größe der einzelnen Bilder erstellen. Das kann sehr hilfreich sein, wenn Sie herausfinden möchten, warum das Streaming nicht optimal ist. Nehmen Sie die großen Bilder aufs Korn und versuchen Sie eine Lösung dafür zu finden, indem Sie den Inhalt entsprechend anpassen.

Der Größenbericht wird beim Export als Textdatei im selben Ordner wie der Film abgespeichert und lässt sich in jedem Texteditor öffnen. Bild für Bild werden in diesem Bericht die Anzahl der belegten Bytes sowie die Gesamtanzahl der Bytes in einem Film aufgeführt. Sie können ablesen, wie viele Bytes durch Formen oder Text beansprucht werden. Durch die Angabe der Bildnummer lassen sich problematische Bilder schnell ausfindig machen und können nachbearbeitet werden.

Für einen optimalen Download sorgen Sie, wenn Sie von Anfang an folgende Richtlinien einhalten:

1. Arbeiten Sie mit Symbolen, um beim Wiederverwenden vom geringeren Speicherplatz zu profitieren .
2. Verwenden Sie Form- oder Bewegungs-Tweens, um Animationen zu erzielen, denn diese beanspruchen weniger Platz als viele hintereinander aufgereihte Schlüsselbilder mit verschiedenem Inhalt.

Sport Report - Editor

Datei Bearbeiten Suchen ?

Filmbericht

BildBild #	Bild Byte	Gesamt Byte	Seite
1	2937	2937	Scene 1
2	9	2946	2
3	9	2955	3
4	9	2964	4
5	9	2973	5
6	9	2982	6
7	9	2991	7
8	9	3000	8
9	9	3009	9
10	9	3018	10
11	9	3027	11
12	9	3036	12
13	9	3045	13
14	9	3054	14
15	9	3063	15
16	9	3072	16
17	9	3081	17
18	9	3090	18
19	9	3099	19
20	92	3191	20

Seite	Form Byte	Text Byte
Scene 1	2802	0

Bild 13.9: Der Größenbericht gibt die Anzahl der Byte für jedes Bild wieder.

3. Animieren Sie keine allzu großen Grafiken, und verzichten Sie auf animierte Bitmaps ganz.
4. Das platzsparendste Soundformat ist MP3 und deshalb hier zu empfehlen.

> Querverweis
>
> ➔ Ein Film lässt sich bei der Veröffentlichung auch komprimieren, um lange Downloadzeiten zu vermeiden. Wie dies geht, erfahren Sie in Kapitel 14.

Der Bandbreiten-Profiler

Eine grafische Darstellung des gesamten Films erhalten Sie im Bandbreiten-Profiler, den Sie mit ANSICHT/BANDBREITEN-PROFILER aus der Testumgebung aktivieren. Die Bandbreiten bestimmen die Übertragungsgeschwindigkeit.

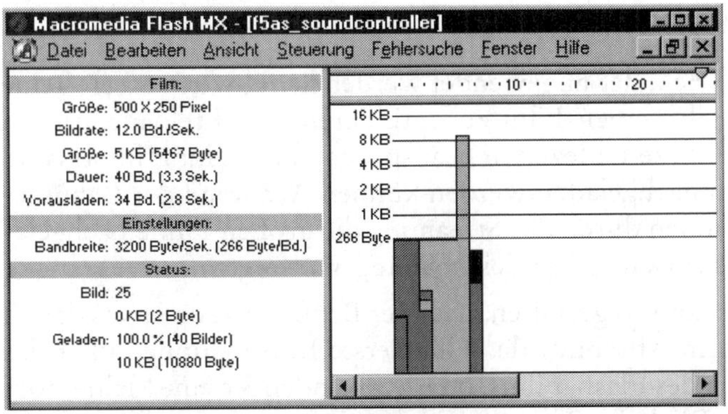

Bild 13.10: Bandbreiten-Profiler mit Informationsfenster

Auch dieses Hilfsmittel dient dazu, Ladeverzögerungen auf die Spur zu kommen, indem die Bilder und Ladezeiten einzeln aufgeführt werden. Auf der linken Seite werden die Informationen zum aktuellen Film oder der Szene, den zugehörigen Einstellungen und dem Status angezeigt. In den Rubriken FILM, EINSTELLUNGEN und STATUS können Sie Informationen zum gesamten Film, z. B. die Zeit für das Vorausladen und die Filmdauer, sowie die Größe und Geschwindigkeit ablesen, mit welcher der Film abläuft. Unter Status wird die Größe das aktuellen Bilds angezeigt.

Rechts im Profiler sind die Kopfzeile der Zeitleiste sowie eine Grafik zu sehen. Jedes Bild im Film wird hier durch einen Balken grafisch dargestellt. Die Größe eines Balkens entspricht der Bildgröße in Byte. Die rote Linie unter der Kopfzeile der Zeitleiste gibt an, ob ein Bild bei der im Menü STEUERUNG ausgewählten Modemgeschwindigkeit in Echtzeit gestreamt wird. Wenn ein Balken über die rote Linie hinausreicht, wird der Film angehalten, bis das Bild geladen ist. Anders ausgedrückt: Alle Bilder, die über die rote Linie hinausragen, sind »Problemkandidaten« und sollten noch weiter bearbeitet werden.

Sie können auf einen Bildbereich rechts in der Grafik klicken, um links die Bildnummer und die anderen zugehörigen Informationen abzulesen.

Es ist aber nicht notwendig, alle Bilder so zu gestalten, dass keines über die rote Linie hinausragt, wenn andere Techniken wie die Komprimierung oder das Verwenden eines Preloaders noch hinzukommen. Wichtig ist letztlich, dass das Verhältnis stimmt und die angewandten Optimierungstechniken in der Summe zum Ziel führen.

Preloader verwenden

Der Preloader ist ein Trick, der angewendet werden kann, wenn es gar keine anderen Mittel mehr gibt, einen Film zu optimieren. Ein Preloader ist ein kleiner Vorspann, der kurze Ladezeiten beansprucht, damit im Hintergrund »dicke« Filmportionen nachgeladen werden können. Während der Benutzer den Vorspann liest, können durch das Streaming die großen Filme nachgeladen werden, ohne dass ruckartige Bildeinspielungen erfolgen.

Sie sollten diesen Vorspann so gestalten, dass der Benutzer auch etwas davon hat. Geben Sie in diesem Abschnitt des Films erste Informationen über das Thema oder den Zweck des Flash-Films, oder verwenden Sie eine kleine, aber pfiffige Grafik, die den Blick des Betrachters kurz einfängt und amüsiert.

Dieser Vorspann muss mit wenig »Stoff« auskommen, z. B. einem farbigen Hintergrund und Text in einer Schriftart, die keine zusätzlichen Ladezeiten beansprucht.

Ein Preloader, der den Ladevorgang dokumentiert, kann wie folgt konzipiert werden:

1. Fügen Sie vor allen anderen Szenen eine neue Szene für den Preloader in den Film ein.

Querverweis

➔ Wie Szenen erstellt und positioniert werden, ist in Kapitel 9 beschrieben.

2. In Bild 2 und 3 der ersten Ebene namens AKTIONEN erstellen Sie jeweils ein leeres Schlüsselbild.
3. Fügen Sie in Bild 2 folgendes ActionScript ein:

```
if (_root.getBytesLoaded()>=_root.getBytesTotal()) {
_root.gotoAndPlay("Text");
}
```

   Verwenden Sie das Bedienfeld AKTIONEN im Expertenmodus, und schreiben Sie diese Bedingungsanweisung selbst. Vergessen Sie nicht die runden und geschweiften Klammern und den Strichpunkt, also das Semikolon.

Hier werden zwei Methoden verwendet, um festzustellen, ob die Anzahl der geladenen Bytes bereits der Anzahl der Gesamtbytes des Films entspricht (`getBytesLoaded` und `getBytesTotal`). Die Werte, die beide Methoden ermitteln, werden miteinander verglichen. Die `if`-Anweisung stellt mit einem Operator eine Bedingung auf: Die geladenen Bytes sind größer oder gleich der Gesamtanzahl der Bytes der Hauptzeitleiste.

4. In Bild 3 fügen Sie das folgende ActionScript ein:

```
_root.gotoAndPlay;
```

Dieses ActionScript schickt den Film zurück zu Bild 2, solange die Bedingung nicht wahr ist.

5. Wo das nächste und letzte kurze ActionScript eingefügt werden muss, hängt vom Inhalt des Preloaders ab. In diesem Beispiel wird ein kurzer Witz erzählt. Zum Lesen ist eine Abspieldauer von etwa 15 bis 20 Bildern notwendig. Also wird das letzte ActionScript in Bild 15 der Ebene AKTIONEN platziert. Es lautet:

```
play();
```

Diese Aktion sorgt dafür, dass der Film abgespielt wird, sobald er geladen ist. Damit ist die Funktionalität des Preloaders gesichert.

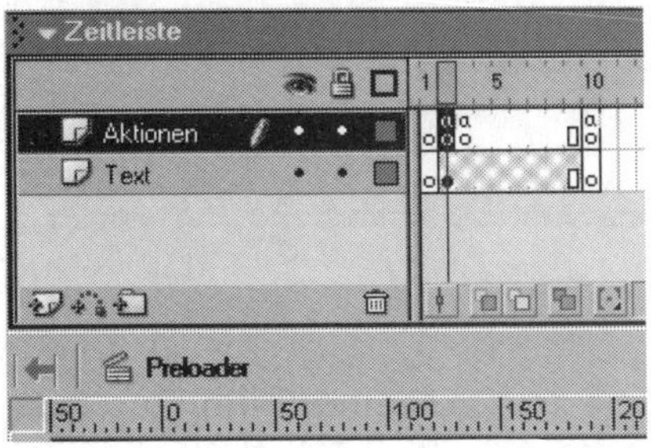

Bild 13.11: Ebenen, Bilder und Aktionen für einen Preloader

6. Wie Sie aus Abbildung 13.11 entnehmen können, muss noch für den Inhalt des Preloaders gesorgt werden. Erstellen Sie dazu einfach eine zweite Ebene, und fügen Sie dort die Informationen in ein Textfeld ein, die der Benutzer lesen können soll, bis der gesamte Film nachgeladen ist.

7. Die Anzahl der Bilder in der ersten und zweiten Ebene sollten sich entsprechen, in diesem Fall fügen Sie in die zweite Ebene ebenfalls 15 Bilder ein. Beachten Sie, dass hier keine umfangreichen Elemente verwendet werden sollten, aber ein bisschen Pep darf schon sein (»Bitte haben Sie etwas Geduld ...« ist nicht besonders originell).

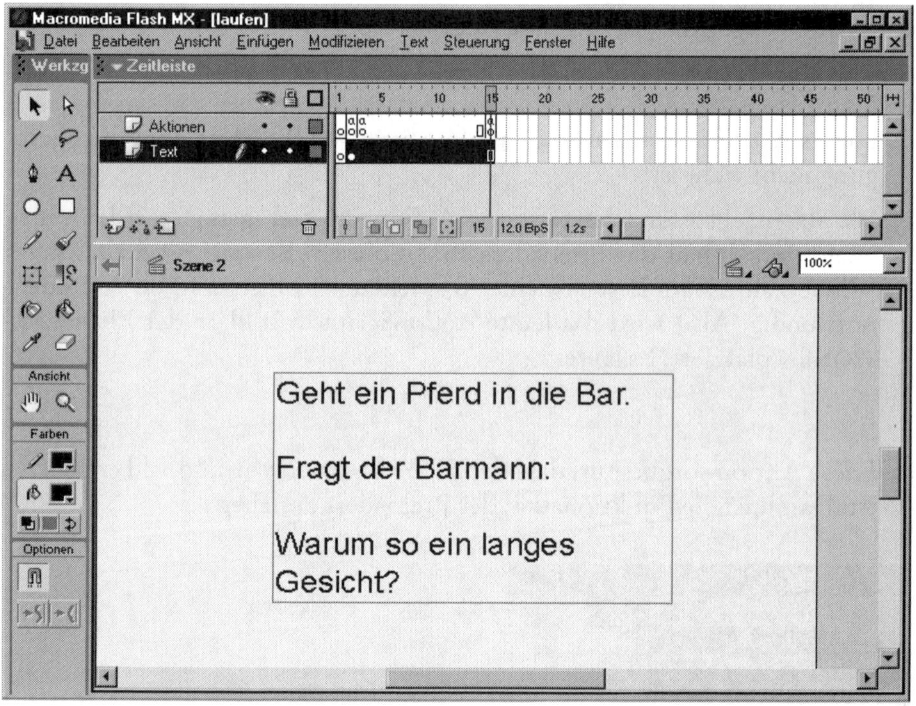

Bild 13.12: Textfeld für Preloader-Inhalt

8. Um den Preloader im Zusammenhang mit dem gesamten Film zu testen, wechseln Sie mit STEUERUNG/FILM TESTEN in die Testumgebung.
9. Aktivieren Sie ANSICHT/STREAMING ANZEIGEN, um den Preloader sehen und beurteilen zu können.

Im Bandbreiten-Profiler können Sie den Preloader im Zusammenspiel mit dem Hauptfilm prüfen.

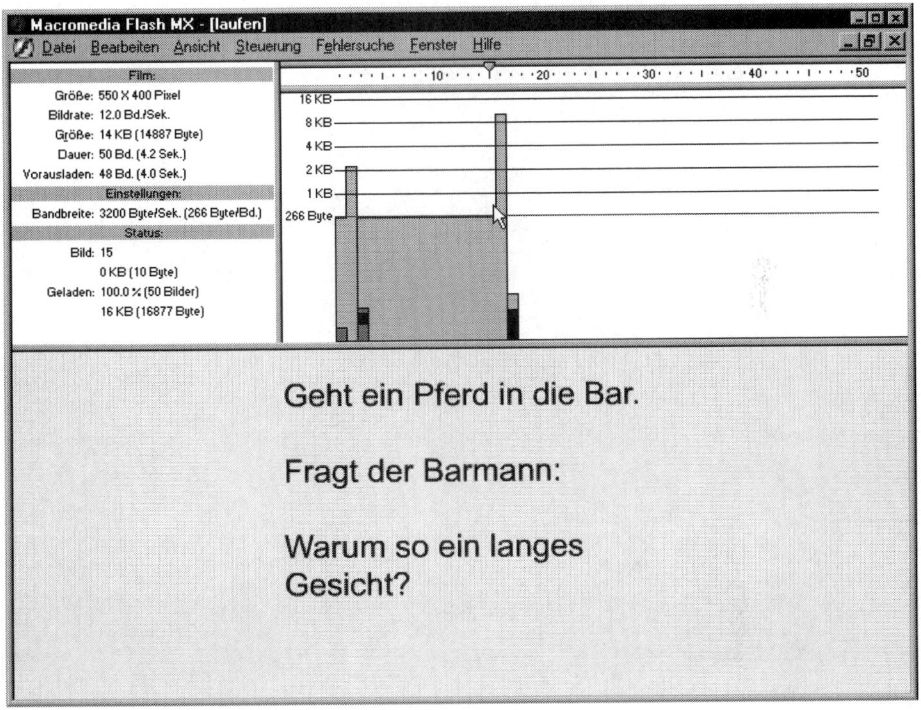

Bild 13.13: Preloader spielt vor dem Hauptfilm ab.

Kapitel 14
Film veröffentlichen

Sie sind am Ende des Produktionszyklus angelangt – Ihr Film ist komplett erstellt und optimiert. Im letzten Schritt geht es darum, wie sich ein Flash-Film an das Publikum verteilen lässt.

Die Veröffentlichung im Internet ist ebenso häufig wie die Verteilung auf einer CD-ROM (Spiele, Tutorials etc.) oder als Datei, um bei einer Präsentation vom Computer auf eine Leinwand projiziert zu werden. In allen diesen Fällen wird der Film in das Dateiformat .SWF exportiert, was beim Veröffentlichen automatisch geschieht. Sie können die einzelnen Bilder eines Flash-Films auch ausdrucken, um Konzepte oder Entwürfe auf Papier weiterzureichen.

Wenn Sie einen Film im Internet veröffentlichen möchten, können Sie auf die Standardeinstellungen und die zugehörige HTML-Vorlage zurückgreifen. Letztere wird automatisch beim Veröffentlichen erstellt, kann aber auch selbst definiert oder bearbeitet werden.

Für Spiele, Präsentationen und Tutorials empfiehlt es sich, eine Projektordatei des Flash-Films anzulegen. Damit erstellen Sie eine eigenständige Anwendung (exe-Datei), die sich vom Benutzer per Mausklick ausführen lässt. Eine solche Anwendungsdatei hat natürlich einen deutlich größeren Umfang als ein Flash-Film im SWF-Format, was aber beim Brennen auf eine CD-ROM keine Rolle spielt.

Die Veröffentlichung eines Flash-Dokuments erfolgt in allen Fällen in zwei Phasen: Zunächst wählen Sie aus dem Menü DATEI den Befehl EINSTELLUNGEN FÜR VERÖFFENTLICHUNGEN und stellen dort die gewünschten Veröffentlichungsformate für den Film ein. Anschließend wählen Sie den Befehl VERÖFFENTLICHEN, um das Flash-Dokument bereitzustellen.

Hinweis

Mit dem Befehl DATEI/VORSCHAU AUF VERÖFFENTLICHUNG können Sie einen ersten Blick auf die für die Veröffentlichung erstellen Formate werfen.

Der Befehl VERÖFFENTLICHEN erstellt abhängig von den Angaben im Dialogfeld EINSTELLUNGEN FÜR VERÖFFENTLICHUNGEN folgende Dateien:

1. den Flash-Film.
2. Falls ausgewählt, auch Alternativbilder in einer Vielzahl von möglichen Formaten (GIF, JPEG, PNG oder QuickTime), die für den Benutzer angezeigt werden, wenn kein Flash Player installiert ist.
3. Das HTML-Dokument, das die Basis für die Veröffentlichung eines Films im Internet ist und den Film abspielt oder die Alternativbilder anzeigt.
4. Falls ausgewählt, eine eigenständige Projektordatei für Windows und Macintosh (.exe oder .hqx).
5. Falls ausgewählt, ein QuickTime-Movie, in dem der Flash-Film abgespielt wird.

Soll ein bereits veröffentlichter Flash-Film später noch nachbearbeitet werden, müssen Sie dazu die FLA-Datei öffnen, die Bearbeitungen dort durchführen und den Veröffentlichungsvorgang wiederholen. Es gibt keine Möglichkeit, direkt in veröffentlichten Filmen zu arbeiten.

Einstellungen für die Veröffentlichung

Die Einstellungen für die Veröffentlichung sind bereits während der gesamten Arbeit in der Autorendatei aktiv und lassen sich auch unabhängig von der Veröffentlichung bereits im Vorfeld vornehmen. Sollen nur die Einstellungen in die FLA-Datei übernommen werden, ohne den Film bereits zu veröffentlichen, klicken Sie im Dialogfeld EINSTELLUNGEN FÜR VERÖFFENTLICHUNG einfach auf die Schaltfläche OK, andernfalls auf die Schaltfläche VERÖFFENTLICHEN.

Wenn Sie einen Flash-Film mit den Standardeinstellungen veröffentlichen, werden ausschließlich ein Flash-Film und die zugehörige HTML-Datei erstellt, in welche der Film eingebettet ist. Die Standardeinstellung ist also auf eine Veröffentlichung im Internet ausgerichtet.

1. Öffnen Sie dazu mit DATEI/EINSTELLUNGEN FÜR VERÖFFENTLICHUNG das Dialogfeld EINSTELLUNGEN FÜR VERÖFFENTLICHUNG.
2. Wie Sie sehen, sind auf dem ersten Register FORMATE dieses Dialogfelds zunächst nur die Optionen FLASH und HTML aktiviert, um die oben beschriebenen Standardelemente zu erstellen. Belassen Sie diese Einstellungen, wenn Sie weder eine Projektordatei noch Alternativbilder erstellen möchten.

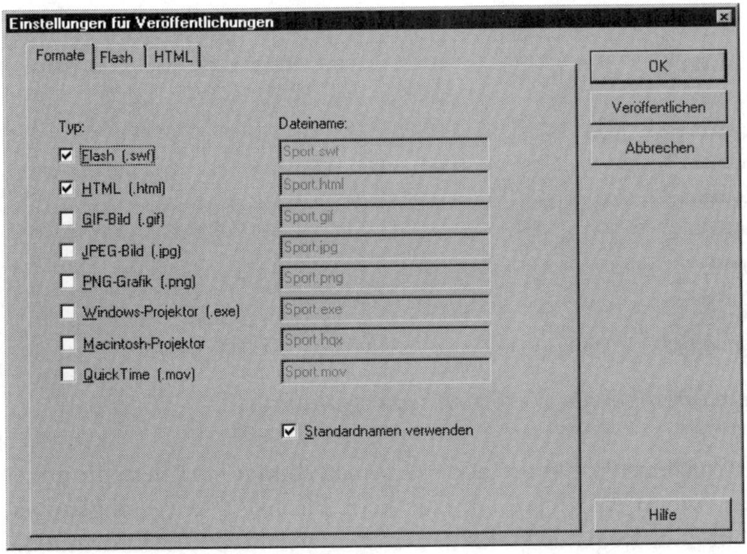

Bild 14.1: Flash-Film und HTML-Dokument erstellen

3. In die nebenstehenden Feldern DATEINAME wird automatisch der Dateiname des Flash-Films für alle Dateitypen übernommen, für den veröffentlichten Film und die HTML-Datei. Die Felder sind zunächst nicht zugänglich. Möchten Sie erst bei der Veröffentlichung den Namen des Flash-Films definitiv festlegen, deaktivieren Sie das Kontrollfeld STANDARDNAMEN VERWENDEN.

   Sie können auch den gewünschten Pfad angeben, um festzulegen, in welchem Ordner die Datei veröffentlicht werden soll. Für jedes Dateiformat lässt sich ein eigener Pfad angeben. Benutzen Sie unter Windows umgekehrte Schrägstriche (\) und auf dem Macintosh Doppelpunkte (:), um die Ordnerebenen voneinander zu trennen. Wenn Sie einen absoluten Pfad verwenden möchten, geben Sie den Laufwerksnamen an.

   Unter Windows wird ein absoluter Pfad wie folgt angeben: C:\ORDNER\DATEINAME.SWF. Ein relativer Pfad sieht so aus: ..\ORDNER\DATEINAME.SWF. Auf dem Macintosh wird ein absoluter Pfad wie folgt angegeben: FESTPLATTENNAME:ORDNER:DATEINAME.SWF.

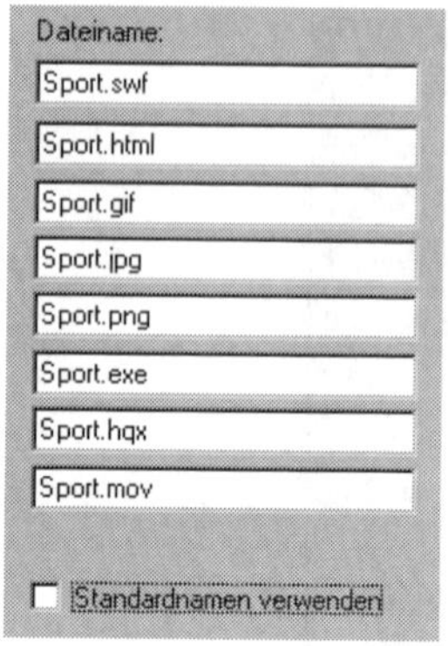

Bild 14.2: Dateinamen bei der Veröffentlichung ändern

4. Möchten Sie für den Flash-Film auch Alternativbilder erstellen, die angezeigt werden, wenn für den Benutzer kein Flash-Player verfügbar ist, wählen Sie auf dem Register FORMATE aus, in welchem Grafikformat die Alternativbilder erstellt werden sollen. Klicken Sie dazu das betreffende Kontrollfeld an. Sie können auch alle Grafikformate aktivieren.

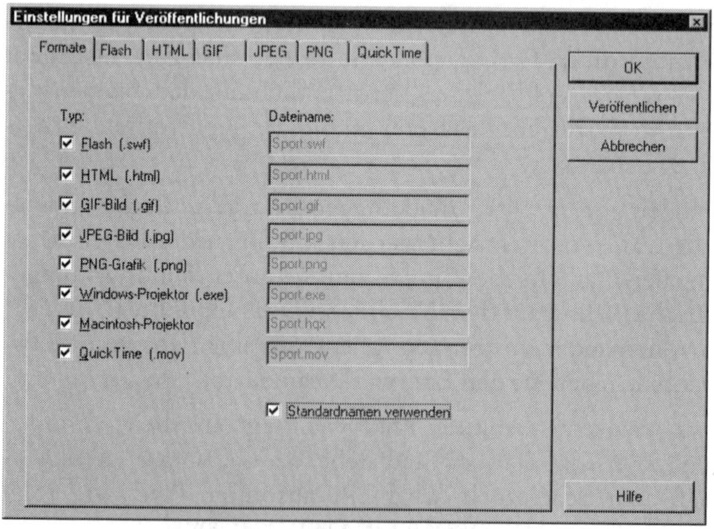

Bild 14.3: Dialogfeld EINSTELLUNGEN FÜR VERÖFFENTLICHUNG *mit allen verfügbaren Registern*

5. Sobald ein Grafik-Format für Alternativbilder ausgewählt wurde, erhält das Dialogfeld EINSTELLUNGEN FÜR VERÖFFENTLICHUNG ein zusätzliches Register, in dem Sie Einstellungen für die Datei in diesem Format vornehmen können.

In jedem Fall werden jedoch der Flash-Film und die HTML-Datei erzeugt, für deren Definition ebenfalls eigene Register zur Auswahl stehen.

Flash-Film konfigurieren

Auf dem Register FLASH des Dialogfelds EINSTELLUNGEN FÜR VERÖFFENTLICHUNG legen Sie entscheidende Einstellungen für den Film fest. Alle hier vorgenommenen Definitionen werden bei der Veröffentlichung übernommen und sind damit definitiv.

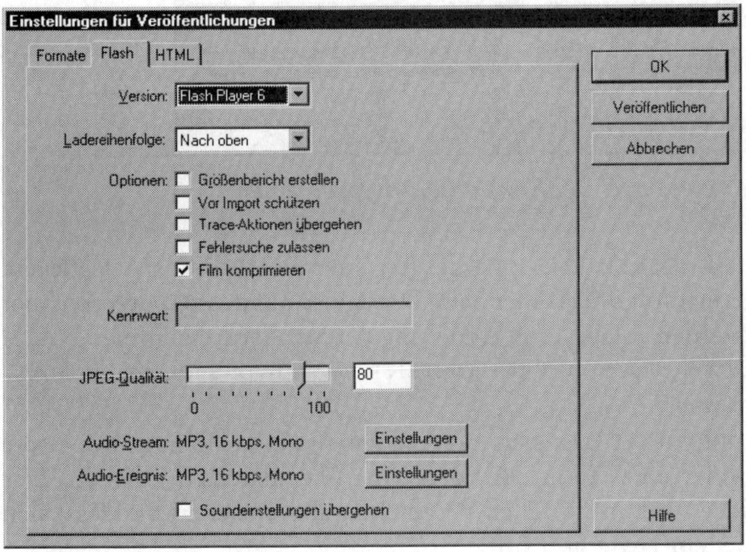

Bild 14.4: Das Register FLASH *für die Veröffentlichungseinstellungen des Films*

1. Im Listenfeld VERSION können Sie angeben, für welche Version des Flash-Players der Film erstellt werden soll. Wird eine niedrigere Version als die aktuelle ausgewählt, führt Flash entsprechende Konvertierungen durch.

Führt die automatische Konvertierung zu unbefriedigenden Ergebnissen, erscheint ein Hinweisfenster, und im Ausgabefenster werden die kritischen Filmpassagen angezeigt. Sie müssen diese manuell nachbearbeiten, damit ein reibungsloser Ablauf des Films gewährleistet ist. Wird umgekehrt ein älterer Flash-Film für den Flash-Player 6 veröffentlicht, erfolgt ebenfalls eine automatische Konvertierung mit einer entsprechenden Anzeige der konvertierten Passagen im Ausgabefenster.

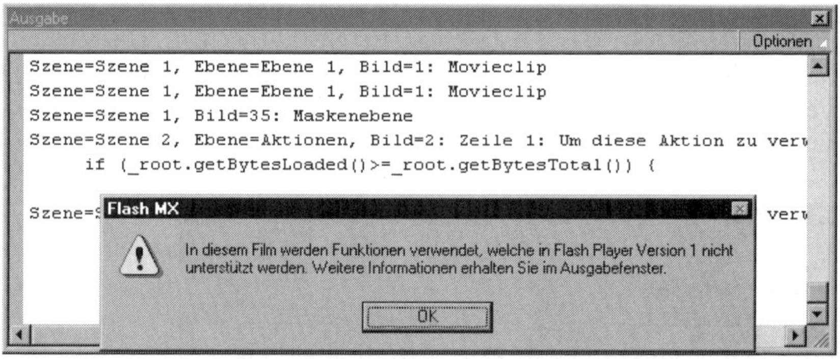

Bild 14.5: Meldungsfenster bei Konvertierungsproblemen.

2. Im Listenfeld LADEREIHENFOLGE des Registers FLASH lässt sich festlegen, in welcher Reihenfolge die Bilder beim Download auf den Benutzerrechner übertragen werden sollen. Eine Änderung der Standardreihenfolge NACH OBEN in die zweite Option NACH UNTEN kann sinnvoll sein, um das Streaming zu verbessern.
3. Ein GRÖßENBERICHT lässt sich ERSTELLEN, um eine Übersicht über die einzelnen Bilder eines Films in Form einer Textdatei zu erhalten. Der Größenbericht wird im aktuellen Verzeichnis abgespeichert und lässt sich von dort in jedem Texteditor öffnen.
4. Aktivieren Sie das Kontrollfeld VOR IMPORT SCHÜTZEN und vergeben Sie im Feld KENNWORT ein Passwort zum Schutz vor dem Zugriff Dritter, wenn Sie verhindern möchten, dass Ihr Film von anderen Personen als FLA-Datei importiert werden kann.
5. Mit dem aktiven Kontrollfeld TRACE-AKTIONEN ÜBERGEHEN wird dafür gesorgt, dass in den Film eingefügte `trace`-Aktionen nicht geprüft und im Ausgabefenster angezeigt werden.

6. Aktivieren Sie FEHLERSUCHE ZULASSEN, um einen Film und seine Variablen im Debugger testen zu können.
7. Ist im Feld VERSION der Eintrag FLASH PLAYER 6 ausgewählt, steht das Kontrollfeld FILM KOMPRIMIEREN zur Auswahl. Aktivieren Sie diese Option, um die Dateigröße eines Film für die Veröffentlichung so weit wie möglich zu reduzieren.
8. Auch die Einstellungen im Feld JPEG-QUALITÄT bieten ebenfalls die Möglichkeit, die Größe eines Films zu beeinflussen. Die Standardeinstellung ist 50. Ein niedriger Wert sorgt für eine geringere Dateigröße, aber Qualitätseinbußen bei den Bitmaps. Ein größerer Wert steigert die Qualität, aber auch die Dateigröße.

Querverweis

➔ Weitere Informationen zu den Optimierungs- und Testeinstellungen finden Sie in Kapitel 13.

Globale Soundeinstellungen

Im unteren Abschnitt des Registers FLASH treffen Sie Entscheidungen über den Sound in einem Film. In Kapitel 5 wurde bereits erläutert, wie sich Sound auch einzeln in einem Film definieren lässt. Sind solche einzelnen Definitionen für bestimmten Sound vorgenommen worden, überschreiben diese die Einstellungen im Dialogfeld EINSTELLUNGEN FÜR VERÖFFENTLICHUNG auf dem Register FLASH.

Haben Sie jedoch keine Einstellungen für den einzelnen Sound im Film festgelegt, können Sie hier für jeden Sound im Film dieselben Definitionen aktivieren.

Je nachdem, ob Sie im Film Ereignis-Sound oder Streaming-Sound eingefügt haben, können Sie beides definieren, indem Sie neben den Feldern AUDIO-STREAM und AUDIO-EREIGNIS auf die Schaltfläche EINSTELLUNGEN klicken.

Es werden jeweils entsprechende Dialogfelder geöffnet, in denen Sie Komprimierung, Bitrate und Qualität für den Sound festlegen können.

> Querverweis
>
> ➔ Die einzelnen Optionen dieser Dialogfelder wurden bereit in Kapitel 5 im Abschnitt »Exporteinstellungen für Sound« beschrieben.

Sollen die einzelnen Soundeinstellungen im Film von den globalen Einstellungen in diesem Dialogfeld überschrieben werden (also umgekehrt, als dies im Normalfall vorgesehen ist), aktivieren Sie das Kontrollfeld SOUNDEINSTELLUNGEN ÜBERGEHEN auf dem Register FLASH.

HTML-Datei konfigurieren

Aktivieren Sie im Dialogfeld EINSTELLUNGEN FÜR VERÖFFENTLICHUNG das Register HTML, um jene Datei zu definieren, die den Flash-Film einbettet. Im Internet sind HTML-Dokumente der Standard, aus diesem Grund sollte ein Flash-Film in einer HTML-Datei eingebettet werden. Von dieser Datei wird der Film dann automatisch abgespielt.

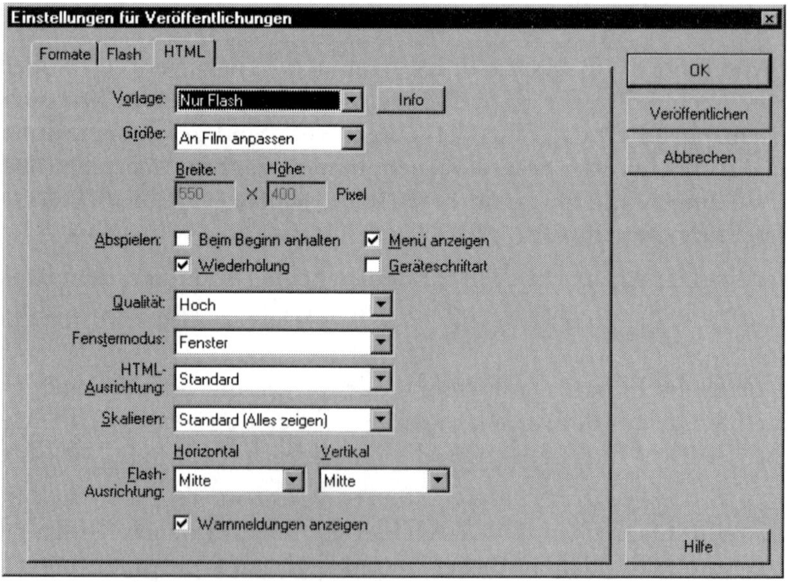

Bild 14.6: HTML-Datei einstellen

1. Bei der Veröffentlichung wird automatisch eine HTML-Vorlagendatei generiert. Im ersten Feld VORLAGE wählen Sie aus, was in dieser Datei implementiert werden soll. Die Einstellung NUR FLASH bettet einfach den Flash-Film mit dem HTML-Tag `<embed>` in die HTML-Datei ein. Soll ein Flash-Film über ein JavaScript gesteuert werden, können Sie die Einstellungen FLASH MIT FSCOMMAND wählen. Des Weiteren lässt sich die Veröffentlichung eines Flash-Films so gestalten, dass dessen Abspielen auf einem POCKET PC, in einem QUICKTIME-Film beim AICC- und SCORM-TRACKING unter Verwendung der Macromedia-Lernkomponenten unterstützt wird.
2. Im Feld GRÖßE legen Sie die Maße des Films in der HMTL-Datei fest. Diese lassen sich entweder an die Maße des Films anpassen (AN FILM ANPASSEN), die in den Filmeigenschaften definiert wurden, oder exakt in PIXEL bzw. PROZENT angeben. Die Prozentangaben beziehen sich auf die Größe des Browserfensters. Die exakte Größe eines Browserfenster ist dem Entwickler nicht bekannt, deshalb lassen sich hierfür nur prozentuale Angaben machen. Die Werte für Pixel und Prozent werden in die darunter liegenden Eingabefelder eingefügt.
3. Normalerweise wird ein Film sofort abgespielt, wenn er aus dem Internet geladen ist. Soll der Benutzer das Abspielen selbst durch Anklicken einer Schaltfläche oder durch die Auswahl des betreffenden Befehls aus dem Kontextmenü steuern können, aktivieren Sie das Kontrollfeld BEIM BEGINN ANHALTEN.
4. Mit dem aktiven Kontrollfeld WIEDERHOLUNG wird festgelegt, dass der Film erneut abspielt, sobald das letzte Bild erreicht ist (sofern kein ActionScript etwas anderes festlegt).
5. Das Kontrollfeld MENÜ ANZEIGEN ist standardmäßig aktiv und bietet dem Benutzer ein Kontextmenü an. Ist diese Option deaktiviert, aber das Kontrollfeld BEIM BEGINN ANHALTEN markiert und keine eigene Schaltfläche im Film für das Starten vorgesehen, haben Sie sich selbst ausgetrickst. Der Benutzer kann bei dieser Konstellation den Film nicht starten, weil kein Kontextmenü aufrufbar ist.
6. Das Kontrollfeld GERÄTESCHRIFTART sollte aktiv sein, wenn Sie in den Texteigenschaften die Verwendung von Geräteschriftarten definiert haben. Damit wird sichergestellt, dass für Ersatzschriften gesorgt wird, falls eine Schriftart nicht auf dem Computer des Benutzers vorhanden ist.

7. Im Feld QUALITÄT können Sie zwischen einer optimalen, hohen, mittleren und niedrigen Qualität wählen. Die Qualität bezieht sich auf die Anzeige des Films und das durchgeführte Anti-Aliasing. Sie sollte reduziert werden, wenn die Anzeigegeschwindigkeit erhöht werden muss. Eine optimale Qualität berücksichtigt die Abspielgeschwindigkeit nicht, während mit den anderen Einstellungen ein Gratwanderung zwischen Geschwindigkeit und Qualität die Folge ist.

   Mit der Einstellung AUTOMATISCH HOCH sorgen Sie zunächst für eine Qualitätspriorität, die aber verlassen wird, wenn die Abspielgeschwindigkeit zu gering ist. Mit AUTOMATISCH NIEDRIG liegt der Schwerpunkt zunächst auf der Wiedergabegeschwindigkeit, aber nach Möglichkeit wird auch die Anzeigequalität erhöht. Der Film wird zunächst ohne Anti-Aliasing wiedergegeben. Hat der Prozessor keine Probleme mit der Geschwindigkeit, wird das Anti-Aliasing aktiviert.

8. Im Feld FENSTERMODUS stellen Sie ein, wie der Bereich im Browser beschaffen sein soll, in dem der Flash-Film angezeigt wird. Die Standardoption FENSTER definiert einen rechteckigen Bereich für den Film in der HTML-Datei. Mit DURCHSICHTIG OHNE FENSTER lassen Sie den Hintergrund der HTML-Datei durch transparente Stellen im Film hindurchscheinen. In diesem Fall ist eine farbliche Abstimmung zwischen HTML-Dateihintergrund und der/den dadurch angrenzenden Ebenenfarben bzw. Flash-Film-Hintergrundfarbe geboten. Die Auswahl UNDURCHSICHTIG OHNE FENSTER lässt den Film vor eventuell vorhandenem, dynamischem HTML-Code ablaufen. Dieser wird durch den Film überdeckt.
9. Im Listenfeld HTML-AUSRICHTUNG wird angegeben, wie der Inhalt der HTML-Datei im Browserfenster ausgerichtet wird. Die Optionen sind selbsterklärend.
10. Wird die Originalgröße des Films geändert, lässt sich der Film mit Skalierungseinstellungen in bestimmter Weise daran anpassen: Die Einstellung STANDARD (ALLES ZEIGEN) sorgt für die Beibehaltung der Proportionen und blendet eventuell zwei Ränder ein. Mit der Option OHNE RAND werden die Proportionen ebenfalls beibehalten; es erfolgt eventuell eine Zuschneidung. GENAU PASSEND platziert den Film so, dass kein Rand erscheint und keine Zuschneidung erfolgt; dies kann aber eine Verzer-

rung zur Folge haben. Mit KEINE SKALIERUNG erfolgt keine Anpassung an die geänderte Größe.

11. In den Feldern FLASH-AUSRICHTUNG HORIZONTAL und VERTIKAL geht es um die Platzierung des Flash-Films innerhalb des Filmfensters in der HTML-Datei. Die Einstellungen sind selbsterklärend.
12. Das aktive Kontrollfeld WARNMELDUNGEN ANZEIGEN sorgt dafür, dass Fehlermeldungen angezeigt werden, wenn auf diesem Register sich widersprechende Angaben vorgenommen wurden.

Alle hier definierten Einstellungen werden als Parameter in die entsprechenden Tags (meist `object` oder `embed`) der HTML-Datei übernommen.

Sind die wesentlichen Einstellungen auf diesen beiden Registern erfolgt, klicken Sie auf die Schaltfläche VERÖFFENTLICHEN, um den Film und die HTML-Datei zu generieren.

Im aktuellen Verzeichnis finden Sie anschließend drei Dateien: die FLA-Autorendatei, den exportierten und veröffentlichten Flash-Film im Format SWF und die HTML-Datei.

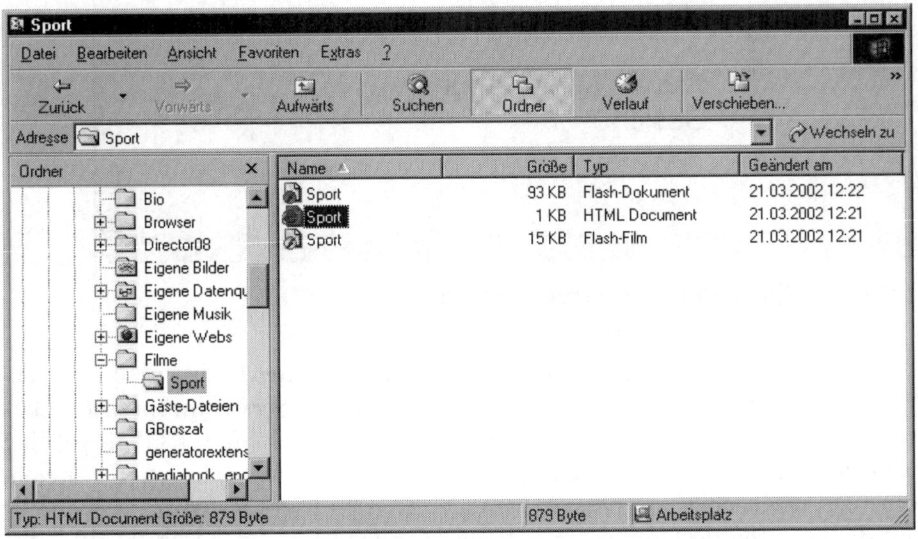

Bild 14.7: Durch die Veröffentlichung erstellte Film- und HTML-Datei

Beachten Sie die Unterschiede in der Dateigröße zwischen Autorendatei und exportierter SWF-Datei, die deutlich kleiner ist, weil hier die Komprimierungseinstellungen berücksichtigt wurden.

Doppelklicken Sie auf die HTML-Datei, um den Film in einem Browserfenster anzuzeigen (in den neueren Versionen ist der Flash-Player bereits integriert), oder auf die SWF-Datei, um den Film im Flash-Player darzustellen.

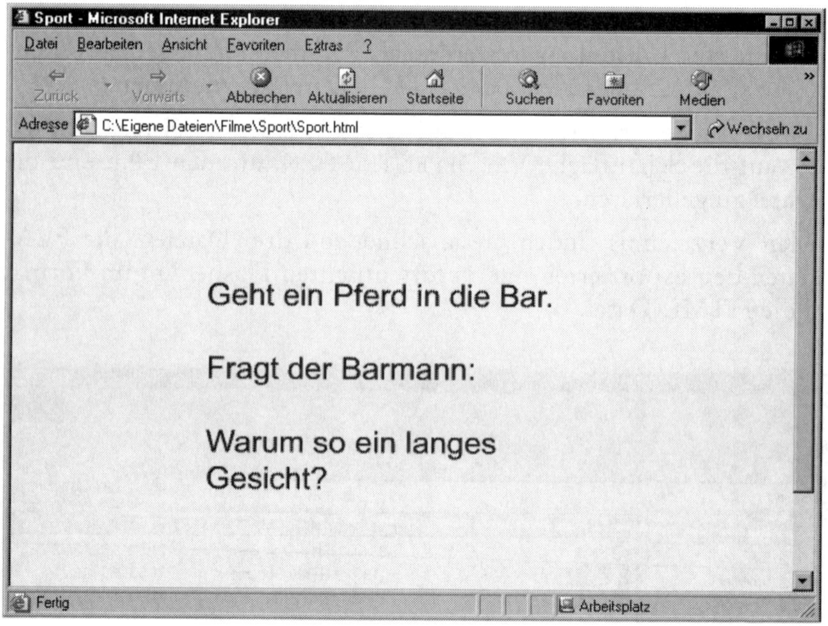

Bild 14.8: Preloader im Internet Explorer

Anders als einige andere HTML-Programme sorgt der Befehl VERÖFFENTLICHEN in Flash nicht für eine Übertragung auf den Server im Internet. Dieser Vorgang muss mit einem Zusatzprogramm wie z.B. WS_FTP ausgeführt werden. Bei der Übertragung auf den Server müssen alle relevanten Dateien, die nicht im Flash-Film integriert sind, z. B. verknüpfte Videos etc., ebenfalls auf die betreffende Domain transferiert werden, damit der Film problemlos abspielt.

Beachten Sie dabei, dass die Pfadangaben auf dem Server den Pfadangaben im Flash-Film entsprechen, sofern dort Verzeichniswege definiert wurden.

Alternativbilder bereitstellen

Wie bereits erwähnt, können Sie im Dialogfeld EINSTELLUNGEN FÜR VERÖFFENTLICHUNG bestimmte Formate für Alternativbilder des Flash-Films einstellen. Diese Einstellungen erzeugen zusätzliche eigene Grafikdateien, die ebenfalls auf den Server geladen werden müssen, um dort zur Auswahl zu stehen, falls ein Benutzer keinen Flash-Player installiert hat. Diese Bilder werden als Alternativen im Browser angezeigt.

> Hinweis
>
> Es empfiehlt sich, neben den Bildern auch einen Link zum Herunterladen des Flash-Players in der HTML-Datei anzubieten. Näheres hierzu erfahren Sie später im Abschnitt »HTML-Seite bearbeiten«.

1. Um die Bilddateien zu erzeugen, wählen Sie auf dem Register FORMATE des Dialogfeld EINSTELLUNGEN FÜR VERÖFFENTLICHUNG zunächst das entsprechende Grafikformat aus (GIF, PNG und/oder JPEG).
2. Aktivieren Sie dann das gleichnamige Register, um die Einstellungen für das gewählte Grafikformat vorzunehmen.
   - Auf dem Register GIF können Sie die Höhe und Breite der Bilddatei festlegen sowie bei animierten GIFs die Einstellung ANIMIERT oder STATISCH wählen. Ferner stehen Einstellungen für die Farboptimierung, die Transparenz und den Palettentyp zur Auswahl. Mit INTERLACED sorgen Sie für einen schrittweisen Bildaufbau. Der Benutzer kann dann bereits etwas sehen, während das Bild noch nachgeladen wird.
   - Das Register JPEG bietet neben den Einstellungen zu Höhe und Breite noch einen Schieberegler zur Einstellung der Qualität des JPEGs an. Ist das Kontrollfeld PROGRESSIV aktiv, werden die JPEG-Bilder im Browser schrittweise aufgebaut, ähnlich der Einstellung INTERLACED für GIFs und PNGs.
   - Auf dem Register PNG stehen fast dieselben Einstellungen wie auf dem Register GIF zur Auswahl (mit Ausnahme von ANIMIERT). Ferner lässt sich hier ein Filter anlegen, um die Komprimierbarkeit des PNGs zu erhöhen. Dabei werden verschiedene Pixel-Berech-

nungsmethoden angewendet. Experimentieren Sie mit diesen Einstellungen, um das gewünschte Ergebnis zu erhalten.

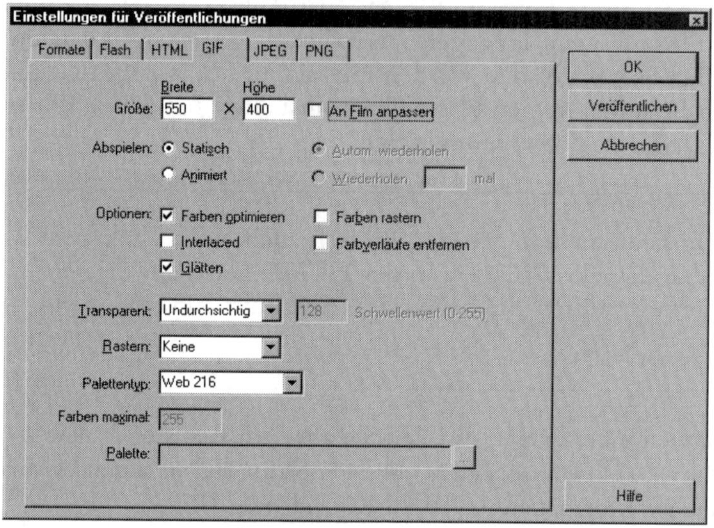

Bild 14.9: *Das Register GIF*

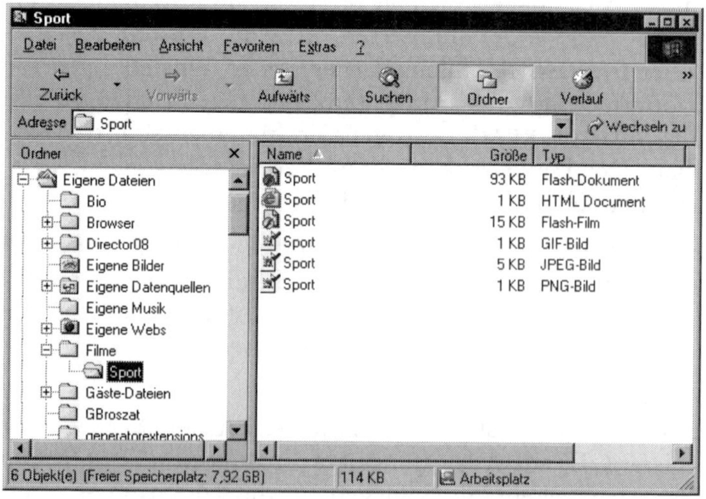

Bild 14.10: Gif, JPEG und PNG als Alternativbilder

Soll ein Alternativbild zusammen mit dem Film erstellt werden, klicken Sie nach dessen Einstellung auf die Schaltfläche VERÖFFENTLICHEN.

Die Anzahl der erzeugten Dateien hat sich nun erhöht. Neben dem Flash-Film und der HTML-Datei finden Sie anschließend auch die entsprechenden Grafikdateien im aktuellen Verzeichnis.

Alle Grafikdateien müssen ebenfalls auf den Server übertragen werden.

Film als Anwendung veröffentlichen (Projektor)

Was ist zu tun, um einen Flash-Film als eigenständige Anwendung einzurichten? Sie nehmen die Einstellungen für den Flash-Film vor und aktivieren auf dem Register FORMATE nur das Kontrollfeld WINDOWS-PROJEKTOR (.exe) und/oder MACINTOSH-PROJEKTOR. Per Klick auf die Schaltfläche VERÖFFENTLICHEN wird die entsprechende Anwendungsdatei im aktuellen Verzeichnis angelegt.

Je nach Betriebssystem, auf dem Sie arbeiten, wird die jeweils »artfremde« Anwendung sofort in eine Zip-Datei verpackt. Erstellen Sie unter Windows einen Macintosh-Projektor, erhalten Sie eine Zip-Datei zur Verteilung und umgekehrt.

Die systemkonforme Anwendungsdatei lässt sich sofort mit einem Doppelklick im Flash-Player – der automatisch integriert wird – ausführen.

Die Einstellungen auf dem Register Flash werden auch für eine Projektordatei herangezogen. Globale Soundeinstellungen gelten hierfür ebenso wie für eine SWF-Datei. Im Grunde ist der Projektor nichts anderes als eine Verknüpfung des Flash-Players mit einem direkten Aufruf der SWF-Datei.

Eine Projektordatei lässt sich als solche verteilen und ist voll funktionsfähig.

QuickTime-Film erstellen

Sie können einen Flash-Film auch in einen QUICKTIME-Film umwandeln, indem Sie im Dialogfeld EINSTELLUNGEN FÜR VERÖFFENTLICHUNG das Kontrollfeld QUICKTIME aktivieren und die notwendigen Einstellungen auf dem Register QUICKTIME vornehmen. Der Flash-Film wird dabei in eine separate QuickTime-Spur kopiert und im QuickTime-Format genauso abgespielt wie im Flash-Player.

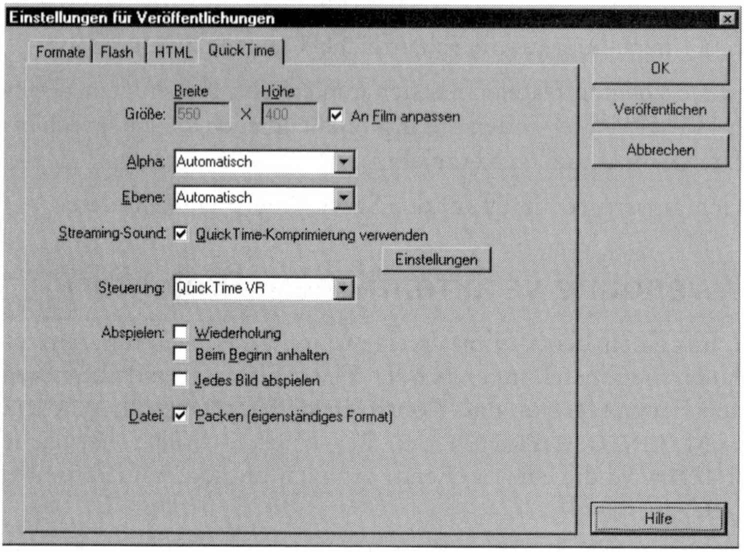

Bild 14.11: Flash-Film im QuickTime-Format veröffentlichen

Neben der Höhe und Breite des QuickTime-Films lassen sich hier spezifische Einstellungen für QuickTime vornehmen, aber auch die bereits für das Register Flash erläuterten Optionen zum ABSPIELEN und WIEDERHOLEN.

Für die Komprimierung von Sound in einem QuickTime-Film stehen per Mausklick auf die Schaltfläche EINSTELLUNGEN die verschiedenen, gängigen Komprimierungsverfahren im Dialogfeld TONEINSTELLUNGEN zur Auswahl.

Enthält der Flash-Film einen verknüpften QuickTime-Film, wird dieser Film in eine eigene Spur in der neuen QuickTime-Datei kopiert.

HTML-Seite bearbeiten

Wenn Sie die Auszeichnungssprache HTML beherrschen, können Sie die bei der Veröffentlichung erstellte HTML-Datei auch direkt bearbeiten. Die maßgeblichen Parameter für den Flash-Film finden Sie im Tag `<object>` oder `<embed>`.

Hier können Sie die beliebige Parameter und zusätzlichen HTML-Code einfügen, der bei der Veröffentlichung eines Flash-Films verwendet werden soll.

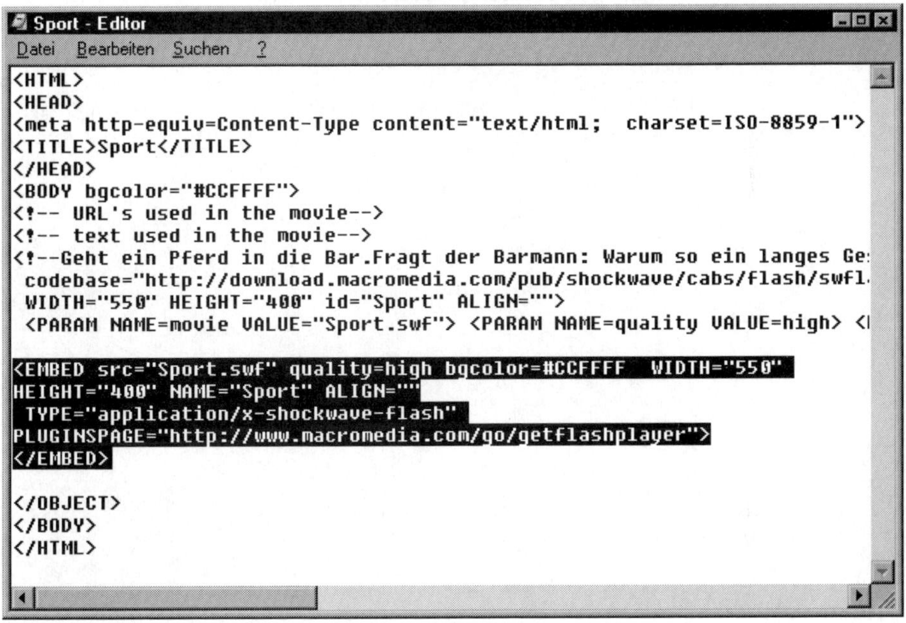


```
<HTML>
<HEAD>
<meta http-equiv=Content-Type content="text/html;  charset=ISO-8859-1">
<TITLE>Sport</TITLE>
</HEAD>
<BODY bgcolor="#CCFFFF">
<!-- URL's used in the movie-->
<!-- text used in the movie-->
<!--Geht ein Pferd in die Bar.Fragt der Barmann: Warum so ein langes Ge
 codebase="http://download.macromedia.com/pub/shockwave/cabs/flash/swfl
 WIDTH="550" HEIGHT="400" id="Sport" ALIGN="">
 <PARAM NAME=movie VALUE="Sport.swf"> <PARAM NAME=quality VALUE=high> <

<EMBED src="Sport.swf" quality=high bgcolor=#CCFFFF  WIDTH="550"
HEIGHT="400" NAME="Sport" ALIGN=""
 TYPE="application/x-shockwave-flash"
PLUGINSPAGE="http://www.macromedia.com/go/getflashplayer">
</EMBED>

</OBJECT>
</BODY>
</HTML>
```

Bild 14.12: Tag `<embed>` *in der HTML-Datei*

Wie Sie in Bild 14.12 sehen können, sind innerhalb des Tags `<embed>` die wichtigen Informationen zur Qualität, Größe des Films, Ausrichtung und der Anwendung untergebracht, in welcher der Film abgespielt werden soll. Eine direkte Änderung zum Beispiel der Filmgröße ist hier möglich, wenn ein Film bereits veröffentlicht ist. Ändern Sie dafür einfach die Werte in den Anführungszeichen nach `WIDTH` und `HEIGHT`. Automatische Anpassungen werden hierbei allerdings nicht vorgenommen, und wenn Sie unsicher sind, ob die veränderten Maße eines Films zu Problemen führen, sollten Sie den Weg über die Dialogfelder wählen.

Sie haben nun die wesentlichen Szenarien und Techniken für das Erstellen von Flash-Filmen kennen gelernt. Alles konnte in diesem Buch nicht angesprochen werden. Ihnen bleiben also noch einige Entdeckungen und natürlich das große Gebiet der ActionScript-Programmierung für weitere Lernerfolge.

In den nachfolgenden Anhängen finden Sie eine Übersicht der Tastenkombinationen, eine kleine ActionScript-Referenz und Informationen zur Installation von Flash.

Anhang A
Installation

So installieren Sie Flash MX auf Ihrem Computer (je nach Version kann es zu kleinen Abweichungen in der Reihenfolge kommen):

1. Legen Sie die Flash-CD-ROM in das Laufwerk ein oder öffnen Sie den Ordner in den Sie Ihre Flash-Version aus dem Online-Store heruntergeladen haben.
2. Je nach Ihrer Plattform führen Sie einen der folgenden Schritte aus:

   Windows: Falls der Installationsvorgang nicht automatisch gestartet wird, öffnen Sie das Hauptverzeichnis der CD-ROM und starten Sie die `Installer.exe` bzw. die `Setup.exe`.

   Macintosh: Doppelklicken Sie auf das Flash MX-Symbol.

   Download-Version: Starten Sie die heruntergeladene Datei. Je nach Version lautet diese in etwa `flashmx_installer.exe` bzw. `flashmx_installer.hqx`.
3. Die Daten werden entpackt, was eine Weile dauern kann. Anschließend erscheint der Begrüßungsbildschirm des InstallShield Wizard für Flash MX. Klicken Sie auf WEITER, um fortzufahren.
4. Nach einer kurzen Initialisierung des InstallShield Wizard wird die Lizenzvereinbarung angezeigt. Lesen Sie sich den Vertrag genau durch und wenn Sie mit den Bedingungen einverstanden sind klicken Sie auf JA um fortzufahren. Nehmen Sie den Vertrag nicht an, wird Flash MX nicht installiert.
5. Anschließend müssen Sie Ihren Namen eingeben und es wird die Seriennummer abgefragt. Wenn Name und Seriennummer richtig eingegeben wurde, erscheint hinter dem Seriennnummernfeld ein Häkchen. Die Schaltfläche WEITER wird in diesem Moment freigegeben. Klicken Sie darauf, um fortzufahren.
6. Als Nächstes werden Sie nach dem Zielpfad gefragt, in dem Flash MX installiert werden soll. Mit DURCHSUCHEN können Sie ein Verzeichnis wählen oder Sie verwenden einfach das Standardverzeichnis. Klicken Sie anschließend auf WEITER.

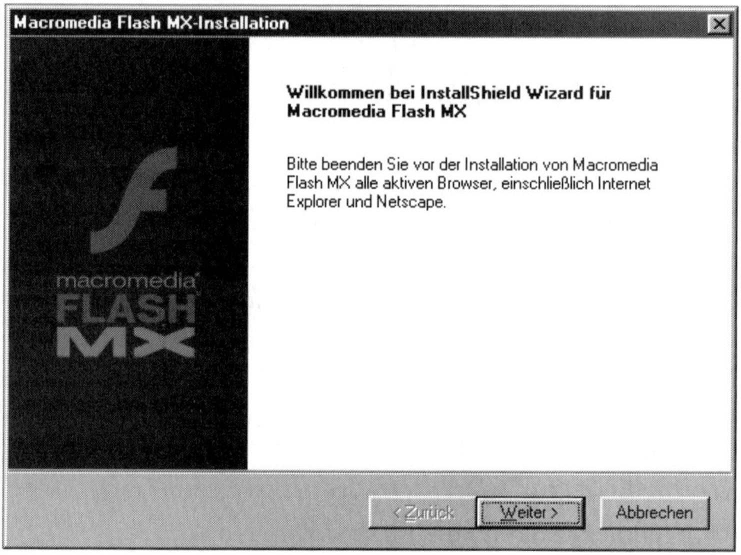

Bild A.1: Der Begrüßungsbildschirm

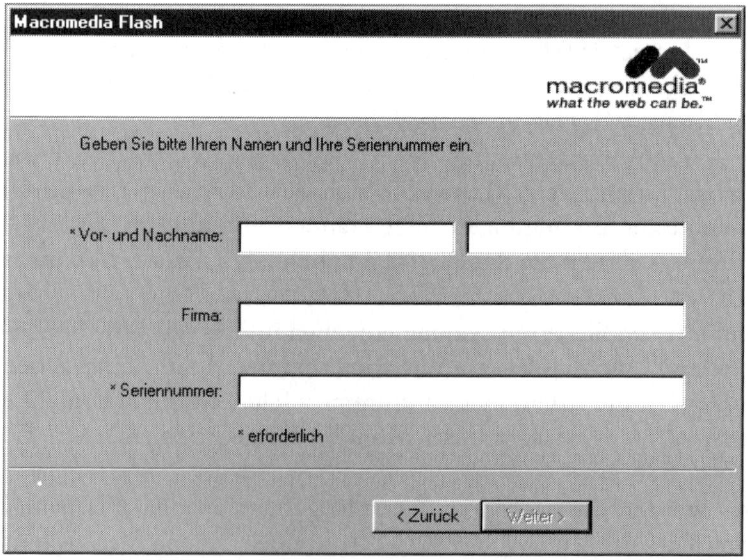

Bild A.2: Namen und die Seriennummer eingeben

7. Im Folgenden werden Sie unter anderem gefragt für welche auf Ihrem Computer installierten Browser der Flash Player installiert werden soll. Lassen Sie die Einstellungen möglichst so, dass für jeden Ihrer Browser der Player installiert wird. Klicken Sie dann auf WEITER.
8. Zum Schluss wird Ihnen noch einmal angezeigt, welche Einstellungen Sie vorgenommen haben. Wenn Sie mit diesen zufrieden sind, klicken Sie auf WEITER um den Kopiervorgang zu starten. Bis zu diesem Punkt können Sie ohne Probleme durch Klicken auf ZURÜCK zu den vorangegangenen Schritten zurückgehen und Veränderungen vornehmen.
9. Wenn die Installation abgeschlossen ist, werden Sie aufgefordert den Computer neu zu starten. Dies sollten Sie tun um Probleme zu vermeiden.
10. Nun ist Flash MX auf Ihrem Rechner installiert und Sie können loslegen.

Um Flash MX zu starten, klicken Sie entweder im Startmenü (Windows) bzw. im Finder (Macintosh) auf das Flash MX-Symbol oder Sie öffnen die Datei `Flash.exe` (Windows) bzw. `Flash` (Macintosh) in dem Verzeichnis, das Sie bei der Installation angegeben haben.

Anhang B
Tastenkombinationen

Die folgenden Tastenkombinationen entsprechen dem MACROMEDIA STANDARD für Flash MX. Auch wenn in den Tabellen speziell nur die Windows-Tasten verwendet werden, so gilt allgemein die folgende »Übersetzung« zum Anwenden der Tastenkombinationen von der Windows- zur Macintosh-Variante:

Windows	Macintosh
Strg	MacBef
Alt	MacOpt

Menü DATEI

Befehl	Tastenkürzel
Neu	Strg + N
Öffnen	Strg + O
Als Bibliothek öffnen	Strg + ⇧ + O
Schließen	Strg + W
Speichern	Strg + S
Speichern unter	Strg + ⇧ + S
Importieren	Strg + R
Film exportieren	Strg + Alt + ⇧ + S
Einstellungen für Veröffentlichungen	Strg + ⇧ + F12
Veröffentlichen	⇧ + F12
Drucken	Strg + P
Beenden	Strg + Q

Untermenü Vorschau für Veröffentlichungen

Befehl	Windows
Standard	Strg + F12

Menü Bearbeiten

Befehl	Tastenkürzel
Rückgängig	Strg + Z
Wiederherstellen	Strg + Y
Ausschneiden	Strg + X
Kopieren	Strg + C
Einfügen	Strg + V
An Position einfügen	Strg + ⇧ + V
Löschen	← oder Entf
Duplizieren	Strg + D
Alles auswählen	Strg + A
Auswahl aufheben	Strg + ⇧ + A
Bilder ausschneiden	Strg + Alt + X
Bilder kopieren	Strg + Alt + C
Bilder einfügen	Strg + Alt + V
Bilder löschen	Alt + ←
Alle Bilder auswählen	Strg + Alt + A
Symbole bearbeiten	Strg + E
Voreinstellungen	Strg + U

Menü Ansicht

Befehl	Tastenkürzel
Vergrößern	[Strg] + [+]
Verkleinern	[Strg] + [-]
Konturen	[Strg] + [Alt] + [⇧] + [O]
Schnell	[Strg] + [Alt] + [⇧] + [F]
Anti-Alias	[Strg] + [Alt] + [⇧] + [A]
Anti-Alias-Text	[Strg] + [Alt] + [⇧] + [T]
Zeitleiste	[Strg] + [Alt] + [T]
Arbeitsbereich	[Strg] + [⇧] + [W]
Lineale	[Strg] + [Alt] + [⇧] + [R]
Ausrichten	[Strg] + [⇧] + [#]
Formmarken anzeigen	[Strg] + [Alt] + [H]
Ränder ausblenden	[Strg] + [H]
Bedienfelder ausblenden	[F4] oder [↹]

Untermenü Gehe zu

Befehl	Tastenkürzel
Erste Szene	[Pos1]
Vorhergehende Szene	[Bild ↑]
Nächste Szene	[Bild ↓]
Letzte Szene	[Ende]

Untermenü SKALIERUNG

Befehl	Tastenkürzel
100%	[Strg] + [1]
Bild einblenden	[Strg] + [2]
Alles zeigen	[Strg] + [3]

Untermenü RASTER

Befehl	Tastenkürzel
Raster einblenden	[Strg] + [Ä]
Am Raster ausrichten	[Strg] + [⇧] + [Ä]
Gitternetz bearbeiten	[Strg] + [Alt] + [G]

Untermenü HILFSLINIEN

Befehl	Tastenkürzel
Hilfslinien anzeigen	[Strg] + [Ü]
Hilfslinien sperren	[Strg] + [Alt] + [Ü]
An Hilfslinien ausrichten	[Strg] + [⇧] + [Ü]
Hilfslinien bearbeiten	[Strg] + [Alt] + [⇧] + [G]

Menü EINFÜGEN

Befehl	Tastenkürzel
In Symbol konvertieren	[F8]
Neues Symbol	[Strg] + [F8]
Bild	[F5]
Bild entfernen	[⇧] + [F5]
Schlüsselbild löschen	[⇧] + [F6]

Menü MODIFIZIEREN

Befehl	Tastenkürzel
Szene	⇧ + F2
Dokument	Strg + J
Optimieren	Strg + Alt + ⇧ + C
Gruppieren	Strg + G
Gruppierung aufheben	Strg + ⇧ + G
Teilen	Strg + B
Auf Ebenen verteilen	Strg + ⇧ + D

Untermenü FORM

Befehl	Tastenkürzel
Formmarke hinzufügen	Strg + ⇧ + H

Untermenü TRANSFORMIEREN

Befehl	Tastenkürzel
Skalieren und Drehen	Strg + Alt + S
Um 90° nach rechts	Strg + ⇧ + 9
Um 90° nach links	Strg + ⇧ + 7
Transformierung entfernen	Strg + ⇧ + Z

Untermenü ANORDNEN

Befehl	Tastenkürzel
In den Vordergrund	Strg + ⇧ + ↑
Nach vorne	Strg + ↑
Nach hinten	Strg + ↓
In den Hintergrund	Strg + ⇧ + ↓

Befehl	Tastenkürzel
Sperren	Strg + Alt + L
Alle Sperrungen aufheben	Strg + Alt + ⇧ + Q

Untermenü Ausrichten

Befehl	Tastenkürzel
Linke Kante	Strg + Alt + 1
Vertikal zentrieren	Strg + Alt + 2
Rechte Kante	Strg + Alt + 3
Oberkante	Strg + Alt + 4
Horizontal zentrieren	Strg + Alt + 5
Unterkante	Strg + Alt + 6
Breite verteilen	Strg + Alt + 7
Höhe verteilen	Strg + Alt + 9
Gleiche Breite	Strg + Alt + ⇧ + 7
Gleiche Höhe	Strg + Alt + ⇧ + 9
An Bühne	Strg + Alt + 8

Untermenü Bilder

Befehl	Tastenkürzel
In Schlüsselbilder konvertieren	F6
In leere Schlüsselbilder konvertieren	F7

Menü TEXT

Untermenü STIL

Befehl	Tastenkürzel
Normal	Strg + ⇧ + P
Fett	Strg + ⇧ + B
Kursiv	Strg + ⇧ + I

Untermenü AUSRICHTEN

Befehl	Tastenkürzel
Links ausrichten	Strg + ⇧ + L
Zentriert ausrichten	Strg + ⇧ + C
Rechts ausrichten	Strg + ⇧ + R
Blocksatz	Strg + ⇧ + J

Untermenü ZEICHENABSTAND

Befehl	Tastenkürzel
Weiter	Strg + Alt + →
Enger	Strg + Alt + ←
Zurücksetzen	Strg + Alt + ↑

Menü STEUERUNG

Befehl	Tastenkürzel
Abspielen	↵
Zurückspulen	Strg + Alt + R
Schritt vor	.
Schritt zurück	,

Befehl	Tastenkürzel
Film testen	Strg + ↵
Fehlersuche	Strg + ⇧ + ↵
Szene testen	Strg + Alt + ↵
Schaltflächen aktivieren	Strg + Alt + B

Menü Fenster

Befehl	Tastenkürzel
Neues Fenster	Strg + Alt + N
Werkzeuge	Strg + F2
Zeitleiste	Strg + Alt + T
Eigenschaften	Strg + F3
Antworten	Alt + F1
Ausrichten	Strg + K
Farbmischer	⇧ + F9
Farbtöne	Strg + F9
Info	Strg + I oder Strg + Alt + I
Szene	⇧ + F2
Transformieren	Strg + T
Aktionen	F9
Debugger	⇧ + F4
Film-Explorer	Alt + F3
Referenz	⇧ + F1
Ausgabe	F2
Eingabehilfen	Alt + F2
Komponenten	Strg + F7
Komponentenparameter	Alt + F7
Bibliothek	Strg + L oder F11

Zeichenwerkzeuge

Werkzeug	Tastenkürzel
Pfeilwerkzeug	V
Unterauswahl	A
Linienwerkzeug	N
Lassowerkzeug	L
Stiftwerkzeug	P
Textwerkzeug	T
Ellipsenwerkzeug	O
Rechteckwerkzeug	R
Freihandwerkzeug	Y
Pinselwerkzeug	B
Frei transformieren	Q
Füllungstransformation	F

Werkzeug	Tastenkürzel
 Tintenfasswerkzeug	S
 Farbeimerwerkzeug	K
 Pipette	I
 Radiergummiwerkzeug	E
 Handwerkzeug	H
 Vergrößerungswerkzeug	Z oder M

In den folgenden Tabellen werden die wichtigsten Tastenkombinationen aufgeführt, die beim Testen eines Films zusätzlich zur Verfügung stehen. Die in der Testumgebung nicht zur Verfügung stehenden bzw. die gleich gebliebenen Kombinationen werden nicht aufgeführt. In die Testumgebung gelangen Sie aus der Autorendatei mit STEUERUNG/FILM TESTEN.

Menü ANSICHT (Testumgebung)

Befehl	Tastenkürzel
Bandbreiten-Profiler	Strg + B
Streaming anzeigen	Strg + ↵
Streaming-Grafik	Strg + G
Bild-für-Bild-Grafik	Strg + F

Menü STEUERUNG (Testumgebung)

Befehl	Tastenkürzel
Alle Breakpoints entfernen	Strg + ⇧ + A
Weiter	F8
Debugging abbrechen	F7
Hineinspringen	F10
Überspringen	F9
Verlassen	F11

Menü FEHLERSUCHE (Testumgebung)

Befehl	Tastenkürzel
Objekte auflisten	Strg + L
Variablen auflisten	Strg + Alt + V

Befehle im Aktionsbedienfeld (Testumgebung)

Befehl	Tastenkürzel
Normalmodus	Strg + ⇧ + N
Expertenmodus	Strg + ⇧ + E
Gehe zu Zeile...	Strg + G
Suchen	Strg + F
Weitersuchen	F3
Ersetzen	Strg + H
Syntax überprüfen	Strg + T
Codehinweis zeigen	Strg + Leertaste
Auto-Format	Strg + ⇧ + F
Aus Datei importieren	Strg + ⇧ + I
Als Datei exportieren	Strg + ⇧ + X
Zeilennummern anzeigen	Strg + ⇧ + L

Anhang C
ActionScript-Referenz

Diese Referenz ist dazu gedacht, Ihnen eine schnelle und möglichst einfache Beschreibung der häufigsten ActionScript-Aktionen und -Befehle zur Hand zu geben. Der Aufbau geht davon aus, dass Sie im Aktionen-Fenster im Normalmodus arbeiten. Haben Sie einen Befehl ins Scriptfenster eingefügt, erklärt Ihnen die Referenz alle einzugebenden Parameter und wozu diese dienen.

Aktionen

Aktionen sind Befehle, die in Skripts eingefügt werden können.

In der Spalte Elementzuordnung und Parameter wird hinter der jeweiligen Aktion angegeben, für welche Objekte diese Aktion verwendet werden kann. Die Zeilen darunter geben dann eventuelle Parameter für die Aktion an.

 – Aktion für Bilder

 - Aktion für Movieclips

 - Aktion für Schaltflächen

Filmsteuerung

Aktionen zum Steuern der Filmwiedergabe.

Aktion	Elementzuordnung und Parameter	Beschreibung

`Goto`
`gotoAndPlay`
`gotoAndStop`
		Es wird zu der angegebenen Stelle gesprungen. Während bei `gotoAndStop` der Film nach dem Sprung stoppt, wird bei `gotoAndPlay` der Film an der entsprechenden Stelle weiter angespielt.

	Szene	Die Szene, in der sich das Ziel befindet.
	Typ	Die Art des Ziels, z.B. ob Bildnummer oder Bildbezeichnung.
	Bild	Die Angabe des Ziels, z.B. eine Bildnummer oder die Bezeichnung eines Bilds.
`Play`		Veranlasst einen angehaltenen Film/Movieclip weiter abzuspielen.
`Stopp`		Hält einen Film/Movieclip an.
`stopAllSounds`		Alle Sounds, die gerade abspielen, werden gestoppt.
`On`		Reagiert auf das angegebene Ereignis. Die in geschweiften Klammern stehenden Anweisungen werden ausgeführt.
	Drücken	Ereignis: Maustaste drücken
	Loslassen	Ereignis: Maustaste loslassen

Aktion	Elementzuordnung und Parameter	Beschreibung
	Außerhalb loslassen	Ereignis: Maustaste gedrückt aus der Schaltfläche ziehen und außerhalb loslassen
	Tastendruck	Ereignis: Eine bestimmte Taste auf der Tastatur wird gedrückt.
	Rollover	Ereignis: Mauszeiger auf die Schaltfläche ziehen
	Wegrollen	Ereignis: Mauszeiger von der Schaltfläche ziehen
	Darüberziehen	Ereignis: Mauszeiger wird nach dem Drücken auf der Schaltfläche heraus und dann wieder über die Schaltfläche gezogen
	Wegziehen	Ereignis: Mauszeiger wird nach dem Drücken auf der Schaltfläche aus dieser hinausgezogen.

Browser/Netzwerk

Aktionen zum Steuern vom Webbrowser und Netzwerk.

Aktion	Elementzuordnung und Parameter	Beschreibung
`loadMovie / loadMovieNum`		Ein weiterer Film wird geladen und kann in einer angegebenen Ebene abgespielt werden.
	URL	Die Adresse der SWF-Datei, die geladen werden soll.

Aktion	Elementzuordnung und Parameter	Beschreibung
	Ort	Die Stufe, in die der Film geladen werden soll. Höhere Stufennummern liegen auch höher und verdecken darunter liegende. Standardmäßig liegt ein Film auf der Stufe `0`.
	Variablen	Regelt das Versenden im Film enthaltener Variablen. `GET` dient für geringere Datenmengen, `POST` für größere.
`unLoadMovie / unLoadMovieNum`		Ein geladener Film wird wieder aus dem aufrufenden Film entfernt.
	Ort	Die Stufe, aus der der Film entfernt werden soll.
`getURL`		Lädt die angegebene Datei in ein Browserfenster.
	URL	Die Adresse der Datei.
	Fenster	Gibt das Fenster an, in welchem die Datei geöffnet werden soll. `_self` steht für den aktuellen Frame im aktuellen Fenster. Mit `_blank` wird diese in einem neuen Fenster geöffnet. `_parent` steht für den übergeordneten Frame des aktuellen Frames. `_top` steht für den obersten Frame im aktuellen Fenster.
	Variablen	Regelt das Versenden von Variablen. `GET` dient für geringere Datenmengen, `POST` für größere.

Aktion	Elementzuordnung und Parameter	Beschreibung
`fsCommand`		Dient der Kommunikation zwischen dem Flash-Film und dem Programm, das den Flash-Player ausführt. Meist werden damit Anweisungen an ein JavaScript übergeben.
	Befehl	Der Befehl, der übergeben werden soll.
	Parameter	Zum Befehl gehörige Parameter.
	Befehle für den Player	Es können aus einer Liste Befehle, die an den Player übergeben sollen, ausgewählt werden. Mit `fullscreen` wird dem Player angegeben, ob der Film im Vollbild angezeigt werden soll. `Allowscale` legt fest, ob der Film skalierbar, `showmenue`, ob die Menüleiste angezeigt, und `trapallkeys`, ob Tastaturkürzel, z.B. zum Schließen des Players erlaubt werden soll. Mit `exec` kann (nur am PC) ein externes Programm aufgerufen und mit `quit` kann der Player geschlossen werden.

Movieclipsteuerung

Aktionen zum Steuern von Movieclips.

Aktion	Elementzuordnung und Parameter	Beschreibung
`duplicateMovieClip`		Erstellt, während der Film läuft, eine neue Instanz eines Movieclips.
	Ziel	Der zu duplizierende Movieclip.
	Neuer Name	Der eindeutige Name der neuen Instanz.
	Tiefe	Gibt die Stufe an, in der das Duplikat eingefügt werden soll. Normalerweise ist `0` die Stufe, in der sich das Original befindet. Beachten Sie, dass ein Duplikat den Inhalt der entsprechenden Stufe ersetzt.
`removeMovieClip`		Löscht eine mit `duplicateMovieClip` erzeugte Instanz eines Movieclpis.
	Ziel	Der zu löschende Movieclip.
`onClipEvent`		Reagiert auf das angegebene Ereignis. Die in geschweiften Klammern stehenden Anweisungen werden ausgeführt.
	Laden	Ereignis: Tritt ein, sobald der Movieclip geladen ist (mit `LoadMovieClip`).

Aktion	Elementzuordnung und Parameter	Beschreibung
	Bild eintreten	Ereignis: Sobald der Abspielkopf in ein neues Bild im Movieclip eintritt, werden die entsprechenden Aktionen ausgeführt. Die so angegebenen Aktionen werden vor eventuellen Bildaktionen des Movieclips ausgeführt.
	Entladen	Ereignis: Tritt ein, sobald der Movieclip entfernt ist (mit `unLoadMovieClip`).
	Maus drücken	Ereignis: Maustaste wird gedrückt.
	Maus loslassen	Ereignis: Maustaste wird losgelassen.
	Maus bewegen	Ereignis: Jede Mausbewegung löst die Aktion aus.
	Taste drücken	Ereignis: Tritt ein, wenn eine Taste gedrückt wird.
	Taste loslassen	Ereignis: Tritt ein, wenn eine Taste losgelassen wird.
	Daten	Ereignis: Tritt nach dem Laden von Daten ein (mit `LoadVariable` oder `loadMovieClip`).
`SetProperty`		Ändert Eigenschaften eines Movieclips, während der Film läuft.
	Eigenschaft	Die Eigenschaft des Movieclips, die geändert werden soll. (siehe Tabelle Eigenschaften)
	Ziel	Der Movieclip, dessen Eigenschaft geändert werden soll.

Aktion	Elementzuordnung und Parameter	Beschreibung
	Wert	Der entsprechende Wert der Eigenschaft.
`startDrag`		Macht einen Movieclip ziehbar.
	Ziel	Der Movieclip, der ziehbar gemacht werden soll.
	Immer als Rechteck	Definiert ein Rechteck, in dem sich der Movieclip beim Ziehen bewegen kann. L gibt die linke x-, O die obere y-, R die rechte x- und U die untere y-Koordinate an. Der Registrierungspunkt des Movieclip verlässt dieses Rechteck nicht.
	Maus zentrieren	Der Mauszeiger bleibt beim Ziehen automatisch auf dem Registrierungspunkt des Movieclips. Dies gilt im Zusammenhang mit IMMER ALS RECHTECK, jedoch nur im Bereich des definierten Rechtecks.
`stopDrag`		Beendet die Ziehbarkeit eines Movieclips.
`updateAfterEvent`		Aktualisiert die Anzeige nach einem Ereignis.

Variablen

Aktionen zum Ändern von bzw. Zugreifen auf Variablen.

Aktion	Elementzuordnung und Parameter	Beschreibung
`delete`		Löscht eine Variable.
	Variable	Die zu löschende Variable.
`setVariable`		Weist einer Variable einen Wert zu.
	Variable	Die entsprechende Variable.
	Wert	Der Wert der zugewiesen werden soll.
`var`		Deklariert eine oder mehrere Variablen.
	Variablen	Die Variable, die erstellt werden soll. Mehrere Variablen sind durch Kommas zu trennen.
`with`		Ermöglicht eine oder mehrere Anweisungen für ein Objekt ausführen zu lassen. Die Anweisungen stehen in den geschweiften Klammern, in denen das Objekt selber nicht mehr spezifiziert werden braucht.
	Objekt	Das Objekt, für das die folgenden Anweisungen bestimmt sind.

Bedingungen/Schleifen

Bedingungsanweisungen und Schleifenkonstrukte.

Aktion	Elementzuordnung und Parameter	Beschreibung
`break`		Verlässt die Schleife, in der es steht.
`case`	(nur in einer `switch`-Anweisung)	Dient der Fallunterscheidung in einer `switch`-Anweisung. (siehe `switch`)
	Bedingung	Gibt den Fall an, der eintreten muss, um die nach dem Doppelpunkt folgenden Anweisungen auszuführen. Wurde in der `switch`-Anweisung z.B. eine Variable NAME verwendet, so können mit verschiedenen `case`-Anweisungen, je nach bestimmten Namen, unterschiedliche Aktionen ausgeführt werden, im Fall »Erwin« *dies* und im Fall »Hugo« *jenes*.
`continue`		Springt zum Anfang der einschließenden Schleife und fährt dort fort.
`default`	(nur in einer `switch`-Anweisung)	Legt fest, welche Aktionen ausgeführt werden sollen, wenn in einer `switch`-Anweisung keine der durch die `case`-Anweisungen festgelegten Fälle eintritt. (siehe `case` und `switch`)

Aktion	Elementzuordnung und Parameter	Beschreibung
`do while`		Eine Do-While-Schleife (»mache *dies* solange *das* zutrifft«). Die Anweisungen in geschweifter Klammer nach do werden solange ausgeführt, wie die Bedingung nach while zutrifft.
	(`while`) Bedingung	Die Bedingung, die erfüllt sein muss, damit die Schleife weiter ausgeführt wird.
`else`	 (nur in einer `if`-Anweisung)	Gibt die Aktionen an, die ausgeführt werden, wenn in der `if`-Anweisung die Bedingung nicht zutrifft. (siehe `if`)
`else if`	 (nur in einer `if`-Anweisung)	Gibt die Aktionen an, die ausgeführt werden, wenn in der `if`-Anweisung die Bedingung nicht zutrifft und die Bedingung von `else if` erfüllt ist. (siehe `if`)
	Bedingung	Gibt die Bedingung an, die erfüllt sein muss, um nach nicht erfüllter `if`-Bedingung die in der `else if`-Anweisung angegebenen Aktionen auszuführen.
`for`		`For`-Schleife. Die Schleife wird sooft ausgeführt, bis die Bedingung erfüllt ist. In geschweiften Klammern stehen die entsprechenden Aktionen der Schleife.

Aktion	Elementzuordnung und Parameter	Beschreibung
	Init	Ausdruck, der vor Beginn der Schleife ausgewertet wird. Meist eine Variablenzuweisung, wie z.B. `i=0`.
	Bedingung	Gibt an, wann die Schleife nicht mehr ausgeführt wird. Ist die Bedingung erfüllt, wird die Schleife ausgeführt, ist sie nicht erfüllt, wird die Schleife nicht ausgeführt. Meist ein Ausdruck wie `i<10`.
	Weiter	Ausdruck, der nach jedem Schleifendurchlauf ausgewertet wird. Meist ein Ausdruck wie `i++`.
`for..in`		Schleife, die durch die Unterobjekte eines Objekts läuft und die angegebenen Aktionen mit diesen ausführt.
	Iterator	Name der Variablen, die auf die Objekteigenschaft bzw. jedes Array-Element verweist.
	Objekt	Das Objekt, das durchlaufen werden soll.
`if`		Wenn die angegebene Bedingung erfüllt ist, werden die in geschweiften Klammern stehenden Anweisungen ausgeführt. (siehe auch `else` oder `else if`)
	Bedingung	Muss erfüllt sein, damit die Anweisungen ausgeführt werden.

Aktion	Elementzuordnung und Parameter	Beschreibung
`switch`		Eine Fallunterscheidung. Gibt einen Ausdruck vor, in dem mehrere Fälle möglich sind. Diese werden durch die folgenden `case`-Anweisungen spezifiziert. Für jeden Fall sind unterschiedliche Aktionen möglich, die ausgeführt werden, wenn dieser eintrifft. (siehe auch `case` und `default`)
	Bedingung	Ausdruck, der mit den folgenden `case`-Bedingungen verglichen wird. Ist meist eine Variable und in der `case`-Anweisung stehen die entsprechenden möglichen Werte dieser Variablen.
`while`		`While`-Schleife. Führt die folgenden, in geschweiften Klammern stehenden Anweisungen aus, wenn die gegebene Bedingung erfüllt ist.
	Bedingung	Muss erfüllt sein, um die Schleife zu durchlaufen.

Druck

Aktion zum Ausdrucken von Filmen oder Movieclips

Aktion	Elementzuordnung und Parameter	Beschreibung
`Print`		Druckt einen Movieclip.
	Drucken	Legt fest, wie der Movieclip gedruckt werden soll. ALS VEKTOREN ist geeignet, um Movieclips zu drucken, die keine Bitmaps, Alpha- oder Farbeffekte verwenden. Die Vektoren werden bei Nicht-PostScript-Druckern aber in Bitmaps umgewandelt, daher ist diese Option besonders für PostScript-Drucker geeignet. ALS BITMAP ist geeignet, um Movieclips zu drucken, die Bitmaps, Alpha- oder Farbeffekte verwenden.
	Ort	Sie können die Stufe angeben, die gedruckt werden soll. Der normale Inhalt liegt meist auf Stufe `0`.

Aktion	Elementzuordnung und Parameter	Beschreibung
	Begrenzungsbox	Legt den Druckbereich des Films fest. Mit FILM wird ein gleichgroßer Druckbereich für alle Bilder verwendet. Das Größenverhältnis der Bilder bleibt wie im Film erhalten. Hat ein Bild die Bezeichnung #b, so wird der Inhalt dieses Bilds an den maximal bedruckbaren Bereich des Druckers angepasst (größere Bilder werden dann entsprechend beschnitten). Hat kein Bild diese Bezeichnung, so wird die Größe des Films an den maximal bedruckbaren Bereich angepasst. Mit BILD wird jedes Bild an den maximal bedruckbaren Bereich des Druckers angepasst. Das Größenverhältnis der Bildinhalte im Film geht dadurch aber verloren. Mit MAX. werden die Druckbereiche aller Bilder zusammengelegt und ein gemeinsamer Druckbereich erstellt, dieser passt sich dann an den maximal bedruckbaren Bereich des Druckers an. Auch hier bleibt das Größenverhältnis der Bilder des Films erhalten, jedoch werden keine Bilder beschnitten.

Benutzerdefinierte Funktionen

Aktionen zum Erstellen und Aufrufen von Funktionen.

Aktion	Elementzuordnung und Parameter	Beschreibung
`Call`		Ein Skript wird im angegebenen Bild aufgerufen, ohne das der Abspielkopf zu diesem Bild geht. (verwenden Sie besser `function`)
	Bild	Das Bild, in dem das Skript enthalten ist.
`call function`		Eine Funktion oder Methode wird aufgerufen.
	Objekt	Das Objekt, in dem sich die Funktion befindet.
	Funktion	Der Name der benutzerdefinierten Funktion.
	Parameter	Werte, die an die Funktion übergeben werden.
`function`		Deklariert eine benutzerdefinierte Funktion. Die entsprechenden Anweisungen stehen in den geschweiften Klammern. Es wird kein Wert an den Aufruf zurückgegeben, siehe dazu `return`.
	Name	Der Name der Funktion. Muss beim Aufruf der Funktion angegeben werden.

Aktion	Elementzuordnung und Parameter	Beschreibung
	Parameter	Variablen, die an die Funktion übergeben werden. Die Parameternamen müssen nicht dieselben sein, die beim Aufruf der Funktion verwendet werden. Sie sollten nur in der Funktion verwendet werden.
`method`		Definiert eine Methode für ein Objekt.
	Objekt	Das Objekt, für das die Methode erstellt wird.
	Methode	Der Name der Methode.
	Parameter	Werte, die an die Methode übergeben werden.
`return`	 (in einer Funktion)	Gibt einen Wert aus einer Funktion zurück. (siehe `function`)
	Wert	Der Wert, der zurückgegeben wird.

Verschiedene Aktionen

Gemischte Aktionen für verschiedene Anwendungsbereiche.

Aktion	Elementzuordnung und Parameter	Beschreibung
`#endinitclip`		Beendet einen Komponenten-Initialisierungsblock. (siehe auch `#initclip`)
`#include`		Schließt ein Skript aus einer AS-Datei ein, wenn der Film getestet, veröffentlicht oder exportiert wird.

Aktion	Elementzuordnung und Parameter	Beschreibung
	Pfad	Der Pfad der externen AS-Datei.
#initclip		Beginnt einen Komponenten-Initialisierungsblock, mit dem Komponenten (spezielle Form von Movieclips mit besonderen Funktionen) definiert werden. (siehe auch #endinitclip)
clearInterval		Der Aufruf durch setInterval wird abgebrochen. (siehe auch setInterval)
	Parameter	Die Bezeichnung des Intervalls (Intervall ID).
comment		Fügt einen Kommentar ins Skript ein.
	Kommentar	Der entsprechende Kommentartext.
evaluate		Fügt im Skript in einer neuen Zeile ein Semikolon ein.
setInterval		Ruft in regelmäßigen Abständen eine Funktion oder Methode auf.
	Ausdruck	Hier können Sie den Befehl per Hand um die benötigten Angaben erweitern: Der Funktionsname gibt die Funktion an, die aufgerufen werden soll. Das Intervall gibt den zeitlichen Abstand zwischen zwei Funktionsaufrufen an. Die Parameter sind Werte, die an die Funktion übergeben werden.

Aktion	Elementzuordnung und Parameter	Beschreibung
`trace`		Eine Meldung wird an das Ausgabefenster gesendet. Dies hat nur beim Testen eine Auswirkung.
	Meldung	Der Text, der im Ausgabefenster erscheinen soll.

Funktionen

Funktionen, die in Ausdrücken verwendet werden.

Funktion	Parameter	Beschreibung
`escape`	Ausdruck	Wandelt den Text bzw. die Variable in Klammern in einen Text im URL-Format um. Alle nicht alphanumerischen Zeichen werden durch ein Prozentzeichen (%) und eine Hexadezimalnummer ersetzt. (siehe auch `unescape`)
`eval`	Ausdruck	Greift durch den in Klammern stehenden Ausdruck auf Variablen, Eigenschaften, Objekte oder Movieclips zu. Der Ausdruck kann aus mehreren Variablen bestehen, die so einen neuen Namen ergeben, dadurch kann dynamisch auf Objekte und dergleichen zugegriffen werden. Bei Variablen oder Eigenschaften wird der entsprechende Wert zurückgegeben. Bei Objekten oder Movieclips wird der Bezug auf diese zurückgegeben. (z.B. `_level0.clip`)
`getProperty`	Instanzname, Eigenschaft	Gibt den Wert der Eigenschaft des durch den Instanznamen angegebenen Objekts zurück.

Funktion	Parameter	Beschreibung
`getTimer`		Gibt die Anzahl der Millisekunden zurück, die seit dem Start des Films vergangen sind.
`getVersion`		Gibt einen String zurück, der die Plattform und die Version des Flash Players angibt. Funktioniert nur ab Flash Player 5. Z.B. wird WIN 6,0,21,0 zurückgegeben. WIN steht für die Plattform Windows, und die Zahlenkombination für den Flash Player 6 in der Unterversion 21 (6.0r21).
`targetPath`	Ausdruck	Gibt den Pfad des durch Ausdruck angegebenen Movieclips zurück. In einem Movieclipskript liefert z.B. `_parent` den Pfad des übergeordneten und `this` den Pfad des aktuellen Movieclips zurück.
`unescape`	Ausdruck	Wandelt den Text bzw. die Variable in Klammern aus dem URL-Format in normalen ASCII-Text um. Ist das Gegenstück zu `escape`.(siehe auch `escape`)

Mathematische Funktionen

Funktionen, die mathematische Operationen durchführen.

In der Spalte Parameter wird angegeben, ob ein oder mehrere Ausdrücke für die Funktion angegeben werden müssen.

Funktion	Parameter	Beschreibung
`isFinite`	Ausdruck	Prüft, ob die durch den Ausdruck dargestellte Zahl endlich ist.
`isNaN`	Ausdruck	Prüft, ob der Wert des Ausdrucks keine Zahl ist und gibt dann `true` zurück. So lassen sich z.B. mathematische Fehler feststellen.

Funktion	Parameter	Beschreibung
`parseFloat`	Ausdruck (String)	Wandelt den Ausdruck in eine Gleitkommazahl um. Die Zahlen im String werden ausgelesen, bis die Funktion auf ein Zeichen trifft, das nicht mehr zur Ausgangszahl gehört. Kann der Ausdruck nicht in eine Zahl umgewandelt werden, wird `NaN` (not a number) zurückgegeben. Z.B. gibt `parseFloat(„34W87“)` die Zahl 34 zurück.
`parseInt`	Ausdruck, Basis	Wandelt den Ausdruck in eine Ganzzahl um. Bei der Interpretation des Ausdrucks wird die Basis, sofern angegeben, als Basis herangezogen. So kann der Ausdruck z.B. als Hexadezimalzahl interpretiert werden (Basis=16) und wird als Dezimalzahl zurückgegeben. Als Basis sind Werte zwischen 2 und 36 möglich, wird dieser Wert nicht angegeben, so wird von der Basis 10 (Dezimalsystem) ausgegangen. Z.B. gibt `parseInt("3EA", 16)` den Wert 1002 zurück, `parseInt("3EA")` hingegen 3.

Umwandlungsfunktionen

Funktionen, die Typumwandlungen durchführen.

Funktion	Parameter	Beschreibung
`Array`		Definiert einen Bereich.
`Boolean`	Ausdruck	Wandelt den Ausdruck in einen booleanschen Wert um. Wenn Ausdruck ein booleanscher Wert ist, wird dieser zurückgegeben. eine Zahl ist, wird `true` falls die Zahl nicht `0` ist, falls sie `0` ist wird `false` zurückgegeben. ein String ist, wird versucht diesen in eine Zahl umzuwandeln und `true` zurückgegeben wenn diese nicht `0` ist, bzw. `false` wenn sie `0` ist. undefiniert ist, wird `false` zurückgegeben. ein Movieclip oder Objekt ist wird `true` zurückgegeben.
`Number`	Ausdruck	Wandelt den Ausdruck in eine Zahl um. Wenn Ausdruck eine Zahl ist, wird diese zurückgegeben. ein booleanscher Wert ist, wird bei `true` der Wert 1 und bei `false` der Wert `0` zurückgegeben. eine Zeichenfolge ist, wird versucht diese als Dezimalzahl zu lesen. Dabei sind auch Zahlen mit Exponenten (z.B. 3,141e-3) möglich. Enthält die Zeichenfolge alphanumerische Zeichen wird `NaN` (not a number) zurückgegeben. undefiniert ist, wird `0` zurückgegeben.
`Object`		Noch nicht dokumentiert.

Funktion	Parameter	Beschreibung
`String`	Ausdruck	Wandelt den Ausdruck in eine Zeichenfolge um. Wenn Ausdruck eine Zahl ist, wird diese als Zeichenfolge zurückgegeben. ein booleanscher Wert ist, wird die Zeichenfolge `true` bzw. `false` zurückgegeben. eine Zeichenfolge ist, wird diese zurückgegeben. ein Objekt ist, wird eine Zeichenfolge zurückgegeben die der String-Eigenschaft des Objekts entspricht bzw. durch den Aufruf `object.toString` erstellt wurde. ein Movieclip ist, wird der Zielpfad des Movieclips in Schrägstrich-Syntax (/) zurückgegeben. undefiniert ist, wird eine leere Zeichenfolge zurückgegeben.

Eigenschaften

Eigenschaften von Movieclips und Schaltflächen.

Entgegen der Darstellung in Flash können einige Eigenschaften auch auf Schaltflächen angewendet werden.

 - Eigenschaft kann auf einen Movieclip angewendet werden.

 - Eigenschaft kann auf eine Schaltfläche angewendet werden.

 - Eigenschaft kann nur eingesehen, jedoch nicht verändert werden.

Eigenschaft	Verwendung/ Geschützt	Beschreibung
`_alpha`	 	Der Alphawert gibt die Transparenz eines Objekts an. 0% entspricht unsichtbar, 50% halb durchsichtig und 100% voll sichtbar.
`_currentframe`	 	Gibt die Nummer des Bildes wieder, in dem sich der Abspielkopf im genannten Movieclip befindet.
`_droptarget`	 	Gibt den Pfad des angegebenen Movieclips in der Schrägstrich-Syntax (/) zurück.
`_focusrect`	 	Gibt einen booleanschen Wert an, der aussagt, ob um einen Movieclip mit Tastaturfokus ein gelbes Rechteck angezeigt wird.
`_framesloaded`	 	Gibt die Anzahl der Bilder an, die bei einem streamenden Film schon geladen wurden. Damit lässt sich prüfen, ob bestimmte Inhalte schon heruntergeladen wurden.
`_height`	 	Die Höhe des Objekts in Pixel.

Eigenschaft	Verwendung/ Geschützt	Beschreibung
`_name`		Der Instanzname des Objekts.
`_quality`		Die Wiedergabequalität des gesamten Films. (global) `Low` – Grafiken, Text und Bitmaps werden nicht geglättet. `Medium` – Grafiken werden leicht geglättet, Bitmaps und Text nicht. `High` – Grafiken, Text und statische Bitmaps werden geglättet. Standardeinstellung. `Best` – es wird alles geglättet.
`_rotation`		Drehung eines Objekts in Grad.
`_soundbuftime`		Anzahl der Sekunden, die beim Streaming von Sound vorgepuffert werden sollen. Standardeinstellung ist 5sec. (global)
`_target`		Gibt den Zielpfad der angegebenen Movieclip-Instanz an.
`_totalframes`	0	Gibt die Gesamtzahl der Bilder im angegebenen Movieclips an.
`_url`		Gibt die URL an, von der der SWF-Film heruntergeladen wurde.
`_visible`		Gibt die Sichtbarkeit eines Objekts an. `true` bedeutet, es ist sichtbar, `false` es ist nicht sichtbar.
`_width`		Die Breite des Objekts in Pixel.

Eigenschaft	Verwendung/ Geschützt	Beschreibung
`_x`		Die x-Koordinaten des Objekts bezüglich dem übergeordneten Movieclip. Als Koordinatenursprung (0,0) gilt der Registrierungspunkt des übergeordneten Movieclips.
`_xmouse`		Die x-Koordinate der aktuellen Mauszeigerposition bezüglich dem Registrierungspunkt des angegebenen Objekts.
`_xscale`		Der Skalierungsfaktor eines Objekts in x-Richtung in Prozent.
`_y`		Die y-Koordinaten des Objekts bezüglich dem übergeordneten Movieclip. Als Koordinatenursprung (0,0) gilt der Registrierungspunkt des übergeordneten Movieclips.
`_ymouse`		Die y-Koordinate der aktuellen Mauszeigerposition bezüglich dem Registrierungspunkt des angegebenen Objekts.
`_yscale`		Der Skalierungsfaktor eines Objekts in y-Richtung in Prozent.

Anhang D
Ressourcen für die Arbeit mit Flash

Dieser Anhang soll dabei helfen, Material und Informationen zur Arbeit mit Flash im Internet zu erhalten. Die Internetadressen sind anhand verschiedener Kategorien zusammengefasst. Wenn Sie zu einem dieser Themen zusätzliche Informationen benötigen, suchen Sie einfach im Internet unter den angegebenen Adressen.

Neben GIF-, Sound- und anderen Bibliotheken finden Sie hier ActionScripts und Webseiten, die einen Informationsaustausch zwischen Designern ermöglichen.

Daneben listet dieser Anhang Links zum Online-Recht und anderen Randgebieten des Webdesigns auf.

Tutorials

Wer sich weiter praktisch ausbilden und üben möchte, kann aus dem Internet verschiedene bildschirmgeführte Lernprogramme herunterladen, die schrittweise durch die Erstellung von Flash-Filmen führen und einen hervorragenden praktischen Einstieg in die Anwendung bieten.

Folgende Sites bieten Tutorials für den Download an:

http://www.flash-up.de/Dr_Flash/more4.html

http://www.flashheaven.de

http://www.enetserve.com/tutorials

http://www.crazyraven.com/Tutorials/flash.htm

http://www.flashkit.com

http://virtual-fx.net/vfx

GIFs und animierte GIFs

Im großen deutschen *Web Grafik Archiv* finden Sie eine Auswahl von mehr als 10.000 animierten Gifs, Bannervorlagen, Buttons, Bullets und Hintergründen zum kostenlosen Download:

http://www.grafikgallerie.de

Ebenfalls zahlreiche GIFs und MIDI-Dateien finden Sie im *Grafikweb* unter:

http://www.grafikweb.com

Hintergründe, Buttons, Bullets, Balken, Photoclips und Menüelemente erhalten Sie auf der englischsprachigen Site:

http://www.mediabuilder.com

Hintergründe, Buttons, Bullets, Balken, Photoclips und Menüelemente erhalten Sie auf diesen Sites:

http://gif-gallery.de

http://www.coolgif.de/

http://buerger.metropolis.de/scharfeinge/grafik/grafikx.html

http://www.animalclips.de/

Bitmaps und Fotos

Informationen rund um die Grafikbearbeitung und Photoqualität im Internet finden Sie auf den Sites:

http://www.ideenreich.com/webgrafik/index.shtml

http://vega.rz.uni-duesseldorf.de/sowa/bm2font/bm2font/node12.html

http://www.homepagemagazin.at/download

http://www.doe103.de

Lizenzfreie und lizenzpflichtige Fotografien und Illustrationen mit einer eigenen Länderauswahl für eine deutschsprachige Site finden Sie bei:

http://creative.gettyimages.com/source/home/home.asp

Professionelle digitalisierte Fotos und Grafiken zum Bestellen:

http://www.creativecreatures.com/bestellinfo.html

Hintergrundmuster und -bilder sind die problematischsten grafischen Elemente auf Webseiten. Beide Merkmale erhöhen die grafische Komplexität der Seiten, ohne dabei automatisch ihre Lesbarkeit zu verbessern. Die schlechte Auswahl der Hintergrundgrafiken ist für einige der hässlichsten Seiten des Webs verantwortlich. Wenn sich die Hintergrundkomposition jedoch in den Händen erfahrener und kundiger Grafikdesigner befindet, können Seiten herauskommen, die in ihrer grafischen Wirkung faszinierend sind. Informieren Sie sich anhand von Fachartikeln umfassend bei:

http://www.tu-chemnitz.de/docs/yale/graphics/backgrounds.html

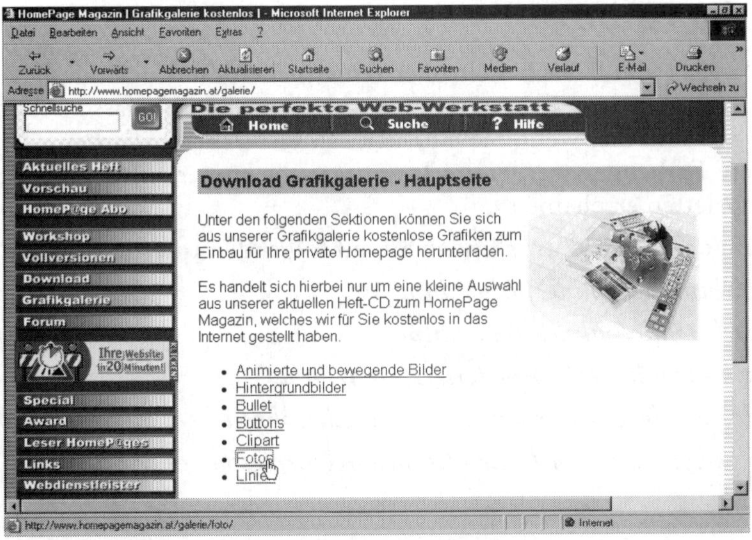

Bild D.1: Fotos und Bitmaps für den Privatgebrauch herunterladen

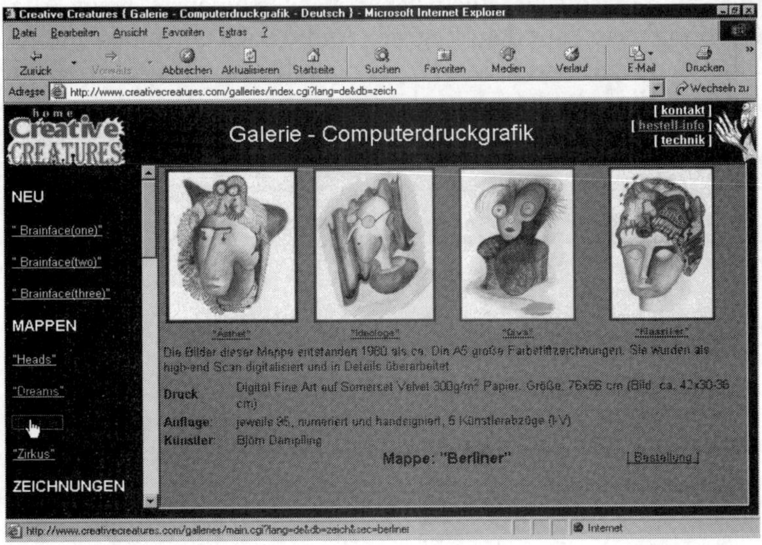

Bild D.2: Creative Creatures bietet digitalisierte Grafiken zum Bestellen und Downloaden an.

Rund um die Farbe

Farben hinterlassen beim Besucher einen ersten visuellen Eindruck. Deshalb ist es sinnvoll, sich mit dem Thema »Farben« im Internet zu befassen. Auf der sicheren Seite sind Sie, wenn Sie eine der 216 websicheren Farben verwenden. Andere Farbcodes werden im Internet nicht immer so dargestellt, wie sie in Farbpaletten erscheinen.

Artikel rund um das Thema *Farbe* finden Sie auf folgenden Internetsites:

http://www.starhtml.de/online/farben.htm

http://www.starhtml.de/online/farben.htm

http://www.html-kunde.net/schroeders/referenz.htm

http://www.ideenreich.com/ressourcen/farbtabellen.shtml

http://creative.gettyimages.com/source/services/color_resources.asp

Sound

Um Sounddateien im Internet zu finden, gibt es die verschiedensten Möglichkeiten. Sie können zum Beispiel bei einem der großen Suchdienste (www.Altavista.de, www.yahoo.de etc.) auf dem Register Audio nach einen bestimmten Titel suchen. Über den Windows Media Player oder den Real Player hören Sie den Sound zunächst online ab, ehe Sie ihn definitiv herunterladen.

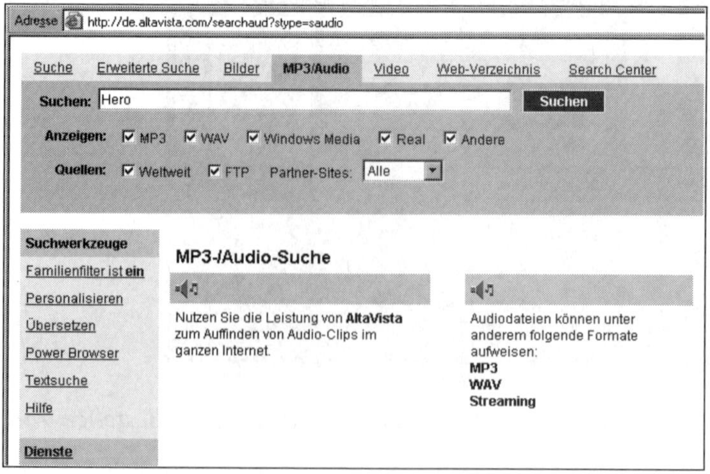

Bild D.3: Suchdienste unterstützen die gezielte Suche nach Audio-Dateien.

Meistens erhalten Sie als Ergebnis der Suche eine Liste mit Dateien zum angegebenen Musiktitel. Anhand der Dateigröße können Sie sofort entscheiden, ob die Länge eines Musikclips für einen Flash-Film angemessen ist. Originalsound sollten Sie zum einen nicht einfügen, weil Sie damit Copyright-Rechte verletzen, zum anderen, weil eine Sounddatei von vier Minuten Abspielzeit viel zu groß ist. Begnügen Sie sich mit kleinen Soundtracks oder Clips von 20 bis 30 Sekunden Länge, um beiden Problemen aus dem Weg zu gehen.

Sound-Bibliotheken

In Sound-Bibliotheken werden kostenfrei kurze Soundclips angeboten, die sich als Ereignissound in Flash einbinden lassen.

Bild D.4: Clevere Site für Sound.

Neben einer Suche im World Wide Web stehen auch Musikportale für das Herunterladen kurzer oder langer Soundtracks bereit:

http://www.mp3.com

http://www.iuma.com

http://www.flashsound.com

http://www.soundShopper.com

Eine clevere Site, die für 8 Dollar Profi-Sound anbietet, der sich gut auf Flash-Seiten einbinden lässt und anspruchsvoller ist als die kostenlosen Downloads. Sie können jedes Stück live anhören und erhalten Informationen zur Dateigröße und Abspielzeit:

http://www.loopz.com

Stimmaufzeichnungen

Nicht nur Musik, auch Stimmen lassen sich auf Webseiten einbinden. Ein freundliches Good Bye! bleibt vielleicht in guter Erinnerung bei Ihren Besuchern.

Angebote entsprechender Audiodateien finden Sie bei:

http://ajax.kfunigraz.ac.at/~bauerf/Audio/index.htm

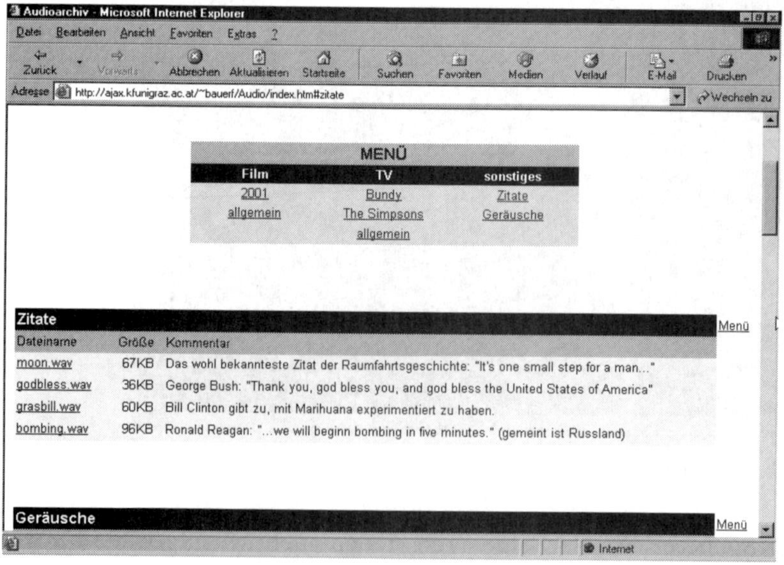

Bild D.5: Stimmaufzeichnungen für den Einsatz auf Webseiten

Englische Ansagen mit Computerstimme, z.B. »Access denied«, »Transfer complete« etc. finden Sie unter:

http://home.snafu.de/sebian/wav-comp.htm

ActionScripts

Action-Script.com ist das deutschsprachige Portal zu Flash ActionScript. Sie finden hier aktuelle Informationen, ActionScript Tutorials, Tipps & Tricks, Forum, Gewinnspiel, Newsletter, Shop, Flash des Monats und eine Menge an weiteren Flash-Ressourcen.

http://www.action-script.com

http://www.prostyler.de/site_programming/flash.html

Vordefinierte Maskeneffekte und ActionScripts finden Sie unter:

http://www.gruenthal.de

Ein regelrechtes Code-Depot bietet die englischsprachige Site:

http://www.moock.org/asdg/samples

> Achtung
>
> Bei heruntergeladenen ActionScripts von Internetseiten kann es sein, dass diese noch nicht an Flash MX angepassst sind, sondern auf Flash 5.0 basieren. Flash führt in diesem Fall eine automatische Konvertierung durch, auf die Sie bei der Ausführung des Codes hingewiesen werden.

Diskussionsplattformen

Die hier aufgeführten Internetsites bieten Diskussionsgruppen für Flash-Designer und -Entwickler an.

Homepage des Herstellers mit nützlichen Informationen, Download von Trial-Versionen sowie Foren zu Flash und anderen Macromedia-Produkten.

http://www.macromedia.com

Im Flashforum finden Sie Antworten auf Ihre Fragen zu Flash. Natürlich können Sie auch Ihre eigenen Fragen stellen. Tausende von Entwicklern besuchen das Flash-Forum monatlich und teilen ihre Erfahrungen und ihr Wissen.

http://www.flashforum.de

Weitere Portale und Foren zu Flash:

http://spotlight.de/zforen/fls/t/forum_fls_1.html

http://www.flashworker.de

http://www.flashxperience.com

http://www.flashlinks.de

http://www.were-here.com

Diskussionen und Fragen zu Flash MX werden auf der Site von Michael Mailer veröffentlicht:

http://forum.jswelt.de

Aktuelles und Professionelles können Sie mit Flash-Experten hier diskutieren:

http://www.flash-professionals.de/board/wwwboard.shtml

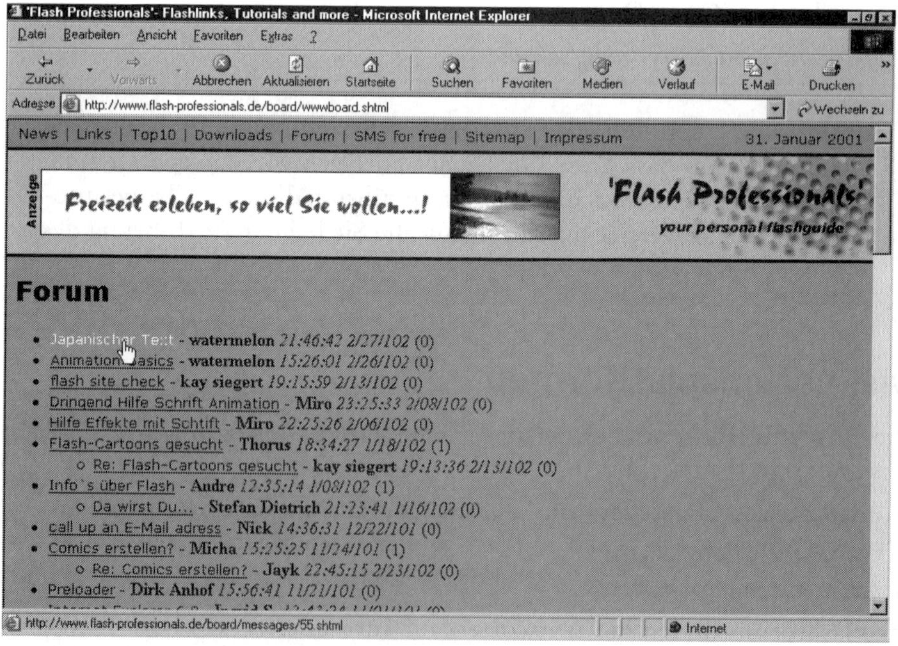

Bild D.6: Fragen zu japanischem Text, Comics und vielen Alltagsproblemen werden bei den Flash-Professionals diskutiert.

Was sonst noch wichtig ist

Wer sich intensiv damit auseinander setzen möchte, wie sich Benutzer vor dem Bildschirm verhalten und das dort Präsentierte empfinden, wer Informationen zu rechtlichen Fragen einholen möchte oder online einen Test der selbst erstellten Webseite durchführen möchte, findet die zugehörigen Internetadressen in diesem Abschnitt.

Informationen zum Benutzerverhalten

Das Verhalten von Benutzern gibt darüber Aufschluss, welche Filmkonzepte erfolgreich sein werden und welche nicht. Insofern gilt es nicht nur die Techniken von Flash zu beherrschen, sondern auch die Benutzer kennen zu lernen und zu respektieren, die am »anderen Ende der Leitung« und in bestimmter Weise auf die Inhalte von Webseiten oder Präsentationen und Spiele reagieren.

http://www.touchablez.de/links.htm

Die goldenen Regeln für schlechtes HTML. Diese Abhandlung soll allen als Leitfaden zur Seite stehen, die sich um schlechte HTML-Gestaltung verdient machen wollen.

http://www.karzauninkat.com/Goldhtml/index.htm

Recht im Internet

Online-Recht ist der Oberbegriff für die rechtlichen Aspekte und Probleme, die sich aus dem Betrieb und der Benutzung von Computernetzen ergeben. Das Projekt online-recht.de umfasst eine Entscheidungssammlung mit einem derzeitigen Datenbestand von mehr als 350 Urteilen und Beschlüssen, eine Gesetzessammlung, eine Link-Sammlung, Themenbeiträge, eine Diskussionsliste und einen wöchentlich erscheinenden Newsletter

http://www.online-recht.de

Rund um die Veröffentlichung

Bei *Webmasterplan* können Sie gleich mehrere Tests auf Ihre Webseite anwenden: Eintragungs-Vorsorge, Ladezeitanalyse, Link- und HTML-Check geben Ihnen ein praktisches Bild über die Güte Ihres Seitendesigns.

http://de.webmasterplan.com

Hier können Sie Ihre Homepage mit nur einem Klick in die 35 wichtigsten deutschen und internationalen Suchmaschinen eintragen. Es ist egal, ob Ihre Seiten privat oder kommerziell sind, der Eintragungsservice ist kostenfrei. Sie können live in Ihrem Browser verfolgen, ob Ihre Seiten erfolgreich eingetragen werden.

http://www.blitz-eintrag.de

Anhang E
Farbnamen und ihre Hexadezimalcodes

Von Herstellern und Auftraggebern werden Farben häufig mit einem englischen Namen betitelt, z.B. Maroon. Entwickler hingegen müssen den Hexadezimalcode kennen, um eine bestimmte Farbe zu erzeugen. Aus diesem Dilemma sollen Sie die nachfolgenden Tabellen befreien, in denen die englischen Farbnamen den entsprechenden Hexadezimalcodes zugewiesen werden.

In HTML und damit im Internet gibt es 16 Standardfarben, außerdem die 216 websicheren Farben, die von allen Browsern und Betriebssystemen unterstützt werden. Die gebräuchlichsten dieser Farben und ihre Bezeichnungen finden Sie in der nachfolgenden Tabelle

Websichere Farben

Die 16 Grundfarben sind: Aqua, Black, Blue, Fuchsia, Gray, Green, Lime, Maroon, Navy, Olive, Purple, Red, Silver, Teal, White und Yellow.

Farbe	Hex-Wert
White	#FFFFFF
Red	#FF0000
Orange	#FFA500
Yellow	#FFFF00
Green	#008000
Blue	#0000FF
Purple	#800080
Black	#000000
Alice Blue	#A0CE00

Farbe	Hex-Wert
Antique White	#FAEBD7
Aqua	#00FFFF
Aquamarine	#7FFFD4
Azure	#F0FFFF
Beige	#F5F5DC
Bisque	#FFE4C4
Blanched Almond	#FFEBCD
Blue Violet	#8A2BE2
Brown	#A52A2A
Burly Wood	#DEB887
Cadet Blue	#5F9EA0
Chartreuse	#7FFF00
Chocolate	#D2691E
Coral	#FF7F50
Corn Flower Blue	#6495ED
Corn Silk	#FFF8DC
Crimson	#DC143C
Cyan	#00FFFF
Dark Blue	#00008B
Dark Cyan	#008B8B
Dark Goldenrod	#B8860B
Dark Gray	#A9A9A9
Dark Green	#006400
Dark Khaki	#BDB76B
Dark Magenta	#BD008B
Dark Olive Green	#556B2F
Dark Orange	#FF8C00

Farbe	Hex-Wert
Dark Orchid	#9932CC
Dark Red	#8B0000
Dark Salmon	#E9967A
Dark Sea Green	#8FBC8F
Dark Slate Blue	#483D8B
Dark Slate Gray	#2F4F4F
Dark Turquoise	#00CED1
Dark Violet	#9400D3
Deep Pink	#FF1493
Deep Sky Blue	#00BFFF
Dim Gray	#696969
Dodger Blue	#1E90FF
Fire Brick	#B22222
Floral White	#FFFAF0
Forest Green	#228B22
Fuchsia	#FF00FF
Gainsboro	#DCDCDC
Ghost White	#F8F8FF
Gold	#FFD700
Goldenrod	#DAA520
Gray	#808080
Green Yellow	#ADFF2F
Honeydew	#F0FFF0
Hot Pink	#FF69B4
Indian Red	#CD5C5C
Indigo	#4B0082
Ivory	#FFFFF0

Farbe	Hex-Wert
Khaki	#F0E68C
Lavender	#E6E6FA
Lavender Blush	#FFF0F5
Lemon Chiffon	#FFFACD
Light Blue	#ADD8E6
Light Coral	#F08080
Light Cyan	#E0FFFF
Light Goldenrod Yellow	#FAFAD2
Light Green	#90EE90
Light Grey	#D3D3D3
Light Pink	#FFB6C1
Light Salmon	#FFA07A
Light Sea Green	#20B2AA
Light Sky Blue	#87CEFA
Light Slate Gray	#778899
Light Steel Blue	#B0C4DE
Light Yellow	#FFFFE0
Lime	#00FF00
Lime Green	#32CD32
Linen	#FAF0E6
Magenta	#FF00FF
Maroon	#800000
Medium Aquamarine	#66CDAA
Medium Blue	#0000CD
Medium Orchid	#BA55D3
Medium Purple	#9370DB
Medium Sea Green	#3CB371

Farbe	Hex-Wert
Medium Slate Blue	#7B68EE
Medium Spring Green	#00FA9A
Medium Turquoise	#48D1CC
Medium Violet Red	#C71585
Midnight Blue	#191970
Mint Cream	#F5FFFA
Misty Rose	#FFE4E1
Navajo White	#FFDEAD
Navy	#000080
Old Lace	#FDF5E6
Olive	#808000
Olive Drab	#6B8E23
Orange Red	#FF4500
Orchid	#DA70D6
Pale Goldenrod	#EEE8AA
Pale Green	#98FB98
Pale Turquoise	#AFEEEE
Pale Violet Red	#DB7093
Papaya Whip	#FFEFD5
Peach Puff	#FFDAB9
Peru	#CD853F
Pink	#FFC0CB
Plum	#DDA0DD
Powder Blue	#B0E0E6
Rosy Brown	#BC8F8F
Royal Blue	#4169E1
Saddle Brown	#8B4513

Farbe	Hex-Wert
Sea Green	#2E8B57
Sea Shell	#FFF5EE
Sienna	#A0522D
Silver	#C0C0C0
Sky Blue	#87CEEB
Slate Blue	#6A5ACD
Slate Gray	#708090
Snow	#FFFAFA
Spring Green	#00FF7F
Steel Blue	#4682B4
Tan	#D2B486
Teal	#008080
Thistle	#D8BFDB
Tomato	#FF6347
Turquoise	#40E0D0
Violet	#EE82EE
Wheat	#F5DEB3
White Smoke	#F5F5F5
Yellow Green	#9ACD32

Stichwortverzeichnis

C

D

E

W

Z